中国城市科学研究系列报告

中国城市更新发展报告 2017–2018

中国城市科学研究会　主编

中国建筑工业出版社

图书在版编目（CIP）数据

中国城市更新发展报告 2017-2018 / 中国城市科学研究
会主编 .—北京：中国建筑工业出版社，2018.11
（中国城市科学研究系列报告）
ISBN 978-7-112-22991-8

Ⅰ.①中…　Ⅱ.①中…　Ⅲ.①城市 — 发展 — 研究报
告 — 中国 — 2017-2018　Ⅳ.①F299.21

中国版本图书馆CIP数据核字（2018）第260927号

　　本书主要对国内城市更新阶段性成果进行探索性总结，全书共分动态篇、城市篇、案例篇和附录4个篇章，并由
仇保兴先生作序。"动态篇"一是对2017年城市更新年会的回顾，对仇保兴、王建国、沈迟、张杰等学者以及浙江省
城市更新的经验总结；二是对近年来城市更新研究进行综述；三是总结2017年城市更新十大事件，并对南粤古驿道的
保护利用进行介绍。"城市篇"重点对广州城市更新的政策、管理和实践进行调查分析、总结和归纳，进一步加强创
新实践，积极推进老旧小区改造试点工作，探索可复制可推广的经验。同时对上海、深圳、杭州、佛山、台北等城市
的更新进行分析概述和经验总结。"案例篇"针对国内外典型更新案例进行研究，主要是老旧小区改造、村落工业园
改造和城中村改造等。"附录"收集整理有关城市更新的各类主要信息和相关政策法规，于书末尾，方便读者查阅。
　　本书适用于城市规划、城市管理、城市设计和建筑设计等相关专业的从业人员、政府工作人员阅读使用。

责任编辑：唐　旭　张　华　陈　畅
责任校对：芦欣甜

中国城市科学研究系列报告
中国城市更新发展报告 2017–2018
中国城市科学研究会　主编
＊
中国建筑工业出版社出版、发行（北京海淀三里河路9号）
各地新华书店、建筑书店经销
北京点击世代文化传媒有限公司制版
广州市一丰印刷有限公司印刷
＊
开本：787×1092毫米　1/16　印张：29　字数：599千字
2018年12月第一版　2018年12月第一次印刷
定价：68.00元
ISBN 978-7-112-22991-8
　　（33073）

中国城市更新发展报告组织框架

主 编 单 位： 中国城市科学研究会

中国城市科学研究会城市更新专业委员会

广州市城市更新局

广州市城市更新协会

广东工业大学建筑与城市规划学院

支 持 单 位： 广州市政府——广东工业大学城市发展研究中心

凯辉高德投资咨询有限公司

学 术 顾 问： 何镜堂　孟建民

编委会主任： 仇保兴

副 主 任：（以姓氏笔画为序）

王　嘉	王亚男	叶劲枫	朱雪梅	刘发良
李　邨	李　鹏	李永洁	肖毅强	杨　锐
杨俊宴	杨培峰	吴　越	冷　红	张　沛
张　松	陈前虎	俞斯佳	骆建云	谈子信
程世丹	温春阳	谢涤湘	甄　峰	蔡云楠

编委会委员：（以姓氏笔画为序）

工长江	王朝晖	邓堪强	石　勇	叶旭林
田　莉	刘长岐	刘贵文	许险峰	孙江宁
李枝坚	肖　刚	闵　丽	陈　勇	林健生
易　彬	周筱芳	黄金海	曹春华	谭少华
戴　睿				

主　　　编：朱雪梅

副　主　编：李　华　谢涤湘　龙　清

撰　稿　人：（以姓氏笔画为序）

王长江　王世福　王建国　王曼琦　仇保兴
邓昭华　田文豪　朱雪梅　刘　娴　刘　垚
刘利雄　许瑞生　孙一民　李　郁　李　鹏
肖　希　何韶颖　闵　丽　沈　迟　张　帆
张　杰　陈　丹　陈　吟　陈春声　林伦伦
林卓祺　和素祯　周　玲　周　祥　赵亚博
骆　乐　夏　晟　徐好好　高　群　黄金海
黄健文　曹　劲　符　蓝　梁　伟　曾泽威
谢　超　谢涤湘　窦飞宇　蔡　宁　蔡云楠
臧　鹏　廖开怀

编　　　辑：廖开怀　刘利雄　刘　垚　肖　希　刘发良
江　媛

序

　　过去，我们只用了四十年的时间就走过了其他国家 100 多年的城市发展道路。在取得伟大成就的同时，也带来许多亟待解决的新问题。为此，党和政府高度重视并相继出台了众多相关法律法规与政策文件。特别是党的十九大提出了以人民为中心的发展思想，着重围绕发展不平衡不允分的问题，不断弥补城市发展的短板，从新的高度树立新发展理念，这对于我国城市更新意义非凡，可以说是现阶段城市发展最迫切和最有效的方式。城市更新伴随着城市的发展而出现，其目标是针对城市中影响甚至阻碍城市发展的城市问题，这些问题的产生既有经济和社会方面的原因，又有历史和文化的原因。因此，城市更新不仅针对城市中衰落的区域进行拆迁、改造，替换功能性衰败的物质空间，使之重新发展和繁荣。还要对非物质的文化环境、社会环境、视觉环境、邻里社会和情感依恋等进行改善与延续，以及生态环境保育和土地资源的集约节约利用。为此，面对这些复杂问题，应遵循的最高原则是：尊重自然和生态和谐，尊重当地历史文化和尊重普通人的利益。

　　尊重自然和生态和谐。城市建设应该望得见山，看得见水，记得住乡愁，如果能实现这个目标，把城市造就成山水城市，很多"城市病"就迎刃而解了。但是，这要分阶段来进行。首先，要保护好城市周边的山水，修复被工业文明所破坏的山水，特别是水污染，只有这样做了以后，山水环境才能呵护和支撑城市的发展。其次，中国的园林文化很值得自豪，因为我们是世界园林之母，要把周边的山水景观引入城市里边。新加坡园林城市的成功说明城市规划要有园林，要见缝插绿，重视我国的园林文化。"一个历史场景，是需要整体保护的。"城市更新要把城市的水边、海边、湖边这些最美的景观用规划控制起来，控制到什么程度呢？湖边江边应该是大片的绿地，也是游人可以到达的地方，四周是低矮的公共建筑，再往外辐射是多层建筑，最后才是中高层建筑，城市的高层建筑和江河湖之间的关系，实际上是一个 U 字形。

　　尊重当地历史文化。城市文化传承要"抢救性应对"，"城市现在很重要，上半场追求 GDP 增长，下半场应该把建成的城市空间作为一个不断升值的艺术品。"城市应该是文化的"容器"，城市没文化是很糟糕的。第二次世界大战结束后，欧洲许多城市都被炸平了，怎么去修复？当时有两种观点：一种观点认为应该用现代化的钢铁、水泥、玻璃来建造新的建筑；绝大多数的市民、建筑师、规划师持另一种观点，认为应该原汁原味地把过去遗留下来的遗迹和建筑形式恢复起来。最后的结果是选择了尊重历史文化，修复了被破坏的建筑，人们惊喜地发现这些城市几百年来没有什么变化，每一个城市的特色都不一样，文化得到了传承。再如我国杭州，西湖、钱塘江运河、历史文化、充满活力的现代城市构成了杭州独具特色的四张"面孔"，这是独一无二、举世无双的文化符号。历史街区、重点文保单位，包括地下的墓葬群等，用紫线划定以后，在这个范围内不搞大型的基础设施建设，不能打桩。要把有形的和无形的资产都保护起来，特别是历史建筑，一旦破坏了即使再造那也是假古董。我们现在尊重历史文化是为了传承，把祖宗留下来的东西，不管有没有破残，我们要完整地传到下一代，这才是真正科学合理的、能够跨越东西方文明的城市文化遗迹保护的态度，而不要动用土地财政，或者金融手段，重新创造一个新的古代城市。这些年广东省开展的南粤古驿道保护利用工作，有效地把散落在大地上的遗产进行价值重塑和当下活用，是基于地方特色的城乡建设，有内涵、有情怀、可持续，留住了城市记忆，引发了乡村乡愁，再现了宏大的历史文化廊道，具有引领性，可辐射延伸内陆海外，有利于推动"一带一路"建设。

尊重普通人的利益。一个城市的规划如果不尊重当地的普通人，就走偏了方向。发达国家发展的经验已经证明，富人和穷人不能人为分开居住，应该住一样外观的房子，富人可以就近得到更多服务者的帮助，穷人也不用跑很远的路，就可以找到工作岗位，两者相得益彰。城市社会是一个复杂的生态系统，在这个生态系统中高收入者、中等收入者、低收入者要各得其所，这是做城市规划时必须要尊重的。尤其是社区建设，社区是居住的地方，当人们退出工作岗位的时候，24 小时都生活在社区，社区应当成为一个人们肉体和灵魂都向往的地方，应该是诗意居住的场所。通过老旧小区美化、绿化，或历史、文化的传承和改造，增强社区居民的认同感、自豪感，使社区居民有一种家园般的归属感，塑造一种安定、舒适和赏心悦目的居住环境。如果城市小区的每一条小道都能够绿草茵茵，每处都有繁华、多样化的景观，都能感受历史文化的熏陶。我们就可以把自己的生活环境装扮得更美，社区——这一基层的社会细胞就更加稳固、更有凝聚力、更有魅力。美丽中国建设，难点在城市。美丽城市建设，关键在社区。广州近两年开展的老旧小区微改造，在加装电梯、拆围建绿、增设居民就近活动小广场以及留住城市记忆等方面效果明显，改善了社区人居环境，提升了市民的宜居性和幸福感。希望广州先行先试，找出更多的路子和办法，做好示范带个好头。

在新的历史时期，城市更新要坚持三个尊重，即尊重自然和生态和谐、尊重当地历史文化和尊重普通人的利益，有效推进"城市修补"和"有机更新"，解决老城区环境品质下降、空间秩序混乱、文化遗产损毁、土地资源浪费和生态环境破坏等问题，才能满足人民群众对美好生活的需要。城市更新已是当前中国城市转型发展的主要方式，全国许多城市都在进行有益的尝试和探索。需要相互借鉴交流，分析产生的深层次原因，以便找出更系统、更科学的发展对策。城市更新委要发挥好平台和服务的作用，集聚各方智慧，打造优秀智库，及时总结和推广好的经验和做法，齐心协作，共同推进我国的城市更新事业，为城市更有温度、更有品质，人民群众更有幸福感和获得感做出贡献。

仇保兴

国务院参事

中国城市科学研究会理事长

国家住房和城乡建设部原副部长

2018 年 10 月

前　言

随着改革开放步入 40 周年，我国的工业化和城市化取得了举世瞩目的成就，但是在经济快速发展的同时也消耗了大量的土地资源。土地是我国经济社会发展的关键要素和有限资源。我国当前存在大量的低效利用土地，城市更新作为盘活低效存量建设用地、加快促进产业转型升级和结构调整、改善城乡人居环境、完善城市功能、保护与传承历史文化遗产和保障经济社会可持续发展的重要手段，已成为新时代下推动中国城市转型发展的迫切需要和新方向。

以党的十九大精神为指导，积极贯彻十九大报告提出深化供给侧结构性改革和中央城市工作会议提出"严控增量、盘活存量、优化结构"、"有序实施城市修补和有机更新"的总体要求，以创新、协调、绿色、开放、共享为理念，中国城市科学研究会城市更新专业委员会依托广东工业大学，秉承"产研结合、求是创新、民主开放、服务社会"的办会原则，致力于探索城市更新理论、创新城市更新设计方法和技术、推进城市更新制度建设、开展学术合作交流和实践探索以及宣传普及城市更新知识。

《中国城市更新发展报告 2017-2018》（以下简称《报告》）是中国城市科学研究会城市更新专业委员会在《中国城市更新发展报告 2016-2017》的基础上编写的年度综合性行业报告。《报告》对 2017-2018 年度国内外城市更新研究热点、国内重大城市更新事件和行业动态、国内主要城市的城市更新政策和实践探索、国外典型案例等进行总结和分析，归纳总结城市更新的特色经验和模式，以求丰富城市更新的理论和认识，加快推进城市更新工作。

本报告共分动态篇、城市篇、案例篇和附录 4 个篇章，并由仇保兴先生作序。《报告》在延续上一年度更新报告总体结构的基础上，进行了部分内容编排的创新。一是在动态篇增加了对上一年度城科会城市更新年会主题报告的内容整理和回顾。二是在城市更新专业委员会承担广州市城市更新报告咨询服务的基础上，城市篇以广州的城市更新内容分析和总结为主，辅于国内其他城市的更新情况概述。三是组织了体现地域特色的广东古驿道和广州地区总规划师制度两个专题。通过对报告内容结构编排的创新和传承，在充分体现地方城市更新特色的同时，又统筹兼顾全国的城市更新情况。

"动态篇"紧扣时事，回顾、梳理和总结城市更新重点实践和学术前沿。一是对 2017 年城市更新年会进行回顾，对仇保兴、王建国、沈迟、张杰和高群等学者的会议主题发言进行了转录和整理，以图记录会议内容，再现一年前学术探讨和交流的盛况。二是对南粤古驿道的最新动态进行了追踪和回顾，转载了相关领导和专家学者发表在《南方》杂志上有关南粤古驿道保护和利用的专题文章。三是对近年来国内外城市更新研究进展进行综述，追踪学术研究的前沿动态。四是通过全面检索城市更新相关新闻报道、国家和地方政策条例以及举办的大型学术会议等数据资料，筛选并梳理了 2017—2018 年度城市更新十大事件，同时对南粤古驿道保护利用进行介绍。

"城市篇"以"一个主报告 + 三个分专题"的形式重点对广州城市更新实践进行分析、总结和归纳。"2017 年度广州城市更新发展主报告"从空间分布、更新方式、改造模式、运作机制、体制创新等方面系统总结 2017 年广州市城市更新工作基本情况，归纳过往，提炼 2017 年城市更新工作的新突破。城市更新产业专题分析和归纳广州城市更新产业发展的特征、存在问题和趋势，研究广州市城市更新产业发展的政策方向和产业功能活化思路，提出加强产业植入、完善产业功能发展的指引和制定相应的产业更新政策和制度的建议。城市更新用地专题研究分析广州城市更新用地的供给潜力，提出盘活和挖掘城市更新用地的思路。老旧小区微改造专题分析归纳广州市老旧小区微改造的模式和经验，提出加强我市老旧小区微改造的标准化和特色化建设的思路和建议，探索可复制可推广的经验。"城市篇"同时对上海、深圳、南京、佛山等城市的更新进行了分析概述和经验总结。

"案例篇"分为国外案例、广州案例和国内其他城市案例三部分。国外案例重点分析了巴黎拉德芳斯中心商务区、英国伦敦道克兰码头工业区和美国纽约高线公园的更新改造实践。广州案例从老旧小区微改造、旧厂房改造、城中村改造等方面选取典型案例进行分析和经验总结。国内其他城市案例涵盖了深圳蛇口网谷、广佛智城、上海杨浦滨江公共空间、上海洛克·外滩源、杭州南宋御街、南京老门东、杭州玉皇山南基金小镇、香港观塘旧城改造等典型案例。

"附录"收集整理国家和北上广深等城市更新的各类主要信息和相关政策法规，收录于书尾，方便读者查阅。

中国当前正迎来城市更新活动的热潮，各大城市城市更新活动正如火如荼地开展，《中国城市更新发展报告 2017-2018》全面地总结了国内重点城市的城市更新活动和实践，内容详实、案例丰富、重点突出。本报告作为一部年度行业报告，适合广大城乡规划和管理工作者、建筑学和城乡规划学等专业学生、相关专家学者阅读和参考。

编撰城市更新报告是一项任务繁重、涉及面广、影响较大的工作，由于时间和篇幅的限制，只选择有代表性的部分城市进行研究和介绍，报告难免存在偏颇，对部分城市更新内容有所遗漏，未尽事宜，我们期待在来年的报告中进行弥补和修正。我们也期许更多的同行、专家和有志者来稿供稿，互相切磋，以求更全面地反映中国城市更新的情况。

朱雪梅

中国城市科学研究会城市更新专业委员会 主任委员

2018 年 10 月

目　录

动　态　篇

重建城市微循环——绿色发展新理念

仇保兴 *

人居环境科学的发展有两种思路：一是整体论。长期以来我们试图从整体上、宏观上、高层上来对人居环境进行系统的设计，对各种资源进行整合。这种思路并没有错，因为我们缺乏用复杂科学的办法来对人类聚居的模式进行整体地、系统地把握与分析。二是立足于组成城市的最基本元素——人与人以及人与物的微观行为分析。复杂科学告诉我们一个真理，即一个自组织系统为什么会产生转型、涨落和演进等现象？组织机制是根植在这个系统中最基础的元素，也就是人居环境中人的能动性，以及人与人之间的相互作用，这些作用导致了城市特定的演进轨迹，这是理解人居环境科学的另一个着眼点。所以，宏观与微观这两种研究思路都不能偏废，人居环境科学的发展趋势在于宏观的整合协调与微观的能动性分析相结合，在于人的积极性的涌现，系统才会涌现。

由此可见，复杂科学为我们研究人居环境科学提供了两方面的思路：一是宏观上的系统性；二是微观上的能动性。正因为考虑到微观上的能动性，可以设想，正步入生态文明新世纪的中国城市人居环境的发展历程中有一个不可缺少的环节，就是重建微循环。城市作为一种人类的聚居模式，脱胎于农耕文明，从诞生之日起就是与自然环境相联系的。但是，仅300年的工业文明发展却导致了城市与自然隔离、对生态环境的冲击及与自然对抗。从某种意义上看，城市已成为破坏大自然的一种最暴力的推土机。人居环境科学研究应着眼于以人为本，以自然为本，这两者是融合的，是密不可分的。

城市发展的历史就是一次次转型的历史。现阶段我国城市的微循环再造具有什么样的转型条件呢？一是我国大城市的城市空间格局和基本框架，经过30年快速城镇化的发展和规划建设已经基本定型，城市的扩张边界也已清晰可见。二是城市大型的基础设施已基本建成，或者已经做出了规划。三是城镇化初期大拆大建的弊端已经充分显现。这既是非人性化的，也是造成"建筑短命"、资源能源浪费的重要原因，更不符合和谐社会的要求。四是市民对社区人居环境质量改善的愿望日益提升。

* 仇保兴，博士，国务院参事，住房和城乡建设部原副部长，中国城市科学研究会理事长，中国社会科学院、同济大学、中国人民大学、天津大学博士生导师。

过去人们的基本住房需求是居住空间的需要，现在则是居住质量的需要。所以，质量型的城镇化就成为时代的要求，应因势而导。未来几个五年计划我国追求的就是以人为本的质量型城镇化。当前各地正在积极推进"两型社会"建设，其核心内容即以人为本的质量型城镇化。五是以城市作为单元来实现节能减排，应对气候变化的要求日益明确。这也是我国作为负责任的大国不可推卸的责任。城市产生了80%的废物、废气、二氧化碳气体，解铃还须系铃人，这些问题的解决还是要回到城市转型去寻找答案。

转型的基本思路是什么呢？就是要从300年的工业文明的深刻教训来汲取智慧。人类几万年的农耕文明能始终与地球和谐相处，但仅300年的工业文明就把地球资源消耗得差不多了，大气层中温室气体已达临界，生态环境也濒临崩溃的边缘。由此可见，工业文明是一条不可持续的道路，人类社会必须转向生态文明，其核心在于城市转型。具体来说，第一，从工业文明推动的城市发展模式转向生态文明，从而以生态文明来改造城市，促进城市转型；第二，从对废弃物集中机械式处理转向分散有机化处理；第三，从热衷于建造大、高、集中的市政设施转向小型的、分散的、廉价适宜的设施；第四，从能源单向度的生产、浪费排放处理转向循环利用；第五，从设施间相互分离转向综合利用和共生；最后，从强调自上而下规划建设城市转向上下结合，充分调动市民的积极性，因为智慧来自于基层。

我国城市发展不仅需要转型，而且具有紧迫性。第一，城市发展模式是千变万化的，但紧凑是第一要义，因为一旦出现过度郊区化，后人难于纠正。当前我国正处在这样一个关键时刻，防止城市低密度蔓延是当务之急。第二，大多数决策者仍迷恋于巨大尺度的构筑物和"大变"的政绩观，这在城镇化初期有其一定的合理性，但是到城镇化中后期仍然这样做，是不合适的，是与以人为本对立的，更与和谐的自然观相冲突。第三，工业文明遗产的影响难以消除，如追求城市清晰的功能分区和让城市规划适应汽车交通等貌似正确的策略，已造成日益严重的石油危机、空气污染、交通拥堵等。这种单一的功能主义的方法已经被历史证明或者正在被证明，是无效的。第四，集中式处理对应于福特式大规模工业生产体系，已成为城市废弃物处理的基本模式，"3R"（Reduce，Reuse，Recycle）式处理方式难以启动。更重要的是，基于"规模效益"的废弃物、污水处理厂、核电站、煤气厂等集中式处理设施，在处理的过程中往往加入或产生有毒、易燃、腐蚀性强的化学物质。这些中心式的巨大设施一旦失效或遭到人为破坏，就会使城市的运行陷入瘫痪。第五，我国前期城镇化的成就巨大，使得部分规划师满足于"精英式决策"。城市规划不应成为无所不包的行动方案，只有这样，才能为规划创新留下空间，以工业为本的传统城市才有条件演变为以人为本的发展模式，规划自身也才能成为一种注重"过程"的科学规划。

我国城市现阶段有哪些微循环变革趋势正在发生呢？

1 微降解

当前，必须十分关注城市按照自组织的原理来重建失去的环节，即对废弃物的降解。在自然界中生产、消费、降解三个环节是平衡的。正因为自然生态作为一种恒久存在的自组织系统，这三者是均衡的，所以本质上是一种生生不息的循环系统（图1）。这种循环系统就使得大自然在没有被城镇化之前，可以承载众多种类生物的生存和繁育。如果每个城市社区和基本细胞——家庭和工厂自身能够对废弃物进行降解，产生微循环，城市对大自然的冲突就可消除或减少。就废弃物而言，把垃圾资源化，进行分类，再通过市场化进行回收利用，是实现"3R"原则的必由之路。我国的垃圾处理模式应该建立在分类的基础上，尽可能把有用的东西分类回收，再将有机垃圾和厨余垃圾收集后就地降解，就地回收，尽可能实现资源的循环利用。再比如说水资源循环，将建筑产生的废水分成灰色水和黑色水，灰色水是可利用的水，指的是厨房、洗衣机和洗澡的废水再加上收集的雨水，通过简单的生化处理（1立方米水处理成本低于一元人民币），然后循环用于冲马桶。冲便以后变成黑色水，再经城市污水管网收集或小区污水处理装置就地处理回用于绿化，这样就可以节水30%以上。北京市区的年均缺水量约为5亿吨，通过这种方式可以节约用水6亿吨以上。如果北京有一半建筑实行灰色水和黑色水分离及中水回用，大规模的调水工程就可以节省投资了。

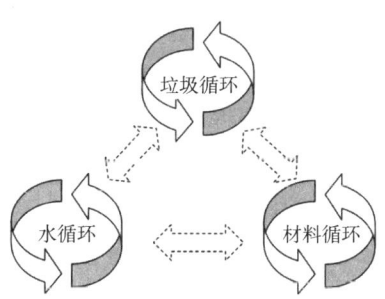

图1　生态循环模型

在污水处理方面，世界银行给我国开出的药方往往是建大规模的集中式污水处理厂（图2）。即一个城市建立一个大型污水处理厂，用管网把所有的污水输送几十公里到大型污水处理厂，再将尾水往江河湖海里一排了事。这就要求在污水长距离传输的过程中间加压输送，所有的污水管道要耐高压密封，沿路污水进入管网也必须加压才能泵入，结果排污系统极其昂贵费能。实践证明，这种"福特式"污水集中处理模式的弊端已经暴露无遗。国际水协曾对此类错误的策略进行过批判，并认为城市污水系统应分散高效地进行科学布局设计（图3）。如果每个社区单元都采取污水就地收集和处理、就地回用的做法，城市的污水处理成本就会大大降低。由此可见，应在我国现有的城市集中处理设施基本建立的基础上，采用分散式的循环降解办法来拾遗补缺，优化系统的整体可靠性，这种共生式废弃物处理显然是符合生态文明时代城市发展观的。

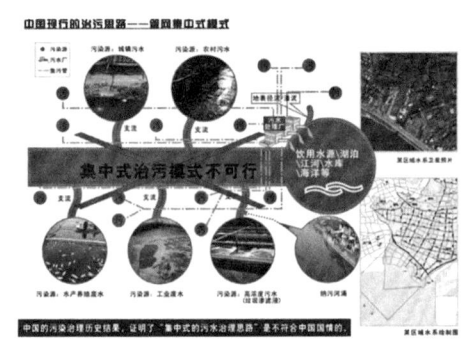

图2　集中式污水处理模式

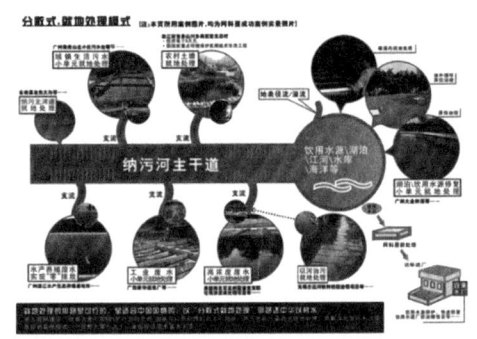

图3　分散式就地处理模式

2　微能源

这种新的能源系统将与建筑一体化设计建造，着眼于能源的就地采集、就地循环使用。推广微能源系统能使建筑从单纯的耗能转为产能。如果把风电、太阳能光伏与建筑一体化进行设计与建设，就可使得发电端和用电端直接联系，这样可以把传统"发电—输送—变电—用户"模式70%的输电消耗减除了。城市生物质燃烧发电、地热能与地质储能等都可以与建筑、小区一体化规划进行建设。我国大多数的地质都是片层的岩石结构，这种岩石结构按照国外地质学家的观点来讲是属于最好的储能物质结构。把夏天建筑物制冷所产生的热量储存到地底下，冬天再释放出来，可实现全年建筑能源的平衡利用。在此基础上，通过分布式的能源规划，把风能、太阳能、电梯的下降能、垃圾的沼气化发电等与建筑和小区的设计组合起来，并用微智能电网连接调控，再加上家用电动车的储能缓冲，就构成了城市微能源系统。

3　微冲击

微冲击是城市与生态基质的共存之道。指的是城市规划建设模式尽可能不改变地表水的径流量分布，不干扰原有的生态敏感区，尽可能使地表透水，也就是说以尽可能少地干扰地表和地下水系的模式来规划建设城市。微冲击的原则是，城市降雨以后，首先屋顶储水，建筑储水，小区再储水，溢满出来再进入街道地下沟储水，然后再溢到城市排水系统。城市就像一个自然生态系统，有效地吸收雨水。

国际水协总结发达国家几十年的污水治理经验教训，提出十六字方针："适度规模、合理分布、深度处理、就地循环"。修建城市污水处理系统，首先要适度规模，单个污水处理厂 20～40 万 t 日处理能力是足够的，不能片面追求单个污水处理厂的规模，否则污水收集输送系统投资庞大。第二，合理分布。污水处理厂服务区范围应为 20～50 万人口，可节约管网投资，而且系统的可靠性也会提高。第三，深度处理。倡导将处理工艺从中国的"一级 B"转向"一级 A"。"一级 A"处理出来的就是可循环利用的中水，再流经自然湖泊、河流、湿地净化后就可达到三类水的标准。三类水体是直接可以作为饮用水的水源。第四，就地回用。就近补充地下水、地表水，并实现水资源的就地循环利用。

4　微更生

倡导旧城有机更生，不仅能避免大拆大建，延长建筑的使用寿命，促进建材的循环使用，从而达到节能减排的目的，而且也是保护城市历史街区和历史文脉的基本通径。城市是一种文化的容器，历史与未来是共生的。日本学者在战后也提出社区魅力再造的计划，至少有 7 个城市的社区实现了由下而上的动员，居民参与恢复了许多历史与生态景观，创造出有影响力、归属感和独特特色的社区文化及空间形态。城市史已证实，对历史文化遗产的保护和传承在欧洲许多国家已经成为城市发展的可持续资源，而且这类城市的魅力在全球化时代正与日俱增。

5　微交通

现代城市交通体系应使市民在住所与工作场所之间的交通确保循环畅通与低能耗低排放。城市内部有限的空间对交通来说是非常稀缺的资源，越是紧凑的城市其交通资源越紧缺，那就要按照交通工具的空间利用效率和生态化的程度重新进行布局。微交通工具，比如说自行车的空间使用效率高于私家车 20 倍，理应把更多的空间和道路资源划给自行车。现在全国电动自行车使用量已超过亿辆，任何国家部委都没有给予扶持，但电动自行车的使用已是星火燎原，谁都难以阻挡。它百公里能耗只有私家车的零头，且不排放任何废气。比较各种机动化工具的能耗，电动自行车的能耗只有摩托车的八分之一，小汽车的十几分之一。由此可见，在支持电动汽车发展的同时更要扶持电动自行车的发展。在大中城市发展电动自行车比发展电动汽车意义更大，关键在于电动自行车不仅能耗低，而且其空间利用效率是电动汽车的 20 倍。如果再与可再生能源相结合,通过太阳能充电桩为电动自行车充电,就可以实现"零碳"交通。正因为顺应了绿色交通和老年化社会的历史潮流,我国电动自行车虽然缺乏国家公共政策的扶持,但是近年来产量却突飞猛进。

6 微创业

健康的城市化的关键是充分就业。而微创业不仅指大量有效的非正规就业,而且也包括 Soho 等在家就业的新模式。科学技术的迅猛发展以及计算机模拟、信息处理传输革命(例如云计算等)使得科技人员的个人创业已成为全球风潮。无线城市与高速信息网已使得人类交往空间越来越虚拟化。当前我国许多城市都在推行无线城市和创业型城市。城市混合空间的经济活力来源于知识结构空间的合理化,人类头脑中非编码的知识要比可编码的知识强大几百倍。也就是凡是能够讲出来的、写成书的、传输到网上的只是人类头脑中知识存量的 2%,更多的知识需要通过面对面讨论,头脑的风暴共振,才会有效交流,进而产生新的知识。所以,尽管信息网络非常发达,大学和研究机构还是需要的,讨论和争论还是无可代替的。对城市的小摊小贩和跳蚤市场的容忍与引导已经成为世界城市管理的潮流,我们再也不能因管理方便采取一刀切来忽视城市多样化真实生活场景的建立和扼杀市民的创业机会。

简·雅各布斯在她的名著《美国大城市的死与生》中告诫我们:城市规划的首要目标是城市活力,城市规划必须围绕促进和保持活力来做文章。为了提高城市活力,规划必须最大限度地催生和促进大城市的不同地区中的人及使用功能的多样性存在;必须促进连续的街道邻里网络的形成;必须打破对城市物质和社会结构有破坏作用的真空边缘带,建立市民对大城市和城市分区的认同感和归属感;必须通过为原居民的就地脱贫和发展创造条件,来实现城市贫民区的脱贫;必须珍惜和呵护已经形成的基于功用多样性的城市区域,避免某种强势功能排斥其他有共生关系的弱势功能,导致其向功能的单一化趋势演化;必须彰显反映城市功用的城市视觉秩序,而不是形式主义的、与功能不符或者有碍功能的城市化妆。

7 微绿地

水蒸发所产生的热能微循环和分布均衡性对城市宜居性非常重要,为什么热岛效应会导致大城市中心温度比其郊区要高出好几度?因为大城市中心往往缺乏植物和地表水蒸发来降低地表温度,光照、通风不畅、空调排气、汽车及人类密集活动所带来的能耗所产生的热量使热岛效应越来越严重,并形成了恶性循环。与此同时,紧凑式的城市会放大各种人为和自然的灾害。就近、分散、合理设计布局的小型公园绿地已成为不可替代的城市居民的娱乐空间和避灾场所。从美化景观到节能减排，屋顶、立体绿化、行道树、小公园已成克服城市热岛效应的主力军。新加坡李光耀资政曾有一个小发明，就是在高架桥中间开一个口子，让阳光从狭缝中照射下来，高架桥底就可建成美丽的小型公园，植物长得非常茂盛，造就了许多宜人的街心花园。人类创造了很多高技术，但是一些传统的低技术、低排放模式常常被忽视了，很少有人考虑到微绿化产生巨大的减排效应。

8　微医疗

大量的社区医院能成为就近为居民服务的家庭医生，即市民自组织的保健体系使医务人员与社区相结合。其次，全科医师与现代化的网络诊断相结合，就可与居民发生大量经常性的信息循环沟通，使社区医院具备大医院那样的化验诊断能力，减少误诊。据日本方面报道：使用现代化的物联网技术，在抽水马桶中安装特殊的传感器，能使日常社区医生及时记录和分析特定病患者的病情变化并及时进行救治；再次，从重医疗到重预防，弘扬中医廉价而且能治"未病"的优势，减少慢性病开支，迎接老年社会的保健和医疗需求，应成为我国的重要国策。最后，从医院治疗走向社区治疗，也是减少城市交通流量，实现节能减排的策略之一。我国老年社会能否健康演进在一定程度上就取决于这种社区疾病预防和城乡社区层次医患之间微循环模式的建立。

9　微农场

城市中的微型农场已成为废水、粪便和其他有机垃圾循环利用的重要基地。除此之外，这些星罗棋布的小型农场还为现代城市带来了众多利益：一是应对食品卫生日益严重的危机。福特式大生产体系使食品生产加工和运输销售的链条越来越长，环节越来越多，信息的不透明度越来越高，伪劣食品造成的健康危害就越大。二是微农场使城市风景更加多姿多彩。微农场可以同城市绿化有机结合来修复"混凝土丛林"生硬的外观。微农场造就赏心悦目的楼宇景观和楼顶花园，与楼宇绿地相结合的植物工厂，还可作为城市居民寻找田园之乐、品味自然野趣的好去处，也是学生们学习生物知识的好场所。三是微农场带来了绿荫，减少热岛效应和温室气体排放量，同时还可净化城市机动化所带来的有毒空气环境。四是创造就业岗位。据联合国开发计划署估计，全世界有8亿人在从事城市农业，主要在亚洲。其中只有2亿人生产的食物主要是为了市场销售，而绝大多数是为了自家食用。

10 微调控

一个"善治"的和谐社会无疑是基于基层政府能否与市民直接沟通、微循环无阻碍的社会。在这方面西方城市管理给了我们若干启示。

第一，"熟人社会"的低成本调控。欧美中小城市的市长往往是由市民选举产生的兼职性职务，一般没有市政建设管理的决定权，但是大城市的市长与中国一样，都很强势，为什么这样呢？小城市、小社区因为是"熟人社会"，市民之间知根知底，社会的管理成本可以做到很低。所以，欧美中小城市的政府一般没有正式的公务员，市长也只是象征性地收交通费作为兼职报酬，其主要工作是聘请与住宅小区的物业公司相似的市政企业为城市的市政保洁绿化、保安等方面工作，所以它们的城市政府都是非常微小的政府。而我国现在一个镇级政府的公共经费仅够人头费，管理成本很高。所以，在中小城市或者城市社区，应在城市管理上采用尽可能低的成本来维持城市的日常管理和实现可持续发展，再加上现代社区信息网络的建设，就可使得市民与政府之间有一个非常低成本的相互交往、相互交流渠道。政府的起源就是市民的保姆，在这种意义上讲，良治是基于信息微循环基础上的对城市社区的微调控。第一，政府不能老是想着疾风暴雨式的大行动，要倡导润物无声式的微调控。第二，城市的地理空间可以用现代数字技术来分割成许多微空间，实现微空间定位与城市管理的系统整合和高效化。城市在现代化过程中必然会派生出许多专业管理部门，这些专业都有独特的服务功能、技术和管理法规，但是都必须落到一个微空间上。这个微空间的管理实效可以通过数字城市系统来整合，利用 GPS、GIS 这些系统的整合，使得对每一个专业管理部门，对城市任何一个空间的管理效率都能做出评价，再加上社会舆论对各专业部门管理效能的公开监督，从而促使政府部门之间面临更大的竞争压力。这样的城市整体管理效率就会逐步提高。

要重建城市的微循环，需要制订一些激励政策来引导。例如，通过评选国家园林城市、可再生能源示范城市、节水型城市、绿色交通城市、环保模范城市，再上升到中国人居环境奖，再到生态园林城市（图 4）。而且每个牌子附有一定的中央财政奖励政策或分开表彰激励。中央纠风办明确提出不能乱发牌子，所发每块牌子必须要严格考核，同时要定期进行复查，各类奖项之间也要有相互关联作用，这样一步一步引导城市政府科学理性地向前迈进，逐步重建城市微循环。

总之，我国已经从城镇化初期进入中后期的特殊阶段，应从前期注重 GDP 的数量型城镇化转向社会效应、生态效应和经济效应并存的质量型城镇化。在这个转型过程中，我们要遵循自组织的理念，摈弃初期广为流行的疾风暴雨式的"大开大发"、"大拆大建"，推行"微降解、微能源、微冲击、微更生、微交通、微绿地、微调控"等新理念，重建城市的微循环，这将成为城市规划创建和管理的新原则，也是"两型社会"建立的重要基石。未来将会怎么样，就取决于我们现在的所作所为。

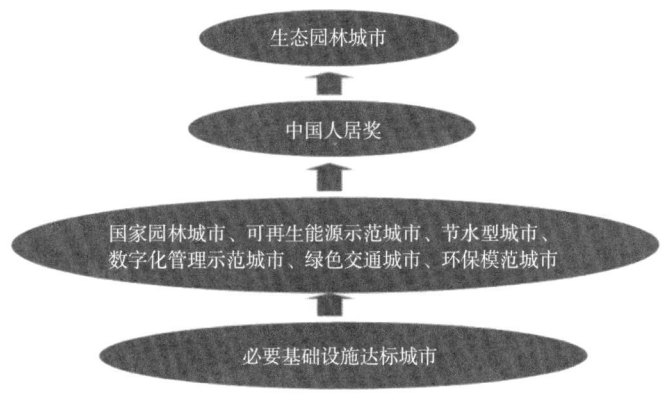

图4 城市微循环转型的激励与引导

备注：

本文根据作者自2017年10月19日中国城市科学研究会城市更新专业委员会年会上所做的报告以及作者论文《重建城市微循环——一个即将发生的大趋势》（城市发展研究，2011/05）整理。

城市更新中活力再生的设计途径

王建国 *

城市作为一个有机体，它永远面临着新生与衰亡、保留与淘汰、发展与保护的双重挑战，现在的城市面貌大都是多种力量交汇并日积月累之后的最终结果。

所以，我们看到很多城市新旧并存，这种发展与保护之间是一个非常严峻的挑战，同时也是一个城市最有魅力的地方。

从历史传统来看，城市设计师和建筑师大都按照一种统一的城市功能和美学要求来塑造城市风貌。这种设计模式当然无可非议，但是我觉得城市活力及其场所的营造是城市设计师、建筑设计师、规划师需要思考的另外一个主题。或许这个场景不如北京的紫禁城、巴黎的凡尔赛以及华盛顿的哥伦比亚特区重要和宏大，但是为社区提供活力和城市物质载体之间的互动关系是我们需要特别关切的。

自古以来，丰富多彩的、并且很多都是自发的城市活动就是城市品质体验的重要内容，而现在我们把这些有点淡忘了。这种邻里和睦、闲逛漫游、寻友购物的城市活动，可能会在临时的场所形成一些具有局部内洽性的人际亲密交流环境，这些不仅是城市具有活力重要的表征，也是维系城市社会发展韧性的重要组成部分。

对于城市活力的专业关注由来已久：

欧洲针对战后重建割裂城镇历史联系的问题，认识到历史文化实证不仅仅靠文物建筑，而且要有活态的历史街区，法国 1962 年颁布"马尔罗法"，第一次用立法方式保障历史街区保护。

雅各布、怀特、杨盖尔、Team 10 及 20 世纪 60 年代初倡导的社区规划、"倡导性规划"和"公众参与"等都是为了克服以往自上而下的规划常常武断简单处置问题的弊病，从而强调自下而上的社区作用，听取和尊重来自因信息不对称而焦虑不安的公众意见和倾诉。

学术界所熟知的雅各布，她本身是一名专栏记者，她在日常社会调研中发现她认为充满活力的地方，反而是规划局已经明确将被拆迁、重新规划的地方。她后来

*　王建国，中国工程院院士，东南大学建筑学院教授，博士生导师。

有感而发，在 20 世纪 60 年代初写了《美国大城市死与生》这本书，告诫大家社区本身活力的重要性。特别强调街道对于组织生活是非常重要的，同时强调街道中历史的重要性，包括大人、小孩儿在一起互动的重要性。

威廉怀特关注城市公共空间，他关注小型广场街道的空间，后来写了一本书《小城市社会空间生活》，这本书对世人的影响非常大。

扬·盖尔也做了大量针对公共空间的调查研究，带着他的研究生对很多广场做了一手观察调研，形成了一个系统性的研究成果。

东京工业大学塚本由晴曾经写过一本书《东京制造》（Making in Tokyo），记载了他发起的对东京街头大量的无名日常建筑的研究成果，讨论了以空间效率最大化为前提的东京城市形体环境的构成和生成逻辑。他通过对东京街道人的活动的研究提出"行为学"（behaviorlogy），认为城市建筑环境是由人的行为、物的行为和自然行为共同塑造的。

生活和建筑本来就是一体的。这里的生活包括居住者的生活，也包括风景、阳光、邻里等。塚本约两年前曾到我的工作室参访，今天演讲内容的 PPT 初稿也在那时与他交流过，讨论甚欢，彼此的学术观点比较接近。相对而言，他更加注重建筑这样的"物"与人的研究，而我则对人与外部公共空间环境的关系更感兴趣。

进入 21 世纪，我觉得一个城市是否具有活力，已经成为城市竞争力比较的重要尺度，城市活力也具有了更为广泛的内涵。

在我看来，城市活力具有具象和抽象两种理解：

具象的活力是大众所直接可以感知和观察到的，也是城市和建筑设计师的专业工作最直接相关的，如大量存在于城市街道、广场、公园、公共建筑和文化建筑等外部物质空间中的种种人群活动。如各种广泛存在于中国、墨西哥、秘鲁等中等收入的发展中国家的"非正式性"（Informality）经济活动：小店铺、小作坊、街头摊贩、临时性观演等。

抽象的活力则可以表达为城市公众参与城市发展讨论、就重大事项和参政议政发表意见的机会和可能。

更加广泛看，城市活力甚至可以是城市发展活力、科技创新活力、文化艺术活力和宜居质量的重要量纲。

规划师和设计师主要设计具象的活力，我觉得大多数的城市活力产生于步行为主的日常生活，是社会民主和公平的一个载体，我们经常讲上街并不仅仅是功能性要去买什么东西的意图，同样也是一种下意识地渴求社会交往和生活的行为心理所致，所以这里面功能复合的多样性非常重要，有目的或者没有目的地左顾右盼或者突发性的随机性的行为，预谋或者偶发性的人居交往，都是外部空间作为场所、载体的品质所在。生活所形成的空间意向逸闻趣事和场所既是人类行为的一种图景呈现，也渗透在社区精神的记忆。

现在谈留住"乡愁",不是单指乡村场景是否有传承或者美丽与否,同样意指城镇市井生活的日益缺失和社会异质性问题。路易斯康曾经忧心忡忡地说:现代城市"只有路、没有街",这种担心并非多余。缺乏公共空间和多样性生活场所的城市是今天城市特色危机产生的重要原因之一。

怎么样营造富有活力的城市空间环境和建筑,我总结了六条原则跟大家来分享:

(1)宜小(尺度)宜慢(生活节奏)的步行化

关注"小微环境"、人性化尺度的关键在于对个人尺度的关注。可以是针对特定的社会人群(特别是部分失能的人群),也可以是无特定针对性的,全龄化适宜。

基于个人生理要求的步行方式、舒适优雅的生活节奏是城市活力产生的重要基础。基于个体的合宜碎片性和异质并存对于城市活力是有好处的。

前一段网上热议的何志森对城市生活的深度调研解读也给人很多启发。

(2)杂而不乱,喧而不闹,动静相宜

城市活力需要合理的人群密度和有效的人际互动交往,密度和拥挤是两个概念。在城市空间尺度日益变大的情况下,组织优质化的城市功能就会吸引富有活力的社会人群聚集,如东京表参道、上海南京路、南京新街口、广州北京路。特别应该突出强调市民空间(civil space)的价值及其设计营造。

"大广场、宽马路"的时代已经过去,在当前,特别需要建筑师关注城市步行空间和活动领域,成都太古里是一个当代结合较强开发强度,亦古亦新、中高档的综合性步行商业街区的成功案例。北京的侨福芳草地则是通过组合综合功能,并结合城市设计理念处理可达性公众人流而获得成功的建筑案例。

(3)关注"自下而上",自发、自愿、自主、自为的城市活力提升途径

这是城市活力萌生和维持的基础。因此,认知心理、环境心理、社会心理、环境行为就变得十分重要。

特定地段的建筑空间形式、要素布局和形象特征会吸引和诱导特有的功能、用途和活动,而人们的心理又可能寻求适合于自己要求的不同的环境。行为也趋向于设置在最能满足它要求的空间环境中,只有将活动行为安排在最符合其功能的合适场所,才能创造良好的城市环境,环境也因此具有场所意义。

原来是1930年修建的一条连接纽约曼哈顿南部港口加工区和中部铁路转运车站的高架铁路货运专用线,后于1980年功成身退,一度面临拆迁危险。在纽约FHL组织的大力保护下,高线终于存活了下来,并建成了独具特色的空中花园走廊,为纽约赢得了巨大的社会经济效益,成为纽约城市更新的典范。

另外,我觉得城市非正规性很重要,前不久,我去上海城市建设展览馆参加了汶川地震灾后重建摄影展,事后与朋友一起到附近吃饭,走到上海工人文化宫前,发现仍有很多退休老人集聚在附近,我相信这个完全是自发的,因为他们心理上对这个地方有集体的认同。

（4）去中心化、注重大众喜好；以他者身份留意、观察、注视城市活动和景观、人看人也是最常见的活力提升的途径

看热闹、看表演、探新猎奇这样的百姓行为其实自古至今都是城乡空间中的真实存在，城市各种传统集市、城市节庆、乡土民俗活动都是人们所喜爱的社会生活，其高度和谐、分享、互动的社会参与正是一座城市的活力所在，也是城市独特的"名片"。

纽约时代广场最早人车共行。2009年，纽约市长布隆伯格宣布在百老汇大街时代广场（42-27街）和先驱广场（233-35街）试行增加步行空间。2010年2月，时代广场改造成永久性的人行广场，增设公共活动需要的基础设施。实施后该地区交通事故减少了63%，交通通行速度提高了2%~17%。

（5）建筑空间和功能处理内外关联和一体化

这也是城市活力产生的重要源泉。巴黎大街小巷遍布的室内外结合的咖啡餐饮，常年人群熙攘，催生城市活动，很多文人墨客、艺术家和政治家在此驻足相聚，迸发灵感。在云南丽江、广西阳朔因为气候宜人，也有大量户外餐饮设施，营造出无穷的活力。

建筑设计中其实也有很多人在做，比如皮亚诺做的一个商住混合开发项目，建筑设计上用了比较鲜艳的颜色来表征城市中特征性的存在，设计把建筑底层和城市街道完全打通并开放出来，这是建筑师对活力的一种积极理解和专业处理。

（6）营造场所感是使城市活力获得质量并持之以久的重要途径

现在很多人经常谈到乡愁。2013年城镇化工作会议上，习总书记提出看水望水、留住乡愁。乡愁通常与当代人高度流动性有关，所以一直对故土有一个地理空间、情绪上一种关联和追怀。中国乡愁有独特的文化背景，历史上告老还乡、解甲归田，到今天春节"返乡潮"都跟农耕社会的宗教思想，以及儒家、道家等有直接的关联。

挪威建筑理论学家诺·舒尔茨（N.Schulz）曾经讲过建筑师的任务就是创造有意味的场所，帮助人们栖居。但是如果事物发展变化太快，历史就变得难以定型，所以人们为了发展自身、发展社会生活变化就需要一种相对稳定的场所体系，这就跟场所感有着密切关系。

哥本哈根做的八字住宅也很有意思。设计通过一个八字形动线的组织，把一个"街道"设计到住宅当中，让人在"街道"上通过院落进入到自己的家，这和一般集合住宅设计是完全不一样的。

延伸和讨论：

随着现代生活节奏加快、城市交通机动化和大型商业综合体的崛起，城市公共空间形式发生了很大改变，有些户外的功能被移到室内，免于恶劣气候条件的影响，有顶棚步行街越来越成为现代城市中常见的街道组织方式；同时，电商线上支付日益

普及，对传统步行商业街区产生了釜底抽薪的影响。

于是，我们今天如何能够既保留传统街道的优点，又能够在未来实体加虚拟的城市生活活动和经济活动中，成功跨越由于时代变迁而带来的"不连续性"就显得格外重要。

此外，我认为一些垂直城市、垂直的村落，是因为居住在一起、工作在一起，所以可以在确定范围内增加互动，屋顶花园的利用，包括一些垂直公共空间的利用等。

这是我在郑州郑东新区做的一个办公楼，增加了一些的室内边庭和中庭空间，希望能够增加办公白领在繁忙工作节奏中交流和交往分享的空间。

同时，今天我们的城市活力不仅与通常所理解空间、环境要素、城市区位有关，而且与网红形象、流行元素也密切相关。所以，传统城市空间交往功能逐渐衰微，并变成主要是中老年人聚集活动场所，比如说聊天、广场舞、打牌等。健身休闲以及建立在移动 IP 终端交往基础上人际沟通、商业购物、社交活动将是城市和建筑设计师需要在营造城市公共空间环境时特别关注的，做规划设计不能总是以鸟瞰方式观察城市，微观近距离的社会观察同样重要，老百姓需要享受生活的丰富性和环境多样性，所以城市活力不仅是城市竞争力、城市健康发展的根据所在，也是 20 世纪 50 年代以来全球、城市研究最热门的话题之一。

中国现在已经进入中国特色社会主义新时代的转型期，满足人民对美好生活的要求，解决不充分、不平衡发展之间矛盾已经成为下一阶段攻坚克难的重点。我们需要以人民为中心，需要有温度、厚度、深度、精度的城市规划建设，城市设计和建筑设计则是实现这一目标的重要专业途径。

备注：

本文根据作者在 2017 年 10 月 19 日中国城市科学研究会城市更新专业委员会年会上所做的报告整理。

城乡发展热点问题的冷思考

沈 迟*

1 热点问题一：城市群

要把城市群作为主体形态，促进大中小城市和小城镇合理分工、功能互补、协同发展。城市群是在特定的区域范围内云集相当数量的不同性质、类型和等级规模的城市，以一个或几个特大城市为中心，依托一定的自然环境和交通条件，城市之间的内在联系不断加强，共同构成一个相对完整的城市"集合体"。

当一个城市密集地区的特大城市数量超过 2 个、地域面积数万平方公里、人均GDP 和城镇化水平都大大超过全国平均数、区域内城镇之间联系密度高，基础设施公共服务商业金融业共享程度明显高于区域外的，可认为这一城市密集地区达到了城市群发育的基本标准，可按照城市群来建设。

从经济总量、对外开放度和信息化程度等方面的比较看，中国各城市群之间存在着巨大的发展差异。需要指出的是，城市群形成和发展有其内在规律，是城市之间经济和市场联系不断深化形成的，是由共同的区域历史文化支撑的，不是人为'捏'出来的。政府可以通过规划和基础设施网络加以引导，但不是靠长官意志把几个城市"圈"起来就能形成城市群了。

2 热点问题二：城乡一体化

2.1 城乡发展一体化的重要意义

第一，加快推进城乡发展一体化，是党的十八大提出的战略任务，也是落实"四个全面"战略布局的必然要求。

第二，推进城乡发展一体化，是工业化、城镇化、农业现代化发展到一定阶段的必然要求，是国家现代化的重要标志。

第三，健全城乡发展一体化体制机制，是一项关系全局和长远的重大任务。

---

* 沈迟，国家发展和改革委员会城市和小城镇改革发展中心副主任、总规划师、规划院院长。

解决好"三农"问题是全党工作的重中之重，推进城乡发展一体化是解决"三农"问题的根本途径，健全城乡发展一体化体制机制则是推进城乡发展一体化的重要保障。因此，健全城乡发展一体化体制机制绝不是无关大局、只在一时的权宜之计，而是关系全局、关系长远的战略之举。

2.2　推进城乡发展一体化的目标要求

第一，在统筹城乡关系上取得重大突破，特别是要在破解城乡二元结构、推进城乡要素平等交换和公共资源均衡配置上取得重大突破。

第二，通过建立城乡融合的体制机制，坚持工业反哺农业、城市支持农村的方针，形成以工促农、以城带乡、工农互惠、城乡一体的新型工农城乡关系。

第三，在城乡之间逐步实现"五化"，即城乡居民基本权益平等化、城乡公共服务均等化、城乡居民收入均衡化、城乡要素配置合理化、城乡产业发展融合化。

第四，要把解放和发展农村社会生产力、改善和提高广大农民群众生活水平作为根本的政策取向，让广大农民平等参与现代化进程、共同分享现代化成果。

2.3　城乡发展一体化不是城乡一样化

城乡一体化作为城市化进程中的一个新阶段或者新路径，也是城市化的最高境界和解决"三农"问题的治本之策。即要通过积极推进城乡统筹，整体推进工业化、城镇化和农业现代化，促进城乡同发展共繁荣，使城乡居民共享现代文明成果，逐步达到城乡之间在经济、社会、文化、生态上协调发展，但并不是要彻底消除城乡差异，更不是搞"城乡一样化"。

3　热点问题三：小城镇和特色镇

3.1　特色小镇的发展历程

改革开放以后，小城镇发展最辉煌的历程是 1980 年之后，小城镇在当时具有重要战略意义的原因，首先是因为改革开放的政策先从农村包围城市，农村率先于城市实行改革，而工业化初期的经济状况使得城市中的国有企业发展受缚，因此形成当时"离土不离乡"的特色。

到 1985 年，中央 1 号文件对城镇化最大的影响，是提出农民可自带口粮进小城镇务工经商，在此阶段随着工业结构大调整，乡镇企业蓬勃发展，一大批崛起的小城镇开辟了城镇化的新进程。

到了 20 世纪 90 年代，国务院出台一系列意见和政策扶持，确立了小城镇在我国城镇化过程中的重要作用。

2000 年以后，国家发改委公布的三批试点城镇、住建部绿色重点小城镇试点示范等一系列文件出台，进一步促进小城镇发展。但此阶段开始小城镇发展具有明显的分化特征：珠三角地区的小城镇发展依旧繁荣，吸纳大量的劳动力就业；但中西部小城镇却面临人口大量的流失。政策本身并没有大的变化，是经济特征、投资趋向决定了小城镇发展分化的现实。

2015 年至今，从国家新型城镇化规划到 2015 年 4 月在浙江推出的特色小镇主题，得到了中央的肯定，重视特色镇的发展，强调城镇特色。

3.2　特色小镇在全国的建设热潮

从新闻媒体的指数来看，对特色小镇关注度热点非常高，由冷到热，再冷再热。从百度指数来看，特色小镇在 2016 年之前搜索指数一直为零，直到 2016 年 7 月三部委下发《关于开展特色小镇培育工作的通知》才逐渐升温，至 2016 年 10 月发改委发布《关于加快特色小（城）镇建设的指导意见》、住建部公布第一批全国特色小镇名单，特色小镇的热度达到第一个峰值。2017 年 3 月的两会、7 月住建部公布第二批全国特色小镇名单，使特色小镇热度持续不减。

特色小镇舆情高涨的现状反映了背后的投资也多，资本对特色小镇的建设也有非常大的热情。根据国内已建成特色小镇的样本估算，如果全国 1000 个特色小镇全部建成，总投资将达到 3 ~ 5 万亿。因此，各类资本均表现出对特色小镇的热情。

特色小镇建设基数庞大，较为著名的地产企业如万达、绿城、碧桂园等都参与了特色小镇的开发投资。各级政府、部分中央部委、部门还有大批建设计划，根据《华夏时报》的报道，2017 年末全国计划建设的特色小镇总量将多达五、六千个。

国家各部委发布的特色小镇相关文件，肯定了特色小镇建设对深化供给侧改革、推进城乡协调发展的重要作用，表明了支持特色小镇建设的明确立场。

许多地方政府也明确了以特色小镇为依托，带动地方经济、产业、基建、文化发展的指导思想，制定一系列特色小镇建设的发展目标，以及各种奖补政策。地方政府的支持有几大特点，一是创建主体不局限于建制镇，企业、政府均可为创建主体；二是政策扶持更加多元；三是考核机制更加动态；四是指导细则更为明确。

3.3　特色小镇发展过程中的问题

一是盲目定数量，轻质量。政府在推进特色小镇上的力度过大，纷纷制定了高规格规划，开发建设成本过高。地方政府纷纷动员房地产商主导开发，很多政策几乎是促进房地产发展的翻版。国家鼓励特色小镇发展的初衷是由于现今的体制机制束缚了一些经济活力很强的小镇，或者说非镇非区的地方，要把束缚因素解除，给它们更好的发展机会，而不是给那些自身财政都无法支撑的小城镇。因此，部分省份在规划特色小镇时盲目定数量是存在很大问题的。

二是融资风险加大。财政部的 50 号文件和 87 号文件对政府和社会合作的 PPP 模式，设定了一系列的底线和限制。87 号文件还强调，严禁利用或虚构政府购买合同进行融资。通过上述两个文件严格控制金融风险。当然，如果确实有条件建设特色小镇的，融资手段也应该多元化，但是也要预防风险。

三是特色小镇特色不鲜明。国家三部委《关于开展特色小镇培育工作的通知》指出，特色小镇的特色应定位在休闲旅游、商贸物流、现代制造、教育科技、传统文化、美丽宜居等富有活力的要素方面。特色小镇的培育首先应该有自身资源禀赋的条件，而后有集聚的产业优势才能形成。而当下很多特色小镇的特色缺失，并没有做到产业定位"特而强"、功能叠加"有机聚合"、建设形态"小而美"、机制制度"活而新"。

四是没有产业支撑。特色小镇和重点镇、中心镇不同，特色小镇必须要有产业支撑，而重点镇和中心镇可以没有产业支撑。特色小镇是发展特色产业、创新创业的地方，这些产业既能够在特色小镇很好的生存，又能与大城市、经济中心便捷的联系。

五是缺乏人口支撑。2015 年，跨省流动农民工 80% 流入地级以上城市，省内流动农民工 54.6% 流入地级以上城市，乡镇为人口流出主要区域。在国家新型城镇化规划中，小城镇的确是有一定的分工，但不是主力军，主力军是城市群，是大中城市、地级以上的城市。小城镇中很少一部分具备创新创业的基础条件或者培育的条件，可以成为特色小镇。但并不是所有的小城镇都可以做成特色小镇，不是特色小镇也一样具有发展前途，做好小城镇应具备的服务功能，国家也会有相应的支持。

六是没有市场支撑。没有市场，企业就没有持续的生命力，小镇就没有生命力。小城镇靠近城市还是远离城市，发展条件很不一样。同样的产业，在不同的特色小镇，其支撑是完全不同的。

七是需要资金支撑。特色小镇的建设需要大量的资金，资金实力不足则难以支撑特色小镇的产业建设，特别是各类设施的建设。根据《中国企业报》报道，江苏特色小镇的产业投资平均为 21 ～ 35 亿。而浙江的资金要求更加严格，每个镇要求至少达到 3 年 50 亿的投资规模。房地产商可以参与特色小镇的建设，但特色小镇必须有产业做基础，必须依靠持续的运营，不是以往房地产业简单的"卖房子"的模式。

4 热点问题四：新农村问题

4.1 什么是新农村

新农村建设不等于新村建设。新农村建设中的乡村环境正在消失，乡村社会也在改变，传统的旧村庄正面临着被彻底消灭。一些仅存的旧乡村已经变成中国社会中的稀缺资源。新农村要有新村民，农民喜欢的、支持的、有责任，并能主动参与的就是新农村。

4.2 新农村应当怎样建

4.2.1 新农村建设要求

1）中央 20 个字就是新农村的解释，新农村建设包括旧村的保护。

2）对农民来说就是树上有鸟，河里有鱼，家里有粮，住上好房，邻里互助。

4.2.2 建设新农村的顺序

新干部、新农民、新农村。

4.2.3 新农村建设的三个层次

1）统规统建、现代农业、城乡统筹（城郊、东部）。

2）规划先行、合作经营、文化建设（普通、中部）。

3）自治自建、精耕细作、民俗保护（贫穷、西部）。

5 热点问题五：空间规划（多规合一）

2014 年，国家发改委、国土部、环保部和住建部四部委联合下发《关于开展市县"多规合一"试点工作的通知》，"多规合一"试点是深化改革的一项要务，旨在推动国民经济和社会发展规划、城乡规划、土地利用规划、生态环境保护规划等多个规划的相互融合。这项试点如果广泛推进，有望强化政府空间管控能力，实现国土空间集约、高效、可持续利用。

5.1 多规矛盾由来已久

据中国城市规划学会统计，目前我国有法定依据的各类规划就有 80 多种，非法定规划更是不计其数。从分类上看，有综合性规划，如发展规划；有建设计划性的规划，如交通运输规划、产业规划；有控制性规划，如环境保护规划、生态规划等。政府、企业的各类建设、管控和治理行为，绝大多数都先编制规划，规划的重要性不言而喻。在各类规划中，发展规划以及一些地方重要的战略规划是由政府甚至是党代会提出；城市总体规划由地方政府编制、通过人大审查、再经过有审批权的上级政府组织各相关部门联合审查后审批；控制性详细规划由城乡规划管理部门组织编制，当地人民政府负责审批；土地利用规划、环境保护规划则由行业主管部门主持编制和审批。由于各类规划在实际编制过程中，出发点、实施人、监督者不同，规划之间的矛盾由来已久。比较明显的表现有：不同规划之间的矛盾，例如城市规划和土地利用规划在对城市发展应该占用的土地大小、位置的矛盾；不同地区规划之间的矛盾，例如京津冀规划之间的矛盾等。不太明显但也有矛盾的如环境保护规划和产业规划之间的矛盾、水(利)系统规划和生态保护规划的矛盾、交通系统规划和城市规划之间的矛盾等。

由于各种显性的、隐性的矛盾，法定的、非法定的规划之间的矛盾，使各实施主体"选择性"实施规划的自由裁量权过大，在各地建设当中因为规划有矛盾而消耗的成本太高。为解决各种规划的矛盾，国家发改委于2004年就提出在江苏省苏州市、福建省安溪县、四川省宜宾市等六个市县开展"三规合一"（发展规划、城市规划、土地利用规划）试点工作，由于当时规划在空间上的矛盾不甚突出，上级政府、人大对规划执行的监督不够严格，使得试点工作并未得到全面推行。直到现在各种规划之间的矛盾，尤其是各种涉及空间的规划之间的矛盾愈演愈烈，成为各地发展建设的普遍障碍。2014年中央新型城镇化工作会议和新型城镇化规划再次提出要开展"多规合一"，在中央高层的重视之下，发改委、住建部、国土部和环保部联合发文在全国28个市县开展"多规合一"试点，各地积极响应，"多规合一"的工作才在各地如火如荼地展开。

5.2 "多规合一"的新探索和成效

上海实践的核心是将国土局和规划局合并，成立规划和国土资源管理局，并由其组织编制土地利用规划，实现"两规合一"，确保土地利用规划和城市规划的衔接。按照坚持城市总体规划确定的城市发展方向、空间结构、城镇布局和重大市政基础设施安排基本不变的总体思路，依据国家下达的新一轮土地利用总体规划指标，同步实现规划建设用地和基本农田保护任务落地。

广州"三规合一"初衷是解决规划实施层面的问题，以区为单位进行"三规合一"编制，由广州市统筹。依据发改委确定的建设项目排序，布局建设用地，确定"三规合一"的建设用地规模控制线及相关控制线，形成"三规合一"最终成果。

厦门则由市主要领导亲自任组长、组织协调各相关部门梳理调整了现有的各个涉及空间界限的规划，逐一协调修改实现各类界限的重合，不仅释放了50多平方公里的"沉淀"建设用地指标，还进一步结合行政审批制度的改革，实现了从项目立案到规划许可证阶段的审批时间由53个工作日压缩到10个工作日，用地许可阶段申报材料由25项减少至6项，大大提高了行政效率。

5.3 各地目前的普遍做法

各地目前主要还是关注空间界限的整合，通过各种手段把各种规划的界限统一起来，实现空间一张图管理。武汉通过规划和国土局的合并，实现了"规""土"在编制机构内部的合一。广东顺德则是合并了发改、规划和统计局，国土、城建和水利局，再通过完善规划编制组织、统一技术方法和规划逻辑基础来实现"三规合一"。多数地方还是靠成立"多规合一"的领导小组，协调各部门职能所涉及的空间管理界限，实现"一个规划、一张图"。这样做最明显的成效：一是目前所有涉及空间界限的规划不"打架"了;二是因为规划统一了,原有"沉淀"的建设用地指标被盘活了,这是各地最希望得到的效果;三是结合行政审批改革,提高办事效率有了现实基础。

5.4 对"多规合一"前景的未雨绸缪思考

把因为城、土、环不一致而沉淀的用地潜力挖掘出来是目前大多数城市推进"三规合一"工作最大的动力。"多规合一"实现以后,今后的建设用地指标在土地利用规划中仍然紧缺,仅仅是规划的统一编制,并不能解决根本问题。

如何应对不同规划的不同弹性?

土地规划当中建设用地指标由国家分配到省以后,国土部还有一定的指标以应急用;而省国土部门给各地分配指标时大多也留 15% 左右的机动指标。但城市在编制总体规划时到某个规划期时用地规模是个定量,在国土管理部门自上而下确定的规模限定下,城市规划还要确定每一块土地的具体用途。城市规划的刚性如何应对土地利用规划的弹性仍有待解答。

不同主管部门的规划主次如何区分?

城市规划、土地利用规划的编制都提出要相互协调,但又都有一个谁先谁后,谁实际上服从谁的问题。一般后编制的规划都要把现在已经有的经过协调和批准的规划作为前置条件,一个规划因客观条件发生了变化需要修改,而属于不同部门主管的其他规划大多数时候都是不可能同时修编的,要求经修改(编)的新的规划去服从一个将来也要修编但目前还没有修编的既有规划,显然也是不合理的。

5.5 多规不协调的根源分析

不同部门编制规划的出发点和目标的不同是多规不协调的根源。简单表述如下:国民经济和社会发展规划由政府的发改部门负责编制,是对地区重大建设项目、生产力分布和国民经济重要比例关系等作出 5 年计划规划,为国民经济发展远景规定目标和方向。城乡规划由政府城乡规划管理部门负责,主要是为了规范城市规划区内的建设活动。土地利用规划则是为了落实土地宏观调控和土地用途管制;其主要任务是确定耕地保护底线、占补平衡原则、建设用地范围和规模,是自上而下的严格的管控规划。

城乡规划、土地利用规划编制办法的上位规划法《城乡规划法》和《土地管理法》都提到这两个规划需要以国民经济和社会发展为依据,而这两个规划的编制办法却没有明确这点。环境保护规划只是在《环境保护法》第 13 条里提到:"国务院环境保护主管部门会同有关部门,根据国民经济和社会发展规划编制国家环境保护规划,报国务院批准并公布实施。县级以上地方人民政府环境保护主管部门会同有关部门,根据国家环境保护规划的要求,编制本行政区域的环境保护规划,报同级人民政府批准并公布实施。"虽没有编制办法出台,但不少地方在 2 年前已经开始试行。

其他行业规划多数也是以各自为政，比较典型的是原铁道部"十二五"规划，在预计"到2015年我国城镇化率将达到51.5%"的情景下做出了超乎寻常的铁路建设规划。

由于"经、城、土、环"四个规划的内容涉及发展整体部署，范围覆盖行政管辖地区，实施采用"政府负责、部门落实"的垂直管理方式，受编制内容、审批机构和监督方式等环节的影响，容易造成规划内容交叉、标准矛盾、实施分割、沟通不畅等"失衡"或"打架"的现象。

上述四个规划如果还不抛弃部门管理的狭隘概念，综合规划真正做到统揽全局，部门的行业的规划做到服从整体，科学定位规划的地位并辅之以技术手段的进步，规划"打架"的情景将会再次重演。

5.6　变革与创新是"多规合一"的根本出路

目前我国尚未建立全面的国家空间规划体系是各类规划矛盾冲突的重要的根源。国家的整体目标、近期目标，地方的分区目标都没有建立一个完整的体系，各项规划即便想找到依据也很难。因此，"多规合一"的顺利实施还有待建立国家空间规划体系，树立系统的全局思维，解决各项规划无据可依的现实需求。

在发展规划方面：《宪法》中明确了国民经济和社会发展规划的最高规划地位，但其科学性（尤其是各地和各行业的规划，如前面提到的原铁道部"十二五"规划）由于普遍的下位规划在制定目标时参照上位规划平均目标层层加码广泛受到质疑、对各类规划的指导和衔接也很有限，而各地发展规划内容和深度也没有明确的标准。要补充空间规划内容，加强科学性论证，真正起到统领全局、指导分区和行业规划的作用。

城市规划要在如何既有刚性又有弹性，增加科学性，减少主观性方面下功夫。土地利用规划本是行业规划，层层指标叠加的做法看似严密却禁不住拷问。如2000年以后，进入城镇化快速发展阶段，尽管城市建设用地和农村宅基地占用农田地面积大幅增长，但粮食产量已经实现了"十一连增"，仅仅从节约土地，保住耕地面积底线的原则出发编制的规划难以服众。并且建设用地指标的分配一般掌握在上级政府手中，难免出现以偏概全、不合理地分解指标的现象。一旦如此，其他规划如何与之衔接而又保持科学性呢？

目前各地的环境保护规划还是由各地自行组织编制，除了涉及生态红线、环境分区界限以外尚未和其他规划有其他交叉，但实际上并非如此。例如，环境保护目标的确定，就不能从当前的水平推导是不是继续改善，而要以经济社会发展目标出发预测未来可能的碳耗、污染物排放等，环境保护规划如果不结合发展规划，环境目标可能就是一句空话。一旦用环境目标反馈到发展规划，则产业负面清单的编制可能就随着发展规模的扩大而更加严格，这样又会影响到城市的产业结构，要求其他规划调整发展速度或结构。其他行业，如水利规划、交通规划等不仅要考虑本行业的发展，更应该考虑投入与收益、社会与生态的正负效益之比，以及与当时地方的发展水平匹配的问题。此外，各类规划技术和方法也要进行大幅度地创新，弥补各自的不足。

当前，"多规合一"虽然取得了良好的开局，但仅仅靠近期空间上的统一解决不了根本问题，尤其是城市建设用地不足的问题。5年后，甚至不到5年，老的问题依旧会产生。真正的"一本规划"不仅仅是"一张图"，而是成系统地对未来不断修正地、进步地、细化地谋划。要重点围绕中央"一个市县一本规划、一张蓝图"的要求，对市县层面的多个总体规划进行整合；同时，减少各类空间性规划的数量，探索构建精干管用的市县空间规划体系。

整合相关规划部门职能，实现编制、实施和监督三权分离，整合空间规划相关主要部门职能，探索将发展改革、国土资源、城乡规划、环境保护等部门的空间规划职能逐步整合到一个部门。

在相关部门职能整合的基础上，探索空间规划编制、实施和监督三大环节相分离，形成事权清晰、相互制约、相互监督的制衡机制。相关法律法规的立改废建议对"多规合一"体制机制改革中涉及的城乡规划法、土地管理法、环境保护法等相关法律法规规章的立改废提出建议。

备注：

本文根据作者在2017年10月19日中国城市科学研究会城市更新专业委员会年会上所做的报告整理。

陶溪川：一个工业社区的复兴

张 杰*

1 景德镇制瓷发展史

景德镇以瓷立市、因瓷兴市，且至今仍以瓷业为重要产业，是举世闻名的"瓷都"。长达千年的陶瓷生产历程，留存有大量的产业遗迹。陶瓷博物馆原为景德镇十大瓷厂之一"宇宙瓷厂"的烧炼车间，由苏联援助建设，1956 年建成，最初为隧道式煤烧窑炉，后来随着工艺变化，20 世纪 70 年代改造为油烧隧道窑，20 世纪 80 年代更新为气烧隧道窑。更加难能可贵的是，厂房北端保留了陶瓷生产最早期的两栋 1960 年的倒焰煤窑（俗称"馒头窑"）——几乎涵盖了景德镇陶瓷近现代生产的全部烧炼工艺痕迹。窑房两端还分别保留着苏联援建时期未完工的原料漏斗和高达 60 多米的烟囱。（图 1）

遗憾的是，随着 20 世纪 90 年代国有企业改革的进程，工厂从 1996 年起就基本处于废弃状态。2012 年，景德镇开始尝试将旧工业区的改造作为城市复兴的带动点。宇宙厂区被总体城市设计选定为试点工程。通常的地产开发模式速度快、一次性效益高，但项目组与政府和业主等分析其不可再生的价值，认为通过挖掘现有工业遗产价值，升级产业结构，将获得更多历史认同。这种方式不仅能获得长期的价值回报，而且其独特的工业原真风貌和充满活力的业态模式，可以带动周边区域的城市更新。事实证明，这样产生的历史文化、经济和社会价值，远比毫无特色的地产开发要有意义得多。

2 陶瓷工业遗产保护的综合途径

因此，我们选择尽量唤起人们的历史记忆要素，从建筑形式、结构、材料和环境建造等多方面，在巧妙植入现代功能和设施的同时保护其整体原真风貌。正如 2017 年联合国教科文组织亚太遗产创新大奖的颁奖词所述："基于遗产保护的最少干预原则，改造选择的改进型现代工业美感呼应了 20 世纪中叶旧厂房工业建筑的形态

---

* 张杰，清华大学建筑学院教授，博士生导师，清控人居遗产研究院院长。

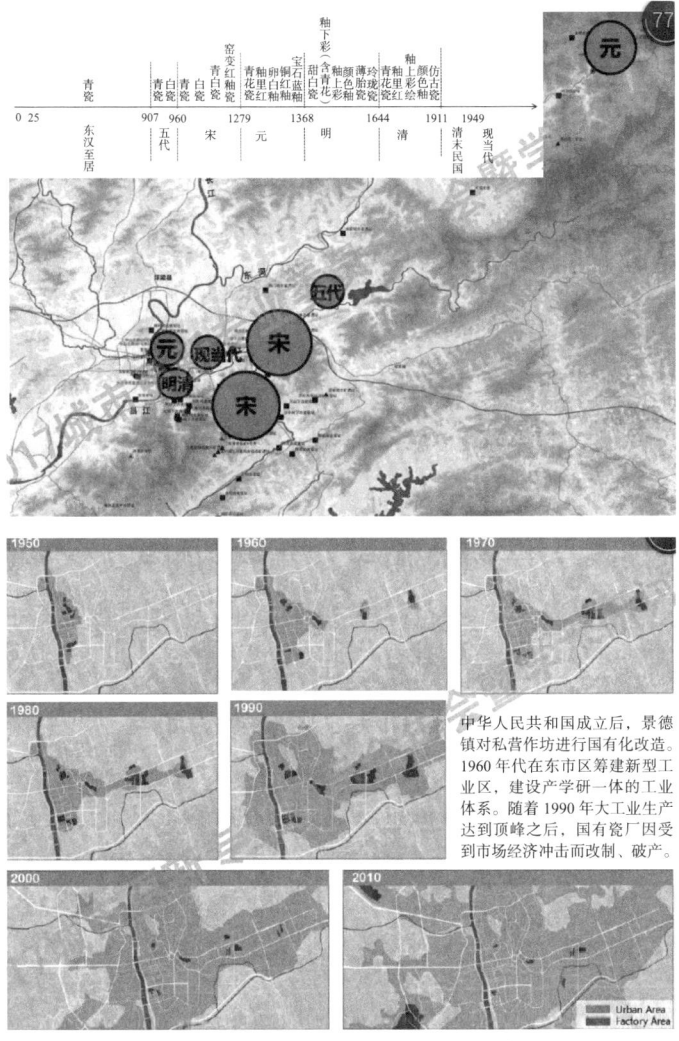

图 1　景德镇：历史辉煌的陶瓷业中心

和气息，制造出柔和的背景，而将各时期的窑炉遗存置于舞台中心。当代材料的色调组合与原本砖结构的并置，创造出戏剧性的反差。新的设计不仅尊重原先工厂的形式和尺度，也创造了与著名陶瓷生产设备的全新对话方式。"

2.1　内部空间

内部围绕两个倒焰窑及两套第二代生产线的工业遗存，根据博物馆建筑展陈设计人员流线，博物馆展陈设计以瓷工与工厂百年沧桑为明线，以景德镇陶瓷工业化发展与回归路线及中国工业变迁史为两条暗线，展品均使用真实展品和历史展具。所有展陈设计在营造氛围的同时均达到对工业遗存零破坏的工艺要求。保留窑坑道内的原始状态，并将隧道下方坑道设计成展览空间，用灯光效果强调了窑内原工艺浴火重生的过程。

2.2　结构修复

厂房原有屋顶钢木构架现状破损严重，受防火规范限制无法按原结构修复，故采用钢材替换，但完全保留原有的结构形式和尺度（图2），替换后增加了整体结构的强度，结构体系更加合理，抗震性能大幅提高，消防及安全性也迎刃而解。屋顶构造增加了保温及防水做法，但面层保留原有的瓦屋面材料。主体保留原有整体结构体系，用可逆设计手法对原有梁柱节点进行加固、拉接，墙体用老砖重新砌筑，使厂房独特而恢宏的整体结构形式得以完整重现。建筑室内新加建部分采用可逆性的钢结构设计，尽量减少和避免建（构）筑物基础对遗存的破坏，以利于历史遗存信息的保护。

原厂房中最具特色的筛料漏斗结构在设计中也被保留了下来，在漏斗上方设计了玻璃地板，功能为咖啡馆。漏斗下方摆放钢琴，形成一个巨大的混响音箱效果，音乐响起时在一层可以感受到悠扬的回响声。在保留结构的同时，贴建了轻巧的通行电梯和楼梯，作为整个建筑及周边建筑的最高点，可以俯瞰整个项目及周边环境。

图 2　改造前照片

2.3 材料修复

在设计前期我们对原建筑撤换下来的外墙砖和窑砖进行了细致的收集与甄别，按照尺寸和色差分类整理。有的运用在环境铺装中，有的运用在建筑外墙砌筑中，恢复原有砖花窗样式，同时新旧砖的交替对比使建筑立面能够充分展示出时代的印记。两栋建筑内部拆解下来的工业设备构件，其中一部分用于室外景观，另一部分按照功能设计留在建筑里，结合室内展览流线作为重要的空间节点。

3 参与及评价

在整个建设过程中，政府、业主、设计师和社区实现了全程参与。政府在决策层面给予重要支持，整个厂区得以保全，避免了地产开发并保护了工业遗产。业主作为建设主体，在资金支持、社区联络等方面起到重要作用。设计师则采取了DBO（设计—建造—运营）全过程跟进的方式：前期参与社区和业主的策划过程，对历史、结构安全进行研究；除了设计控制以外，对建造过程全程指导并随时解决问题；对后续业主及其分包私人小业主的商业活动进行引导，以确保建筑及其环境的完整性。

两馆建成后，来自美国、瑞典的艺术机构先后在周边入驻，中央美术学院、中国美术学院等国内艺术院校也将实践基地落户陶溪川。博物馆作为城市记忆的重要载体，吸引了众多老艺术家、老工人"重返瓷厂"，为众多的"景漂"提供了"就业＋生活"的特色空间，传统的功能得到了新的延续。截至2017年初，陶溪川共新增就业岗位1200多个，其中半数为老瓷工和"景漂"艺术家的创作、生产空间。以博物馆、美术馆为核心的"陶溪川"文化艺术区，已经成为新时期景德镇这座传统的陶瓷之都与世界对话的新窗口。（图3～图5）

图3 倒焰窑鸟瞰

图4 窑坑内景

图 5　窑炉外景

　　项目组基于北京焦化厂、首钢、新华印刷厂等工业遗产改造规划项目的经验，在此项目中不仅完成了对现有工业遗存的调查登记和价值评估，统一保护规划和制定保护措施，避免有价值的工业遗产遭到二次破坏；还协助政府部门制定景德镇陶瓷文化大遗址的保护规划，以系统、科学、全面的方法选取各历史时期重要工业遗存，并以有针对性的方式予以保护；同时从更广泛的城市角度对区域文化定位和产业定位制定合理的发展规划和实施计划。本项目的顺利实施成为景德镇城市复兴和产业复兴的爆发点，给历史工业遗产和传统陶瓷文化注入了新的活力，从单一的生产功能转变为集陶瓷文化交流展示、创意研究、休闲文化等融合的综合街区，同时周边工业用地也被成功激活，陶瓷文化相关的教育、金融交易和配套服务等开始产生集聚效应，陶瓷产业园区的规划范围已经扩展到整个景德镇旧陶瓷工业区范围。（图 6）

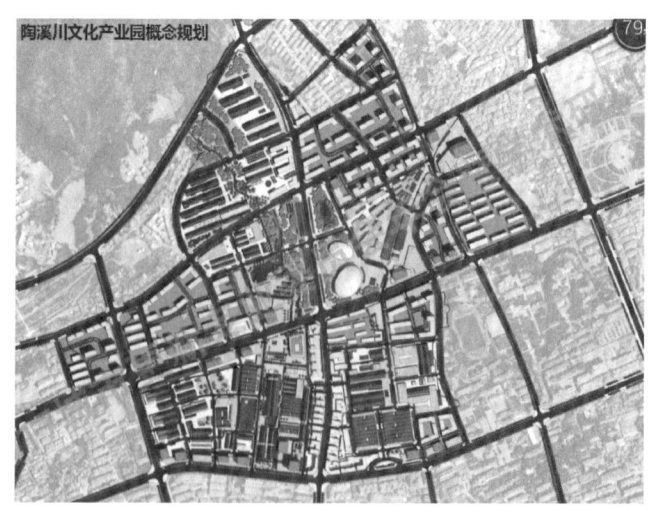

图 6　陶瓷文化产业园概念规划

备注：

本文根据作者在 2017 年 10 月 19 日中国城市科学研究会城市更新专业委员会年会上所做的报告以及作者论文《传统手工业城市文化复兴策略和技术实践——景德镇"陶溪川"工业遗产展示区博物馆、美术馆保护与更新设计》（建筑学报，2018/05）整理。

杭州市城中村改造思路、模式与路径

高　群*

1　引言

"有机更新、存量提升"为核心的城市更新模式正成为实现可持续发展的战略路径。城市更新是落实中央城市工作会议精神、盘活城市存量用地、提升发展质量的重要举措，也对提升城市功能、文化特色等多方面具有重要的作用。城市更新是杭州实践城市有机更新、转变城市发展方式、提高城市治理能力、建设世界名城的重要举措。杭州从外延式扩张向内生增长转型，开发边界的划定和实施，促进引导建设用地从"量"的扩展转向"质"的提升，存量空间发展将更加受到重视。杭州将继续贯彻共享发展，坚持以人民为中心的发展思想，通过更新保障改善民生。

2　城中村改造工作概况

杭州市从 1998 年开始开展大规模的撤村建居改革试点工作，至今已分三批对 246 个行政村实施了撤村建居。截至目前，已经完全改造完成的共 68 个村，累计改造户数 8.1 万户，改造建筑面积约 3600 万平方米。其余大部分已经部分完成或已经启动。城中村改造改造大致可分为以下三个阶段：

（1）1998 ~ 2001 年底——撤村建居改革起步阶段（1998 ~ 2001 年底）

自 1998 年开始在全市市区（不含滨江、萧山、余杭）大规模开展撤村建居改革试点工作，并将上城区近江村等 34 个村列入第一批撤村建居改革试点。

（2）2001 年底 ~ 2003 年——统一规划并建设多层农转居公寓阶段

2001 年，市委、市政府决定，进一步扩大撤村建居改革试点范围，并在撤村建居地区推行农转非居民拆迁安置房建设。负责农转非居民拆迁安置房小区的建设与推进。

（3）2003 年至今——大项目带动撤村建居和城中村改造阶段

2003 年以来，市委、市政府决定在主城区范围内已实施撤村建居的地区中开展

---

* 高群，杭州市城市规划设计研究院院长。

城中村改造试点工作，由各区统筹运作城中村改造试点范围内的集体土地，全面推进城中村改造工作。

3 "十三五"城中村改造（2016–2020年）

《关于开展杭州市主城区城中村改造五年攻坚行动的实施意见》（2016.6.12）提出，城中村改造是新常态下杭州实践城市有机更新、转变城市发展方式、提高城市治理能力、推动城市发展由外延扩张式向内涵提升式转变的重要抓手；是打造"美丽杭州"、建设世界名城、高水平全面建成小康社会必须补齐的短板。

3.1 工作目标

至"十三五"期末，基本完成主城区城中村改造，将主城区城中村打造成配套完善、生活便利、环境优美、管理有序的新型城市社区，城中村居民获得感明显提升。

3.2 改造方式

（1）拆除重建：指按照城市总体规划要求对城中村实施整村改造，并通过实物或货币化方式对征收被补偿人进行安置。

（2）综合整治：指对农居建造时间较短、基础配套相对完善、村容村貌较整齐的城中村，采用拆除违法建筑、完善配套设施、整治房屋立面、提升环境品质等综合整治方式实施改造。

（3）拆整结合：指对城中村部分区域实施拆除重建、部分区域实施综合整治。

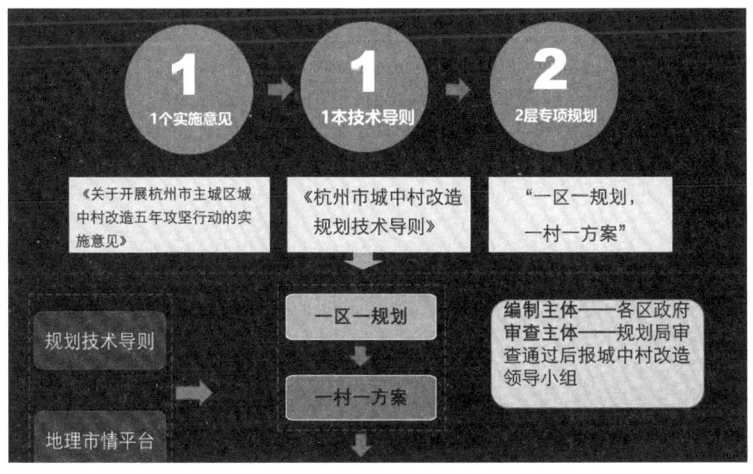

图1 城中村改造规划编制概况

4　杭州市区城中村改造规划技术导则

4.1　规划思路

（1）功能提升，促进城市转型；

（2）改善民生，共享城市发展；

（3）文化延续，传承城市文脉；

（4）环境改善，提升城市品质；

（5）消除隐患，保障市民安全。

4.2　规划目标的转变——从单一到多元，从空间到内涵

杭州市区城中村改造从聚焦于土地，主张目标单一，内容狭窄的用地改造逐渐转变为目标广泛，内容丰富，历史传承的综合性城市更新。

4.3　规划内容的转变——从专顾到统筹

规划引领，从原有的布点规划向系统性规划转变，形成导则——"一区一规划"——"一村一方案"的规划体系。

4.4　重要内容及要求

（1）加快推进城市总体规划实施；

（2）推动重点建设区域发展；

（3）改善城市公共服务设施、市政基础设施；

（4）促进创新型产业、生产性服务业发展；

（5）增加公共开放空间，增强城中村活力；

（6）提升整体景观，生态优先，营建宜居的人居环境；

（7）注重凸显历史人文底蕴；

（8）加强特色风貌保护，提升城市品质。

5　杭州市区城中村改造工作成果

5.1　落实优化"三公用地"，补齐城市功能短板

在城中村改造过程中，注重对拆后土地的科学利用、有效利用。重点补齐公共服务、公用设施、公共空间的短板。经初步统计，拆后土地安排公共服务用地 495 万平方米，公用设施 1050 万平方米，公共空间 1554 万平方米，安置用地 725 万平

方米，出让用地 2009 万平方米。

5.2 推动城市能级提升，加强中心体系建设

城中村改造是城市中心体系形成和重点区块建设的重要发展空间。城中村改造与特色小镇、城市重点发展地区紧密结合，成为带动城市产业转型提升的重要地区。

下城区在规划过程中，从区域统筹的目标出发，将城中村改造与电竞数娱小镇、跨贸小镇等相衔接，创新地采用了连片改造的城中村改造规划模式，突破村界对改造范围进行连片划定，更好地完善了杭州城市北部的空间功能布局和产业发展。

近江、望江村的城中村改造，通过改造后落实婺江路等城市道路，落实城站东国际精品会务核心和婺江路为主轴的金融发展区两大主要结构，落实幼儿园、社区邻里中心等配套设施，为望江金融科技城的建设提供空间支撑。

随着拥江发展和世界名城发展战略的提出，望江金融科技城会成为上城区拥江发展的主平台，钱塘江金融港湾的重要板块。本轮城中村改造中约有 41% 的面积位于轨道交通站点 800 米范围之内，与轨道交通站点联系十分紧密。规划通过改造，加强城中村改造与轨道交通站点建设项目的衔接，推进站点周边土地一体化开发利用，促进城市集约高效发展。

5.3 统筹落实农居安置和留用地，保障城中村百姓权益

规划从区域的角度，打破村界、区域统筹考虑城中村改造过程中安置用地、留用地的安排，提升发展质量。规划布置城中村拆迁安置用地约 1400 万平方米，10%留用地约 776 万平方米。

5.4 改善公共服务设施，增强配套服务水平

公共服务设施服务覆盖范围有了较大的增加，布局更合理，标准更高。按照规划实施后，全市可落实规划初中 24 所，九年一贯制学校 8 所，小学 54 所，幼儿园116 所。按规划实施后，全市共可落实 41 个农贸市场，文体设施共计 35 处，医疗卫生设施 20 处，养老设施 20 处。

5.5 优化公共开放空间，增强城市活力

通过城中村改造,全市共可增加公园 464 公顷、广场 15 公顷和防护绿地 714 公顷,用于提升各区公共空间的配置，优化公园覆盖率，提升居民的生活体验。

5.6 落实公用设施，确保市政支撑能力

改造按照规划实施后，可推进实施城市道路共 411 条，公交中心站 9 处，公交首末站 22 处，公共停车场 94 处，市政公用设施用地面积约 158 公顷。

5.7　促进产业转型提升，增强城市活力

位于黄龙体育中心周边的白沙泉，通过拆违、危房改造、外立面整治、公共服务设施配套提升等综合整治，转型为浙江省第一个以并购金融为主题的特色街区——白沙泉并购金融街区，引进专业的金融发展公司进行运营和管理，打造金融生态圈。目前白沙泉已集聚了100余家金融机构，形成并购金融产业链。

滨江区山一村在保留农居特色的基础上进行改造，引入创意产业企业和团队，形成自然山水与创意生活相融，创意人与原住民和谐共生的创意园综合体。现已入住企业约200家，1200余人。主要产业包括设计、文创、传媒、培训等。

5.8　注重凸显历史人文底蕴，留住乡愁延续文化传承

祥符桥村位于拱墅区西北部，曾经是杭州北部重镇，现状有国家级文保单位祥符桥，市级文保单位茧行旧址。通过城中村改造的过程，在城市更新理论的指导下注重尊重社区的意愿、强调街区的微改造、注重对原有控规的反思，街巷尺度、建筑肌理的保护与恢复。通过相似案例分析，强调尊重历史风貌，提升环境品质。加强创新理念融入，杭派特色，空间多样，活力再现。保持传统尺度，重塑街区活力。

未来的祥符桥以特色风貌街区来打造，城中村改造为街区的恢复、历史记忆的展示、各项配套的落实带来了机遇。

京杭大运河一路北下，在西兴越过永兴闸，连接了浙东运河。过塘行把浙东南富庶地区出产的物品，转运到钱塘江以北。"西兴七十二爿半过塘行"，在整条中国运河大动脉上，这里是一个非常重要的节点，有起承转合的作用。

西兴村按照西兴历史文化街区和运河遗产区的保护要求，加强对历史文化遗产保护，保护和继承西兴传统民居的特色，体现清末民初江南民居的建筑风貌。治理河道，整治沿河景观，重现江南水乡"小桥、流水、人家"风采。

城中村改造着重强化各历史文化遗存的保护与利用，同时注重街道、社区级文化活动设施的空间布局和内涵提升，自上而下地提升城中村文化特质。

在城中村改造中，还应注重对非物质文化的传承和发展，注重打造各具特色的村域文化空间和载体，将地域特色文化积极融入街道文化活动中心、社区文化家园等文化设施建设当中去，留住乡愁旧忆，形成良好的文化传承氛围。

6　下一步规划工作打算

（1）加快规划内容控规落地

对"一区一规划"中涉及控制性详细规划内容调整的，加快论证方案编制，保障规划内容落地。

（2）推进"一村一方案"编制

结合年度城中村改造计划，推进2018年实施综合整治和拆整结合的城中村"一村一方案"编制。

（3）加快重点地区城市设计

加快上城区望江地区；下城区北部四村；江干区环机场地区；拱墅区莫干山路沿线（已做，需完善）；西湖区之江度假区核心区；滨江区联庄地区等重点地区城市设计。

（4）保护历史遗产和文脉

加强历史文化及风貌保护重点地区保护：拱墅区祥符桥地区，江干区笕桥历史街区。西湖区留下千年古镇，三墩老集镇及五里塘历史风貌区块。滨江区西兴、长河历史街区及部分襄七房历史建筑群。

7 规划实施保障和服务工作

（1）组织专家团队，技术保障

由院领导牵头，组织院总工、技术骨干成立城中村专家委员会，对院编制的城中村改造相关规划提出项目指导和审查。

（2）建立项目团队，服务保障

由院各所室建立对口服务团队，深入研究，保障服务。

（3）广泛征求意见，汲取智慧

广泛征求社会各界和专家意见，优化完善方案，保证高质量完成项目。

（4）跟踪项目实施，及时响应

实时跟踪各区城中村改造实施，及时响应碰到的问题，提供科学合理的规划建议。

备注：

本文根据2017年10月19日中国城市科学研究会城市更新专业委员会年会上所做的报告整理。

年会报告整理人信息：

何韶颖，女，博士，广东工业大学建筑与城市规划学院，副教授。

陈吟，女，博士，广东工业大学建筑与城市规划学院，讲师。

南粤古驿道保护利用专题

　　南粤古驿道历史上是中原汉人入粤和岭南商贸活动的主要路径，是岭南多民族文化发展形成的历史轨迹，南粤古驿道与大一统国家的形成及岭南社会经济开发过程中诸多重大历史事件相关联，如历代人口迁徙、禅宗南传、陶瓷外传、西学东渐、开埠通商等，是岭南地区融中原文化、南越文化、楚文化、吴越文化、巴蜀文化和海外文化诸文化于一炉，最终形成岭南文化的重要物质载体，更是岭南三大民系（广府、客家、福佬）诞生，形成，发展的直接动因。可以说，南粤古驿道是广东人的生命线和发展路径，是国家统一的独特见证，蕴含着丰富的城市记忆和乡愁，是城乡建设宝贵的历史文化资源。

　　广东省政府非常重视对南粤古驿道的保护和利用，2016 年、2017 年《省政府工作报告》，均将南粤古驿道保护利用作为一项重要工作部署，广东省人民政府出台《南粤古驿道保护利用 2017 年工作要点的通知》（粤府函〔2017〕109 号），马兴瑞省长也专门指示"省政府将对南粤古驿道保护利用这项工作给予全力支持，各地要系统谋划好南粤古驿道文章。"许瑞生副省长力倡并亲临各地进行现场指导，基层干部群众深受鼓舞，引发了大家共同的记忆和情怀，推动了上下联动的古驿道遗产挖掘和保护利用的热情。

　　南粤古驿道保护利用工作从零到有，从有到实。广东省自 2016 年起，在全国率先开展古驿道保护利用工作，包括挖掘修复古驿道，串联沿线的历史遗存、文化名城、文化名镇、文化名村以及自然景观等资源节点。2017 年，广东重点打造 8 处古驿道示范地区，包括韶关市南雄梅关古驿道、韶关市乳源西京古驿道、潮州市饶平西片古驿道、汕头市樟林古港驿道、广州市从化钱岗古驿道、珠海市岐澳古驿道、江门市台山海口埠古驿道和云浮市郁南南江古水道等 8 段驿道及周边 5 公里发展区域。

　　2017 年 11 月，《广东省南粤古驿道线路保护与利用总体规划》已经出台，梳理出的"主线 + 支线 + 发展节点"古驿道线路系统由 14 条古驿道主线、56 条古驿道支线构成，贯穿全省 21 个地级市、103 个区县，长度约 11230 公里，其中，陆路线路长约 6900 公里，水路古驿道线路长约 4330 公里。确定了"两年试点、五年成行、十年成网"的目标，至 2025 年，全省将规划建设 11230 公里的水陆相连的古驿道网络。同时，建成 24 个重点发展区域，1200 多处人文和自然发展节点，59 个区域服务中心，252 个一级驿站；带动 248 个古驿道文化特色小镇，416 个古驿道文化特色村落，1320 个贫困村的建设和发展。为了规范各地各部门南粤古驿道保护利用工作，广东在省级层面编制了《广东省南粤古驿道线路保护与利用总体规划》，并在各地印发，为各地开展南粤古驿道线路规划建设提供总体框架和重要指引，省级层面还颁布了《广东省古驿道保护与修复指引》、《广东省古驿道标识系统设计指引》等，从各个角度规范各地古驿道保护利用工作。在各县市层面，要求编制区域内南粤古驿道专项规划并配套政策指引，细化实施工作。要求各示范段编制详细规划，严格进行古建修复工程，引导景观建筑设计。同时，为保证修缮的质量，古驿道重点线路的主要历史遗存修缮设计方案是由省住建厅邀请省内专业建筑修缮专家一起制定，三师志愿者结队帮扶指导，并成立各条线路的专业督导组，进行监督和把关。同时，南粤古驿道的活化利用还注重形式多样和别具一格宣传推广，如"南粤古驿道定向大赛"、"南粤古驿道文创大赛"等，都是门槛低、老幼皆宜、益智宜心群众喜闻乐见的活动，举办之后都形成了当地的品牌赛事，吸引众多游客参与，推出了大量的特色手信，增强了乡村和旧城的活力。今年全省开展的 11 条重点线路共 740 多公里的修复工作，目前已接近尾声，从国庆期间吸引了 300 多万游客来看，南粤古驿道保护利用成效显著，成为实现全域旅游、乡村振兴和老城区复兴的"重器"。

广东是先行先试的广东，不管是发展经济，还是传承文化，广东的创新举措可圈可点。"古驿道热"、"传统文化热"、"历史文化热"已经风生水起，古村老城不仅"留得住乡愁"还有"城市的记忆"，真正使散落在大地的遗产"活"起来，提升了文化自觉，坚定了文化自信。今天，伴着粤港澳大湾区的建设，许瑞生副省长继续倡导："如果能够以历史为纽带，将粤港澳三地的历史文化遗产，尤其是广州城的文化遗产、珠海和中山的岐澳古道、深圳改革开放的历史遗迹、澳门的世界遗产建筑和历史城区、香港的文物径等，进行有效地串联沟通，将会构建成一个极富特色和历史底蕴的粤港澳大湾区文化遗产游径系统，共同展示三地的包容性和岭南文化特质。他认为粤港澳三地山水相连、同宗同源、文化相通、志气相投、南音皆通，极高的价值认同感为沟通交流提供了先天便利。香港、澳门城市的形成与广州城的历史密不可分。随着港珠澳大桥正式开通，三地的联系和沟通将会变得更加紧密和便捷。以中国民主革命先驱孙中山先生的活动史迹为例，孙中山先生在广东、香港、澳门等地都留下了丰富的历史事迹，通过寻找孙中山先生的足迹，可以带动深度体验的城市旅游，更可以让青少年感知孙中山先生天下为公、心系民众的博大情怀。先辈们走过的古道承载了三地共同的历史记忆，记录了先辈们奋斗的足迹。正如近期，广东活化利用了秦汉时期的西京古道以及梅关古道等一批南粤古驿道，印证了历史上广东与中原文化交融、与西方文化贸易沟通的轨迹。通过重踏先辈们走过的路，探寻先辈们奋斗的足迹、迁徙的历史，可以更好地让青少年找到中华优秀传统文化的归属感和认同感。呼吁各地要充分挖掘利用湾区内文物古迹、世界文化遗产和非物质文化遗产、古驿道等资源打造精品旅游线路和产品。通过从历史文化遗产的视角推进粤港澳大湾区的互利合作，既有利于推动大湾区城市旅游产业的发展，更有利于保护和活化历史文化遗产，增加地区的就业机会，让年轻一代传承历史。并希望澳门、香港、广东三地的同事们共同朝着这一目标推进，也欢迎全世界的同行们一起来参与这一伟大的事业。"

备注：

本文根据相关报道、领导讲话、专家学者相关论文报告编写。

以十九大精神为指引，书写新时代南粤古驿道保护利用的新答卷

许瑞生 *

广东要以习近平新时代中国特色社会主义思想为理论指引和根本遵循，深入学习贯彻十九大精神，将南粤古驿道打造成为具有岭南特色的华夏文明传承之路，户外体育和乡村旅游的健康之路，促进城乡协调发展和扶贫奔小康的富民之路，促进粤港澳大湾区民心凝聚、血肉相连、融合发展的纽带之路。

为贯彻落实习近平总书记关于文化自信和"让陈列在广阔大地上的遗产活起来"、"留住历史根脉"等重要讲话精神，响应"一带一路"与广东创建"文化强省"战略的重要举措，近年来，在省政府的工作部署下，广东进一步延伸和拓展绿道的内涵和功能，以古驿道、绿道串联乡村地区，提升新农村建设的文化内涵。2016年、2017年省《政府工作报告》，均将南粤古驿道保护利用作为一项重要工作部署。

两年间，广东以深入挖掘古驿道文化内涵和改善农村人居环境为切入点，创新方式，多措并举，活化利用古驿道沿线历史文化遗产，打造古驿道主题文化线路，通过体育旅游、文化等活动，促进古驿道沿线村庄振兴，将其打造成为展现岭南独特历史文化和地域风貌的复兴之路。当中国特色社会主义迈入新时代，南粤古驿道保护利用工作正迎来难得的历史机遇。党的十九大报告提出了"实施乡村振兴战略"、"推动中华优秀传统文化创造性转化、创新性发展"、"广泛开展全民健身活动，加快推进体育强国建设"等重要部署。对照十九大报告要求，广东围绕南粤古驿道开展的一系列重要论断和关键部署，更为广东进一步做好相关工作提供了理论指引和根本遵循。

扎实推进古驿道的保护和利用

南粤古驿道，是古代广东境内用于传递文书、运输物资、人员往来的通路，包

---

* 许瑞生，广东省人民政府副省长

括水路和陆路，管道和民间古道。南粤古驿道是历史上中原汉人入粤和岭南商贸活动的主要路径，是海上丝路向内陆延伸的重要通道，也是广东多民族民系文化形成发展的历史轨迹和彰显海外侨胞深厚家国情怀的归根纽带，是我省宝贵的历史文化资源。经初步摸查，已发现了 202 处古驿道历史遗存，总长度约 480 公里。《广东省南粤古驿道线路保护与利用总体规划》提出"两年试点，五年成形，十年成网"的总体目标，将串联 1200 多个人文和自然发展节点，全长约 11230 公里，其中陆路约 6900 公里，水路约 4330 公里。

习近平总书记在多次讲话中提出，坚持和发展中国特色社会主义，除了坚持道路自信、理论自信和制度自信外，还必须坚持文化自信。为深入贯彻习近平总书记关于文化自信和"让收藏在博物馆里的文物、陈列在广阔大地上的遗产、书写在古籍里的文字都活起来"的重要指示精神，切实做好对南粤粤古驿道的保护利用开发工作，让古村落、古驿道发出新时代的"声音"，两年来，在广东省委、省政府的坚强领导下，省住房城乡建设厅、省委农办、省文化厅、省体育局等十多个省直部门积极调动资源，综合施策，合力攻坚，以挖掘绿道文化内涵和改善农村人居环境为切入点，以古驿道为载体，采用"古驿道＋文化"、"古驿道＋体育"、"古驿道＋旅游"、"古驿道＋特色农业"等创新模式，活化利用沿线历史文化遗产，打造多元文化主题线路，带动沿线农村经济社会发展：

一是聚焦农村环境改善。贯彻落实省贫困村创建社会主义新农村示范村工作会议精神，加强对古驿道的修复保护，建设有历史记忆、地域特色、民族特色的美丽乡村。由省加强统筹，叠加建设、国土、环保、体育、旅游、文化、工商、农业等省直各部门的政策和资金支持，整合资源向古驿道沿线倾斜；各市具体推进，形成合力。

二是助力脱贫奔小康。古驿道两侧各 5 公里范围内涵盖的贫困村数量为 1320 个，约占省定贫困村总数（2277 个）的 60%。借助南粤古驿道保护利用，带动沿线贫困村发展是古驿道产业发展的重要职能。广东正倡议和组织"三师"（规划师、建筑师、工程师）专业志愿者与省定贫困村进行结对帮扶，指导做好村庄建设和规划，为古驿道沿线村庄的特色农产品设计创意包装，推动农产品注册国家地理标志商标，指导改造民宿，开办特色农家乐，做好旅游开发，拓宽村民致富渠道，助力精准扶贫。

三是坚持创新理念和方式。把握时代潮流，用最亲民、最受欢迎的方式向社会大众传播古驿道魅力，通过南粤古驿道定向大赛等体育载体迅速打响品牌，通过古驿道文化创意产品、古驿道主题音乐、古驿道立体信息柱和微信订阅号等丰富生动的形式，为古驿道和古老乡村注入现代动力。特别是南粤古驿道定向大赛充分利用广东古驿道、古村落及岭南文化特色浓厚、历史文化悠久等优势，将全民健身大体育融入特色地方旅游，将体育与传统文化相结合，打造出具有广东特色的全民体育旅游项目，取得了一系列社会效益和经济效益，同时也引起了全国各界的高度关注。

两年来，广东累计发现 202 处古驿道遗存，长度约 480 公里，新修复古驿道 109.57 公里。编制完成了《广东省南粤古驿道线路保护与利用总体规划》，印发了《南粤古驿道保护利用 2017 年工作要点》，精心指导江门台山海口埠古驿道、韶关乳源西京古驿道、汕头樟林古港驿道等 8 处古驿道示范段进行保护修复和活化利用。其中，台山海口埠、汕头樟林古港成效显著，通过修复利用、环境整治和河涌治理等，实现了完美蜕变，成为周边村民休闲娱乐的好去处，更成为海内外华人寻根溯源、凝聚侨心的绝佳场所。同时，广东还举办了中国南粤古驿道首届文化创意大赛、中国南粤古驿道少儿绘画大赛、南粤古驿道定向大赛、广东大学生纪录片大赛等活动；联合广东省博物馆举办了"南北通融—南粤古驿道展览"，并在广州市越秀区应元路开辟了南粤古驿道展厅，吸引了大量群众前往参观，得到了社会各界的高度关注和认可。

南粤古驿道保护与利用成效明显

2010 年，广东在全国率先开展绿道建设。作为一项集生态、民生和经济于一体的系统工程，绿道在南粤大地遍地生根发芽，成为深入民心的"幸福之路"。截至目前，广东省绿道建设累计总里程超过 13000 公里，形成了省立绿道—城市绿道—社区绿道互联互通的完整、连续、可达的绿道网络；绿道的各项服务配套设施，特别是驿站、停车场、公共目的地、社区体育公园日趋完善，使用日益广泛，深受人民群众喜爱。

广东绿道开了先河，也点起了全国绿道建设的燎原之火。而从 2016 年起，广东将绿道从城市延伸至乡村，围绕农村人居环境综合整治和美丽乡村建设，开展了南粤古驿道保护利用工作。作为绿道的延续和传承，古驿道和绿道相互贯通，是一个满载着绿色、文化、健康的网络，都是以人为本、立足民生、以道带村的积极探索，走出了一条改善农村人居环境的新路子，成为建设美丽乡村、激活城乡经济发展的生动实践。

为达到以道带村的目的，广东省委、省政府把南粤古驿道保护利用工作与改善农村人居环境、精准扶贫紧密结合起来。经过两年的实践，南粤古驿道已经集聚了体育、农业、文化、旅游、生态等不同产业发展的资源要素，成为广东乡村发展的一股强劲动力：

一是古驿道的发掘与"唤醒"让文化自信变得更"实"。文化遗产是滋养中华民族的乳汁，挖掘整理、宣传推介南粤古驿道，唤起村民从内心深处对家园久违的自豪感，为广东提供了最为基础、最为根本，也是最为深沉的文化自信源泉。作为海上丝绸之路的发祥地之一，南粤古驿道遗存串珠成链，有助于挖掘"海上丝绸之路"的文化内涵，提升广东历史文化遗产在"一带一路"的影响力，得到了海内外华人的广泛关注。

二是古驿道保护利用让沿线村落变得更"富"。广东积极出台古驿道沿线历史镇村保护和特色镇村的扶持政策，多渠道筹措资金助力古驿道沿线村庄脱贫奔康。如广东组织实施的"中国南粤古驿道首届文化创意大赛"，选取黄埔古港、樟林古港、台山海口埠等重要节点为举办地，发动省内大学生结合当地特色文化为农产品、旅游商品、景观小品进行包装设计，设计创意无偿供当地使用，并支持古驿道沿线农产品注册国家地理标志商标，极大提升了当地特色农产品的附加值。

三是古驿道本体保护修复让村庄环境变得更"美"。2017年，广东以8处古驿道示范段为具体抓手，扎实推进共296.7公里的古驿道保护修复及利用工作，完善古驿道周边基础设施建设，并与农村危房改造、农村垃圾污水治理、畜禽污染治理、乱搭乱建整治等工作结合起来，取得了明显成效。

四是古驿道赛事活动让村庄人气变得更"旺"。2016～2017年共举办18场南粤古驿道定向大赛，参与人数高达30万人，形成知名体育赛事品牌。如在2016年举办南粤古驿道定向大赛的韶关仁化石塘古村，当天接待游客4170人次，带动零售、食宿收入约30.27万元。特别是南粤古驿道已经初步建立起旅游线路和品牌，有效帮助乡村建立起发展的内生动力和"造血机能"。目前，在云浮郁南南江古水道示范段沿线古码头，初步建设了驿站、休闲绿道、停车场，将各个节点进行有机连接，实现与高速铁路、高速公路的无缝对接。

五是古驿道活化利用让村子变得更"灵气"。古驿道保护利用注重挖掘当地传统文化内涵，挖掘历史遗迹和人文故事，修复古驿道、古祠堂、古建筑，并在传统节庆、墟日举办非遗文化展、摄影展等内容，让古老村庄焕发更多生命力和灵气，让乡村"留得住乡愁"。

总的来看，南粤古驿道活化利用工作梳理规划科学有力、试点示范稳步推进、社会经济效应初步显现、各方媒体大力支持，一系列活动能够成功举办并广获好评，本身正是充分利用了我省坚持农村生态环境和历史文化保护所取得的积极成果。南粤古驿道活化利用具有重要的历史意义和现实意义，目前的成效来之不易，凝聚着各地各部门的心血和汗水，值得充分肯定。

贯彻十九大精神，做好南粤古驿道保护利用工作

南粤古驿道保护利用，不仅仅是一项修复工程，更是基于南粤古驿道挖掘广东深厚的文化底蕴，去寻找历史的"根"、追溯精神的"魂"。两年来，这项工作取得了一定成效，也得到了普遍认可。近日，南粤古驿道上的三个节点项目，包括韶关市南雄梅关古驿道保护与利用项目、汕头市西堤公园建设项目、珠海市香炉湾沙滩修复项目入选2017年中国人居环境范例奖。

　　广东开风气之先，砥砺前行。从绿道到古驿道，无一不是立足民生、改革创新的成功探索，总结主要经验：一是把握住时代的脉搏引领了一种绿色的现代生活方式和发展方式，使得绿道和古驿道具有强大的生命力和深远的影响力，这是理念的创新。二是充分发挥了绿道、古驿道这些重要的线性工程对乡村地区发展的带动作用，通过串联生态文化资源、融合多种主题，建立区域一体化共享发展走廊，这是思路的创新。三是抓准切入点，将民生放在首位，通过改善农村人居环境，推动体育休闲、文化旅游、特色农业等产业的发展，带动农民脱贫奔康，这是方式的创新。

　　南粤古驿道保护利用工作取得的成效、形成的经验，根本在于中央的坚强领导和广东省委、省政府主要领导的高度重视。李希书记在省委十届二次全会的讲话中指出："在发展区域文化上，要传承和保护具备各自特色和魅力的地域文化、民俗文化，同时要各美其美、美人之美、美美与共，共同创造南粤文化之美，融入中华文化的大美。"马兴瑞省长最近在厅局级领导所写的文章汇编上批示："南粤古驿道这件事，与乡村振兴、旅游及生态文明建设相关，建议明年应有一定的投入，找出几条很好用的古驿道。"林少春常务副省长也批示："南粤古驿道要同已在开展的新农村建设结合起来。"

　　当中国特色社会主义迈入新时代，南粤古驿道保护利用工作正迎来难得的历史机遇。党的十九大报告难得的历史机遇。党的十九大报告提出了"实施乡村振兴战略"、"推动中华优秀传统文化创造性转化、创新性发展"、"广泛开展全民健身活动，加快推进体育强国建设"等重要部署，为广东进一步做好南粤古驿道保护利用工作提供了理论指引和根本遵循。

　　全面贯彻落实十九大精神，结合省委、省政府主要领导的工作要求，采取政府倡导、部门协同、社会参与、专业志愿者支撑的原则，2018 年的南粤古驿道活化利用工作要继续深入学习贯彻落实十九大报告提出的乡村振兴战略，挖掘南粤古驿道及周边地区的文物和历史建筑的保护工作，将南粤古驿道利用与农村建设、旅游、体育等紧密结合起来，用新理念、新技术、新手段推动南粤古驿道活化利用，助力乡村振兴，采取丰富、多样化的展示方式讲好广东故事，并在以下工作领域迈出更坚实的步伐：一是合理选择数条具有综合效益的古驿道深度修复活化利用是有针对性地组织各种节庆和文化旅游活动。

　　决胜全面建成小康社会，南粤古驿道保护利用工作要继续服务于精准扶贫、精准脱贫工作大局。南粤古驿道两侧各 5 公里范围内集中了全省约 60% 的省定贫困村，要坚持修复利用古驿道与精准扶贫相结合，促进古驿道沿线地区经济发展，提升古驿道沿线地区人居环境品质，依托旅游、体育等方式有效帮助贫困村建立起发展内生动力和"造血机能"，带动周边村庄村民致富、共享发展成果。

　　南粤古驿道保护与利用工作已积累了一定的经验、取得了一定成效，更重要的是已成为深入民心的一件大好事。下一步，我们要以习近平新时代中国特色社会主义思想为理论指引和根本遵循，深入学习贯彻十九大精神，将南粤古驿道打造成为具有岭南特色的华夏文明传承之路，户外体育和乡村旅游的健康之路，促进城乡协调发展和扶贫奔小康的富民之路，促进粤港澳大湾区民心凝聚、血肉相连、融合发展的纽带之路，继续助力书写好决胜全面建成小康社会，夺取新时代中国特色社会主义伟大胜利的广东篇章。

备注：

本文转载自《南方》杂志 2017 年第 1 期。

驿港交汇，内外融通——以樟林古港为例谈古驿道的文化内涵

陈春声 *

樟林既是闽粤古驿道的重要节点，也是 17 世纪以后中国东南沿海最重要的对外贸易口岸，驿港交汇，内外融通，其中所蕴含的历史文化内涵的发掘与阐释，对当代人的社会活动与精神生活，仍具有积极的启发意义。

2017 年 11 月，2017 南粤古驿道定向大赛暨中国南粤古驿道文化之旅（汕头站）在澄海区樟林古港举行。此前不久，在许瑞生副省长亲自见证之下，中山大学历史人类学研究中心樟林古港田野工作室正式挂牌成立。樟林既是闽粤古驿道的重要节点，也是 17 世纪以后中国东南沿海最重要的对外贸易口岸，驿港交汇，内外融通，其中所蕴含的历史文化内涵的发掘与阐释，对当代人的社会活动与精神生活，仍具有积极的启发意义。

一

樟林位于韩江三角洲平原北部。韩江最北面的支流为北溪，由北溪经宋代人工开凿的运河山尾溪，进入韩江干流，直达潮州府城的水路，是传统时期韩江中上游地区最便捷的入海船运通道。北溪入海口与三角洲北沿的莲花山之间有条两三公里宽的狭长冲积带，成为三角洲往东北方向进入福建省的必经之路，唐宋以来广东通往福建的路在这里通过，民国时期汕（头）樟（林）公路和（潮）安黄（岗）公路亦在此地交汇。

樟林正好位于北溪入海口与闽粤省际古驿道的交汇之处，既是陆路驿道的重要节点，又是陆路驿道与沿韩江通往府城的水路驿道的交汇之地。正因如此，清代在樟林"城仔内"设有驿塘（驿道上的重要机构—急递铺）。清代以后樟林还是中国东南沿海最重要的对外贸易口岸，更是"红头船"海外贸易模式与韩江流域广大内陆

---

*　陈春声，中山大学党委书记。

贸易腹地相联结的河海交汇的货物转运港。樟林港的贸易繁盛时期在17世纪末至19世纪60年代，长达一百多年。

清代樟林港兴起的重要原因之一在于当时海上贸易的合法化。康熙年间清政府开海禁之后，樟林位于韩江入海口"河海交汇之地"的地理优势得以彰显，这里有最便捷的水路通往府城，不但海船可直接入港贸易，内河船只也可免除风险之虞在港内靠泊。也就是说樟林港正好位于内河和近海帆船两个水运体系的联结点上，很快就成为河海之间的转口贸易港。

韩江是广东东部最重要的运输水道，不但潮州府和嘉应州内部米粮、食盐、铁器等日用必需品的运输主要依赖韩江水系，而且溯汀江直上福建长汀，再经山间小道运到江西瑞金，进入绵水和贡水，就与长江水系的运输网络相联结；或者溯梅江上长乐县的岐岭，陆运至惠州龙川县老隆，就可进入东江，从而与珠江水系的内河船运连接起来。所以，乾隆末年捐银兴建樟林新围天后宫的信众中，除众多"商船户"本地铺号和"樟林港众槽船舵公"外，还包括了来自嘉应州、大埔县等地的捐款者。这也反映了当时樟林港与韩江中上游地区密切的贸易联系。

正因为具有这种转口贸易的性质，樟林港最重要的贸易设施是货栈。嘉庆初年以前，主要的货栈区在仙桥街，其中最著名的是蔡厝内的"藏资楼"。该楼建于乾隆年间，占地约300平方米，主要为栈房，少数房间作为住房，楼主为乾隆年间迁居樟林的洋船主蔡彦。建于嘉庆七年，目前保存较为完好的"新兴街"更是货栈集聚之地，每货栈均为两层建筑，宽5米，长16~21米不等，临港货栈都有独立的小码头，便于货物装卸。

当时樟林港贸易对内陆地方社会影响最深刻的是米粮进口。清政府对本国商人赴外国运米回国持鼓励态度，运米回国者，生监最高可被授予县丞职衔，民人最高可得七品顶戴，从事海外贸易无疑成为有效的向上层社会流动渠道，许多海商循此途径得到职衔、顶戴和功名。而韩江流域是整个清代全国粮食短缺情况最严重的地区，每年本地生产米粮不足以维持本地人口半年之需，因缘际会，米粮进口也成为樟林港贸易最重要的内容之一。对当时的潮州海商来说，从事海外贸易不但可以解决生计问题，发财致富，而且还能因此改变身份，得到功名和品位，提升其社会地位。可以说，传统时期以樟林为枢纽的人流与物流，不但活跃了内陆的市场与商品货币关系，而且改变了内陆地方社会的结构与权力关系。

二

18世纪韩江流域已有许多民众通过樟林港到海外定居，原荷兰殖民地巴达维亚（今印度尼西亚的雅加达）的华人公馆档案保留了一些这方面的记载。例如，有关18世纪华南地区民众移居海外的途径，华人公馆档案就记录了个有意思的习惯性做法。

清乾隆五十一年（1786 年）七月，巴达维亚荷兰殖民当局对来自中国的船只做了新的限制性规定，对中国不同地方的船只实行不同的政策。按规定，每条厦门船每次可以带水手旅客共 500 人到巴达维亚，然后必须有 250 人随船回国，出去与回来之间，有 250 个人的差额，这些人就有可能留在巴达维亚定居和经商。而对潮州的樟林船，则规定每条船每次只能去 100 人，随船回国的也必须是 100 人。殖民者立法的本意，就是要限制广东人移居巴达维亚。在这样的制度之下，当时广东人要如何才能到巴达维亚做生意或者定居？从华人公馆的诉讼档案可以看出，乾隆后期许多厦门船从厦门出发后，第一站先到潮州樟林，在樟林上客，然后才到巴达维亚去。所以殖民者的限制并没有中止广东民众移居巴达维亚的努力。这样的情况一直延续了几十年，一直到 19 世纪初这个限制被取消为止。

实际上，樟林成为 17 世纪末至 19 世纪 60 年代韩江流域民众移居环南中国海周边地区最重要的出发港。这些在海上活动的人群，一直要面对的，是环南中国海周边地区不同国家和不同人群的截然不同的政治、法律、贸易、宗教和文化制度。令人感兴趣的是，我们的先辈就是在这样复杂的制度环境中，充满智慧地协调和利用各种制度，在不同国家和不同社会之间游刃有余地发展着自己的事业和文化传统。

第二次鸦片战争后，距樟林仅 30 余公里的汕头成为新增的通商口岸。轮船时代的到来，使樟林原来赖以繁荣的帆船贸易日渐式微。在这种情况下，樟林地方社会性质发生了明显变化。本地人大量出洋谋生，侨居海外，整个社区的生计和地方建设越来越依赖于侨汇，华侨和商人在当地社会生活和地方政治中影响越来越大樟林终于由传统贸易港口行变为一个典型的侨乡。

通过对樟林古港的研究，我们体会到解释和理解古驿道应该重视的若干历史文化内涵。首先，虽然传统时期驿道及其附属设施主要是官方主持修建的，历代朝廷建设驿道、维护驿路畅通，主要是出于维护国家统一，方便官员往来、公文传递和其他政府交通需求的目的，但实际上驿道更与普通百姓的日常生活息息相关；其次，传统的研究比较重视驿道在维护内陆地区人流、物流、信息流畅通的功能，而樟林古港的个案证明，在广东这样具有悠久海上交通传统的地域，经过"河海交汇之区"的驿道往往也起着联通国内运输体系与海外交通网络的作用，对古驿道的研究，也要充分重视其在国际贸易与海外移民方面的功能；再次，樟林的研究还表明，驿道的存在及其运作，不但可以促进地方商业与市场的发展，而且有助于推动不同人群与不同族群的交往与融合。樟林作为闽粤古驿道的重要节点和海上贸易的重要口岸，就汇聚了韩江流域不同地区、讲不同方言的人群，民国年间的调查发现，这个商业聚落共有 89 个姓氏的人群定居，建有 16 姓共 51 个祠堂，碑刻、档案、文集、族谱和口述资料的记载表明，他们的祖先来自韩江流域各地和东南沿海多个省区。

建设南粤古驿道，增强文化自信

林伦伦 *

今天的古驿道建设，就是重现古驿道昔日的辉煌，重建古驿道周边人民群众的文化自觉和文化自信，从而信心十足地把自己的美丽家乡建设好，齐心协力奔小康。

南粤古驿道建设正紧锣密鼓、红红火火地进行，给古驿道所在各地带来了一波波美丽乡村建设的热潮，为当地精准扶贫做出了实打实的贡献。这里，我想再谈谈另一个问题——古驿道建设与文化自信。

樟林古港记忆

古驿道通常就是古代不同时代的官道，类似于今天的国道，最少也是省道。官道就是交通要道，沿途都是当时经济社会较为发达的地方，往往是"生意兴隆通四海，财源茂盛达三江"。昔日的繁华给古驿道沿线留下了一座座门庭广阔、雕梁画栋的大宅、一条条人畜兴旺的村庄、一个个生意繁忙的乡镇和市井。而经济的兴旺发达使人们能够"仓廪实而知礼节，衣食足而知荣辱"，有了兴学读书、传道起文的基础条件。这些条件，造成了古驿道周围的"地灵人杰""江山代有才人出"。用当今的说法就是："道路通，财路通！"

2017年11月在汕头市举办南粤古驿道定向越野大赛暨中国南粤古驿道文化之旅的汕头西堤公园和澄海樟林古港很有特色，也很有历史文化内涵。樟林在海上交通兴旺之前的宋代，就已是潮州府东部的盐业中心。明万历年间，近海渔业大有发展，这里迅速成为"渔鲜盈市"的埠头。清康熙二十三年（1684年），清廷初弛海禁，由"片帆不准入海"变成"准其出入贸易"。商民集资造船出海，第一艘红头船出海就从樟林驶出。清康熙六十一年（1722年），又准与暹罗进行大米贸易，樟林港远洋航海事业遂应运而生，由渔业港华丽转身为商业港。据史料记载，清乾隆、嘉庆道光、咸丰四代皇帝约100年间，在樟林港从事经商的红头船数以百计，从樟林古港乘坐红头船漂洋过海到暹罗的潮人有150万人之多。清雍正七年（1729年），樟林的东陇河泊所撤裁，改设樟林镇巡检司。此时，沿海各省商贾渔船，来往更加频繁。樟林

* 林伦伦，广东省人民政府参事室参事。

古港的新兴街已有两三百年历史，曾经商贾云集、货栈成行，形成拥有"八街六社"的繁华商埠。据不完全统计，当时其税收收入达到全省的1/6。

1860年，汕头开埠，逐渐取代樟林港成为中国东南沿海的重要港口、海上丝绸之路的重要节点。在此之前两年的1858年，恩格斯就在《俄国在远东的成功》中称汕头是"唯一有一点商业意义的口岸"。而南粤古驿道大赛汕头赛段的起点—西堤公园所在地，就是昔日汕头港的著名码头—西堤码头。围绕西堤码头附近，建设了"四永—升平"的"小公园"商住区，高楼林立，富商如云，闽客均有。汕头也因此逐步取代潮州而成为粤东的经济、文化乃至政治中心城市。西堤公园里的"世界记忆文化遗产侨批纪念地"，是个富有历史文化内涵的标志性纪念园。在我国向联合国教科文组织申请世界文化记忆遗产的16万封侨批中，由潮汕地区送出的就多达12万封。这些侨批，饱含着华侨华人的血泪和感情，是弥足珍贵的文物级文化遗产。

这些侨批，内涵丰富，是侨乡社会经济、海外移民史、侨居地（国）开拓史、经济社会发展史、文化交流史、国际贸易史、金融史、邮政史等方面研究的重要文献资料，甚至也是文学、民俗、书法艺术研究的重要资料。它碎片式地记录了华侨华人的艰苦创业史。"食到无，青起衫包过暹罗，去到暹罗牵猪哥；凄惨钱银刻苦赚，赚来唐山娶老婆。"早期华侨在外国从事的都是最低端的职业，生存环境则是"人面生疏，番仔拿刀"，异常险恶。而在家中，是嗷嗷待哺的儿女和"惨过在等出外翁（夫）"的留守妻子，还有年迈的父母双亲。当然，每逢家乡遭受灾难，华侨华人都是勒紧裤腰带，慷慨捐资回乡、回国救灾救难。尤其是在抗日战争时期，更是万众一心，捐钱捐物支援中国抗战，甚至有热血青年回祖国参加抗战，谱写了一曲曲华侨英勇抗日的赞歌。

文化遗产与文化自信

樟林古港和汕头"四永—升平"留下来的文化遗产十分丰富。樟林成为著名商埠，民俗活动也就多了起来。人们为祈求海上经商和捕捞生活的平安，建了天后宫、山海雄镇庙、风伯庙，以寄托美好祝愿。善于经商者在"外经贸"的活动中获利颇丰。于是，有了衣锦还乡的华侨大宅南盛里、锡庆堂和西塘庭园，名人故居有秦牧故居，以及供来往客商居住、盘桓的永定客栈。

南盛里是清末巨贾蓝金昇兴建的，占地面积80多亩，盖建大小房屋70座，共671间。其中既有华丽的潮汕传统建筑——驷马拖车、四点金、下山虎，也有普通的小型民居—竹篙厝；从传统潮派建筑风格的民居到近代具有工业特色的发电厂自来水厂，整片民居集潮汕民居建筑之大成，是"洋为中用"的一个范例。南盛里不仅是一个院落，更是一个巨型建筑群落，所以叫作"里"。它以"锡庆堂"大祠堂为主体，周围有序分布着一座座的"四点金"和"下山虎"，以及由八座"下山虎"相连组成的"八落巷"。西塘庭园则是清嘉庆四年（1799 年）由富商林五、林泮按苏州园林样式扩建，集住宅、书斋、庭园三者体，为粤东名园。

汕头的"四永一升平"则是富有东南亚风格的"五脚砌"（骑楼）型建筑。"四永一升平"后面还有一句"四安一镇邦"。"四永一升平"是永安、永和、永泰、永兴街和升平路;而"四安"是怡安、棉安、万安、吉安街和镇邦路。"四永一升平""四安一镇邦"构成了民国时期汕头这座百载商埠的繁华市井。位于汕头老市区中心的"小公园"，其最突出的标志是一座亭，名为"中山纪念亭"，本地人管其叫"公园亭"。小公园旁边的百货大楼于 1932 年开业，是汕头地标式建筑物和潮汕人民的集体记忆。

潮人富商回家乡建设的还有宗祠和书斋（学堂），几乎村村都有。建设宗祠体现了潮人慎终追远、感恩祖德的优秀传统文化，在乡村的文明建设和秩序自治方面也起到重要作用。而书斋学堂的建设，无疑是对潮人尊师重学的优秀文化传统的继承。韩愈治潮八月，在潮州劝农稼植之外，积极传道起文、兴学育才，蔚成潮人读书文风。到了宋代，已建设有韩山书院等作育英才的处所，遂使潮州宋代就有了"海滨邹鲁"（陈尧佐语）的美誉。也就在古驿道旁，澄海在明代就由第三任知县蔡楠捐资兴建了冠山书院，后来成为潮州四大书院之一。多年来，澄海人才辈出，樟林古港里就有著名散文家秦牧先生的故居。

而在樟林古驿道之北，就是韩江的支流北溪，是昔日连接潮州府城的水陆交通要道（府道）。樟林所在的东里镇和相邻的莲华镇，就沿着这条美丽的母亲河，一个村庄接着一个村庄，炊烟缭绕。昔日曾经靠着水运交通的发达，这里商旅络绎不绝。江边的乡村，十分富庶，如莲华镇的隆城乡，是广东十大古村落之人口密集，商业繁华。这条村子有 22 间各姓氏宗祠，十多所书斋，诞生了一位名人，他就是第一本《潮声十五音》的编著者张世珍。《潮声十五音》是老一辈海内外潮人家喻户晓、珍藏至今的一本潮音同音字典，发行量多达几十万。

总之，樟林港和汕头港，是昔日粤东乃至南中国的重要港口，是"一带一路"上的重要节点。今天的古驿道建设，就是重现古驿道昔日的辉煌，重建古驿道周边人民群众的文化自觉和文化自信，从而信心十足地把自己的美丽家乡建设好，齐心协力奔小康!

备注：

本文转载自《南方》杂志 2017 年第 1 期。

南北通融，八方汇流——南粤古驿道遗产的创造性保护、创新性利用

曹　劲*

结合体育、文化、旅游等方式，让都市人踏上古驿道、走进古镇古村，让乡村焕发活力，真正实现文化遗产的创造性保护、创新性利用

道路的形成伴随着文明的演进。可追溯到新石器时代的考古发现显示，岭南先民很早即开始了文化交往，留下众多的实物史料，而我们对承载这些交往的通道还所知甚少。秦汉时期，统一的中央集权国家形成，国家有步骤地推进道路，特别是官道的建设，治驰道，设驿亭，南粤地区开始纳入国家版图。唐宋时期，国家进步，文明兴盛，形成以城市为中心，以道路为网络的行政和商贸网络，海外联系也日益加强。元明清时期，政治统治更趋紧密，商贸文化更加发达，道路设施四通八达。遍布南粤的古道不仅推动了中原文明在此落地繁衍，也让域外文明更加通畅地进入，使濒海之地的南粤成为通江达海、内接外联的国之枢纽。

随着铁路公路等现代交通体系的发展，这曾经辉煌通达、车马喧闹的古代道路逐渐被湮没，被覆盖，或被遗忘在深山野岭芳草萋萋之间。它们代表着远去的古代文明，是珍稀的文化遗产，饱含岁月之美、山野之美，却又日渐凋零。如何让这些散落在南粤大地的文化遗产活起来，需要胆识、气魄和智慧。

截至目前，广东已发现的古驿道遗存有202处，长达480公里，随着南粤古驿道保护与利用工作的深入开展数字还在不断增长。以这样的古道网络为基础，多措并举，结合体育、文化、旅游等方式，让都市人踏上古驿道、走进古镇古村，让乡村焕发活力，可以真正实现文化遗产的创造性保护、创新性利用。

南粤古驿道遗产概念的不断扩展

作为待保护的历史文化遗产，南粤古驿道的概念从提出伊始就一直在不断扩展，层层叠进。首先是不纠结于如何去区分驿道、官道、民道，遍布南粤大地的以驿道

---

* 曹劲，广东省文物考古研究所所长、研究员。

为代表的古代道路都纳入保护对象。这些遗存中，既有梅关古道、西京古道这样的全国重点文物保护单位或者广东省文物保护单位，但更多的是大量寂寂无闻的乡村古道，包括山路、水路和陆路，包括这些道路上的驿站、茶亭、码头、桥梁、关隘、卫所。

道路与聚落密不可分，我们还要保护那些曾因道路而兴旺的古城镇、古村落，以及相关的乡规民约、风俗节庆、传统手艺和传说故事，例如仁化石塘村的月姐歌和堆花米酒、郁南县的禾楼舞、西京古道的"石阶除道"。至此，实现物质与非物质文化遗产的全面覆盖。

以上述遗产为核心保护内容，进而衍化出作为空间规划对象的"南粤古驿道"。这是以广州为中心，向东、西、南、北四个方向延伸形成的 6 条南粤古驿道线路网络，包含了 14 条主线，56 条支线，贯穿全省各个区县，并串联 1200 多个人文及自然发展节点，其中人文节点 959 处，包括 202 处古驿道及相关遗存，388 处历史文化城镇村，369 处其他文物古迹；248 处自然节点，包括风景名胜区、森林公园、自然保护区、湿地公园以及旅游景区等。

多部门联动，全社会共享

如果说历史上水陆相连、千丝百结的古驿道促进了南北通融，今天对这些古驿道遗产的保护与利用则真正体现为八方汇流。

南粤古驿道不是一个单纯的文物保护项目，它从一开始就突破部门局限，住建、体育、文化文物、旅游、农业等多部门联动，各司其职，尽展所长，调动资源，共同投入到这一场保护与利用中去。正所谓纲举目张，执本末从，通过深挖历史文化内涵，发展文化旅游、生态观光、户外运动、都市休闲等，为公众提供更好的生态产品和文化产品，振兴乡村经济，推动城乡共荣。

不仅如此，活化工作需要各方面专业人士和团体参与，既有政府部门，也有民间力量。自启动伊始，南粤古驿道保护利用工作就吸引了像广东省"三师"（规划师、建筑师、工程师）专业志愿者委员会、广东户外运动协会等众多社会力量的参与。

广东的"三师"专业志愿者是最早投入到古驿道保护工作的团队，他们利用业余时间到广袤的乡村去帮助村民保护修缮古建筑和古驿道，进行专业扶贫、技术扶贫和智力扶贫；利用古驿道开展文创活动，充分体现生态化和地域特色，对当地特色产业进行设计加工，帮助村民脱贫致富。广东省户外运动协会大胆创新，将极为国际化的时尚户外运动引入乡村，激活乡村潜在活力，为参赛运动员、游客和古村落居民带来了自然风光、文化遗迹之外的运动享受。

南粤古驿道已经成为汇集各方资源的平台，可以预见的是，将有更多的人和社会各界包括企业参与进来，通过挖掘古驿道文化、开发旅游线路、形成品牌效应，传承、传播岭南文化，树立文化自信。

精彩纷呈的活化利用方式

正是因为多种力量的汇聚，南粤古驿道的保护和利用突破了静态的、孤立的保护，呈现出前所未有的丰富多彩，创意无限。

户外运动。当马拉松等城市户外运动项目受到群众追捧之时，南粤古驿道定向大赛逆向而行，2016 年，8 条古驿道边具有一定规模和历史背景的传统村落成为定向越野的体育赛事场地。指导单位和"三师"专业志愿者下乡服务团队为古村落提供技术指导，做好古迹加固维护和修葺，协助设计比赛线路，选取比赛检查点。这些检查点往往是村中最有价值的所在，承载着乡村的记忆、情感、故事和传奇，让运动员和观众在比赛的同时游览古迹、品尝特色美食、感受乡情美景。2017 年定向大赛比赛地增加到 10 个，配合赛事的内容更加丰富。南粤古驿道定向大赛，成为全面展示岭南文化丰厚底蕴的舞台，体育赛事特有的活力和广泛的影响力也为这些古村注入勃勃生机。

不仅如此，广东省户外运动协会大胆创新，将汽车越野与定向活动结合，创造了定向新玩法，使定向活动内容愈发丰富。汽车定向、自行车定向、徒步定向三个类别的竞赛吸引了精英组、公开组、村民组、体验组、手机定向体验组的不同人群参与赛事，带动运动员、村民、旅游观光者感受南粤古驿道之美，体会乡村活化成果，领略乡村的自然和传统魅力。

旅游文创。文创大赛是以广东省"三师"专业志愿者为主体，结合乡村实际需求，为加强地方基础设施建设、促进旅游产业发展、带动地区消费，传播文化而展开的集创意性、文化性、实用性于一体的志愿者服务活动。通过提取古驿道历史文化元素，将创意、文化、情感、实用相结合，发现优秀作品并转化为文创产品。省内的中山大学、广东工业大学、广州美术学院、五邑大学等十多所高校师生积极响应，提交了丰富多彩的参赛作品。其中，立体书、狮头教具、环保袋、运动手环、土特产包装 5 类作品已投入当地使用。紧接其后，少儿文创和驿道游学等活动也开展起来，"艺道游学"已经产生了上万幅儿童关于驿道的绘画。

示范段建设。目前已规划 8 条古驿道主题文化遗产线路，涉及南北通融文化、葛洪与中医药文化、汤显祖岭南行文化、西学东渐文化、香山古道群英故里文化、驿道古酒文化、《世界记忆》侨批和银信文化等。8 个示范段，各有特色，异彩纷呈。近日，省住房城乡建设厅和省文化厅、体育局、旅游局联合印发《广东省南粤古驿道线路保护与利用总体规划》，以"文化线路"为视角，重视整体保护，突出线路的主题文化特色。如今，古驿道网络正串联起一座座古村落，这些村庄曾经因古道而兴盛，又因古道的凋敝而衰落，今天将因古驿道的活化而焕发生机。

古驿道串珠粒粒辉，振兴扶贫村村蔚

朱雪梅 *

城市化一日千里，让古驿古村措手不及，遭遇前所未有的冲击近于湮灭。幸广东力倡古驿带动古村齐发展，政府发文鼓励，政策推动促进，可谓上下一心，力求保之振兴之。

千百年来，或战或商或灾，举族合家年复一年迁徙，南来北往，走出了条条古驿道，浩浩荡荡，蔚为壮观！沿途，相地择址、随遇而安、巧展技艺，建起了条条古村，精致实用、和而不同。这里承载着多少旅途的艰辛和回望远离故土的无奈，又展现了开拓新生活的顽强和对美好远景的执着。

几度硝烟弥漫，又歌舞升平。国家统一，和谐相处，丝路扬帆，西风东渐，年岁更迭，孕育升华出多姿多彩的岭南文化奇葩。可以说，南粤古驿道是历史上岭南人的生命线，古村是岭南人繁衍生息的根脉。然而，时过境迁。城市化日千里，让古驿古村措手不及，遭遇前所未有的冲击近于湮灭。幸广东力倡古驿带动古村齐发展，政府发文鼓励，政策推动促进，可谓上下心，力求保之振兴之。

聚民心，集民智

路通财通，当年的古村正是因为古驿道的繁华而兴盛。可以说，古驿道是岭南人的生命线和发展之路，与沿线的古村落及其周围的生态环境，早已深深相连为不可分割的整体。然而，时代变迁，古驿荒芜、古村空心。据统计，全省2277条省定贫困村约六成在驿道沿线。广东要实施乡村振兴，复兴古驿道是重要抓手，抓住了岭南人内心最深层的情怀，是广东乡村建设的特色，极具示范意义。

通过古驿道系列活动的开展，当地的村民乐坏了，感觉祖祖辈辈传下的村子有希望了，知情老人的故事也滔滔不绝。乡贤们的乡愁也引发了，看到了老村的希望，纷纷出资出力谋求发展。地方和基层干部工作心中有数了，梳理出多条古驿道，干起来活儿来更踏实。年轻人组织的多个研学社团也成立了，他们奔波在田间乡野穿行在大街小巷，发掘出大量古村落。"三师"（规划师、建筑师、工程师）专业志愿

---

* 朱雪梅，广东工业大学建筑与城市规划学院院长、教授。

者定向帮扶古村对接上了现场"把脉问诊"，发挥专业所长指导建设。专家学者也忙不停，深入浅出，讲解授课，提升了民众对古驿道、古村和传统文化再认识。可见，挖掘串联这些如此磅礴又碎片化的历史，本身就是"聚民心、集民智"的过程，是个共同学习、宣传教育、价值重塑的过程。

承传统，荣文化

经济全球化和国际交往的频繁，导致文化趋同。如何保护传承自身文化，是当下国际社会广泛关心的问题，"越是民族的就越是世界的"已成为人们的共识纵横南粤大地的古驿道，内连中原广袤腹地，外接南海通达西洋，是海上丝路的重要组成部分、岭南文化集中呈现地。中原文化和外来文化在此交汇融合，并以中原移民文化为主多元并存，形成多样适应和包容共生的特点。一是早期的本土少数民族文化（至今尚存的瑶族、壮族和畲族等）；二是中原汉人带来的移民文化，主要体现在儒家文化、宗族文化、农耕文化和民俗文化等；三是因移民时间、方式和源流不同，又形成了广府、潮汕、客家和雷州四种民系文化；四是受外来文化的影响，又形成特色鲜明的侨乡文化。

可见，移民和地缘区位使广东文化多元多样多姿多彩，蕴藏着丰富的文化内涵，积淀着深厚的中华民族精神追求和社会发展的突出优势，是农耕文化的重要部分，是山水相连的"文化根脉"，也是海内外华人追根溯源的"祖地"。不少后裔遵循祖先遗愿纷纷回故乡，开展寻找古道、古村、古屋、古祠、古树、古塘、古井、古塔等寻根问祖活动，表达了对民族文化的认同和对自己根脉的归属感。

"承传统、荣文化"就是抓紧时机深入调查研究，挖掘复兴优秀传统文化，给子孙后代留下珍贵的文化遗产，才能在规划建设中避免千村一面，才能"讲好中国故事，传播好中国声音，阐释好中国特色，展示好文化自信的中国形象"。

促旅游，兴产业

擦亮文化名片。广东作为改革开放的桥头堡，经济建设取得了骄人业绩，而在现实发展矛盾中，文化建设往往打了折扣，甚至还曾被冠以"文化沙漠"的帽子。这是对广东多元深厚文化的莫大误解，应多种形式和媒介加大宣传，擦亮广东极富特色价值的文化名片。其中，发展旅游可以促进城乡人员的交流，助力文化宣传，让人们能切实感受其博大精深的文化内涵。

条条古道、个个古村，饱含轶闻趣事、民俗风情，是旅游开发的金矿，极具旅游价值。其丰富的文化内涵，使广东全域旅游大有作为。主要包括粤北"秦汉古道"、粤东"韩江古道"、粤西"雷州古道"和以广州为中心的北江、东江、西江古道等，形成南粤古道网骨干框架。

如粤北的梅关古道、西京古道、顺头岭古道、羊蹄岭古道、乌迳古道、秤架古道和星子古道等。其中多条古道的历史超过千年,记载了广府、潮汕、客家和雷州等民系文化的演变、交融和发展,留下了六祖惠能、葛洪、张九龄、韩愈、刘禹锡、苏东坡、崔与之、汤显祖和湛若水等大家的史迹,展示了一幅幅波澜壮阔、丰富多彩的岭南文化历史画卷。旅游业要转型升级,就要用好这些文化名片,提升旅游内涵,促进旅游业持续发展。南粤古驿道所承载的文化信息有很强的叙事、故事场景,可以让人走出室内离开虚拟世界,去体验先人当年在颠沛流离中,开辟一个新世界的创业精神,是培养文化自信重要的教育载体,特别是对当下年轻人有着很好的励志作用。

创兴多元产业。旅游发展带来的人员往来是复兴古驿道和振兴乡村的关键,有利于重塑古驿道和古村的价值。一方面,可充分挖掘地方传统特色产业,提升乡村内生动力。另一方面,会带来相关产业发展,如文化创意、酒店民宿、康养健身、度假休闲、农耕体验、旅游产品和农产品加工等,使乡村成为旅游的驿站和集结地。可见乡村有了产业,村民便能居村发展,有尊严地做新型的产业农民,实现就地城镇化,也缓解了城市病,实现空间上城乡融合、时间上古今辉映。

思当下,谋未来

利用好南粤古驿道促进乡村振兴,是基于广东特色的创新模式,也是一个涉及方方面面需要多方联动的系统工程。它使南粤文化遗产的保护与自然环境保护更紧密地结合,让陈列在大地上的文化遗产活起来并带动乡村振兴。既要从空间维度的宏观、中观和微观去考虑,还要从时间维度的过去、当下和未来去思量,尤其面对大量的古驿道和古村不断遭遇丢空破败的困境时,这种将现代生活和年轻人引入其中的尝试无疑极富现实意义。

一是要立足长远,近远结合,按《广东省南粤古驿道线路保护与利用总体规划》推进落是要立足长远,近远结合,按《广东省南粤古驿道线路保护与利用总体规划》推进落实。建立政府主导、社会积极参与和充分发挥村民主体作用政策机制。设立各层次的专门机构,统筹协调,保证工作有序进行。二是要继续开展古驿道沿线的资源和遗产普查利用的深化研究,利用多种媒介加大宣传,彰显其特色魅力。三是选择自然人文资源丰厚、易于启动实施,有引领作用的古驿道及其沿线的古村进行示范建设。完善基础设施和标识系统,充分展示自然人文信息,知识性和趣味性并举。修缮和增设沿线供人们停留休息的驿亭、公厕等配套设施,加强安全保障和与周边绿道以及机动车道的可达性衔接。同时,发挥乡村物质空间、农副产品和人力资源优势,配套完善旅游和相关产业功能,展示丰富多彩的乡村民俗活动。四是继续发挥"三师"专业志愿者助力乡村振兴的作用，将老百姓喜闻乐享的南粤古驿道定向大赛等活动加大力度推广普及，形成寓教于乐的东品牌，保障优秀传统文化宣传弘扬的深度和广度，以持续助力振兴乡村。

备注：

本文转载自《南方》杂志 2017 年第 1 期。

2017-2018 年国内外城市更新研究进展

1 国内外城市更新研究的总体情况

1.1 数据来源与分析方法

城市更新的概念起源于西方，是西方国家为了应对城市发展中所出现的问题而提出的一系列的解决方案（丁凡等，2017）。城市更新是城市发展到一定阶段所必然经历的再开发过程（廖开怀等，2017），不同时代背景和地域环境中的城市更新具有不同的动因机制、开发模式、权力关系，进而产生不同的经济、环境、社会效应。

近年来，随着我国城市发展逐步由粗放式扩张转向内涵式增长、从增量开发转变为存量开发，城市更新已成为城市发展的重要手段（黄婷等，2017），国内学术界对城市更新的研究兴趣越来越大，学术界将城市更新的视野扩展到旧城、旧村和旧厂，并越来越关注历史文化遗产保护和社会公平正义等主题（谢涤湘等，2017；2018）。

追溯 2017 年以来中文及外文文献中出现的有关"城市更新"（urban renewal）的研究，通过中国知网及 Web of Science 获取相关文献，并结合文献分析工具 CiteSpace 对国内外关于"城市更新"的最新研究进展进行梳理和归纳，总结城市更新研究的文献数量、发文期刊、主要机构，分析城市更新研究的最新热点，以期能为未来中国城市更新的实践及研究提供可借鉴性启示。

1.2 城市更新研究的文献数量

本文检索的中文文献主要来自于中国知网（http：//cnki.net/），并从中限定中国期刊全文数据库中的核心期刊作为本文的检索范围。以"城市更新"、"更新"作为关键词，以"核心期刊"作为检索范围，检索时间为 2018 年 9 月 25 日，共检索得到 2017 年以来的国内相关文献 151 篇，其中，2017 年 102 篇，2018 年以来 49 篇；外文文献主要来自于 Web of Science（http：//isiknowledge.com/），以"urban renewal"作为关键词，共检索得到 2017 年以来的国外相关文献 425 篇，其中，2017 年 303 篇，2018 年以来 122 篇。借助于知网及 Web of Science 的高级检索功能以及专业文献分析工具 CiteSpace，对检索得到的所有文献进行分析，总结城市更新领域的最新研究趋势。结合聚类分析的结果，通过阅读相关文献的摘要来筛选出重要文献，并对其进行重点研读，从而总结归纳出国内外城市更新研究的最新进展。

城市更新是学界的持续研究热点，文献数量不断增长（图1、图2）。从中国知网及 Web of Science 统计了 2010 年以来关于城市更新研究的核心论文数量，由于 2018 年的数据不完整，故将其剔除，得到 2010-2017 年的文献数量。发现，关于城市更新的文献数量经历了快速增长的过程，中文由最初的 36 篇 / 年，稳步增至 2014 年的 53 篇，这四年间的增速较为平稳，但在 2015 年迅速增至 72 篇，增幅高达 19 篇 / 年，并在 2017 年首次突破两位数，增至 102 篇。而外文也由最初的 124 篇 / 年，增至 2017 年的 303 篇。不断增长的文献数量，也意味着城市更新这一话题正得到越来越广泛的关注，同时也凸显了本研究的意义之所在。

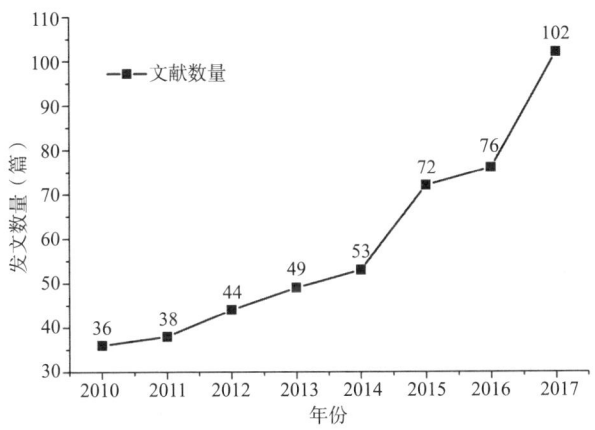

图 1　2010 年以来城市更新领域中文核心期刊刊文数量

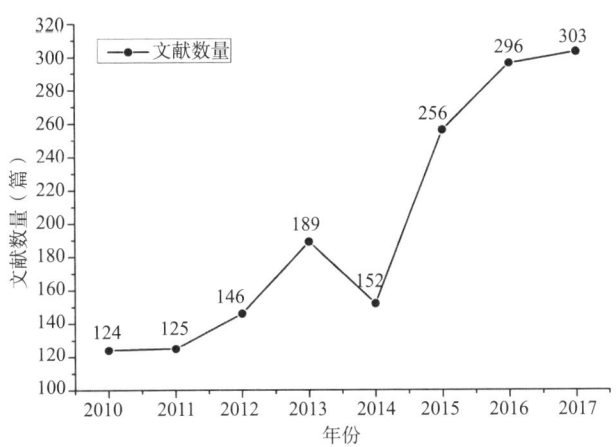

图 2　2010 年以来城市更新领域外文核心期刊刊文数量

1.3　城市更新研究的主要期刊

城市规划是研究城市更新的主要学科（图 3）。通过对中国知网数据库中核心期刊的发文量进行统计，发现城市更新的主要集中在城市规划学科，其次是建筑学和人文地理。其中，刊文量最多的是《规划师》，高达 26 篇，占 17.22%，其次是《城市发展研究》的 17 篇，占 11.26%，而《城市规划》和《国际城市规划》的发文量也较多，且均超过 10 篇，分别达到 15 篇和 11 篇。此外，《现代城市研究》、《城市规划学刊》、《建筑学报》、《人文地理》等刊物也是城市更新研究的重要发文期刊；而通过对 Web of Science 数据库中核心期刊进行统计，发现城市规划也是研究城市更新的主要学科，其次是环境学科和地理学科（图 4）。其中，刊文量最多的是 Urban Studies，其次是 Thesis 和 International Journal of Urban and Regional Research。此外，Environment Planning A，Cities，Habitat International 等刊物也是城市更新研究的重要发文期刊（图 5）。

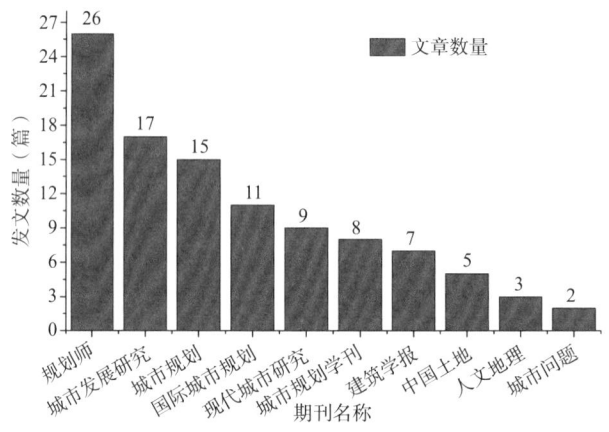

图 3　城市更新刊文核心期刊数量分布

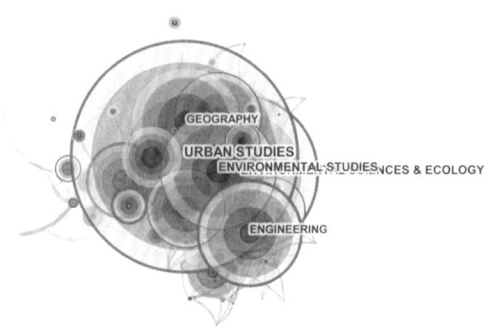

图 4　外文核心期刊城市更新研究领域

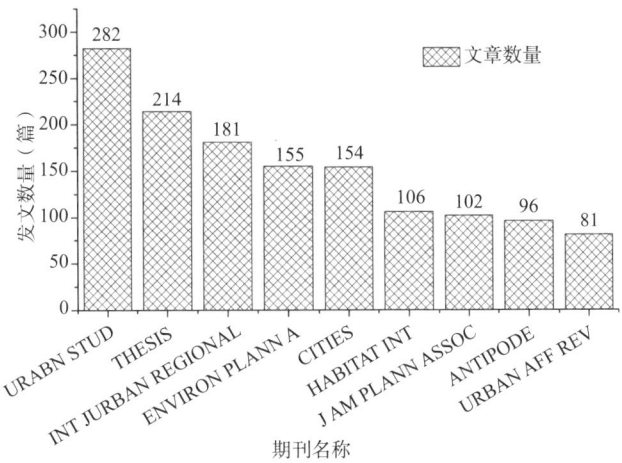

图 5　城市更新刊文外文核心期刊数量分布

1.4　城市更新研究的主要机构

国内关于城市更新的研究机构呈现出大分散、小集聚的分布格局（图 6）。国内有关城市更新的研究机构遍布华东、华北、华南、华中、西北、西南、东北等各个区域，其中 2017 年以来发文量较多的机构主要有同济大学建筑与城市规划学院（10篇）、清华大学建筑学院（6 篇）、中国城市规划学会（5 篇）、华南理工大学（4 篇）、广东工业大学（4 篇）、深圳市规划国土发展研究中心（3 篇）、西安建筑科技大学建筑学院（2 篇）、中国人民大学公共管理学院（2 篇）、天津大学建筑学院（2 篇）等国内一流高校／研究单位，其余机构的发文量大都在 2 篇或 2 篇以下；外文文献中关于城市更新的研究国家主要集中在中国、美国、澳大利亚、意大利、西班牙及英国（图7）。其中发文量较多的机构主要有香港理工大学（23 篇）、香港大学（11 篇）、墨尔本大学（9 篇）、美国韦恩州立大学（8 篇）、智利大学（8 篇）、墨尔本皇家理工大学（7篇）等（图8）。而这些机构也正是国内外关于城市更新研究的核心单位和中坚力量。

1.5　城市更新研究的主题方向

国内学界关于城市更新的研究方向呈现出分散中聚集的特点（图 9）。运用 CiteSpace 工具对文献共引聚类分析，对各个聚类提取共现度较高的主题词，从而获取城市更新研究的最新趋势。剔除干扰性较大的"城市更新"一词，通过聚类归纳可知，2017 年以来国内关于城市更新研究的主题词大体可以分为四类：一类是社会空间关系与政策研究方面的内容，如绅士化、全球化、空间尺度、文化创意产业、可持续发展、收缩城市、创意城市、宜居城市、城市复兴、都市再生、策略、空间结构、风景园林、文化空间、容积率等；第二类是城市更新的研究对象，如工业遗产、历史街区、历史文化街区、旧城改造、城中村等；第三类是城市更新的研究方法，如实证研究、城市设计、城市治理、存量规划、城市修补、社区治理、城市规划、保护等;第四类是与地方相关的研究内容，如中国深圳市、广州市、上海市、重庆市等。而外文核心期刊论文中（图 10），2017 年以来国外关于城市更新研究的主题词主要有：城市再生（urban regeneration），乡绅化（gentrification），统治（governance），可持续性（sustainability），政策（policy），邻里（neighborhood），和中国（China）。

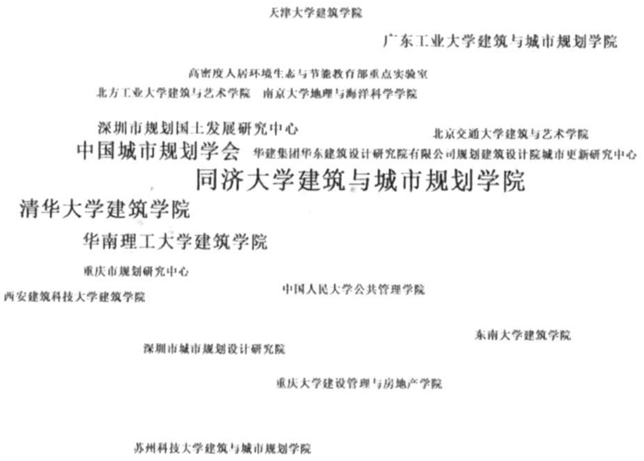

天津大学建筑学院
广东工业大学建筑与城市规划学院
高密度人居环境生态与节能教育部重点实验室
北方工业大学建筑与艺术学院
南京大学地理与海洋科学学院
深圳市规划国土发展研究中心
北京交通大学建筑与艺术学院
中国城市规划学会
华建集团华东建筑设计研究院有限公司规划建筑设计院城市更新研究中心
同济大学建筑与城市规划学院
清华大学建筑学院
华南理工大学建筑学院
重庆市规划研究中心
西安建筑科技大学建筑学院
中国人民大学公共管理学院
东南大学建筑学院
深圳市城市规划设计研究院
重庆大学建设管理与房地产学院
苏州科技大学建筑与城市规划学院

图 6　中文城市更新研究的主要机构

ITALY
AUSTRALIA
USA
SPAIN
ENGLAND
PEOPLES R CHINA

图 7　外文城市更新研究主要研究国家

Univ Chile
Chongqing Univ
Hong Kong Polytech Univ
Univ Hong Kong
Politecn Milan
Tianjin Univ
Delft Univ Technol
Univ Melbourne

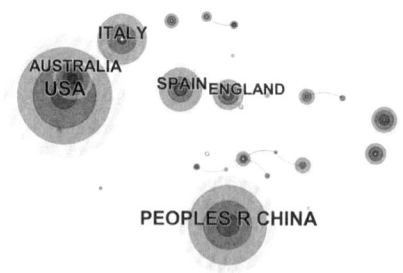

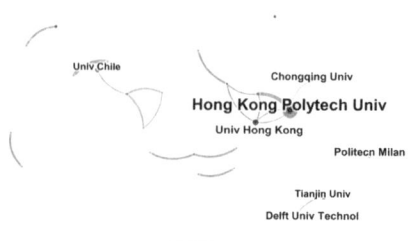

图 8　外文城市更新研究主要研究机构

图 9　中文城市更新研究的主要热点主题词

图 10　外文文献城市更新研究的关键词

2　国内外城市更新研究的最新热点

基于所获取文献的研究内容，并结合其关键词、研究对象等，对国内城市更新领域的最新研究进展进行分类，大致可划分为旧城区研究、城中村研究、旧工业区研究、工业遗产保护、老旧小区微改造等方面的内容。

2.1　城市更新中的旧城区研究

1958 年在荷兰海牙召开的"关于旧城区改造问题的第一届国际研讨会"提出，所谓旧城区改造，是指"根据城市发展的需要，在城市老化地区实施的有计划的城市改造建设，包括再开发、修复、保护三个方面的内容"（1958 年，海牙会议）（韩艳丽等，2011）。随着 2010 年新型城镇化战略，特别是"人的城镇化"理念的提出，以持续改善物质环境和非物质环境的城市更新正成为我国大中城市未来发展的必然趋势（许瑞生，2017）。从经济角度来说，旧城区改造能够加大城市投资，推动产业升级，创造巨大的经济价值。但同时，旧城区具有储存城市起源、发展、演变的历史基因和文化记忆功能，对建设人文城市、文化城市等方面具有不可替代的作用（周建梁，2018）。

城市更新是运用维护、整建、拆除等方式使城市土地得以经济合理的再利用，并同时达到对城市整体功能改善的活动（姚圣，2017）。城市更新在改善旧城区土地利用结构、繁荣服务业的同时，也改变了旧城区原住居民原有的工作与生活形态（曾德珩等，2018）。

旧城区改造改善了旧区居民的居住环境，对拉动城市房地产经济、繁荣商业等方面做出了巨大的经济贡献，因此，旧城区的改造方法也是研究的热点问题。柴海龙等（2018）提出促进旧城区改造的四个转型：（1）发展理念转型：从侧重硬件环境建设向侧重改善人的生活质量转变。（2）改造方式转型：单一的"破旧立新"式改造向"拆、改、留"并举转变。（3）功能效益转型：从单纯的房地产、商业开发向完善城市功能、促进城市产业升级、保存城市文化等多功能更新转变。（4）社会目标转型：从社会排斥性改造向社会包容性、活力型改造转变。原斌等（2017）则梳理了城市更新中社会型旧城改造的内在逻辑关系与运作机制（图 11）。

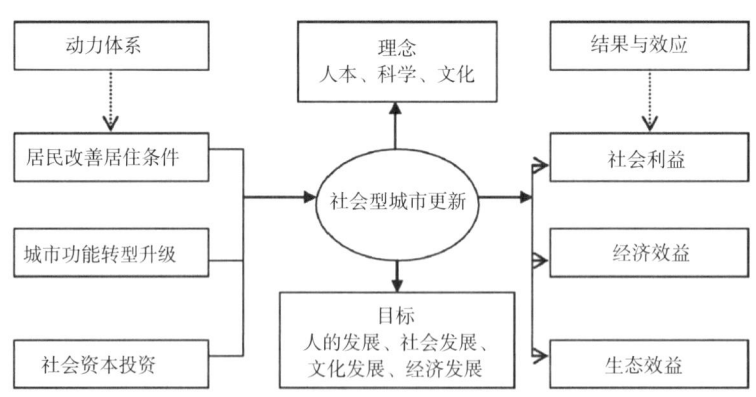

图 11　社会型城市更新的内在逻辑关系与运作机制示意图

（资料来源：原斌，2017）

2.2　城市更新中的城中村研究

"城中村"指伴随城市郊区化、产业分散化以及乡村城市化的迅猛发展，为城建用地所包围或纳入城建用地范围的原有农村聚落，是乡村——城市转型不完全的、具有明显城乡二元结构的地域实体。简言之，"城中村"是指城市建成区或发展用地范围内处于城乡转型中的农民社区，内涵是"市民城市社会中的农民村"（闫小培等，2004；魏立华等，2005）。20世纪90年代中期以前，中国的"城中村"现象和问题尚未显现，但在20世纪90年代中后期，城市蔓延和郊区化进程加速，城市边缘区土地被大量征用（文超等，2017）。由于城市政府要在"城中村"土地补偿和村民安置方面支付巨额经济成本和社会成本，为规避巨额成本，城市政府选择了绕开村落的迂回发展思路（郭友良等，2017），导致"城中村"在土地利用、建设、景观、规划管理、社区文化等方面表现出强烈的城乡差异及矛盾，影响城市的建设质量和发展秩序，引起城市政府和社会各界的广泛关注（高晓路等，2017）。

城中村的形成机制。关于城中村的形成机制，战洋认为焦点在土地，原因在规划管理，症结在体制（战洋等，2017）；刘云刚将其归结为城乡二元体制和政策所形成的城乡二元发展格局，而社会调节系统的局限则成为"城中村"形成的社会因素（刘云刚等，2017）。综合当前最新文献及既有研究，可将"城中村"的形成机制具体归结为以下几点：（1）快速城市化、城市蔓延及郊区化使"城中村"用地被包围、蚕食；（2）"城中村"土地的集体所有制造成城乡土地市场脱节，土地流转受阻，收益分配、土地利用混乱；（3）传统农村管理机制使城市政府无法对其行使统一有效的规划和管理，滋生许多社会治安问题；（4）乡村到城市的急速转型并未改变村民狭隘封闭的小农意识；（5）城乡二元体制为"亦城亦乡、亦农非农"的"城中村"提供了城市、乡村的双重优待（郑承智等，2017；李如铁等，2017；陈凯仁等，2017a；朱婉莹等，2018）。

城中村的更新改造模式。2000年珠海市城中村的改造拉开了我国城中村更新的序幕（崔艺红，2007）。从各地改造的情况来看，更新的手段各不相同，但是从本质来看其实是市场、政府、村集体及村民三种力量相互博弈的结果（蔡云楠，2016；卢福营，2017），而主导力量一般为某类单一主体，其他主体多为辅助力量，因此依据主导力量的不同可将城中村改造分为政府主导型、村集体村民主导型及开发商主导型三种模式（李倩等，2018）。政府主导型是指由地方政府主要负责城中村拆迁改造的一系列事务，包括具体实施等各项工作，如郑州城中村的更新属于此种模式；村集体及村民主导型改造是指由村民通过民主协商、集体讨论的形式决定改造的方案，并通过自筹资金或自主与企业联合、自行补偿、自我安置的原则完成改造，如西安西何家村的改造属于此种模式；开发商主导型是指由地方政府公开招标，由开发商通过市场化的方式获得改造的主体资格，并依据相关要求进行改造，此种改造模式普遍存在于各地的改造中（表1）（文超等，2017；范逢春，2017；苏海威等，2018）。

城中村三种改造模式及优劣势分析　　　　　　　　　　　　　　表1

改造主体	利益诉求	角色定位	优势	劣势
政府	改善、提升城市形象；获取土地增值收益，实现用地效益最大化；获取建设用地指标	城中村改造的"全能者"，负责改造的一应事务，包括各种具体实施方案	最大程度整合城市用地；统一规划、拆迁补偿改造；村民利益得到最低限度的保障	追求最终目标，"短、平、快"的改造；成本高，补偿标准低易引起群体矛盾；倾向于利用市场手段，易滋生腐败事件，利益分配不公
开发商	追求利益最大化，塑造企业品牌；政府的利好政策；希望其他主体配合扫除改造障碍	通过市场获取改造主体资格，游离于政府和村集体村民之间	减轻政府财政压力；避免行政权力过度介入，村民与开发商之间博弈，利益得到相对的保证	过分追求利润，绅士化快速改造，低收入人群利益得不到保障；改造资金高，资金回流周期较长；依赖于利好政策、村集体支持
村集体及村民	参与改造决策，获取土地增值收益；希望完成"身份"转换；改善居住环境，提升生活质量	确保村集体及村民改造的主体地位，摆正政府的指导者地位，村民参与改造	村集体及村民利益获得最大程度保障；村民改造积极性高，摆正了政府的角色定位	追求改造利益而盲目改造，集体与个体村民对改造收益期望过高；要求村集体有雄厚的资本及强号召力、执行能力等；改造合作对象难以确定

（资料来源：文超等，2017）

城中村改造的最新案例研究。国内学界关于城中村的研究，多以实证研究为主，并结合具体案例进行分析，案例的选择呈现出遍地开花的格局，典型案例有广州（刘于琪等，2017；赵云涵等，2018）、如棠下村（李如铁等，2017；唐封强，2018）、猎德村（刘治华，2017）、沥滘村（蔡宜君，2017）；深圳（宋海宏等，2017；李蕾蕾等，2017），如上步村（陈凯仁等，2017a；陈凯仁等，2017b）；北京（高晓路等，2017；郑承智等，2017；林文盛等，2018）；上海，如联明村（朱婉莹等，2018）；苏州，如城湾村（叶继红，2017）；珠海，如沥溪村（章征涛等，2017）；兰州市（张新红，2017）；杭州市（张国华，2017）；郑州市（葛天阳等，2017）；开封市（郭瑞，2017）。通过对上述案例的研究，对城中村的改造模式、存在问题、内部环境等问题又有了新的认识。

2.3　城市更新中的旧工业区研究

旧工业区，简单来说就是城市中需要进行"二次开发"或需要清理的工业用地。它也许是因为年代久远存在建筑安全的旧厂区，也许是与周边格格不入又危及周边群众利益的城市"灰色地带"，也许是刚建不久建筑质量完好却"人去楼空"的标准化厂房地区等，它迫切地需要更新改造投入再次利用，满足城市新的发展需求。

旧工业区的再生利用是我国当前城市规划与建设中越来越突出的问题。如果说西方发达国家在这方面已经积累了较为成熟的经验，我国许多大中城市则提供了继续进行相关探讨的现实机遇。从德国鲁尔、日本北九州、中国北京798工厂等国内外众多旧工业区的改造中可以看出，确立新的产业方向、改善生态环境、优化土地利用结构、整合空间资源、保护和利用工业遗产、催生新的地域文化、采取适宜的改造方式与步骤等，都是旧工业区改造中需要考虑的核心问题（刘思琪等，2017）。

城市更新是对社会利益进行再分配的重要方式，复杂的利益矛盾始终缠绕其中。改革开放以来，城市工业经历了从无到有、从小到大、从低端向高端、从粗放型逐步向集约型转变的发展历程。随着工业化的逐步推进，城市工业用地规模急剧扩张，而形成于城市不同工业化发展阶段的工业区，随着新型城镇化的发展过程及城市规模的扩张，在产业格局调整与空间重构的双重作用下，逐渐出现了物质性老化、功能性衰退和结构性失衡等问题，与城市发展的功能布局、空间结构及生态环境要素之间的矛盾日渐明显，逐步成为旧工业区。王鹏等将旧工业区更新特征总结为如下四个方面：第一，空间供给缺少对城市人本的重视；第二，产业用地减少，房地产化趋势严重；第三，重视单元规划，缺少片区统筹；第四，利益分配机制有待完善，更新效率低（王鹏等，2018）；严若谷总结了深圳市城市更新中推动旧工业区改造的重点区域（表2）（严若谷，2016）；郜昂等则对比分析了深圳市旧工业区复合式更新与拆除重建类更新的报审流程（郜昂等，2017）。

深圳市旧工业区改造指引 表2

旧工业区名称	改造内容与重点	年度改造规模（平方公里）
宝城工业区	工业改居住、商业及其他配套设施	9.0
107国道沿线工业区	工业改居住、商业及其他配套	7.0
南油工业区	功能提升和置换，发展商贸服务重点，发展高新工业，无污染轻型工业	8.0
蛇口工业区	产业升级，建立产业园，重点推动荣村工业区改造	8.0

（资料来源：严若谷，2016）

2.4 工业遗产保护与城市更新

中华人民共和国成立后，结合当时的国民经济发展需求，我国在各大城市建设了大量的工业基础设施，特别是在东北地区、西北地区等当时重要的工业基地，工业基础设施更为集中（贺海芳等，2017）。但是，随着社会的转型发展，诸多重大的工业项目已经完成了其历史使命，以至于城市内部的旧工业区日渐废置（王建军等，2018），由此这一议题也吸引了越来越多学者的关注，并逐步成为城市更新研究的重要内容（吉慧等，2017）。这种趋势也促使着工业遗产研究进入主题化研究阶段，其最大的特征是朝着"体验"的主题方向发展（王长松等，2017），摆脱了单一博物馆再利用模式，走向了多元综合的工业遗产旅游开发，形成了一些"精细化"的研究方向（高祥冠等，2017），但是，当前对工业遗产的保护、利用重视不足，城市工业遗产的破坏现象还比较普遍（黎启国等，2017）。

城市更新中工业遗产研究发展历程的学术观点   表3

代表学者	研究历程观点
阙维民	第一阶段：肇始阶段20世纪50年代；第二阶段：初创阶段20世纪60-80年代；第三阶段：世界遗产化阶段1993-2005年；第四阶段：主题化阶段2006年至今
刘伯英	源起：1955年研究铁桥峡谷；发展：1968年伦敦工业考古学会成立；成果：1993年英国发行《工业场址记录索引：工业遗产记录手册》至今
黄磊	萌芽阶段：20世纪30-60年代；拓展阶段：20世纪60-90年代；提升阶段：21世纪以来
崔卫华	英国工业考古发展初期：1955-1972年；全球对工业遗产的关注：1972-2000年；全面提升阶段：2000年以来

（资料来源：高祥冠等，2017）

城市更新中工业遗产保护的对策研究。徐苏宁等（2017）认为在城市更新的过程中，针对工业遗产的保护应注意以下几个问题：（1）注意加强工业遗产保护观念，（2）工业遗产保护应具有系统性，（3）工业遗产保护应注重经济价值的全面考虑，（4）工业遗产利用过程中的安全问题不容忽视。王学勇等（王学勇等，2017）则从城市文脉的视角出发，从四个方面提出了城市更新中工业遗产保护的对策：（1）详细调研全面认识，提高保护意识；（2）保留特色工业元素，延续城市文脉；（3）更新工业遗产功能，增强城市活力；（4）共建共治共享，拓宽发展方向。

2.5 老旧小区微改造

老旧小区是指建设年代久远，至今仍在居住使用，但建设标准不高、使用功能不全、配套设施不齐、年久失修存在安全隐患、缺乏物业服务，不能满足人们正常或较高生活需求的居住小区（郭斌等，2018）。据初步统计，全国共有老旧小区近16万个，涉及居民超过4200万户，建筑面积约为40亿平方米（梁传志等，2016）。

老旧小区的改造一般采用重建、整治或维护等方法，很多城市要么通过大规模的拆除重建，要么通过环境整治、立面粉刷为主要手段的城市美化运动来推动老旧小区改造（林金丹等，2017）。这些方式在一定程度上可以使落后破败的地区马上呈现出全新的面貌，但大规模的整体改造不仅需要大量的资金支持，而且对改造区域的位置、功能等有很高的要求，主要适用于对完善城市功能、提升产业结构、改善城市面貌有较大影响的城市重点地区（蔡云楠等，2017）；而对于在城市中对整体格局影响不大、人居环境差、设施老化的老旧小区，"微改造"无疑是一剂良药（仇保兴，2016）。

老旧小区的危与困。由于建成年代早，老旧小区的建设标准和配套指标普遍偏低；同时由于部分房屋产权复杂、界定模糊，以及相关管理措施、法律法规缺位等历史原因，造成老旧小区长期处于自然发展状态，缺乏必要的物业管理和更新改造资金，缺少定期的维护、修缮，部分小区甚至"脱管、失管、弃管"，处于无人管理和维护的困境（张晓东等，2017），主要体现在：（1）建筑性能退化。老旧小区均不同程度地出现了功能退化、物质损耗、设备老化等现象；（2）公共配套缺失。原有的沿街商业门面缺乏统一管理，环境卫生较差，不能满足居民生活的需求；（3）道路交通混杂。老旧小区在建设时汽车普及率较低，道路设计以非机动车和步行混行为主，缺乏对停车设施的考虑，导致现有车辆沿路停放，加剧道路拥堵；（4）公共空间匮乏。小区公共空间和绿化用地侵占现象严重，导致社区居民缺乏适当的交往场所；（5）安全管理堪忧。老旧小区在治安管理、环境卫生方面存在许多问题，普遍缺乏规范的物业管理；（6）社区文化丧失。原住民的逐渐搬离导致原有稳定的社会网络逐渐解体，新的人文氛围又很难在短时间内建立，造成社区结构衰落和归属感缺乏、邻里关系淡漠（蔡云楠等，2017；姚圣，2017）。

老旧小区微改造的模式。微改造不同于大拆大建的整体改造，整体改造注重调结构、定大局、落战略，严格按照计划进行（张晓东等，2017）；也不同于传统意义上的城市综合整治，综合整治以政府为主导，通过立面整饰、环境美化等方式实现外在景观的优化，达到示范效果（郭斌等，2018）。微改造是针对城市局部较小的尺度，指向较为有限的使用群体，较易组织实施，成本相对较低，周期较短的更新模式（武雪莹，2017）；微改造强调社会多元参与，以保留为主，允许必要新建等方式，通过提升人居环境、保护文化遗产、促进城市活力，实现人居环境、经济、产业、文化等综合型改造方法（方晓等，2017）（表4）。

城市老旧小区微改造的模式 表4

改造模式	整体改造	综合整治	微改造
范围	大	中等	小
主要方式	大拆大建	立面整饰＋环境美化	局部整治＋修缮
主体	政府＋开发商主导	政府主导	政府＋居民主导
周期	长	短	短
费用	多	中等	少
政策	简单	简单	复杂
方式	运动时	运动时	灵活
设计者	专业技术人士	专业技术人士	专业技术人士＋居民
历史文化保护	差	一般	好

（资料来源：蔡云楠等，2017）

老旧小区改造的主要内容。老旧小区微改造主要涉及"硬件"和"软件"两个方面（赵立志等，2017），"硬件"为房屋建筑本体修复和小区公共环境改造；"软件"为和谐邻里氛围的营造，具体可划分为规定项目（基础完善类）和自选项目（优化提升类）两类（张春嘉等，2018）。（1）房屋建筑本体修复。主要包括危房鉴定与治理、建筑空间改造、节能改造、管线设备改造、立面与内饰改造等（表5）。（2）小区公共部分改造。主要包括公共服务设施改造、市政基础设施改造、道路交通系统改造、公共活动空间改造和景观绿化系统改造等（表6）。（3）重塑和谐邻里氛围。包括提升运行管理能力、提高市民自组织程度、搭建社区交流平台和培育社区文化等（蔡云楠等，2017；刘贵文等，2017；邓羽等，2017）。

城市老旧小区房屋建筑本体修复主要内容　　　　　　　　　　　　　表5

序号	项目	内容
1	危房鉴定与治理	通过调查勘测、分析验算、评级定论，给出处理建议，采用加固、重建或置换方式解危
2	建筑空间改造	包括优化、调整空间功能，改造阳台空间，扩展楼梯间功能等
3	建筑节能改造	包括热计量改造，对围护结构、用能设备和系统采取节能技术措施，外窗节能改造，太阳能应用、雨水收集、中水回用、屋顶绿化、屋面节能改造等
4	管线设备改造	包括水、电等老化设施设备改造，增设电梯，治理地下室，维修安装楼栋门、对讲系统、楼道照明、楼梯扶手、踏步、屋面防水层（含烟道、上人孔、雨篷刚性防水），楼栋消防设施，楼栋加压水泵，防雷接地设施公用采光窗（含拆除），房屋户外构造构件（含檐口、阳台栏板、入口挑檐、肋脚、散水等）等
5	立面与内饰改造	包括对楼道、楼体清洗翻新，规整楼道内电力线、电信线，规整空调与线缆、遮阳篷、防盗网、室外晾衣架，屋顶平坡改，建筑立面造型整饰等

（资料来源：蔡云楠等，2017）

城市老旧小区公共环境营造的主要内容　　　　　　　　　　　　　表6

序号	项目	内容
1	公共服务设施改造	包括改造管理设施（如居委会、警务、物业管理等），金融商贸设施（如银行、保险、市场、超市、理发店、旅店等），文教科技设施（如托幼、图书馆、公共活动中心等），体育休闲设施（如运动场馆、健身房等），社会服务设施（如老年人活动中心、家政服务介绍所等）
2	市政基础设施改造	包括营造舒适的物理环境（如垃圾处理、邮政等），设置快递服务设施，完善安防系统（视频监控系统、补修围墙、补建警卫室等），整治公共"三线"（通信线、有线电视线、架空电力线），维修改造小区室外消防设施，维修更换小区供水管网、电力电信网络、照明设施，疏通更换小区排水管网（含更换管网井盖），开展公共部分雨污分流改造，酌情建设小区雨水收集系统、中水回用系统等
3	道路交通系统改造	包括维修小区主、次道路，合理选择场地配置机动车泊位，酌情增设或改建立体机械停车位，划定临时停车位；建设步行系统，完善人行安全设施，配建非机动车棚、无障碍设施等

序号	项目	内容
4	公共活动空间改造	包括拆除小区违法建、构筑物及设施，清理挤占消防、燃气设施楼间杂物，规范垃圾收运点，维修、安装体育器械，维修补建楼体、单元门牌，利用宅旁空地和边角地布置休憩设施，增设街坊入口小广场，开辟户外休闲和公共交往空间等
5	景观绿化系统改造	包括对现有道路、景观和绿化进行整治，对边角空地进行绿化，结合小区公共空间设置开敞式的集中绿化，建立文化长廊、宣传栏、电子信息牌等设施，增加具有文化内涵的雕塑小品、休憩设施、城市家具等，设置树池、花基等

（资料来源：蔡云楠等，2017）

2.6 外文城市更新研究的最新热点

在Frantál et al.（2017）的研究中，探索了城市重建的空间模式，使用方差分析模型，对捷克布尔诺市现有和再生棕地（brownfield）的详细数据库进行了分析。尚未发现任何一般的再生模式，例如"离市中心越近越好"，这对所有棕地都有效。相反，再生似乎是当地的发展潜力，当地占用者对特定公用事业的需求和规划法规的功能。在密集建筑区（市中心区和住宅区）中发现了更高的再生率，而人口密度低且绿地供应量更大的地区（园林殖民地、开放空间、工业区和别墅住宅区）的登记率更低。中心性和交通联系的因素与零售和商业发展项目正相关，但与住房开发和城市设施建设项目负相关，人口密度和当地人口的社会经济结构是重要的积极因素。

在过去的几十年中，建筑的适应性再利用——将它们转化为满足新的功能和美学需求和要求——已经成为建筑和保护实践中的高度专业化领域，并且正在成为一个学术研究领域。然而，与这种高度专业化的实践并列，人们在一个我们称之为"本土适应"（vernacular adaption）的过程中，以自发和非正式的方式重用和调整各种建筑物。Plevoets et al.（2018）研究了建筑遗产的这种本土适应性及其特定的特征，机遇和威胁，以及它对更正式的适应性再利用实践的影响。

基于所获取文献的研究内容，并结合其关键词、研究对象等，对外义义献中城市更新领域的最新研究进展进行分类，大致可划分为：

2.6.1 可持续发展

城市更新和可持续发展是政策议程和学术界的两个热门话题。虽然它们的重要性已得到越来越多的认可，但尚未制定出涵盖可持续性，规划和城市更新的综合审查。实现可持续城市发展（SUD）仍然是许多国家最重要的目标之一。许多国家通过解决城市发展面临的一个或多个问题，努力实现可持续发展（SD），这导致了对SUD的各种方法。但是，需要强调一个可以帮助决策者有效处理可持续发展问题的主要问题（Zhenget al.，2014；2015）。

2.6.2 棕地

已有研究表明，棕地（brownfield）的位置是影响潜在投资者决策和棕地再生的重要因素。许多棕色地带已被再生用于各种用途，解决了城市地区的一系列现存问题。然而，当前棕色地带的再利用计划是由市场需求和公共部门优先排序推动的，并不总是满足当地居民和游客的要求。研究发现未来的棕色地带使用如文化/运动和儿童公园是最受欢迎的选择。值得注意的是，一般而言，受访者对棕色地带的替代再利用方案缺乏具体的想法，这表明专业的城市规划者可以协助规划未来棕地的使用（Martinat et al.，2018）。

2.6.3 适用性再利用

城市和社会不稳定，不断重新定义地方和行动者之间的关系，产生经常只有临时解决方案解决的关键环境。意想不到的和不受控制的社会条件与生活方式建立了新的地理位置和中心。拆除、退化、再利用、遗弃和土地使用的活动，不断融合材料和关系，需要重新思考描述城市的方法。关注更新，再生和再循环的经验，强调城市和社会方面，倾向于从体验城市生活的人那里获得描述性和视觉视角，考虑当地行动者实施的过程以及居民对这些过程的反应。尽管条件严峻，但仍有在空置或毁坏地区重复使用的小型非正规做法，以及现有的小规模集群过程，以重新调整单个建筑物或空间用于新用途（Punziano et al.，2017）。

3 结语与展望

城市更新是 21 世纪备受关注的城市发展与规划议题。城市更新伴随着城市发展的整个过程，它是对城市中衰落区域进行重建、整治和功能改变的目的性行为（黄婷等，2017）。本文基于中国知网及 Web of Science 中关于"城市更新"研究的最新核心论文，运用文献分析工具 CiteSpace，对国内外最近关于城市更新研究的文献数量、刊文期刊、研究机构进行了统计分析，国内从城中村、旧工业区、旧城区、老旧小区微改造等方面总结分析了城市更新的最新研究进展；国外的研究热点集中在可持续、棕地及适应性再利用等。

城市更新作为城市研究的一个新研究热点，应当在前人研究的基础上结合自身地区实际情况有所突破，同时也应考虑生态环境、社会环境和经济发展等多层次的可持续性研究，并融合其他学科的研究方法，对其进行更加深入的分析。对未来的城市更新研究，本文提出如下展望：第一，注重对城市政府以外的城市更新利益主体的研究，如对市民、民间组织、租客等在城市更新中的地位与作用的研究；第二，加强对二、三线城市更新的研究，比对其与一线城市的城市更新的异同；第三，继续深化完善多学科理论协同研究，城乡规划、建筑学、地理学、社会学、经济学、政治学、人类学、管理学和文物学等学科都应该协同参与到城市更新的研究领域；第四，重视对城市更新相关政策制度的研究，如容积率奖励制度、老旧社区物业管理制度和微改造制度等；第五，未来的研究不仅应针对物质形态、空间环境，还应更多考虑到市民的精神情感需求，因此，有必要将城市更新与地方感、地方认同、地方依恋的研究结合起来，探讨城市更新中相关市民的情感历程变化；第六，加强对城市更新社会影响的研究，包括对不同市民群体的影响、历史文化遗产保护的影响、社会公平正义的影响等；第七，注重对城市更新新模式的探索，如社区主导的城市更新模式及方法、多方协同参与（PPP）的城市更新模式及方法；第八，在城市更新研究中，探索运用空间（如遥感技术、GIS）与定量研究方法，将质性研究、空间研究与量性研究结合起来，使研究成果更具说服力。

参考文献

[1] 蔡宜君."沥滘·港湾"——广州沥滘古村传统村落保护与更新研究 [J]. 居舍，2017（24）：46-158.

[2] 蔡云楠. 广东省城中村改造的现状与发展思路研究 [J]. 华南理工大学学报（社会科学版），2016（06）：98-104.

[3] 蔡云楠，杨宵节，李冬凌. 城市老旧小区"微改造"的内容与对策研究 [J]. 城市发展研究，2017（04）：29-34.

[4] 曾德珩，陈春江，董茜月. 城市更新对旧城区原住居民职住关系的影响——以重庆市十八梯为例 [J]. 城市问题，2018（02）：98-103.

[5] 柴海龙，程艾，余小芳. 基于城市韧性理论的旧城改造与更新研究 [J]. 城市学刊，2018（01）：90-94.

[6] 陈凯仁，龙茂乾，李贵才. 城中村利益相关者改造意愿影响因素——以深圳市上步村为例 [J]. 城市问题，2017（08）：96-103.

[7] 陈凯仁，龙茂乾，李贵才. 超大城市城中村外来人口归属感研究——以深圳上步村为例 [J]. 地域研究与开发，2017（05）：64-68.

[8] 仇保兴. 城市老旧小区绿色化改造——增加我国有效投资的新途径 [J]. 城市发展研究，2016（06）：1-6.

[9] 崔艺红."城中村"改造模式的法律选择 [J]. 西安财经学院学报，2007（02）：80-83.

[10] 邓羽，陈田，刘盛和. 城市物质空间更新研究进展与展望 [J]. 地理科学进展，2017，36（05）：540-548.

[11] 丁凡，伍江. 城市更新相关概念的演进及在当今的现实意义 [J]. 城市规划学刊，2017（06）：87-95.

[12] 范逢春."城中村"要改造好，也要治理好 [J]. 人民论坛，2017（S1）：58-60.

[13] 方晓，谭剑，吴广艳，等. 义乌老城区城市更新策略 [J]. 规划师，2017，33（08）：112-117.

[14] 高祥冠，常江．近十年我国工业遗产的研究进展和展望 [J]．世界地理研究，2017（05）：96-104.

[15] 高晓路，许泽宁，王忠云．城中村纳入属地街道办事处管理的问题和对策——北京市 155 个非属地城中村调研 [J]．城市发展研究，2017（03）：74-83.

[16] 郜昂，邹兵，刘成明．由"单一"转向"复合"的深圳旧工业区更新模式探索 [J]．规划师，2017（05）：114-119.

[17] 葛天阳，阳建强，后文君．基于存量规划的更新型城市设计——以郑州京广路地段为例 [J]．城市规划，2017，41（07）：62-71.

[18] 郭斌，李杨，曹新利．老旧小区的管理困境及其解决途径——以陕西省老旧小区为例 [J]．城市问题，2018（07）：70-76.

[19] 郭浩．城市更新背景下北京轨道交通站点空间一体化规划策略研究 [J]．北京规划建设．2018（4）：111-115.

[20] 郭瑞．城中村改造居民满意度的影响因素——以开封市为例 [J]．城市问题，2017（07）：35-41.

[21] 郭友良，李郇，张丞国．广州"城中村"改造之谜：基于增长机器理论视角的案例分析 [J]．现代城市研究，2017（05）：44-50.

[22] Han Y，Li J（韩艳丽，李建中）（城市旧区改造中自建房屋估价的研究与探索）20114.

[23] 贺海芳，郑侃，黄惠贞，等．城市工业遗产再利用后满意度综合评价研究——以南昌文化创意园为例 [J]．城市发展研究，2017（02）：129-134.

[24] 黄婷，郑荣宝，张雅琪．基于文献计量的国内外城市更新研究对比分析 [J]．城市规划，2017，41（05）：111-121.

[25] 吉慧，曾欣慰．城市更新中的工业遗产再利用探讨——以上海八号桥为例 [J]．城市发展研究，2017（12）：116-120.

[26] 黎启国，童乔慧，郑伯红．工矿遗产的概念及其分类体系研究 [J]．城市规划，2017（01）：83-88.

[27] 李蕾蕾，任珺．城中村遗产价值——公共地理学视角与深圳案例 [J]．人文地理，2017（05）：33-39.

[28] 李倩，许晓东．城中村改造研究热点及趋势 [J]．城市问题，2018（08）：22-30.

[29] 李如铁，朱竑，唐蕾．城乡迁移背景下"消极"地方感研究——以广州市棠下村为例 [J]．人文地理，2017（03）：27-35.

[30] 梁传志，李超．北京市老旧小区综合改造主要做法与思考 [J]．建设科技，2016（09）：20-23.

[31] 廖开怀，蔡云楠．近十年来国外城市更新研究进展 [J]．城市发展研究，2017，24（10）：27-34.

[32] 林金丹，洪毅．老旧小区组团活动空间的适老化改造初探——以厦门市槟榔社区为例 [J]．中外建筑，2017（12）：108-113.

[33] 林文盛，冯健，李烨．ICT 对城中村居民居住和就业迁移空间的影响——以北京 5 个城中村调查为例 [J]．地理科学进展，2018（02）：276-286.

[34] 刘贵文，易志勇，魏骊臻，等．基于政策工具视角的城市更新政策研究：以深圳为例 [J]．城市

发展研究，2017，24（03）：47-53.

[35] 刘思琪，王嘉毅.高密度环境下底层架空设计在旧工业区改造中的应用——以香港观塘区为例
[J].科技与创新，2017（19）：150-152.

[36] 刘于琪，刘晔，李志刚.居民归属感、邻里交往和社区参与的机制分析——以广州市城中村改
造为例[J].城市规划，2017（09）：38-47.

[37] 刘云刚，周雯婷，黄徐璐，等.全球化背景下在华跨国移民社区的空间生产——广州远景路韩
国人聚居区的案例研究[J].地理科学，2017（07）：976-986.

[38] 刘治华.试论城中村改造下的地方感分析——以广州猎德村为例分析[J].城市地理，2017
（14）：49.

[39] 卢福营.城中村改造：一项系统的新型城镇化工程[J].社会科学，2017（10）：84-89.

[40] 宋海宏，李平.深圳市城中村商业发展存在的问题与策略研究[J].现代城市研究，2017（01）：
119-124.

[41] 苏海威，胡章，李荣.拆除重建类城市更新的改造模式和困境对比[J].规划师，2018（06）：
123-128.

[42] 唐封强.社会经济学视角下广州棠下村空间问题及管治策略[J].中外建筑，2018（09）：
142-146.

[43] 王建军，张振华，孙永生.探索工业遗产保护利用的实施机制——基于广州的案例研究[J].城
市规划，2018（01）：112-115.

[44] 王鹏，单樑.存量规划下的旧工业区再生——以深圳旧工业区城市更新为例[J].城市建筑，
2018（03）：62-65.

[45] 王学勇，张永超.基于城市文脉的工业遗产保护和再生研究[J].工业建筑，2017（12）：57-60.

[46] 王长松，李舒涵，王亚男.山东省淄博工业遗产的价值体系与发展路径研究[J].城市发展研究，
2017（08）：6-10.

[47] 魏立华，闫小培."城中村"：存续前提下的转型——兼论"城中村"改造的可行性模式[J].城
市规划，2005（07）：9-13.

[48] 文超，杨新海，文剑钢，等.基于"城市针灸"的城中村有机更新模式探究[J].城市发展研究，
2017（11）：43-50.

[49] 武雪莹.推进老旧小区节能宜居综合改造打造宜居城市新产业[J].城市住宅，2017（06）：
26-31.

[50] 谢涤湘，牛通.深圳土地城市化进程及土地问题探析[J].城市观察，2017（04）：50-59.

[51] 谢涤湘，谭俊杰，常江.2010年以来我国城市更新研究述评[J].昆明理工大学学报(社会科学版)，
2018，18（03）：92-100.

[52] 徐苏宁，王国庆，李世芬，等.工业遗产保护与城市更新[J].城市规划，2017（02）：81-84.

[53] 许瑞生.汕头市近代城区的历史演变回顾与保护体系的建立[J].城市观察，2017（01）：
153-164.

[54] 闫小培，魏立华，周锐波 . 快速城市化地区城乡关系协调研究——以广州市"城中村"改造为例 [J]. 城市规划，2004（03）：30-38.

[55] 严若谷 . 快速城市化地区的城市工业空间演变与空间再生研究——以深圳旧工业区升级改造为例 [J]. 广东社会科学，2016（03）：44-51.

[56] 姚圣 . 多层级形态区域视角下旧城住区的演变机制与更新 [J]. 规划师，2017，33（08）：98-104.

[57] 叶继红 . 城中村社区居民的空间权利及其实现——以苏州市城湾村为例 [J]. 江苏社会科学，2017（02）：35-41.

[58] 原斌，吕学昌 . 新常态下我国旧城住区更新方法研究 [J]. 北京规划建设，2017（02）：48-51.

[59] 战洋，童小溪 ."城中村"与中国城市化的特殊道路 [J]. 清华大学学报（哲学社会科学版），2017（06）：183-189.

[60] 张春嘉，胡情，章莹，等 . 老旧小区海绵化改造策略分析 [J]. 建筑技术，2018（02）：123-126.

[61] 张国华 . 城中村改造档案管理的实践与思考——以杭州市为例 [J]. 浙江档案 2017（09）：64.

[62] 张晓东，胡俊成，杨青，等 . 基于 AHM 模糊综合评价法的老旧小区更新评价系统 [J]. 城市发展研究，2017（12）：20-22.

[63] 张晓东，胡俊成，杨青，等 . 老旧住宅区现状分析与更新提升对策研究 [J]. 现代城市研究，2017（11）：88-92.

[64] 张新红 . 兰州城市贫困住区空间分异特征及其影响因素 [J]. 中国科学院大学学报，2017（03）：362-370.

[65] 章征涛，李和平，祁蕊 . 带条件土地出让模式的城中村改造实践——以珠海沥溪和福溪村改造为例 [J]. 现代城市研究，2017（07）：46-52.

[66] 赵立志，丁飞，李晟凯 . 老龄化背景下北京市老旧小区适老化改造对策 [J]. 城市发展研究，2017（07）：11-14.

[67] 赵云涵，陈刚强，陈广亮，等 . 耦合多源大数据提取城中村建筑物——以广州市天河区为例 [J]. 地理与地理信息科学，2018（05）：7-13.

[68] 郑承智，张旺锋，武炳炎，等 . 北京市外来人口集聚型城中村流动人口职住分离研究 [J]. 地理科学进展，2017（04）：416-425.

[69] 周建梁 . 城市更新和旧城改造中需要处理好的几个关系 [J]. 上海房地，2018（01）：41-44.

[70] 朱婉莹，赵伟宏，汪明峰 . 城中村拆迁与外来人口居住选择的影响因素研究——以上海市联明村为例 [J]. 人文地理，2018（04）：26-32.

[71] Alkadry M G, Blessett B, Patterson V L. Public administration, diversity, and the ethic of getting things done[J]. Administration & Society, 2017, 49: 1191-1218.

[72] Andersen H B, Christiansen L B, Klinker C D, et al. Increases in use and activity due to urban renewal: effect of a natural experiment[J]. American Journal of Preventive Medicine 2017, 53: E81-E87.

[73] Audirac I. Shrinking cities: An unfit term for American urban policy?[J]. Cities, 2018, 75: 12-19.

[74] Bie P, Sowiń ska-Heim J. Community initiatives as a catalyst for regeneration of heritage sites: Vernacular transformation and its influence on the formal adaptive reuse practice[J]. Cities, 2018.

[75] Dou Y, Ohnishi S, Fujii M, et al. Feasibility of developing heat exchange network between incineration facilities and industries in cities: Case of Tokyo Metropolitan Area[J]. Journal of Cleaner Production, 2018, 170: 548-558.

[76] Frantál B, Greer-Wootten B, Klusáček P, et al. Exploring spatial patterns of urban brownfields regeneration: The case of Brno, Czech Republic[J]. Cities, 2015, 44: 9-18.

[77] Gorczynska M. Mechanisms of property ownership change and social change in inner-city Warsaw (Poland) [J]. Urban Studies, 2018, 55 (13): 2803-2820.

[78] Kaika M, Ruggiero L. Land Financialization as a 'lived' process: The transformation of Milan's Bicocca by Pirelli: [J]. European Urban & Regional Studies, 2013, 23 (1): 113-113.

[79] Lin G C S. The Redevelopment of China's Construction Land: Practising Land Property Rights in Cities through Renewals[J]. China Quarterly, 2015, 224: 865-887.

[80] Martinat S, Navratil J, Hollander J B, et al. Re-reuse of regenerated brownfields: Lessons from an Eastern European post-industrial city[J]. Journal of Cleaner Production, 2018, 188.

[81] Osman R, Frantál B, Klusáček P, et al. Factors affecting brownfield regeneration in post-socialist space: The case of the Czech Republic[J]. Land Use Policy, 2015, 48: 309-316.

[82] Peng Y, Lai Y, Li X, et al. An alternative model for measuring the sustainability of urban regeneration: the way forward[J]. Journal of Cleaner Production, 2015, 109: 76-83.

[83] Punziano G, Terracciano A. Urban voids: renewal and regeneration experiences in Naples [J]. Tema-Journal of Land Use Mobility and Environment, 2017, 10 (3): 299-323.

[84] Wang H, Shen Q, Tang B S. GIS-Based Framework for Supporting Land Use Planning in Urban Renewal: Case Study in Hong Kong [J]. Journal of Urban Planning & Development, 2014, 141(3): 05014015.

[85] Zhan C J, De J M. Financing eco cities and low carbon cities: The case of Shenzhen International Low Carbon City[J]. Journal of Cleaner Production, 2018, 180: 116-125.

[86] Zhao Q Y, Zhang Z L. Does China's 'increasing versus decreasing balance' land-restructuring policy restructure rural life? Evidence from Dongfan Village, Shaanxi Province[J]. Land Use Policy, 2017, 68: 649-659.

[87] Zheng H W, Shen G Q, Wang H. A review of recent studies on sustainable urban renewal [J]. Habitat International, 2014, 41 (1): 272-279.

[88] Zheng H W, Shen G Q, Wang H, et al. Simulating land use change in urban renewal areas: A case study in Hong Kong[J]. Habitat International, 2015, 46: 23-34.

[89] Zhou T, Zhou Y L, Liu G W. Key variables for decision-making on urban renewal in China: a case study of Chongqing[J]. Sustainability 9, 2017.

[90] Zhuang T Z，Qian Q K，Visscher H J，et al. Stakeholders'expectations in urban renewal projects in China：a key step towards sustainability[J]. Sustainability 9，2017.

基金项目：

基金项目：广州市科技创新计划，广东工业大学"青年百人科研启动项目"（220413655；220413635）。

作者信息：

赵亚博，男，博士，广东工业大学建筑与城市规划学院，讲师。
臧鹏，女，博士，广东工业大学建筑与城市规划学院，讲师。

2017-2018 城市更新十大事件

1 住房和城乡建设部召开老旧小区改造试点工作座谈会，将在 15 个城市试点推进老旧小区改造

住房和城乡建设部于 2017 年 12 月 1 日在厦门召开老旧小区改造试点工作座谈会，住房和城乡建设部部长王蒙徽出席会议并做重要讲话。

会议透露，我国将在 15 个城市开展老旧小区改造试点，以探索城市老旧小区改造新模式。这 15 个试点城市分别为广州、韶关、柳州、秦皇岛、张家口、许昌、厦门、宜昌、长沙、淄博、呼和浩特、沈阳、鞍山、攀枝花和宁波。

老旧小区改造试点将着重探索四个方面的体制机制：

第一，探索政府统筹组织、社区具体实施、居民全程参与的工作机制。

第二，探索居民、市场、政府多方共同筹措资金机制。按照"谁受益、谁出资"原则，采取居民、原产权单位出资、政府补助的方式实施老旧小区改造。

第三，探索因地制宜的项目建设管理机制。强化统筹，完善老旧小区改造有关标准规范，建立社区工程师、社区规划师等制度，发挥专业人员作用。

第四，探索健全一次改造、长期保持的管理机制。加强基层党组织建设，指导业主委员会或业主自治管理组织，实现老旧小区长效管理。

2 国家发展改革委印发《关于支持首批老工业城市和资源型城市产业转型升级示范区建设》的通知

2017 年 4 月 13 日，国家发改委会同科技部、工业和信息化部、国土资源部、国家开发银行联合印发了《关于支持首批老工业城市和资源型城市产业转型升级示范区建设的通知》。

对于列入首批产业转型升级示范区的受表彰市（区），通过安排相关中央专项资金予以支持。同时积极支持受表彰城市与国家开发银行、亚洲开发银行等金融机构衔接，帮助制定个性化的投融资支持方案，利用优惠贷款等支持老工业基地改造。此外，发改委还积极会同有关部门落实各项政策措施，支持受表彰市（区）推进产

业转型升级示范区建设。在首批示范区通知中，明确了各示范区先行探索示范的 3 ~ 5 个重点领域。

各省（区、市）有关部门要定期组织总结示范区建设工作进展情况、主要做法和取得的可复制、可推广的经验成果。每年年底，省级发展改革部门要会同有关部门，形成推进示范区建设总结报告，并于每年 12 月 30 日前报送国家发展改革委等五部门。五部门将组织对示范区建设进展和效果进行年度评估，并建立健全评估考核奖惩激励机制和动态调整、有进有出的示范区管理体系。对改革创新举措设施、真抓实干成效明显的示范区，进一步加大政策支持力度，并将其典型经验和特色做法在全国宣传推广。

3　广东省举办首届"三旧"改造项目推介会，投资额超 7600 亿元

2018 年 6 月 27 日上午，由广东省旧城镇旧厂房旧村庄改造协会和广州市城市更新协会主办的 2018 广东省"三旧"改造项目推介会在广州白云国际会议中心隆重召开。广东省副省长许瑞生出席会议，见证"三旧"改造重点项目签约活动。推介会举办了"三旧"改造推动高质量发展论坛，来自自然资源部、省国土资源厅、中山大学的专家、学者与相关企业代表围绕"三旧"改造与城市空间结构优化、产业转型升级、文化传承的关系等主题，开展了深入讨论。

本次推介会的主题为《新时代·新机遇·新广东》，会上广州、深圳、东莞、佛山等市携带一大批城市更新优质项目集中亮相，进一步促进城市更新与产业升级的深度融合。其中，广州重点推介 69 个重点项目，包括城市更新项目 36 个，涉及用地面积约 578 公顷；产业载体项目 33 个。大会现场，广州共有 4 个项目进行了签约，包括增城区 1978 文化创意园产业转型升级项目、南沙区慧谷新区旧厂房改造项目、南天酒店用品批发市场升级改造项目等。

此次推介会共推介项目 208 个，涉及"三旧"用地 6.3 万亩，拟建建筑面积 9531.4 万平方米，拟投资额 7601.1 亿元。其中，具体包括工业类改造项目 32 个、面积 1.6 万亩；商住类 137 个、面积 4 万亩；商服类 39 个、面积 0.7 万亩。商住、工业类两大类项目占地面积约占到了总面积的 90%。据初步统计，上述项目全部建成后，预计将提供城市基础设施和公益事业用地约 2.6 万亩，新增公共绿地面积约 0.7 万亩；建成廉租房、经济适用房、公租房约 1.8 万套，建筑面积约 138.6 万平方米；用于文化设施、创意产业等文化建设约 1.4 万亩；保护传统、特色文化建筑约 58.8 万平方米；增加就业人口约 94.3 万人。广东省今后将每两年举办一次"三旧"改造项目推介会，通过进一步健全体制机制、完善配套政策、搭建行业平台、推动立法等举措，促进广东省"三旧"改造实现提速增量、提质增效。

4 北京市印发《老旧小区综合整治工作方案（2018—2020年）》

2018年3月4日，经北京市人民政府同意，北京市人民政府办公厅正式下发了《老旧小区综合整治工作方案（2018～2020年）》的通知，该通知主要包括以下几点内容：

（1）整治范围和内容

1）整治范围

优先实施整治的小区包括：1990年以前建成、尚未完成抗震节能改造的小区，1990年以后建成、住宅楼房性能或节能效果未达到民用建筑节能标准50%的小区，以及经鉴定部分住宅楼房已成为危房且没有责任单位承担改造工作的小区。除上述小区外，整治范围还包括："十二五"期间已完成抗震节能改造，但基础设施、基本功能仍存在不足，或物业管理不完善的小区。

2）整治内容

老旧小区综合整治主要实施"六治七补三规范"，即：治危房、治违法建设、治开墙打洞、治群租、治地下空间违规使用、治乱搭架空线；补抗震节能、补市政基础设施、补居民上下楼设施、补停车设施、补社区综合服务设施、补小区治理体系、补小区信息化应用能力；规范小区自治管理、规范物业管理、规范地下空间利用。

（2）组织实施

1）完善组织实施体系

建立老旧小区综合整治联席会议制度，负责解决老旧小区综合整治工作中遇到的重点难点问题，推动项目顺利实施。联席会议由市政府分管副市长担任召集人，分管副秘书长负责日常协调工作，成员单位包括市住房城乡建设委、首都综治办、市发展改革委、市民政局、市公安局、市财政局、市规划国土委、市城市管理委、市交通委、市水务局、市社会办、市国资委、市园林绿化局、市城管执法局等单位和各区政府。

2）建立健全老旧小区治理体系

各区政府要组织街道办事处（乡镇政府）建立健全政府主导、居民自治、社会力量协同的小区治理体系。通过业主认可的方式成立业主委员会、小区议事协调委员会等组织，确定综合整治菜单、小区管理模式、物业服务企业、物业服务标准和物业服务费用。

3）编制实施计划

各区政府要对本区老旧小区开展全面排查，摸清情况，建立台账；结合小区实际和居民意愿，确定整治项目，做好项目储备；并在此基础上编制年度计划，报送市老旧小区综合整治联席会议办公室。

（3）实施保障

1）完善政策措施

市住房城乡建设委会同市有关部门提高房改房住宅专项维修资金缴存标准，大力推进专项维修资金的补缴和续存工作；会同市财政局研究制定老旧小区实施专业化物业服务的资金支持和奖励措施；运用信息化手段，建立健全老旧小区数据库，对综合整治项目进行动态监督和精细化管理。

市城市管理委会同市有关部门和各区政府，结合环卫体制机制改革，吸引社会力量参与老旧小区垃圾清洁站新建、改造和运营工作，通过有效市场竞争，提高垃圾处理效率；统筹协调老旧小区公共区域架空线入地和燃气、热力、上下水管网及设施设备改造工作，推进项目顺利实施。

市交通委、市发展改革委细化完善增设停车位的相关政策，明确共享模式、收费标准，实施规范化管理。

市国资委会同市住房城乡建设委等有关部门加快推进市属国有企业房改房物业管理体制改革。

2）加大资金支持

在明晰政府、市场、业主投资边界基础上，合理确定市、区两级政府资金负担比例。市财政局、市发展改革委会同相关行业主管部门按整治计划同步确定年度综合整治市级配套资金；市财政局以转移支付方式将市级资金全部安排至各区，由其统筹使用。各区负责制定吸引社会资本参与老旧小区综合整治的具体措施，建立受益者付费机制。

3）优化手续办理

市规划国土委会同市发展改革委、市住房城乡建设委等有关部门，简化老旧小区综合整治项目审批手续，明确审批条件，下放审批权限，做好业务指导，提高审批效率；市住房城乡建设委会同市规划国土委、市城市管理委、市质监局、市公安局消防局等单位，进一步优化验收程序，推动项目尽早投入使用。

4）强化宣传动员

市有关部门和各区政府要深入总结老旧小区综合整治的成效，大力宣传老旧小区综合整治的重大意义，认真听取群众意见建议，动员广大居民主动配合和积极参与，引导群众参与决策、参与监督，共同维护整治成果，努力营造良好社会氛围。

5）加强监督检查

市老旧小区综合整治联席会议办公室要组织市有关部门加强对全市老旧小区综合整治工作的指导、监督和检查，对各区整治项目征求民意、编制改造整治方案和实施整治情况，聘请第三方机构定期开展察访核验，进行效果评价；各区政府要切实加强工程质量和施工安全监管，加强资金审核和审计，保障质量安全、资金安全，切实把老旧小区整治项目打造成为安全工程、放心工程、暖心工程。

5 上海市印发《上海市城市更新规划土地实施细则》

近年来上海持续探索以城市有机更新推进可持续发展的新路。城市有机更新也成为上海落实建设"追求卓越的全球城市"、打造"更加开放的创新之城、更加绿色的生态之城、更加幸福的人文之城"的重要抓手。为进一步明确城市更新工作的操作要求和标准、规范操作程序，上海市规划国土资源局研究制定了《上海市城市更新规划土地实施细则（试行）》，并在更新项目的实践应用中不断完善。2017 年 11 月 17 日，经修订的《上海市城市更新规划土地实施细则》正式颁布执行。

《上海市城市更新规划土地实施细则》的技术要求主要有以下几点：

（1）更新评估的内容和方法

评估内容上，重点关注公共开放空间、公共服务设施、住房保障、产业功能、历史风貌保护、生态环境、慢行系统、城市基础设施和公共安全等主要方面。

（2）公共要素的认定和设置要求

一是认定标准上，可获得建筑面积奖励公共要素有三种认定方式：依据单元规划及相关标准确定、根据公众意愿和地区发展需求补充、其他经论证且由市级相关主管部门认定。

二是范围界定上，针对公共空间，明确不仅包括独立占地的公共空间，也包括地块内经更新向公众开放的空间；针对公共服务设施，明确在《控规技术准则》涉及的设施之外，还包括根据地区需求新增的公益性、半公益性设施；针对产业社区，明确包括根据企业和职工需求设置的公共要素。

三是设置要求上，应确保公共要素使用的便利性和品质。需保证公共空间、公共服务设施的可达性和开放性，提供适宜的规模并处理好相邻关系，注重人性化设计和建设品质。

6 《广东省人民政府关于印发南粤古驿道保护利用 2017 年工作要点的通知》（粤府函〔2017〕109 号）

南粤古驿道保护利用 2017 年工作要点

为进一步做好南粤古驿道保护利用工作，打造"升级版"绿道，建立城乡联系，推动历史文化保护与农村人居生态环境综合整治和扶贫开发、乡村旅游、户外体育运动等工作相互融合，促进古驿道沿线农村面貌改善和经济发展，现提出 2017 年工作要点如下：

（1）加强古驿道本体保护

出台规划指引和规范标准。2017 年 10 月前出台《广东省南粤古驿道文化线路保护与利用总体规划》、《古驿道示范地区规划建设标准》、《露营地规划建设指引》等规划指引，制定历史文物信息表述标准，在省域地图上标明古驿道及其周边区域资源情况。构建古驿道标识系统。依据《南粤古驿道标识系统设计指引》，建设满足各项活动需求和村民日常生活服务功能的立体信息柱，做好标识标牌的制作安装和养护管理。制定《古驿道交通连接线标识系统设置指引》，提升古驿道与现代道路连接的安全性和便捷性，打造完成古驿道示范段，做好古驿道保护修复。

（2）打造"中国南粤古驿道"活动品牌

策划"南粤古驿道文化之旅"主题线路。深入挖掘南粤古驿道相关历史事件和历史人物，形成南北通融文化遗产线路，徐闻古港等南粤古驿道出海口纪念地规划建设、统一命名和授牌工作，切实增强我省"一带一路"文化软实力。

举办古驿道体育赛事。筹办 10 场古驿道定向大赛，既要充分挖掘和体现当地乡土资源，又要按照国际标准将其打造成国际知名赛事。将古驿道定向大赛与骑行、房车营地等更多元素结合，丰富赛事形式，提升国际化水平。依据国际赛事市场开发运作规则，进一步激发市场活力，合理分配收益，重点用于经济欠发达地区农村人居生态环境改善等工作。开展"驿道依旧在，故人何处寻"寻访侨批（银信）后人活动。深入挖掘侨批（银信）背后的故事，对侨批（银信）后人进行立卡建档和采访。

（3）促进古驿道沿线及周边地区发展

推动名镇名村保护和特色村镇建设，示范段所在地级以上市要选取古驿道沿线 2～4 个有条件的镇或村申报省级及以上历史文化名镇名村，其他地级以上市申报 1～2 个省级及以上历史文化名镇名村。有条件的地级以上市要积极申报省级及以上特色小（城）镇，加强古驿道沿线农村人居生态环境综合整治，将古驿道示范段周边 5 公里范围内农村环境综合整治列为环保专项资金支持重点地区。加大对沿线农村危房改造的指导和支持力度，推进古驿道沿线村庄对口精准扶贫脱贫。将南粤古驿道保护利用与社会主义新农村连片示范建设工程相结合，建设宜居、宜业、宜游美丽乡村。贯彻落实中央"精准扶贫"战略，加大推进古驿道线路两侧各 5 公里范围覆盖的 1300 余个省定贫困村扶贫工作力度，重点解决 8 处古驿道示范段沿线 15 个贫困村脱贫问题。完善古驿道沿线交通基础设施。提升古驿道沿线旅游服务水平，积极培育古驿道特色农产品，加强古驿道知识产权保护。

（4）加强古驿道学术理论研究

编著古驿道理论书籍和宣传出版物，开展古驿道课题研究，举办南粤古驿道理论研讨会，举办南粤古驿道保护和活化利用理论研讨会。鼓励高校开展古驿道保护、利用毕业课题、学科竞赛等教学实践参与古驿道保护利用工作，协助有关部门研究创新岭南文化保护传承与古驿道保护利用方法，编撰完善沿线村史。扎实开展古驿道沿线地域文化和特色调查，完善沿线村落历史变迁沿革、族群和族谱记录，整理民国及以前的村规民约。

（5）创新宣传推广形式

举办古驿道文化创意大赛，组织南粤古驿道摄影大赛。示范段所在地级以上市原则上每年面向公众举办不少于 3 次的摄影、采风、征文等南粤古驿道推介活动，其他地级以上市不少于 1 次。创作古驿道主题歌曲。由省组织创作古驿道主题歌曲，各市收集整理古驿道沿线古谱、古乐、民歌和特色演奏形式，充分发挥群众积极性，创作地方特色曲目和古驿道活动音乐。充分发挥各类媒体平台优势。各地和省各有关部门要积极依托"中国南粤古驿道"官方网站和微信公众号等信息平台，及时共享发布相关信息，制作古驿道专题宣传片，并通过电视、电台、报纸、微博、微信、门户网站等媒体全方位提升公众对南粤古驿道品牌的认知度。

7 广州市政府印发《广州市人民政府关于提升城市更新水平促进节约集约用地的实施意见》

2017 年 6 月 5 日，广州市政府印发《广州市人民政府关于提升城市更新水平促进节约集约用地的实施意见》（下称《实施意见》），进一步推动广州市城市更新工作，促进城市精明增长。

《实施意见》共 40 条，分为五个部分：坚持政府主导，加强统筹组织；坚持协调发展，加强规划引领；坚持利益共享，推动连片更新改造；坚持放管结合，提高审批效率；坚持市场导向，加强激励约束。

《实施意见》主要创新如下：

（1）加强规划引领，促进产业升级，提升城市品质

一是强化规划引领。要求城市更新项目必须符合规划，纳入城市更新年度计划的更新项目，可同步启动控制性详细规划调整；加强市城市更新工作领导小组和城市更新年度计划的统筹把控作用，更新项目必须经市城市更新工作领导小组审定并纳入城市更新年度计划方可实施。二是明确产业引导原则，加强城市更新产业研究，引导产业高端化发展，促进产城融合。三是允许国有旧厂房临时改变使用功能，支持新产业、新业态建设，并给予 5 年过渡期。四是允许国有土地上旧厂房自行改造"工改工"。

（2）加强土地整备，促进成片改造，落实城市战略

一是鼓励旧厂申请整宗收储、增加一口价补偿方式，按同地段毛容积率 2.0 的商业市场评估价的 40% 计算补偿款。二是允许采取多种方式对自行改造项目涉及多个土地权属人开展整合归宗。三是改造主体自主实施整备的，可凭经批复的改造方案及与其他权属人签订的补偿协议，按照新规划用途办理用地手续。

（3）优化利益分配，调动市场积极性，共同推进改造

一是允许符合条件的土地权属人优先申请自行改造。二是多种方式享受土地增值收益。三是允许同一企业集团多宗地块按规定整体策划，分不同区域给予权益建

筑面积，统筹打包改造。四是按照交地时限给予不同奖励，签订收地补偿协议后 12 个月内实物交地的，可按土地出让金或市场评估价款的 10% 给予奖励。

（4）开展简政放权，减少审批环节，提升工作效能

一是市城市更新部门减少审批环节，将老旧小区微改造、旧村庄微改造、旧厂房微改造和旧楼宇微改造项目实施方案的审定权下放区政府；将旧城全面改造项目、旧村全面改造项目实施方案的部分审核权下放区政府。二是市发展改革、国土规划、住房城乡建设等部门应将涉及城市更新项目批后实施的立项、规划、国土等行政审批事权下放区政府。三是在市城市规划委员会下设城市更新委员会，负责审议城市更新片区（项目）控制性详细规划调整方案。四是简化控制性详细规划调整程序，从城市更新"1 + 3"政策规定的 8 个环节压缩为 5 个环节，优化后的程序为：市城市更新局或区政府组织编制片区策划或项目实施方案（含控规调整内容）→联合工作小组审查→市城市更新局提交市城市更新工作领导小组审议通过→市城市更新局提交市城市更新规划委员会审议通过→市城市更新局报市政府批准实施。

8 深圳市规划国土委印发《深圳市土地整备利益统筹项目管理办法》

为加快推进土地整备工作，保障城市基础设施、公共服务设施和重大产业项目土地供应，加强规划实施，推动土地集约节约利用，促进城市发展和社区转型，深圳市规划国土委于 2018 年 8 月 9 日印发了《深圳市土地整备利益统筹项目管理办法》。

（1）预期效果

立足于解决公共基础设施和重大产业项目实施难题，加快解决土地历史遗留问题，实现政府、原农村集体经济组织继受单位、相关权益人等多方共赢，促进城市整体利益实现。预期政策效果主要有三个方面：

第一，落实民生设施和公共利益，加强城市规划实施。以公共利益为切入点，立足于解决原特区外公共基础设施欠账多、落地难的问题，加强规划实施。

第二，保障重大产业项目，拓展城市发展空间。以形成较大面积产业空间为目标，通过推进我市低效存量工业用地土地整备和空间整合，促进深圳市产业转型升级，提升城市发展质量，为破解空间资源瓶颈提供政策支撑和制度保障。

第三，解决土地历史遗留问题，促进原农村集体经济组织继受单位转型。以未完善征转地手续用地为主要对象，通过拨付土地整备资金、核算留用土地指标等方式，完成整备范围内土地全面征转和用地确权。

（2）主要亮点

1）建立利益共享机制。

通过规划、土地、资金、产权的政策统筹，采用资金安排、土地确权、用地规

划等手段，建立了多方共享的土地增值收益分配机制，保障城市公共利益及社区发展权益，实现政府、原农村集体经济组织继受单位及相关权益人等多方共赢。

2）创新土地确权路径。

以未完善征转地手续土地为主要对象，根据项目范围内的地籍权属、建设情况等分类核算留用土地，统筹解决了土地历史遗留问题，有利于加快盘活原农村集体经济组织继受单位存量土地资源，提高土地集约节约水平。

3）实现政策统筹联动

拓宽了留用土地安排方式，留用土地指标可在利益统筹项目范围外安排并采用城市更新统筹处理的方式，解决了城市更新项目合法用地指标不足的问题，实现土地整备与城市更新的政策统筹联动。

4）发挥社区主体作用

按照"政府主导、社区主体、市场参与"的原则，通过建立政府与原农村集体经济组织继受单位"算大账"、原农村集体经济组织继受单位与相关权益人"算细账"的工作机制，搭建政府、原农村集体经济组织继受单位及相关权益人的多方协商平台，充分调动其参与土地整备的积极性和主动性。

9 2017中国城市科学研究会城市更新专业委员会年会暨学术研讨会在浙江富阳举行

2017年10月19日上午，由中国城市科学研究会城市更新专业委员会主办，浙江工业大学、杭州市规划局、杭州市富阳区人民政府、广东工业大学承办，浙江工业大学小城镇协同创新中心、杭州市规划局富阳规划分局、浙江省城市规划学会小城镇学术委员会、广东工业大学建筑与城市规划学院、广州市政府——广东工业大学城市研究中心、《城市发展研究》杂志、《中国园林》杂志、广州普邦园林股份有限公司协办的2017中国城市科学研究会城市更新专业委员会年会暨学术研讨会在浙江富阳隆重举行。

国务院参事、国家住房和城乡建设部原副部长、中国城市科学研究会理事长仇保兴，中国工程院院士、东南大学教授、博士生导师王建国，国家发改委城市和小城镇改革发展中心副主任、总规划师兼规划院院长沈迟，清华大学建筑学院教授、博士生导师、清控人居遗产研究院院长张杰，广东省住房和城乡建设厅总规划师李永洁，杭州市规划局局长张勤，杭州市富阳区委副书记、区长吴玉凤，中国城市更新专业委员会主任委员、广东工业大学建筑与城市规划学院院长朱雪梅，中国城市更新专业委员会常务副主任委员、广东工业大学建筑与城市规划学院副院长蔡云楠，浙江工业大学建工学院书记应四爱，以及中国城市科学研究会城市更新专业委员会的副主任委员、委员、会员，杭州市富阳区有关领导，全国部分高等院校、科研院所相关专家、学者、师生，从事城市更新工作的相关单位、人员 300 余人参加了本次年会暨学术研讨会。仇保兴理事长和王建国院士做主旨报告。

会议还举行了《中国城市更新发展报告 2016～2017》新书发行仪式和 2017 年中国城市科学研究会城市更新专业委员会年会暨学术研讨会优秀论文颁奖，以及以"城市更新理论与进展"、"城市更新实践与探索"、"城市更新技术与方法"为主题的分论坛。

10　2017 中国城市规划学会城市更新学术委员会年会暨"2017 城市更新学术研讨会"在上海举行

2017 年 9 月 2～3 日，由中国城市规划学会和上海交通大学指导，中国城市规划学会城市更新学术委员会主办，中国城市治理研究院、上海交通大学船舶海洋与建筑工程学院和上海市徐汇区人民政府承办的 2017 中国城市规划学会城市更新学术委员会年会暨"2017 城市更新学术研讨会"在上海召开。

会议指出我国城市发展将出现"四大转变"：一是由人口数量和城市规模扩张向重视城市发展内涵和质量转变；二是由重视物质和实体空间规划建设向重视城市文化和精神塑造转变；三是由经济发展转向重视生态环境和居民生活质量的转变；四是由粗放集权式城市管理向精细化和科学化决策转变。城市更新将成为新时期城市发展方式转变的重要标志。城市更新既要对物质环境进行修补，也要对城市软环境进行修补，在提升城市空间品质的同时，要关注城市文化的传承和城市精神的提升。

编者简介：

赵亚博，男，广东工业大学建筑与城市规划学院，讲师。

谢涤湘，男，广东工业大学建筑与城市规划学院，教授、副院长。

城　市　篇

2017 年度广州市城市更新发展主报告

近年来，在社会经济发展影响、国家政策的指引下，地方的城市更新工作愈加重要与紧迫，城市更新的作用日益显著。中国四十年来的快速城镇化发展和城市扩张建设取得了举世瞩目的成就，但在生态环境、基础设施、公共服务、城市文化、城市品质等方面留下了大量的历史欠账。从国家顶层设计到地方落实，城市更新承载着转变经济发展方式的需要、集约节约用地的要求，成为实现新时代新作为的有效途径。

作为改革开放先行先试的沿海开放城市，广州城市更新经历了三个主要阶段的探索。2009 年"三旧"改造政策出台之前，广州城市更新以国有工厂搬迁改造、政府资金投入的危破房改造、改善城市面貌的环境整治为主，没有形成系统性政策与常态化操作机制。"三旧"改造政策出台后至 2015 年，在"三旧"政策的激励下，单个项目快速推进，以全面拆建模式为主。2015 年至今，城市更新局成立、《城市更新办法》及其配套政策出台，城市更新进入常态化有序推进阶段。

在中央政策和精神的指导下，作为国家重要中心城市的广州坚持改革创新，经过多年的实践探索，广州城市更新形成了自身的特点。例如注重协调保护与发展的矛盾、重视民生议题，将市民的获得感与幸福感放在首位；注重"从实践中来，到实践中去"，从实际出发，总结实践经验制定政策，再由政策指导实践，初步建立了一套行之有效的、综合性的公共政策体系；注重政府统筹，有序系统地推动城市更新。广州在"三旧"改造政策基础上进行创新，在全面改造、拆除重建的方式之外，提出"微改造"模式，初步实现了城市更新的内涵提升与外延扩展。

从 2009 年"三旧"改造拉开帷幕到 2018 年各种新形势新变化的出现，广州城市更新成效与经验需要总结提升，存在的问题需要辨析与解决，亟需针对遇到的问题、新的发展趋势，基于国内外经验提出广州城市更新政策的建议与展望，这是广州城市更新发展报告的主要内容和目标。

产业导入、盘活低效用地、老旧小区微改造是我国近年来城市更新的热点与难点。如何通过政策供给与适当的运作机制，让城市更新与产业导入相结合，使城市更新真正成为城市发展助推器；如何理顺各种不同类型用地之上的复杂产权关系、平衡土地开发带来的更新收益分配，是推动城市更新的关键所在；对于老旧小区微改造为代表的民生项目,如何实现多元的资金筹措、达成"共建共治共享"的目标,使得低影响、微治理的城市更新项目有源头、可持续,这三个议题是主题报告产生的初衷与需要回答的问题。

随着全球化及扁平化的世界发展趋势,城市作为全球网络的节点,逐渐超出国家的界限扮演重要角色,若改造发展适宜,不仅城市本身得益,并且能够带动周边区域,甚至提升国家发展动能。如何从整体城市发展角度去思考城市更新,让城市更新助力城市发展是本主报告与三个专题报告(产业、用地、老旧小区微改造)研究的核心命题。

1 广州城市更新的发展情况及特征总结

1.1 广州城市更新总体规划与年度计划

2016 年 11 月 28 日,广州市府常务会议审议通过了《广州市城市更新总体规划(2015-2020 年)》,提出广州城市更新长期战略主线为提升广州城市核心竞争力与可持续发展能力。改变以房地产开发为导向、以土地出让效益为主的思路,促进城市更新内涵不断丰富。未来五年城市更新的关注重点落在人居环境改善、产业转型升级和历史文化保护三大目标,人居环境改善包括城市环境的优化及公共服务配套的完善。

总体规划提出强调滨水和枢纽等一系列重点功能区的多元发展,结合城市战略系统的打造,围绕"三大战略枢纽、一江两岸三带、多点支撑"等城市重点功能区以及轨道站点周边地区开展城市更新工作,主要通过政府主导成片连片更新,实现存量建设用地的再开发,支撑"城市战略系统"的建设,连通城市的山脉、水脉、文脉、商脉。同时,在更新时序指引方面,根据打造完善的"城市战略系统"的需要,优先推动"一江两岸三带"地区及城市重点功能区(特别是三大战略枢纽和黄金三角区)、核心区、启动区范围内条件成熟的城市更新片区及项目。结合轨道枢纽周边土地统筹收储的需要,统筹划定更新片区,实施成片连片更新改造。

2015 年发布的《广州市城市更新办法》提出编制"城市年度更新计划"这一必要环节,保障城市更新工作的有序稳步推进。自 2016 年至今,广州市编制并印发了《广州 2016 年城市更新项目和资金计划》《广州市 2017 年城市更新项目和资金计划》、《广州市 2018 年城市更新年度计划(第一批)》、《广州市 2018 年城市更新年度计划(第二批)》。列入 2016-2018 年城市更新计划的正式项目和片区策划项目共计 850 个,总用地面积 175 平方公里,其中:全面改造项目 60 个,用地面积 23.43 平方公里;微改造项目 731 个,用地面积 53.80 平方公里;土地整备或政府收储项目 23 个,用地面积 2 平方公里;片区策划 36 个,用地面积 81 平方公里。

除了城市更新年度计划的整体指引，广州市还对重点开展的城市更新工作在市级层面下达总量部署与实施计划，例如根据《广州市城市更新局关于加快推进老旧小区改造工作的通知》（穗更新函〔2018〕44号）要求，全市要在三年内完成779个老旧小区微改造任务。其中2018年完成40%、2019年完成40%、2020年完成20%。

1.2 广州城市更新推进情况与工作成效

1.2.1 数量与规模

自2009年开启"三旧"改造工作以来，经2018年6月动态调整后，全市纳入省国土厅图库的共21092宗，用地规模598.32平方公里，约占广州建设用地总量的三分之一，全省标图建库总面积的19%。其中，旧城镇1402宗，66.12平方公里，占比10.7%；旧村庄10619宗，322.52平方公里，占比54.2%；旧厂房9071宗，209.68平方公里，占比35.1%❶（图1）。

从"三旧"改造用地总量可以看出，广州可供改造的用地在建设用地中占比高，已经进入"存量"再开发的阶段；可供改造的建设用地资源丰富，占全省"三旧"用地总量比例大，这意味着广州市的城市更新工作在省内意义重大。从分类占比来看，旧村庄与旧厂房占到可改造用地的绝大比例，尤其是旧村庄是"三旧"改造的主要对象。

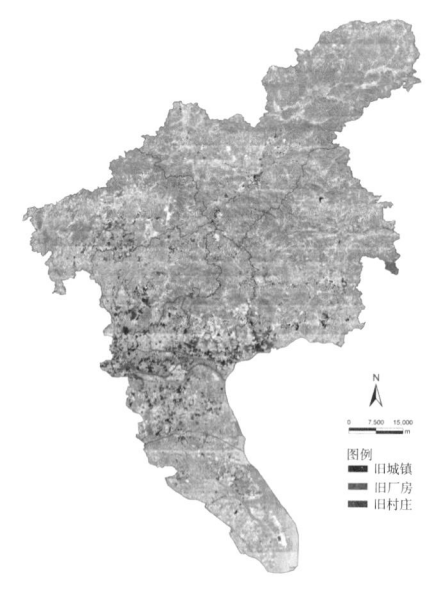

图1 广州城市更新地块分布

（资料来源：《广州城市更新总体规划（2015～2020年）》）

---

❶ 数据由广州市城市更新局提供。

截至 2018 年 9 月 30 日，全市已批城市更新（含计划下达）项目 1089 个，改造面积 10645 公顷（其中老旧小区占比 42%、旧村 27%、旧厂 19%、特色小镇 9%、旧城 2%、村级工业园 1%）（图 2）。由于老旧小区数目较多，是近两年广州城市更新重点推动工作，在已批项目中占比最高；旧村与旧厂仍是城市更新的主要内容；旧城与村级工业园的改造规模有待增加。

从实施进度看，已完工项目 185 个、面积 1791 公顷，在建 139 个、面积 2374 公顷，正在办理前期手续项目 764 个、面积 6240 公顷 ❶（图 3），办理前期手续的项目占大多数，已完工项目占比较小。

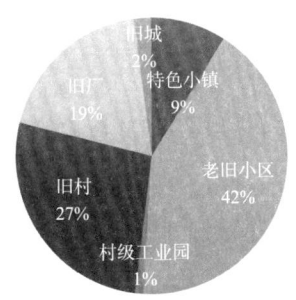

图 2　截至 2018 年 6 月广州各类更新项目面积占比（含计划下达）

（资料来源：广州市城市更新局）

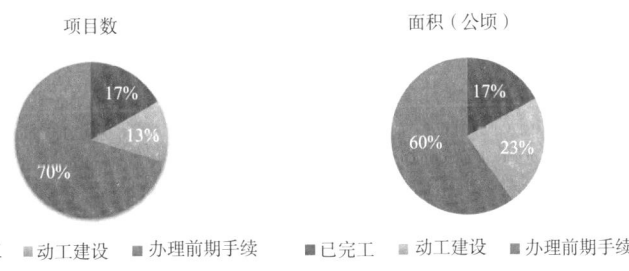

图 3　广州城市更新项目实施进度

（资料来源：广州市城市更新局）

1.2.2　更新模式 ❷

2015 年广州市政府发布《广州市城市更新办法》，将城市更新方式划分为全面改造（传统"三旧"改造）和微改造（广州特色）两种类别。结合旧厂房、旧村庄、

---

❶　数据由广州市城市更新局提供。

❷　杨承志.有序推进城市更新改造建设美丽广州 [R].广州：广州市城市更新局，2018.

旧城镇、村级工业园、老旧小区等不同类型的改造对象，以及不同的改造主体与运作方式（自行改造、政府收储、合作改造），广州市经过长期的实践探索与政策调整，已经形成多种更新模式（图4）。

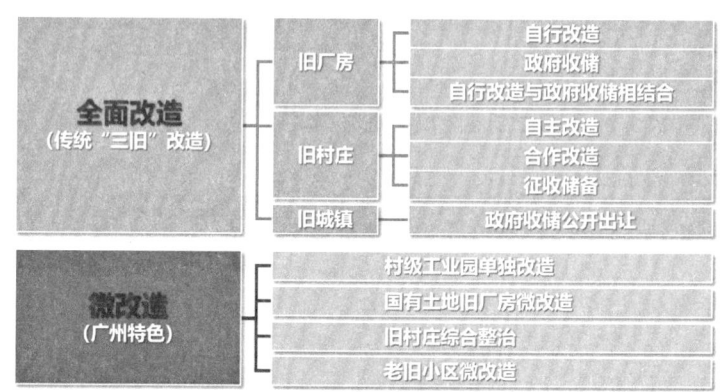

图 4　广州市城市更新模式

（资料来源：骆建云. 广州城市更新的实践探索 [R]. 广州：广州市城市更新规划研究院，2018.）

根据目标与对象的不同，广州城市更新内容可以归纳总结为：存量低效用地的改造（"三旧"用地）；楼宇修复（50年以上楼龄，对公众安全构成威胁的楼宇）；老旧社区环境、公共配套（学校、医院、养老）改善；文物修缮保护。

（1）系统改善社区人居环境

《广州市城市更新办法》开始探索"微改造"模式，将其作为与全面改造并重的城市更新方式。"微改造"在更新理念和目标上，强调以人为本，突出保障城市和人的安全，消除城市安全隐患。同时充分挖掘老城区潜在资源和优势，保护和修缮文物古迹、工业遗产，对历史建筑予以活化利用，延续历史文脉，保存城市记忆。

2016年广州市启动老旧小区改造工作，2018年广州市政府将老旧小区改造工作列入广州十件民生实事，市委十一届四次全会提出分三年实施涉及260万居民的779个老旧小区改造计划。截至2018年9月，全市实施推进老旧小区改造项目696个，涉及用地面积54.5平方公里，惠及居民近200万人，财政总投入11.8亿元。

老旧小区"微改造"不同于传统的穿衣戴帽：探索里子与面子并重，更加注重里子（文化内涵彰显、历史风貌的传承）；探索建与管的并重，不仅要建设、要面貌改变，更要重产业的引入与培植。2017年12月，广州成为一线城市中唯一入选住建部老旧小区改造试点的城市。广州将以此为契机，总结形成可在全国、全省推广复制的示范化、标准化经验，探索建立老旧小区"微改造"工作长效机制。

（2）系统开展低效存量建设用地再开发与旧楼宇更新

广州市旧厂房更新实施办法指出，按照旧厂房土地处置方式划分，旧厂房改造方式分为政府收储、自行改造以及政府收储和自行改造结合三种。目前广州在实施办法的政策指引下，开展旧厂房改造，推动土地战略整备，促进城市重点功能区建设；推动村级工业园再开发，实现土地集约节约利用；同时也积极实施微改造，推进旧厂房旧楼宇更新，提升功能，修复设施，促进创新创业。

（3）系统实施旧村更新改造

广州市城市更新总体规划中提出，以全面改造方式为主推进重点功能区内旧村庄更新，为城市重点功能区提供发展空间。以"微改造"方式为主推进非重点功能区旧村庄更新，完善村内市政设施和公共服务设施配套水平，改善居住环境。城郊与生态保护区内的旧村庄重点推动环境整治，打造特色小镇，建设生态文明村。

近年的旧村庄改造项目实行了区域差异化更新策略，推进城中村改造、城乡结合部整治。不同类型的旧村分别采用不同的更新策略：重点功能区旧村以全面改造方式为主；非重点功能区旧村以微改造方式为主；城郊与生态保护区旧村以整治、打造特色小镇为主；历史文化名镇名村注重保护与活化利用。

1.2.3　工作成效 ❶

（1）改善人居环境，保障城市居住安全。至 2018 年 9 月，广州市已批城市更新安置房建筑面积 117 万平方米，已建成 11 万平方米，在建 34 万平方米，待建 72 万平方米。广州投入财政资金 11.8 亿元，推进 696 个老旧小区微改造，已整治"三线"274 千米，维修消防设施 2291 项，规范垃圾清运点设置 226 个，拆除违章建筑（防盗网）2.5 万平方米，新增绿化 2.6 万平方米，修缮历史建筑 901 平方米。城中村改造，建成村民安置住宅和物业 463 万平方米，在建 156 万平方米，惠及约 6 万户居民，城中村建筑密度降低 55%，绿地率提升 35%。

（2）完善配套设施，提升生活品质。至 2018 年 5 月，城市更新已批项目将增加公益面积 7.4 平方公里，新增公共服务建筑面积 181 万平方米。根据截至 2018 年 9 月 30 日数据，城市更新已批项目配建公共服务设施（场所）1397 个，建筑面积 200 万平方米。其中，学校（含幼儿园）128 所，文化体育设施 232 个，邮政所等市政公用设施 450 个，菜市场 45 个，养老机构设施等社区服务与行政管理设施 542 个。

通过城市更新已建成学校（含幼儿园）11 所，文化体育设施 16 个，邮政所等市政公用设施 21 个，菜市场 8 个，养老机构设施等社区服务与行政管理设施 36 个。

（3）促进产业转型升级，拉动经济发展。据统计，2012 年至 2018 年，城市更新现已累计实现固定资产投资 2602 亿元。通过对全市产业（工业）园（含集体和国有）升级改造，共引进企业 4676 家，建成科技孵化器 5 个，引进百度、腾讯微信总部、唯品会、今日头条（华南区总部）等知名企业、上市公司 62 家，年产值 1530 亿元，年税收 43 亿元，提供就业岗位 13 万个。

---

❶　杨承志 . 有序推进城市更新改造建设美丽广州 [R]. 广州：广州市城市更新局，2018.

（4）保护历史文化遗产，传承岭南历史文脉。广州通过城市更新保护修缮文物古迹、工业遗产、历史建筑 213 宗，总建筑面积 13.88 万平方米。

1.3　广州城市更新的机遇、特征与挑战

近年来国家的政策支持、社会的热切关注、城市发展转型的需要以及社会发展理念的转变都为城市更新工作创造了良好的外部条件。尤其是国家"供给侧"改革推动产业转型升级的要求、粤港澳大湾区建设的发展机遇，作为重要区域中心城市的定位都预示着广州城市更新大有可为。

从上文可以得出，广州城市更新资源丰富，总量大、类型多，并且在多年的实践中总结出较为成熟的更新模式，已经取得初步的丰硕成果。广州城市更新注重城市多元目标的内涵挖潜，从单一的硬件设施改造向涵盖经济、社会、文化等方面的城市综合发展转变；城市更新从"三旧"改造的范围延伸到了老旧小区微改造、特色小镇、村级工业园产业转型升级、历史文化街区保护与活化等。广州城市更新注重平衡发展、按计划有步骤地实施，城市更新总体规划、年度计划在总体上保障了城市更新工作依据目标的明确，在统筹协调下稳定有序推进。

但广州城市更新面临的挑战也是无法回避的。首先是城市之间的竞争日趋激烈，广州面临历史包袱重、地方财政压力大、传统产业逐渐失去优势而新兴产业还未充分成长等问题，这是广州与外部区域竞争中的关系，为城市更新平衡短期利益和长期利益、公共收益与市场活力带来挑战；其次，广州市辖区面积大、外来人口多，各区情况各异，难以在市级层面制定有效政策应对各区、各个项目复杂化差异化的情况，这是广州市级层面与区级层面、整体利益与局部利益的矛盾，为城市更新平衡放权与管束带来挑战；再次，广州城市更新对象多样、产权关系复杂、多种意愿难以达成一致、更新改造成本高，这为城市更新具体项目需要解决的城市治理、相关主体利益协调、社会维稳问题带来挑战，很大程度上依赖自上而下的法治建设、制度供给。

面对挑战，近年来广州通过纲领性的文件与政策明确阶段性目标；划定城市更新重点片区与重点项目，制定差异化的城市更新政策推动城市更新；完善城市更新相关立法及各项配套文件的编制，构建合理高效的行政管理体系、城市更新管控制度，以此保障城市更新工作顺利推进。

1.4　新时代广州城市更新阶段性目标

正如上文所述，新时代广州城市更新需要应对居住环境改善的民生需求、资源约束下的发展需求、产业结构调整需求、新时代城市竞争需求。根据国土资源部与省委、省政府关于加快盘活存量建设用地、促进经济转型升级的重要部署，2017 年 6 月广州市出台了《广州市人民政府关于提升城市更新水平促进节约集约用地的实施意见》（6 号文），提出充分调动土地权利人和市场主体积极性，规范和促进城市更新

持续系统开展的阶段性目标与原则。广州市委十届九次会议审议通过的《关于进一步加强城市规划建设管理的实施意见》以及市政府常务会议审议通过的《广州市城市更新总体规划》，对城市更新（"三旧"改造）做出了总体谋划，指明了未来城市更新（"三旧"改造）的方向、目标、原则和策略：加强"产城融合"，促进产业升级，提升城市品质；优化利益分配，调动市场积极性，共同推进改造；加强土地整备，促进成片改造，落实城市更新战略；开展简政放权，加强激励约束，规范有序改造。

具体部署方面，为应对新时代城市更新的紧迫要求，保障城市更新工作的高效有序实施，广州首先通过总体规划与年度计划明确总体目标与任务、重点项目与资金安排，分年度有计划地实施城市更新工作。《广州市城市更新总体规划（2015-2020年）》中明确的城市更新总量目标为：到2020年，推进城市更新规模85平方公里。其中，"微改造"规模48-55平方公里，全面改造规模37-45平方公里，实施完成城市更新规模42-50平方公里。

2 广州城市更新重点片区与重点项目推进情况

2.1 市级重点片区更新改造项目

从2016年到2018年广州城市更新的年度项目计划及实施情况来看，广州城市更新重点片区与重点项目具有总体延续性，但每年项目比重略有变化。自2016年通过了《广州市城市更新总体规划（2015～2020年）》以来，广州城市更新一直围绕"三大战略枢纽、一江两岸三带、多点支撑"的总体城市战略系统开展工作，并在每年的更新项目中均有所推进。而各年的城市更新项目和资金计划则反映了项目比重在实施时略有变化，如2016年启动9大片区7大区域8大旧改，2017年强调优化提升"一江两岸三带"和实施老旧小区微改造两大重点，2018年两批更新年度计划均为重点推进人居环境的改善。总体而言，重点片区与重点项目的总体变化，一方面源于观念提升，无论是广州市政府部门，以及市城市更新局或相关政府部门，逐年来对强化综合效益，注重渐进式微更新的观念认识不断加强。另一方面源于经验提升，近年来广州市在老旧小区微改造工作中，坚持创新，大胆尝试，将空间改造与社区治理相结合，将物理提升与精神重塑相结合，努力在营造共建共治共享社会治理格局上探索实践，形成一些可以复制、推广的"广州经验"，成为全国老旧小区改造15个试点城市之一，使微改造在广州城市更新实践中所占比重获得持续增长。（表1）

结合《广州市城市更新总体规划（2015-2020年）》和2016-2018城市更新年度计划。广州市城市更新用地重点项目主要定位在——市"十三五"规划重点功能区、"一江两岸三带"、旧城54平方公里、地铁城际铁路站点周边800米范围内城市更新项目❶。其中,从 2016 年开始启动的 9 大片区——同德围、金沙洲、罗冲围、国际金融城、大坦沙岛、广钢新城、广纸片区、鱼珠旧城、海珠生态城一直作为市级重点片区更新改造项目,并由各区稳步推进。

广州市市级重点片区更新改造项目　　　　　　表 1

项目名称	项目概况	项目进展	更新策略
同德围项目	同德围位于白云区西南角,面积 3.59 平方公里,包括鹅掌坦、田心、粤溪、上步、横溪 5 个村落,以及 20 世纪 90 年代建设的大型解困住房区	2017 年 5 月,同德围重大民生项目田心村改造取得新进展,首批村民正式与开发商广州万科签订拆迁补偿协议,成为白云区城中村全面改造工作中第一个签订合作开发合同的项目	• 城中村差异化更新 • 田心村全面改造 • 其余四村整治
金沙洲项目	金沙洲地处广佛都市圈的核心区域,位于广州市白云区的西部,东临珠江西航道,与老城区街隔江相望,西、南、北三面与佛山市南海区接壤	2006 年,广州市全面启动金沙洲居住示范新城的开发建设。2016 年,金沙洲规划面积调整为 837.4 万平方米,规划居住人口由原控规 16.6 万调整到 17.1 万人	• 片区综合发展 • 产业升级 • 特色小镇 • 微改造
罗冲围项目	罗冲围地处广州市区西北部、广佛都市圈中心、珠江西航道上游江畔,市政府公布《罗冲围片区更新改造工作方案》,将罗冲围打造成为广州西部门户	2018 年 3 月,广州市国土资源和规划委员会对《白云区罗冲围片区控制性详细规划及近期实施项目》进行修改,对罗冲围片区城市更新内容作出调整	• 区域环境整治 • 优化交通 • 村级工业园更新改造
国际金融城项目	国际金融城位于天河员村地区,总投资 434 亿,计划用 5~10 年时间建成广州城市的新名片。规划面积约 7.5 平方公里,起步区约 1.2 平方公里	2018 年 2 月,广州国际金融城广州国际金融城起步区 AT090957、AT090959 两宗地块成功出让,这两宗土地的拍出标志着广州国际金融城的开发建设正在加速推进	• 产业招商 • 城市设计一体化 • 工业遗产活化利用
大坦沙岛项目	大坦沙岛位于广州城市西部,规划定位健康生态岛,建筑总面积 604 万平方米,其中村民安置房建设面积 72 万平方米,村集体物业建设面积 162 万平方米,改造总投资额超过人民币 300 亿	2017 年 11 月,大坦沙岛更新改造项目复建安置房展示中心正式落成并对外开放,河沙村第一期复建房 2018 年上半年动工建设,预计三年内建成,届时将为村民提供 1865 套安置房	• 全岛统筹 • 回迁安置 • 岛内成本平衡
广钢新城项目	广钢新城地处广州西部荔湾芳村片区,是广州 11 个战略性发展平台之一的花地生态城的重要组成,距离白鹅潭商业中心 2.5 公里。广钢改造包括广钢集团白鹤洞地块和三条村(鹤洞、东塱和西塱)	2013 年 6 月,广州市规划局公布《广钢新城控制性详细规划》规划显示,该改造项目实施"整体拆除重建"模式的全面改造。新城总用地面积达 6.46 平方公里,规划建设量为 1017 万平方米,规划居住人口 20.7 万人	• 政府统筹 • 整合连片改造 • 公服设施配套先行

❶ 《广州市 2017-2019 年城市更新土地保障计划》,广州市城市更新局。

续表

项目名称	项目概况	项目进展	更新策略
广纸片区项目	广纸片区将改造城八大功能片区，包括活力岛、滨水文化休闲带、文化产业服务带、广纸综合社区、创意居住区、居住安置区、生态居住区和滨水居住区，未来容纳12万人居住	2014年6月广州市规委会审议通过了《广纸片区规划深化及控规修编》，片区将被打造成广州产业集聚区、广佛滨水休闲生活港湾、珠三角西岸配套服务组团之一	• 连片改造 • 优化交通 • 工业遗产活化利用
鱼珠旧城项目	鱼珠旧城位于黄埔区西部，范围东起荔香路，西至深涌以东，南濒珠江，北到珠江稀土有限公司。鱼珠旧城改造，未来化身保利鱼珠港综合体项目，成为黄埔临港经济区的核心引擎	2017年12月黄埔鱼珠木材市场征地顺利签约，该地块的成功收储，对推动"广州第二CBD"黄埔临港经济区的土地收储工作具有重大意义，预示着临港经济区建设工作迈出了实质性的一步	• 政府主导 • 整体改造 • 品质优化
海珠生态城项目	海珠生态城占地52平方公里，项目主要包括的海珠湿地二期、安置区建设项目、有轨电车试验段、环岛路建设、琶洲会展四期、四大馆建设、美丽乡村建设、广州塔综合配套工程、水博苑、水环境治理等10大项目	2016年3月公布《海珠生态城启动区控制性详细规划》，确定控规修编范围52平方公里，其中启动区范围面积8.9平方公里，涵盖中轴线南段核心区、海珠湖、大干围和上涌安置区等33个近期重点项目	• 政府主导 • 整体规划 • 分期实施 • 统筹兼顾

（资料来源：根据网络相关资料整理）

2.2　区级重点片区更新改造项目

根据《广州市城市更新总体规划（2015-2020年）》的更新片区列表，广州市各区均有更新改造的重点片区（表2），区级重点更新改造项目通常在重点片区内，作为片区更新改造的启动与核心。

广州市市级重点片区更新改造项目 表2

片区名称		行政区
民间金融街更新片区		越秀
大坦沙更新片区	荔湾老城区更新片区	荔湾
广钢新城更新片区	海龙围更新片区	
五眼桥更新片区	东漖村片区	
白鹅潭经济圈滨江片区	茶滘村片区	
海珠生态城启动区（新港路以北）更新片区	中大国际创新谷更新片区	海珠
广纸更新片区	南华西二期更新片区	
琶洲岛东部片区		

片区名称		行政区
国际金融城起步区更新片区	新塘城市更新片区	天河
吉山城市更新片区		
西部工业区更新片区		南沙
鱼珠片区	茅岗片区	黄埔
暹岗村片区	横沙片区	
港湾片区	文冲片区	
黄埔中心区片区	长洲岛片区	
沙步片区	双沙片区	
穗东片区		
陈田永泰片区	同德围片区	白云
萧岗片区	创意产业园片区	
棠涌片区	罗冲围片区	
广州北站综合交通枢纽更新片区	杨屋村（杨一、杨二村）更新片区	花都
永发工业区连片旧厂房更新片区	象山村更新片区	
花都区中轴线更新片区	莲塘龙口更新片区	
东华村更新片区	花都湖更新片区	
平西村更新片区		
万博城更新片区	大学城北亭村更新片区	番禺
石壁片区	大学城穗石村更新片区	
谢村片区	大学城贝岗村更新片区	
南大干线南村段东、西更新片区	金山湖钟村片区	
桥南智慧健康产业基地更新片区	石岗东片区	
国际创新城片区	沙湾古镇更新片区	
大学城南亭村更新片区	市桥北河岸更新片区	
元洲岗旧村改造项目片区	九里步片区	从化
城南村更新片区	河东片区	
温泉风景区整治项目片区		
广州东部客运交通枢纽更新片区	荔城街金星村更新片区	增城
广州城市副中心（增城）中轴线更新片区	荔城街荣阳铝业、大欣利工业区更新片区	
永宁街简村、蒌元村更新片区	中新镇大田工业区更新片区	

（资料来源：《广州市城市更新总体规划（2015-2020 年）》）

广州市各区区级重点改造项目数量众多，且各年存在动态变化，以下仅简要列举 2017-2018 年上半年若干特色项目的最新进展情况：

2.2.1 越秀区

五仙观片区微改造项目加速推进

五仙观片区微改造项目位于越秀区光塔街，是市、区两级政府重点推进的改造项目之一，采用设计施工总承包的模式推进。一期工程暨 2017 年和义社区改造工程总投资 600 万，于 2017 年 12 月 9 日进场施工，2018 年 4 月份完工。在改造中，充分沟通协调居民，解决了惠福西路仙邻巷居民楼道加装扶手、粉饰等需求。同时，五仙观周边老旧小区改造项目实施方案编制项目也已经完成公开招标。

2.2.2 荔湾区

大坦沙岛更新改造加快启动

西郊村一期商业大楼已建成并开始招商，二期复建物业正在建设，同时推进规划小学、初中两个学校地块以及市政公建配套设施的建设；河沙村补偿安置方案入户表决同意率已达 80.61%，首期复建安置房 1024# 地块已完成约 10 万平方米上盖物业的拆卸工作；坦尾村正在积极推进集体土地私人房屋补偿安置方案的编制工作；广州呼吸中心已完成场地移交，现正开展临时施工道路铺设、溶洞处理等各项前期工作。

2.2.3 海珠区

兰蕙园老旧小区微改造完成

改造项目积极探索共建共治共享模式，成立"微改造建设委员会"，改造前征询居民意见，"改不改"、"改什么"、"怎么改"充分尊重居民意愿，真正做到让居民满意。小区公共"三线"整治、外立面整饰、公共楼道粉刷及加装不锈钢扶手、维修小区围墙、更换小区排水管网、建设步行系统、提升小区绿化、建设小区公共空间、维修安装体育锻炼器械、建立文化长廊、更新补建信报箱等工作已完成，改造辐射人群约 3.6 万人。

2.2.4 天河区

车陂街车陂北社区微改造项目正式启动

天河区车陂北社区 32 号和 59 号大院均是 20 世纪中末期建设，呈现楼龄长、设施旧、环境差等问题，居民期盼得到改造。2017 年 9 月，车陂北社区公布了两大院微改造项目概念设计方案，随后该项目顺利立项，并成为广州市 2018 年首批城市更新项目。2018 年 7 月车陂北社区 32 号大院开始拆除违法违章建筑，标志着车陂北社区微改造项目正式动工。

2.2.5 白云区

黄边村工业园改造取得明显进展

改造项目总用地面积约为 20.39 公顷，项目规划建设量约为 50.9 万平方米，规划建设广州设计创意产业的核心引擎、首个"一带一路"设计服务贸易中心、粤港澳湾区规模最大的设计产业集群、广州首个 B2B 设计服务共享平台。目前已办理储备地块选址的前期工作和预审，已完成违法用地处罚，地块涉及广州市土地开发中心白云新城 1–4 期历史通知书已注销，正在办理集体土地确权登记。

2.2.6 番禺区

石碁镇南浦村（红木小镇一期）项目加快推进

改造项目将打造成为集生态、产业、居住、旅游、文化于一体的特色红木小镇文化高地，促进南浦村产业结构调整和转型升级，发挥其辐射、带动功能，实现红木小镇由"传统小镇"向"特色小镇"的转变，该项目已列入广州市 2017 年重点推进的 13 条全面改造旧村之一，项目策划方案已经区城领会审议通过报市城市更新局审查；实施阶段基础数据成果经区政府审核后向社会公布；引入合作企业招商文件已经区城领会审议通过。

2.2.7 花都区

田美村东南经济社旧村全面改造项目启动

改造项目纳入了广州市 2018 年城市更新年度计划，项目结合打通宝华路工程，改造红线范围为 11.83 公顷（177.45 亩），包括田美村东南经济社和田美村西村社部分区域。2018 年初该项目的实施方案编制工作正式启动。2018 年上半年区政府与属地街道、田美村委就入户测量工作多次召开工作协调会议和动员会议；2018 年 6 月，在多方努力下顺利做通了村民思想工作，正式开展入户测量工作，固化改造范围的房屋数据。

2.2.8 南沙区

冲尾自然村更新改造加快推进

改造项目纳入区重点城中村更新改造工作，现阶段已完成冲尾自然村基础数据调查成果和片区策划（控规调整方案）初步成果，同时正在协调街道和村委会做好基础数据审核确认；依程序做好"四议两公开"，协调村委会与前期服务机构正式签约；同时，已会同技术单位同步完善片区策划方案和控规调整方案。

2.3 旧村庄改造项目

广州近年的旧村庄改造项目实行了区域差异化更新策略，推进城中村改造、城乡结合部整治。不同类型的旧村分别采用不同的更新策略：重点功能区旧村以全面改造方式为主；非重点功能区旧村以微改造方式为主；城郊与生态保护区旧村以整治、打造特色小镇为主；历史文化名镇名村注重保护与活化利用。

在近年推进的旧村庄改造项目中，杨箕村改造项目和黄埔古村改造项目较具典型性。前者是广州最近完成的历时 7 年的旧村全面改造项目，在充分均衡政府、村民、村集体、开发商四方利益的前提下顺利完成整体拆迁重建改造工作，并通过改造释放的土地资源用于市政公配建设、村社物业升级改造、学校等生活配套设施建设。

后者是广州仍在持续推进的旧村微改造项目，其作为别具岭南特色的历史文化古村，拥有丰富历史文化遗产，包括物质文化如古港码头、古祠堂、古民居、牌坊等和非物质文化如名人事迹、北帝信仰、村落布局理念等，是历史文化村落进行保护性开发的重要尝试。（表3）

广州市旧村庄改造项目典型案例　　　　　　　　　表3

项目名称	项目概况	项目进展	更新策略
杨箕村	杨箕村位于中山一路和广州大道交界西南角，毗邻五羊新城和珠江新城。占地面积11.5公顷，原有建筑面积约35万平方米。该村是拥有着近900多年历史的古老村落，改造前常住村民或居民约1400户、5000多人，外来流动人口超过15000人	杨箕村改造历时7年。2009年杨箕村被纳入广州全面改造的城中村之一。2010年7月98%村民签约，杨箕村开拆。2013年8月杨箕复建房正式动工。2016年杨箕复建房建成，村民进行摇珠分房。2016年5月杨箕回迁复建房陆续交付使用	• 政府主导 • 村为实施主体 • 市场运营 　配套约2.5万平方米各类公共设施。市政用地由2%增加到16%、公建配套面积比例由0.8%增加到6%。释放面积超过800亩的建设用地，所得土地资源用于市政公配建设、村社物业升级改造、学校等生活配套设施建设。绿地率由改造前的4%提高到30%；建筑密度由原来的62%降低到35%。村集体物业收益倍增
黄埔古村	黄埔古村位于海珠区琶洲东南部，是一个独具岭南海洋文化特色的古老村落。保护整治前的黄埔古村历史文化古建筑破败、乱搭乱建问题突出，存在部分古民居被拆除、新建建筑与古村落形象格格不入等情况	2011年，黄埔古村的古港古村历史文化景区环境综合整治改造基本完成。2016年黄埔古村整体开发改造项目开启。整体开发改造方面将重点打造三大版块：历史文化景区、文化创意街区（黄埔古村创墟）、科技创新园区（M+创工场），致力于古丝路起点打造出一个以文创精神为主题的休闲旅游文化小镇	• 政府主导综合整治 • 抽疏保旧、完善配套 • 适度开发、商业运作 　通过房屋抽疏打通消防通道、完善交通系统、优化建筑间距、美化空间形态；建设了北帝庙、黄埔公园2处公园，整治建设了7个水体，修缮古建11处、新建展览馆1座，复建仿古门楼1座等，黄埔村的传统建筑、古村风貌、精神文化得到保护和传承；通过经营生态观光农业、餐饮食宿等旅游行业，村民经济收入逐步提高；引入艺术创作，发展创意产业，优化古村经济结构

（资料来源：根据网络相关资料整理）

2.4　旧厂房改造项目

　　广州市旧厂房更新实施办法指出，按照旧厂房土地处置方式划分，旧厂房改造方式分为政府收储、自行改造以及政府收储和自行改造结合三种。目前广州正是在实施办法的政策指引下，开展旧厂房改造，推动土地战略整备，促进城市重点功能区建设。同时也积极实施微改造，推进旧厂房旧楼宇更新，提升功能、修复设施，促进创新创业。

　　在近年推进的旧厂房改造项目中，T.I.T创意园改造项目和羊城同创汇改造项目较具典型性。前者位于广州新城市中轴线，是广州市旧工业厂区的典型代表，园区改造过程遵循"修旧如旧，建新如故"的原则，在产业转型和对工业文化的保护性开发方面做出了积极的尝试。后者是市中心旧厂房建筑通过微改造后获得创新使用的典型案例，通过利用区位优势升级产业和旧建筑特色改造，创建了全国首个"移动互联网生态树·创业综合体"。（表4）

广州市旧厂房改造项目典型案例
表4

项目名称	项目概况	项目进展	更新策略
T.I.T 创意园	广州 T.I.T 创意园前身为广州纺织机械厂。广州纺织工贸集团配合城市的整体发展规划，积极响应市政府"退二进三"、"三旧改造"政策号召，2007年将旧厂区打造为以服装创意为主题的时尚创意产业园区	园区现有入驻企业65家，其中上市企业3家，包括香港铂涛集团孵化器、腾讯集团微信业务广州总部、科技领域及新媒体服务提供商"爱范儿"，拟挂牌新三板企业2家，已通过高新技术企业认定3家，整个园区带动行业年产值达130亿	• 旧建筑活化 • 产业转型 • 打通产业链条 园区改造过程遵循"修旧如旧，建新如故"的原则，以传统产业晚装为依托、以新型互联网产业为加速动力，实现互联网思维在传统行业的应用；通过互联网手段转型突破，实现商业模式及经营思路的创新；致力于打通"众创空间—孵化器—加速器"的科技孵化产业链条，营造良好的创业生态圈
羊城同创汇	羊城同创汇位于东风东路733号羊城晚报社原址，占地7800平方米，总建筑面积3.5万平方米。利用原报社的编辑、印刷大楼进行整体改造，打造出服务广州本地创业群体的众创空间	2015年3月羊城晚报集团和腾讯公司正式签约，共同开发建设"羊城同创汇"项目。截至2016年8月，园区累计引入挂牌创投基金21家，众创空间入驻团队逾71支，创业者人数近700人。目前各项建设工作已经完成，园区运作顺利	• 利用区位优势升级产业 • 旧建筑特色改造 打造成绿色、生态为特色的院落式共享生态圈综合体，对原单一的办公场所进行特色改造。拆除部分有产权的合法建筑面积，在公共空间、建筑楼宇内进行建设改造、空间优化。为解决日趋发展的停车需求，解决区域停车位紧张的问题，将印刷楼地下室改建为地下停车库，增设机械立体停车库，以解决内部停车困难的问题

（资料来源：根据网络相关资料整理）

2.5 历史街区微改造项目

广州的城市更新工作正逐步进入常态化，其中历史城区范围内以改善居民生活环境和实现空间活化利用为目的的微改造也是更新工作的重要组成部分。

作为广州历史街区的主要所在行政区，荔湾区政府在2018年工作报告中也指出，建设传统文化商旅活化提升区，以纳入国家历史文化名城保护活化利用示范区为契机，加快荔枝湾、恩宁路等重点片区活化提升建设，推动"最广州"文化步径等线性历史文化遗产连接和活化利用，连片展示代表荔湾特色的独特名片，把恩宁路片区打造成传统与现代融合、独具粤韵情调的原生态西关民俗风情最美老街。《广州市城市总体规划（2017-2035年）》提出的"最广州"历史文化步径。具体7条步径分别是：西关寻踪路、"一盅两件"美食路、专业街市井路、古广州年轮路、古水系路、珠水丝路以及工业拾遗路。目前，珠水丝路历史文化步径有望率先实施，届时与步径一起实施的还可能包括沿线多个社区、小区的微改造。

在近年推进的历史街区微改造项目中，永庆坊旧城微改造项目和泮塘五约微改造项目较具典型性。前者是广州第一个微改造的历史街区改造项目，同时也举办了首个有改造地原居民参与的城市更新论坛。后者以"文物和历史遗产的保存与保护"为微改造核心，创新之举在于先征求居民意见再做设计方案，使设计更接地气。（表5）

广州市历史街区微改造项目典型案例　　　　　　　表5

项目名称	项目概况	更新策略	项目特色
永庆坊旧城微改造	永庆片区微改造范围位于恩宁路永庆大街，占地面积约8000平方米，改造建筑物约12000平方米。政府制定《微改造建设导则》《微改造社区业态控制导则》，采用BOT模式引入开发商建设与运营。	• 政府主导 • 企业承办 • 居民参与 产业引入方面，通过改造工程和活化措施，形成既保留传统风貌，又具有创新内涵的新型创客社区。保护旧城原始肌理，修复文保建筑，提升老区环境质量。改变原有部分建筑功能，完善配套设施	作为广州第一个微改造的历史街区改造项目，恩宁路永庆坊微改造一直存在争议、风波不断，2017年3月由广州市建筑遗产保护协会主办的"历史街区微改造论坛"上，与会者围绕两大焦点展开讨论：微改造的目的是什么、微改造要考虑居民利益、让居民参与微改造；永庆坊微改造力度过大、改变历史文化街区风貌。这也是广州首个有改造地原居民参与的城市更新论坛
泮塘五约微改造	泮塘五约所在的泮塘村藏身于荔枝湾畔，可追溯历史超过九百年，是广州最古老、历史风貌保存最完整的古村。泮塘五约村现存大量文物及历史建筑，迫切需求保护及活化	• 重新塑造 • 历史＋传统＋文化＋时尚 • 最广州 • 西关新生活 通过还原"一池一庙一庵、五约五秀五馆、七星七园七亭"，把岭南文化、广府文化的重要元素浓缩其中，围绕荔湾湖打造"最广州"的岭南风情滨水休闲区	该项目围绕"文物和历史遗产的保存与保护"为核心，实施微改造，创新之举在于先征求居民意见再做设计方案。社区规划师隔三岔五地进村，与村民们交朋友、做口述史、聊家事，细致体察村里的传统文化习俗、空间使用习惯等，通过了解居民的诉求与意愿，让当地居民参与到规划设计的过程，使设计更接地气，更贴合居民的需求，也有利于协调不同方面的利益，引导共识，民主决策

（资料来源：根据网络相关资料整理）

2.6　老旧小区微改造项目

2018年5月，广州市城市更新领导小组审议通过《广州市老旧小区微改造三年（2018–2020）行动计划》（以下简称《行动计划》），根据《行动计划》，明确2018–2020年，推进779个老旧小区微改造工作。

广州市老旧小区微改造有包括三线整治、基础设施升级在内共59项改造内容，其中有48项涉及公共基础设施的内容为规定动作，11项涉及人居环境提升的内容为自选动作。广州市按照市民意愿及项目评估分值的高低，决定是否将小区纳入项目实施计划。

在近年推进的老旧小区微改造项目中，珠光街仰忠社区微改造项目和基立新村社区兰蕙园微改造项目较具典型性。前者是广州首批老旧社区微改造试点项目之一，在公共设施、老旧房屋、人居环境改造取得阶段性成效的同时，开始推进居民自治物业管理，探索针对开放式老旧小区的物业管理新模式。后者在改造之初就专门成立"微改造建设委员会"征询居民意见，"改不改"、"改什么"、"怎么改"充分尊重居民意愿，始终坚持营造"共建共治共享"社区的理念。（表 6）

广州市老旧小区微改造项目典型案例 　　　　　　表 6

项目名称	项目概况	项目进展	更新策略
珠光街仰忠社区微改造	仰忠社区位于珠光路以北，东横街以南，文德南以西，北京南以东，是由原厂后社区和原仰忠社区部分合并而成，是一个典型的老旧社区	2016 年 1 月珠光街仰忠社区成为广州市老旧社区微改造试点；2016 年 12 月电力管线整治工作全面完成；2018 年 1 月社区微改造工程全面完工，仰忠广场社区"左邻右里"活动中心揭牌	• 电线、有线电视线、网线整治 • 居民自治物业管理 在公共设施、老旧房屋、人居环境改造取得阶段性成效的同时，仰忠社区开始推进居民自治物业管理，探索针对开放式老旧小区的物业管理新模式，尝试将专业物管公司的部分参与和居民自治结合起来
基立新村社区兰蕙园微改造	兰蕙园位于前进路中部，北临海珠区基立北街，南接嘉汇华庭，改造范围内建筑总面积约 2 万平方米。小区住户 442 户，常住人口 1300 余人。兰蕙园微改造项目辐射并惠及群众约 3.6 万人	2017 年初，海珠区素社街兰蕙园社区被纳入广州重点推进的 779 个老旧小区微改造项目中，并作为海珠区首个老旧小区微改造社区；2017 年 9 月兰蕙园微改造项目开始进场施工；2018 年 7 月，兰蕙园微改造项目顺利通过工程竣工验收	• 政府统筹协调 • 居民参与前期筹备 • 成立"微改造建设委员会" 坚持营造"共建共治共享"社区的理念，在改造之初，就专门成立"微改造建设委员会"征询居民意见，"改不改"、"改什么"、"怎么改"充分尊重居民意愿，真正做到让居民满意。改造后，建设委员会也依旧发挥着作用

（资料来源：根据网络相关资料整理）

2.7　村级工业园改造项目

广州市近年来一直以"三旧"改造为抓手，推动村级工业园再开发，实现土地集约节约利用。改造目标主要包括：突出展现村级工业园更新改造促进产业转型升级、功能更新、设施完善，引导产业高端化、低碳化、集群化、国际化发展，提升土地使用效率、完善城市服务功能、支撑城市可持续发展；大力推进旧村更新改造，促进旧村人居环境、功能配套、产业人文等整体提升，全面推进城镇化发展，提升城市面貌品质。

在近年推进的村级工业园改造项目中，众创五号空间改造项目和泊寓·棠下六舍改造项目较具典型性。前者通过构建创业全链条的投资型国际孵化平台，成为国家级众创空间、广东省青年创新创业示范园区。后者是城市长租公寓的品牌探索，通过对城中村旧厂房的改造，为年轻人供应了优质的租住空间和一体化的社区。（表7）

广州市村级工业园改造项目典型案例　　　　　　　　　　表7

项目名称	项目概况	项目进展	更新策略
众创五号空间	众创五号空间成立于2015年5月，坐落在广州市天河区沙太路陶庄5号，占地3万平方米，是集众创空间、孵化器、企业加速器和青年创业公寓四位一体的创业生态圈	众创五号空间2016年10月被认定为科技部第三批国家级众创空间。众创5号空间也是"广州台湾青年之家"的所在地，致力于扶助台湾青年创业	• 旧建筑活化 • 产业升级 • 促进创业 众创五号空间是创业全链条的投资型国际孵化平台，重点培育新一代信息技术领域企业，拥有"众创空间—孵化器—加速器—创业社区"功能模块，是国家级众创空间、广东省青年创新创业示范园区、广东省粤港澳台众创空间
泊寓·棠下六舍	泊寓·棠下六舍位于广州天河区棠下核心区域，占地1.7万平方米，前身为六栋老旧厂房，该项目是天河区棠下大片路旧村改造项目之一	2016年广州泊寓投入超过逾2700万将其进行重新设计改造，建设成为共有房间683套的青年长租公寓。项目受到市场认可，自开业至今，长期处于满租状态	• 旧建筑活化 • 产业转型 • 适应市场 项目不但盘活了闲置物业，优化城市界面，还为周边导流了年轻人群。开业后，周边商铺的租金成倍提升，业态也从以前的修车、小吃摊变成连锁零售店、餐吧等，有效提升棠下的整体商业格局及价值

（资料来源：根据网络相关资料整理）

2.8　特色小镇

广州市在推进特色小镇建设中，更多强调的原则是"政府引导、企业主体、市场运作"，吸引社会资本进入。目前特色小镇开发主要有三种模式：政府主导、企业主导和政企合营的PPP模式。市城市更新局在2016年3月作出了打造特色小镇的工作部署：一是要有特色鲜明的产业形态；二是要有和谐宜居的美丽环境；三是要有彰显特色的传统文化；四是要有便捷完善的设施服务；五是要有充满活力的体制机制。

在近年推进的特色小镇项目中，渔人码头多彩小镇项目和增城正果文旅小镇项目较具典型性。前者通过引入社会资金奠定良好的更新改造基础，利用低效土地升级产业，同时融入城市战略发展带的建设。后者是正在推进的古村落文化旅游小镇，通过微改造精准实施,不仅有助打造主题文化旅游线路,而且有助维育原真风貌和修复生态本底,充分体现古村落历史文化和自然风光价值。(表8)

广州市特色小镇项目典型案例 表8

项目名称	项目概况	项目进展	更新策略
渔人码头多彩小镇	渔人码头多彩小镇位于城市新中轴线与珠江后航道交汇的洛溪岛,地处广州南大门、番禺北大门,陆路、水路交通发达。洛溪村村域范围210.4公顷,更新策划改造范围40公顷	项目总体分三期开发,第一、二期总建筑面积约40万平方米,分两阶段开发。其中"创新社区"为第一阶段项目,建筑面积约96697.88平方米;"荷里活广场"为第二阶段项目。此外总项目第三期洛溪村的微改造占地49万平方米	• 引入社会资金 • 促进创新创业 • 改造景观岸线 率先引入社会资金,奠定了良好的更新改造基础。通过微改造的方式,打造低密度、配套全的创新创业示范区,带动片区更新。通过改造有效提升利用低效土地,产业得到有效升级;同时,融入广州"一江三带"的建设;改造1公里的滨江景观岸线,形成珠江边的靓丽风景
增城正果文旅小镇	增城正果文旅小镇范围600公顷,微改造范围15.3公顷,结合蒙花布村、黄何屋村、兰溪村、畲族村等独具特色的古村落打造主题文化旅游线路,创建生态环境优美、产业特色鲜明、民俗文化独特的文化旅游特色小镇	增城区文旅小镇(正果镇)微改造项目于2017年年底开工,计划将于2019年年底完工。预计年游客量可达91万人,提供6000个就业岗位;产业转型,创造利税。带动镇域年生产总值提高3-5亿元,创造税收1-2亿元;维育原真风貌,传承民俗记忆;修复生态本底,保护自然生境	• 振兴旅游 • 产业转型 • 维育原真风貌 增城区文旅小镇(正果镇)项目核心区改造工程,围绕"六个一"的优势资源——"一湾岸、一方田、一座佛、一条街、一个节、一台戏",以生态旅游业及观光农业为主导,打造"身心修旅·德道正果"的正果乡村旅游名片,延展"修身——修学——修艺"的修旅产业特色产业链

(资料来源:根据网络相关资料整理)

3 广州城市更新制度与机制的建设和改革情况

3.1 广州城市更新制度化建设情况

城市更新制度建设是实现城市更新内涵不断丰富,城市更新工作稳步推进的基础保障。《广州市城市更新总体规划(2015-2020年)》提出,到2020年基本建立政策稳定、流程规范、体系完整的城市更新长效发展制度,即通过加快政策体系、行政体系、运作体系的制度建设,完善城市更新相关立法及各项配套文件的编制,构建合理高效的行政管理体系,明确城市更新管控制度,形成规范化的城市更新操作流程,明确各项相关工作的机制保障,形成一整套完备的城市更新工作规则,指导未来长期的城市更新工作开展。"三旧"改造政策出台后,广州市根据国家与广东省的指导精神,根据自身情况先后制定了56号文、20号文、《广州市城市更新办法》

以及最新的 6 号文等纲领性文件，及时解决实践中遇到的问题，回应国家与广东省的新要求，从奠定基础、积累实践经验阶段迈入政策创新与提质增效的新时期（图 5）。从更新政策演化来看，广州城市更新越来越重视决策过程中程序的公平公正、保障公共利益的落实和维护、考虑多元社会需求、保障公共资源配置的公平合理。

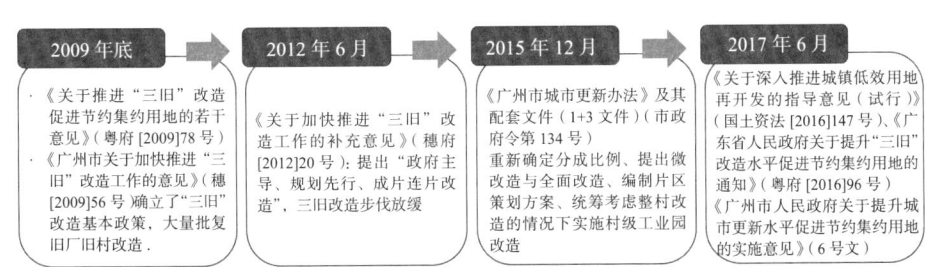

图 5　主要城市更新政策及其发布时间

3.1.1　从"三旧"改造到城市更新

自 1999 年开始，广州市筹划城中村改制改造工作，先后出台了《广州市"城中村整治建设方案"》（穗府办函 [2000]180 号）、《关于加快村镇建设步伐、推进城市化进程的若干意见》（穗字 [2000]17 号）以及《关于"城中村"改制的若干意见》（穗办 [2002]17 号）等。2004 年广州市成功申办亚运后，城中村改造与亚运会筹备工作紧密结合，猎德、冼村、杨箕、林和、萧岗、三元里、琶洲等位于中心城区的 7 个试点城中村改造工作提上广州城市"大变"工作议事日程，按照"一村一策、成熟一个、改造一个"的模式推进改造。2008 年广州市出台了《关于完善"农转居"和"城中村"改造有关政策问题的意见》（穗办 [2008]10 号），政府让渡土地出让收益给村集体、开发商，在试点项目中探索出城中村改造的三种模式❶。

为盘活利用低效存量用地，破解政府征地、拆迁难等问题，缓解土地资源供需矛盾，2009 年国土资源部与广东省政府共建节约集约用地示范省，开展"三旧"改造，省"三旧"改造政策（粤府 [2009]78 号）出台。在全省实施"三旧"造工作的背景下，2009 年广州市发布了《广州市关于加快推进"三旧"改造工作的意见》（穗府 [2009]56 号），贯彻省"三旧"改造工作精神，确立"三旧"改造基本政策。2012 年出台《关于加快推进"三旧"改造工作的补充意见》（穗府 [2012]20 号），该意见提出"政府主导、规划先行、成片连片改造"，强调"应储尽储"的原则。

---

❶　2008 年广州市出台了《关于完善"农转居"和"城中村"改造有关政策问题的意见》（穗办 [2008]10 号），允许国有土地之外的村集体用地进入土地市场以筹集改造资金，与广东省的"三旧"政策具有一致性。在实践中主要有三种模式：土地出让收益返还改造、通过捆绑拆迁安置的"公开出让"融资、村集体与开发商签订协议"合作改造"。

2015 年 2 月 28 日，广州市城市更新局正式挂牌成立，成为全国首个市级城市更新机构，整合原市"三旧"改造工作办公室的职责以及有关部门统筹城乡人居环境改善的职责。2015 年 12 月，《广州市城市更新办法》以及《广州市旧村庄更新实施办法》《广州市旧厂房更新实施办法》《广州市旧城镇更新实施办法》（简称"1+3"文件）系列政策文件正式发布，标志着广州由"三旧"改造进入"城市更新"时期。

3.1.2 广州城市更新政策体系

城市更新局成立后进行了大量的政策制定、程序完善、信息公开工作，在法规、政策、技术标准以及操作层面，建立并逐步完善了广州城市更新政策体系。2015 年以来广州先后出台《广州城市更新办法》和旧村庄、旧厂房、旧城镇更新实施办法三个配套文件（简称"1+3"政策），及《广州市人民政府关于提升城市更新水平促进节约集约用地的实施意见》（穗府规 [2017]6 号）；印发《关于进一步规范旧村合作改造类项目选择合作企业有关事项的意见》、《广州市旧村庄全面改造成本核算办法》、《广州市城市更新项目监督管理实施细则》及实施监管协议等规范性文件；建立了较为完备的城市更新政策体系（表 9）。

广州城市更新政策体系　　　　　　　　　　　　　　　表 9

类别	文件
法规层面	广州市城市更新办法（穗府令 -134 号 -2015）
政策层面	广州市城市更新办法（穗府令 -134 号 -2015） 广州市城市更新办法配套文件（穗府办 -56 号 -2015） 广州市国土资源和规划委员会关于公布广州市国有建设用地使用权基准地价的通告（市国土 -2015） 广州市农民集体所有土地征收补偿试行办法（2016） 广州市基础数据调查和管理办法（2016） 广州市老旧小区微改造实施方案（2016） 广州市旧村庄全面改造项目复建安置资金监管办法（2016） 广州市人民政府关于提升城市更新水平促进节约集约用地的实施意见（2017） 广州市旧村庄全面改造成本核算办法（2017） 广州市城市更新项目监督管理实施细则（2017） 广州市城市更新安置房管理办法（2018） 关于进一步规范旧村合作改造类项目选择合作企业有关事项的意见（2018）
技术标准层面	广州市城市更新片区策划方案编制指引（2016） 广州市城市更新项目实施方案（参考模板）（2016） 广州市老旧小区微改造实施方案（2016） 《广州市老旧小区微改造"三线"整治实施和技术指引（试行）》（2018）
操作层面	广州市城市更新项目报批程序指引 广州市年度城市更新项目计划申报流程 "三旧"地块标图建库动态调整工作流程 市本级财政城市更新资金申请流程 城市更新改造项目实施方案审核办事指南 "三旧"改造项目涉及用地报批工作指引（完善历史用地手续、"三地"农转用、旧村集体土地转国有）

3.1.3 面向提质增效的广州城市更新政策亮点与创新

"三旧"改造政策出台后，广州市根据国家与广东省的指导精神，根据自身情况先后制定了56号文、20号文、《广州市城市更新办法》以及最新的6号文等纲领性文件，及时解决实践中遇到的问题，回应国家与广东省的新要求，从奠定基础、积累实践经验阶段迈入政策创新与提质增效的新时期。《广州市城市更新办法》及其配套政策重新确定收益分配原则，提出微改造与全面改造、编制片区策划方案、统筹考虑整村改造的情况下实施村级工业园改造，其亮点主要包括保障公共利益，实现多方共赢；加强数据调查，优化工作流程；强化公众参与、实现规范操作；坚持政府引导，强化市场运作；明确部门分工，实现管理下沉方面。2016年9月省政府发布《广东省人民政府关于提升"三旧"改造水平促进节约集约用地的通知》（粤府[2016]96号）重新强调了"三旧"改造工作的重要性；鼓励加快完善历史用地、市场主体参与改造的原则，同时提出健全监管机制、明确具体监管措施以及改造主体的责任义务。为贯彻省政府提升"三旧"改造水平的意图，2017年广州市政府发布《广州市人民政府关于提升城市更新水平促进节约集约用地的实施意见》（穗府规[2017]）。6号文政策亮点主要体现在以下几个方面：

一是丰富了自行改造类型。城市更新"1+3"政策规定国有土地旧厂房自行改造主要包2种类型：①工改工；②工改商。《实施意见》强调产业导入，支持产业转型升级高端化发展。国有土地旧厂房改造包括4种类型：①工改工；②工改商；③工改新产业（5年过渡期）；④科改科、教改教、医改医、体改体。

二是细化了自行改造补缴土地出让金标准。《实施意见》根据省政府96号文精神，原则上按照市场评估价补缴土地出让金。（1）"工改工"可不增收地价。（2）"工改商"按市场评估价缴交地价。（3）"工改新产业"给予5年过渡期。国有土地旧厂房利用工业用地兴办国家支持的新产业、新业态建设的，可按现有工业用地性质自行改造，按照"工改工"政策执行。5年过渡期后，按新用途办理用地手续。（4）科研、教育、医疗、体育自行改造按相应地段办公用途市场评估价的一定比例计收地价。（5）完善历史用地征收手续项目，以协议方式供地的，改造前后均为工业用途的，按市场评估地价40%计收土地出让金。

三是优化了自行改造条件。《实施意见》根据省政府96号文精神，优化了旧厂房自行改造条件，明确指出独立分散、未纳入成片连片收储范围、控制性详细规划为非居住用地（保障性住房除外）的国有土地旧厂房可优先申请自行改造。

四是优化了政府收储补偿标准。城市更新"1+3"政策大体上按照居住用地规划毛容积率2.0以内、商业用地规划毛容积率2.5以内的公开出让成交价40%计算补偿款（花都、从化、增城按照50%计算）。《实施意见》为鼓励土地权属人交地收储，基本按照政府与土地权属人5:5的思路分配土地增值收益（按时交储奖励10%）。

五是旧村庄全面改造优化调整。推进事权下放，实行微改造、旧楼宇更新备案制。

简化审批程序，创新老旧小区、旧楼宇更新规划、建设、消防政策和技术标准。搭建国有企业为主体的城市更新实施平台，通过补偿奖励，鼓励土地权属人将土地纳入政府更新或自行改造发展总部、科技、电子商务等产业。支持符合条件的旧楼宇改变功能，发展楼宇经济和政策鼓励的公共设施。完善城市更新基础数据常态化调查机制，建设城市更新数据中心。设立城市更新基金，引入社会力量参与土地整备。

3.2 广州城市更新的规划编制和技术标准建设情况

3.2.1 广州市城市更新规划编制体系

自 2009 年实施"三旧"改造以来，广州市城市更新规划编制体系与标准逐渐规范完善，形成与现行城乡规划编制与审批体系并行互补的结构。城市更新专项规划已经成为项目报批程序的重要环节（图 6）、城市更新项目的实施依据、规划管理的依托、政府引导的抓手、相关利益主体实现利益协调的平台。

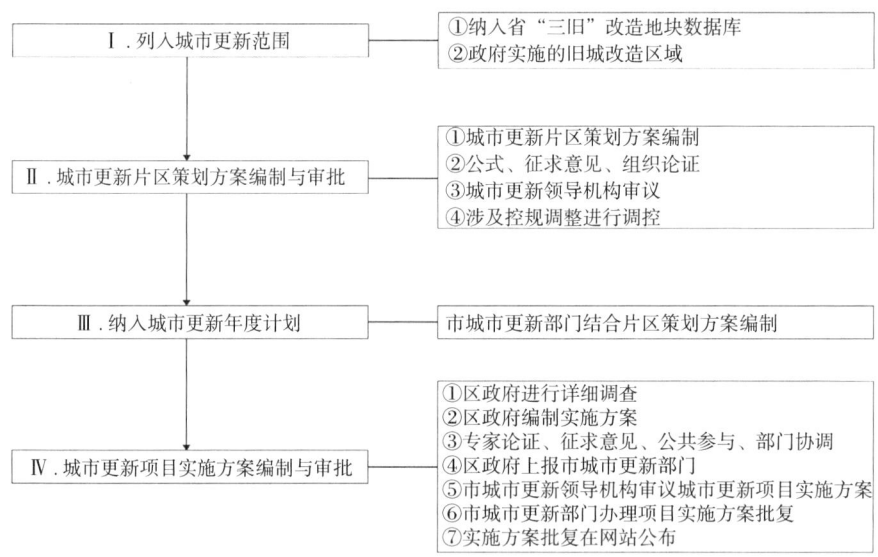

图 6 广州市城市更新申报与审批程序

资料来源：《广州市城市更新办法》及其配套文件

《广州市城市更新办法》提出了"片区策划方案"与城市更新"项目实施方案"的编制要求，将规划方案编制纳入了项目报审必要环节。片区策划方案是控制性详细规划调整的前提与依据，控规为稳定地区及涉及控规调整的项目必须开展片区策划工作。纳入城市更新年度计划的项目，由区政府组织编制城市更新项目实施方案。自此，广州市建立了与城乡规划相对应的城市更新专项规划体系（图 7）。

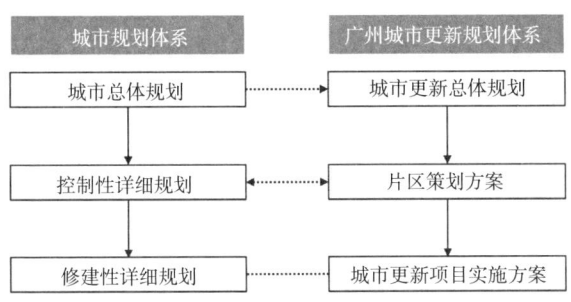

图 7　广州城市更新规划体系与城市规划体系对应关系

3.2.2　城市总体层面更新规划

2017 年 3 月，广州市城市更新局发布的《广州市城市更新总体规划（2015–2020年）》标志着广州城市更新规划编制工作的阶段性重要成果。《广州市城市更新总体规划（2015–2020 年）》注重城市更新带来的长远利益、综合效益、社会效益，强调战略性、计划性，将"发展规划"和"行动计划"有机结合，提出城市更新从单一目标向多元目标、从政府主导向"市场、政府与公众的多方互补互动"、从"单个项目、分类推进"向"系统引导、成片策划、差异化推进"、从单一拆除重建向综合运用多种改造方式（全面改造、微改造）的四大思路转变。《广州市城市更新总体规划（2015–2020 年）》提出广州市城市更新"十三五"期间"一条主线、两个重点、三个转变"的总体思路，明确到 2020 年基本建立政策稳定、流程规范、体系完整的城市更新长效发展制度的发展目标。

3.2.3　面向具体项目的规划编制指引与技术指引

广州市城市更新局为抓好城市更新"1+3"政策的贯彻落实，确保城市更新工作更加规范、更有章可循，2016 年 3 月研究起草了《广州市城市更新项目实施方案报批程序规定》。同年 7 月，发布了《广州市城市更新项目实施方案》的参考模板。根据"系统引导，成片策划，差异化推进"的城市空间策略，2016 年 9 月制定了《广州市城市更新片区策划方案编制工作指引》，通过更新片区的整体策划和实施，以全面改造方式为主，推动重点发展地区空间格局的优化提升。

"城市战略系统"引导的重点发展地区主要以成片连片实施城市更新，而"城市服务系统"引导的散点空间则以微改造方式为主实施城市更新（表 10）。2018 年 3 月，为落实市委十届九次全会"加强和改善民生，突出老旧小区微改造，改善老城区人居环境，推动老旧小区更新"的精神，广州市城市更新局制定了《广州市老旧小区微改造"三线"整治实施方案和技术指引（试行）》，主要内容包括总体要求、主要任务、技术指引、工作流程、费用分摊和保障措施六部分，进一步指导老旧小区改造中的"三线"整治专项工作，规范"三线"整治工作内容、流程及技术要求。2018 年 8 月，《广州市老旧小区微改造设计导则》出台，进一步细化了老旧小区微改造设计标准，《导则》

统筹"水、路、电、气、消、垃、车、站"等建设内容及建设标准，相关内容与《广州市老旧小区微改造三年（2018-2020）行动计划》充分衔接，适用于广州市范围内的老旧小区的各项微改内容，并提出了3个改造设计愿景：品质小区、文化小区、智慧小区。《导则》为改造工作提供了规范指引和经验参考，有利于提高老旧小区微改造设计质量和水平，提升改造成效。

近年广州市出台的一系列规划编制指引与技术指引　　　　　　表 10

序号	目录	发布时间
一、综合类		
1	广州市产业园区提质增效试点工作行动方案（2018-2020年）	2018-06-29
2	广州市城市更新项目监督管理实施细则	2018-01-15
3	广州市 2017-2019 年城市更新土地保障计划	2017-07-11
4	广州市人民政府关于提升城市更新水平促进节约集约用地的实施意见	2017-06-19
5	广州市城市更新片区策划方案编制工作指引	2016-09-02
6	广州市城市更新项目实施方案（参考模板）	2016-07-01
7	广州市旧城镇更新改造项目公众咨询委员会设立及运行工作指引（试行稿）	2016-05-18
二、老旧小区微改造		
1	广州市老旧小区微改造设计导则	2018-08-09
2	广州市老旧小区微改造"三线"整治实施方案和技术指引（试行）	2018-02-24
3	广州市老旧小区微改造实施方案	2016-10-31
4	广州市老旧小区微改造三年（2018-2020）行动计划	审定中
三、市内各区技术指引		
1	广州市番禺区旧村庄更新改造项目公开引入合作企业的指导意见	2017-09-18
2	广州市番禺区城市更新基础数据调查工作规程	2017-10-13
3	广州市荔湾区关于实施《广州市旧村庄更新实施办法》的意见	2017-08-15
4	黄埔区城市更新局关于调整"三旧"改造地块标图建库数据的通知	2016-04-05
5	关于实施"三旧"改造工作补充办法（增城）	2013-04-22
6	关于在我区试行货币加物业兑现村留用地工作指导意见（南沙区）	2012-04-25
7	增城市"三旧"改造实施办法（试行）	2010-05-17
8	关于推动存量土地高效利用和实施"三旧"改造工作实施意见的通知（增城）	2009-04-08

（资料来源：广州城市更新局官网 .www.gzuro.gov.cn/csgxj/index.shtml）

3.2.4　城市更新数据调查指引

2016 年 12 月广州市城市更新局印发了《广州市城市更新基础数据调查和管理办

法》，落实科学、规范进行城市更新基础数据的调查和管理，将城市更新基础数据调查实施为广州城市更新改造前期的一项重要的基础性工作，并作为后期编制片区策划和实施方案的基础依据（表11）。与国内其他城市相比，广州市城市更新基础数据调查做的相对较早和较全，要求各主体负责的策划案对存量用地的基础数据调查误差不能超过5%，否则如果没有正当充分的理由，要被追责。从《广州市城市更新基础数据调查和管理办法》可以看出，规划编制之前，要充分摸底、盘查土地、分析需求，这是工作的基础。

另外，广州市城市更新局自2015年挂牌成立以来，按照"四个一"，即"一套标准规范、一个大数据管理平台、一个业务应用平台、一套支撑环境"的建设思路，积极推进城市更新大数据中心建设，有效提升对城市更新工作的科学支撑能力。

广州市城市更新数据摸查与成本核算阶段性指引　　　　　表 11

序号	数据调查指引	发布时间
1	广州市城市更新基础数据调查和管理办法	2017-01-17
2	广州市城市更新基础数据标准与调查工作指引（试行版）	2017-08-10
3	广州市旧村庄全面改造成本核算办法	2017-12-29
4	关于"三旧"改造项目土地房屋征收成本分析实施方案	2011-08-24

（资料来源：广州城市更新局官网 .www.gzuro.gov.cn/csgxj/index.shtml）

3.3　广州城市更新的管理制度建设和改革情况

3.3.1　建立健全城市更新工作机制

为较好整合各部门资源优势，统筹推进全市城市更新工作，2015年广州市成立市政府常设机构——城市更新局，建立完善市、区两级城市更新机构，形成市区联动、以区为主的工作机制。成立由市政府主要负责同志为组长的市城市更新工作领导小组，主要负责审议城市更新重大政策措施、中长期规划、年度计划、资金使用安排等，加强市级层面对城市更新工作的统筹协调。设立市规划委员会城市更新专业委员会，提高城市更新项目规划审批效率。除建立健全政府内部工作机制外，广州城市更新还搭建多方参与平台，成立总规模2000亿元的广州城市更新基金和广州城市更新协会，凝聚多元社会力量共同推进城市更新改造。

3.3.2　推动简政放权与加强监管考评

近两年为提高城市更新实施效率、激发政府动力、维护市场活力，广州市城市更新局出台政策简政放权、加强监管考评政策。

一是优化控规调整流程。市城市规划委员会下设城市更新委员会，负责审议城市更新片区（项目）的控制性详细规划调整方案。纳入城市更新年度计划的项目，可同步启动控规调整。对更新控规调整流程进行优化，将城市更新"1+3"政策片区（项目）控规调整需要组织两轮编制、8个环节，简化为片区策划方案与控规调整方案同步编制、5个环节。

二是推进事权下放。为调动区的积极性，将老旧小区微改造、旧村庄微改造、旧厂房和旧楼宇微改造项目实施方案的审定权下放区政府；将旧城全面改造项目、旧村全面改造项目实施方案的部分审核权下放区政府。市发改、国规、建设等部门同步将涉及城市更新项目批后实施的立项、规划、国土等行政审批事权下放区政府。

三是加强监督考评。一是纳入城市更新计划的项目涉及使用新增建设用地指标的，市国规部门在年度土地利用计划中予以保障。二是建立健全批后监管机制，各区负责日常监管和动态巡查，在实施方案批复后3个月内签订监管协议，明确监管措施及改造主体责任。三是实行年度考核，考核结果作为土地利用年度计划管理及实施奖惩的重要依据。

3.3.3 完善信息公开与业务优化

广州城市更新局在信息公开方面走在全国前列，通过网站、公众号建设，及时发布最新政策、规划计划、项目推进情况，加强公众参与的参与力度与有效性，搭建了政府、企业、公众之间的沟通桥梁。为引导社会参与更新改造，广州市城市更新局对涉及旧厂、旧村、旧城镇改造业务进行优化，制定了详细的业务办事指引，具体包括旧村庄全面改造、旧村庄微改造、旧厂房自行改造、旧厂房政府收储、旧厂房政府收储与自行改造结合、旧城镇全面改造、旧城镇微改造、村级工业园改造更新等8项业务办事指引，切实梳理细化了从项目计划申报到项目批后实施全过程的程序指引（表12）。

2018年广州市城市更新制定的8项业务办事指引　　　　表12

序号	业务办事指引名称
1	《旧村庄全面改造更新项目报批办事指引》
2	《旧村庄微改造更新项目报批办事指引》
3	《旧厂房自行改造更新项目报批办事指引》
4	《旧厂房政府收储（整备）更新项目报批办事指引》
5	《旧厂房政府收储（整备）与自行改造结合更新项目报批办事指引》
6	《旧城镇全面改造更新项目报批办事指引》
7	《旧城镇微改造更新项目报批办事指引》
8	《村级工业园改造更新项目报批办事指引》

（资料来源：广州城市更新局官网.www.gzuro.gov.cn/csgxj/index.shtml）

4 广州城市更新的政策建议与展望

4.1 发展形势与改良方向

4.1.1 城市发展方式转型，着眼长期收益而非短期资金平衡

近年来国内经济发达城市更新政策趋向于改变对土地财政的依赖、借助城市更新实现城市品质提高与产业转型升级。例如，上海进行建设用地自我约束，明确全市及各区建设用地数量的"天花板"。各区新项目（产业项目、公共服务设施项目等）不得不依靠内部挖潜，即透过城市更新增加项目用地，优化用地结构。深圳城市更新依靠市场力量，政府充分让利放权，通过城市更新增加居住空间、产业空间、公共服务设施。

城市更新政策应找到与产业发展的结合点，以土地作为"补贴"形式，有效地刺激企业入驻、吸引人才、提供工作岗位、扩大城市税基。鉴于房地产的强烈"磁吸"效应，避免城市更新完全房地产导向，佛山、深圳、上海、杭州等地均出台产业优先、去地产化；混合开发、房地产反哺工业的城市更新政策。政府应区别于市场主体，着眼长期收益而非短期资金平衡，利用政府信誉、公共财政、土地与政策资源支持存量用地的转型升级。

4.1.2 公共利益优先，政府统筹加强

从 2009 年开始，经过将近 10 年的"三旧"改造实践，珠三角各地市都不约而同地趋向加强政府管控。实践证明，单靠市场主导城市更新，存在一系列问题，包括市场主体"吃肉留骨"，选择成本低、利润高的项目，多采取拆除重建方式进行房地产开发；改造项目的公共返还不足，高利润房地产项目影响常规土地市场；城市更新单个项目公共设施满足要求，而整体上城市公共服务设施仍然欠缺等问题。为保障公共利益的落实，从粗放管理转型为长效管理，各地采取不同措施。深圳提出"重点更新单元"、提高配套用房标准、城市更新项目需要提供保障性住房和创新产业用房；划定工业区块线，保障产业空间。上海以规划评估为前提，以共同实施为抓手，明确"缺什么"、"补什么"、"给什么"；在区域评估基础上，开展全生命周期管理，明确物业持有要求，减少投机风险，鼓励开发商转型为城市运营商。杭州摸索并建构了低效工业用地的腾退机制，以避免因工业用地长时间低效运行而阻碍更新；实行项目准入评估审查，确立分区域、分级的投资总额、投资强度、亩均产值和亩均税收等准入指标，土地出让合同附加履约监管合同，监管周期 4 年。

4.1.3 提倡有机更新，强调低影响与微治理

随着城市发展方式由外延式到内涵式转变，城市更新方式也由大拆大建转变为有机更新。有机更新更加关注空间重构和社区激活、生活方式和空间品质、功能复

合和空间活力、历史传承和魅力塑造、公众参与和社会治理、低影响和微治理；从城市功能空间方面，更加关注城市基础设施、生态环境、住房保障、公共服务设施、公共安全、产业功能、社区公共开放空间、历史风貌保护、慢行系统。深圳市近几年加强政策供给，更提倡小规模、渐进式更新，鼓励旧工业区综合整治、划定城中村综合整治区。上海旧城改造从"拆改留"转变为"留改拆"；积极支持老旧工业企业功能转变升级，大力发展文化创意产业及现代服务业。面对拆除重建类改造中存在的不公平现象、引发的社会问题，珠三角各地市意识到"三旧"改造政策的局限性，制定政策加强村企合作监管、提倡综合整治型改造，从"三旧"改造迈向城市更新。在此方面，广州起到示范带动作用，投入大量公共财政进行社区"微改造"民生工程，探索社区社会治理新模式，深井社区、盐运西社区"共同缔造"工作坊，泮塘五约"参与式规划"实践取得了初步成果。

4.2 广州城市更新的政策建议

4.2.1 简政放权、分类试点、激发区级活力

相对上海、深圳、杭州、佛山等地，广州区级政府在三旧改造方面的权利与能动性需要进一步提升，重点项目与示范项目应获得更多的政策支持，灵活机制，大胆创新，以个别项目寻求突破，总结经验，从而提升整体城市更新水平。广州应继续坚持简政放权，分类试点更新示范项目，根据改造实施过程出现的新情况、新特点，进一步细化与完善现有政策。市、区形成合理的责权利分工。一方面，市级部门，主要着眼于全市的长远利益、整体利益和可持续发展，制定纲领性政策制度，引领全市的城市更新工作。另一方面，区级部门，则根据各区实际，制定城市更新的具体细则，并推动城市更新工作的实施。既有助于发挥各区熟悉情况的优势，也有利于落实责权利对等的行政原则，将城市更新的责任、权力与所带来的利益统一起来，进而激发市辖区的活力。

为进一步激活和调动区的产业更新的积极性，应扩大区政府及其相关职能部门的审批权限。建议进一步下放控制性详细规划调整，"三旧"改造方案审批，实施"三旧"改造方案后续的立项（审批、核准、备案），环评，规划，用地等审批管理权，强化区政府推进城市更新改造工作的主体作用。特别是针对产业园区更新改造项目、村级工业园区改造项目，可尝试由市定好相关硬性改造标准，将其调整审批权限下放至各区，并报市局备案。

4.2.2 灵活分类掌握"放与管"，平衡市场活力与公共收益

根据对象与目标的不同，城市更新可以分为促进产业发展、提高城市竞争力导向；改善人居环境、提高人民福祉福利。为充实地方财政等原因，政府选择成为主导更新和土地收储的强政府，形成政府与市场进行利益博弈的模式，导致市场投资环境中成本门槛提高，抑制市场投资热情。地方政府应根据城市发展方向与问题，制定

差异化的更新政策，管控或激励市场力量进行城市更新。

根据国内外的发展趋势与经验，一是在改造利润较大、极易出现投机行为的更新项目，政府实施严格的管控，保障公共利益与公平公正。二是在重点产业用地更新中，扩大政府让利空间，充分调动土地权利人和市场主体积极性。首先，适度增加收储补偿比例；其次，增加改造用地的容积率调整的弹性空间；再次，适当调整用地移交比例，制定激励优惠政策，对于参与工业园区改造的机构和企业给予相关优惠奖励。

三是对于市场主体难以单独推动的项目，发挥政府力量做好顶层设计，充分利用政府的资源优势。统筹难度大、资金在项目内难以平衡的旧城更新、城中村改造、历史风貌保护项目，应发挥政府组织力强、动员力强、信誉高的优势，以国资开发公司为实施主体，用市场手段筹集资金。做好统筹协调工作，重点项目整合国有、集体土地，旧厂与旧村资源，真正做到"成片连片"整体改造；不追求项目内资金平衡，政府统筹调控进行区域平衡、市域平衡；做好用地指标的腾挪转换，通过区域调控实现优势资源向优势区位集中，根据区位条件与土地属性，取消或升级低效用地，用地指标向中心城区集中。

4.2.3 提倡有机更新，文化、产业、环境优先

广州城市发展已处在新的发展阶段，未来要立足更高要求，质量第一、效率优先。城市更新是城市成长过程，也是短板修补和问题治理过程。相较于长三角地区与国外发达地区，广州城市更新存在"文化导向不足、产业导入模糊、环境要求不高"等问题。全球城市竞争实际上是吸引资本与人才的竞争，而城市品质已经变成城市的核心竞争力。随着城市发展方式由外延式到内涵式转变，城市更新方式也由大拆大建转变为有机更新。今后广州城市更新应强调历史人文和自然生态传承，城市品质和功能创造；发挥广州的地域特色与社会治理优势，更关注公众参与的过程，各方共建共治共享。

4.2.4 探索城乡规划精细化管理、增大规划编制的弹性空间

以往的城乡规划编制与审批管理体系主要适用于新城建设与"大拆大建"，在存量建设时代，逐渐暴露出精细化不够、弹性不足的问题。在探索适应存量建设的规划管理方面，广州应尝试扩大"微改造"政策的适用范围，增加"微改造"的方式与手段。将近期难以整体改造的城中村、园区纳入"微改造"范围，适当允许不符合两规的城中村、产业园区实施微改造，研究制定相对应的"微改造"政策，进一步引导、鼓励、规范更大范围的"微改造"行动。在不改变或适当增加建筑面积、提高容积率的基础上，实行原址部分比例改建，以便改善生活与产业发展环境，供高质量低成本的生活、创业空间。

另一方面，扩展"微改造"的方式与手段。适当鼓励旧城、旧厂、旧村的改建、扩建、加建公共设施用房，将"小拆小补"纳入规划管理范围，给有机更新提供正规正式

的规划审批渠道。"微改造"应该充分尊重多样性,改造内容和方式应针对对象类型,体现因地制宜的原则,"一区一策",采用"规定动作+自选动作"相结合的菜单式改造方式。对于特定城市更新项目规划调整权限下放至区,市级层面仅在政策方面予以指导。同时建立社区规划师、"镇街总规划师"制度,为社区、传统工业园、专业市场和村级工业园的更新改造,提供长期且精细的制度与技术保障。

作者简介:

刘垚,女,博士,广东工业大学建筑与城规学院,讲师。

朱雪梅,女,博士,广东工业大学建筑与城市规划学院,教授、院长。

黄健文,男,博士,广东工业大学建筑与城规学院,讲师。

臧鹏,女,博士,广东工业大学建筑与城规学院,讲师。

王长江,男,广州市委办公厅综合二处,处长。

黄金海,男,广州市委政策研究室,处长。

闵丽,女,广州市城市更新协会副秘书长。

加强广州市城市更新产业发展政策和制度供给的建议研究

1 绪论

1.1 研究背景

（1）当前我国城市发展正逐步从粗放式规模扩张转变为内涵式精明增长，从建设用地的增量开发转变为建设用地的存量开发，以旧城、旧村、旧厂改造为核心的城市更新明显提速，尤其是一线城市，正全面进入到城市更新驱动城市发展的新时代。

（2）城市更新是一项综合性系统性工程，其涉及经济、社会、文化、物质与环境等诸多方面，主要任务是促进城市经济持续快速发展、市民生活素质的改善、城市历史文化传统的保育、良好城市景观环境与人文环境的营造。其中我国城市更新对物质空间的改造，重点包括传统商业街区、老旧居住小区、城中村、老旧工厂、传统工业商业园区、交通枢纽站场等领域。

（3）广州为我国重要的中心城市，华南地区的经济文化交通中心，经济实力名列我国城市第四位，近年来供给侧改革成效凸显，经济活力不断增强，2017年地区生产总值21503亿元。但广州与国内的上海、北京、深圳等一线城市，国外的纽约、伦敦、东京、巴黎等全球城市相比，无论是经济总量，还是产业结构、产业影响力，都存在一定差距。广州现以制造业、服务业和交通运输业等传统企业为主，金融、信息、战略性新兴产业等高附加值产业、创新型产业还很薄弱，产业发展质量还有待进一步提高。2017年全市产业用地超过深圳，但地区生产总值低于深圳近千亿元，产业用地利用效率效益相对较低。目前广州仍处于经济方式转变、经济结构优化调整、经济发展动能转换的关键阶段，急需要引进培育一批新型优质产业企业。而同时，到2020年，广州的新增建设用地指标仅有约100平方公里，如按每年30平方公里的使用量计算，土地资源将迅速耗尽。广州还有大量公共服务设施项目需要建设，留给产业发展的新增建设用地非常有限。城市产业的发展、产业结构的优化，关键在城市更新、潜力在城市更新、希望在城市更新。

因此，如何透过城市更新，促进经济发展方式转变、经济结构的优化调整与新型产业的快速发展？如何通过传统产业的升级转型再次助推城市发展？如何改造和提升传统工业园区、村级工业园区、专业市场等低效利用产业用地，提高产业用地的利用效率？如何在城市更新中形成科学合理的产业导入机制，加快新型优质企业的引进培育等，都成为广州城市更新亟待解决的重大问题。

1.2 研究意义

（1）本研究最为重要的意义是要探讨如何通过城市更新，促进广州经济质量的提高，优化产业用地结构。近年来广州正按照习近平总书记推动高质量发展的指示要求，积极提升城市发展质量。其中的关键包括：更加注重经济发展效益，大力提升生产效率，推动实现精明增长，提高全要素生产率、单位投入产出率、单位建设用地产出率等；更加注重产业结构优化升级，发展壮大新兴产业，优化提升传统产业，推动新旧动能转换接续，重点是提高先进制造业、现代服务业、战略性新兴产业、IAB（新一代信息技术、人工智能、生物医药）产业等在经济中的比重；更加注重创新驱动发展，重点是提高科技进步对经济增长的贡献率、R&D 支出占比、PCT国际专利申请量等；更加注重优化城市功能品质，要进一步增加跨国公司地区总部数、举办国际会议数、机场旅客吞吐量、国际航空旅客中转量等；更加注重绿色发展，加快形成节约资源、保护环境的空间格局和生产生活方式，重点是降低单位 GDP 能耗、主要污染物排放、PM2.5 平均浓度等指标。同时，应促进生产要素结构调整。随着我国经济增长速度从高速转为中高速的新常态，广州急需推动经济结构不断优化升级，推动发展从要素驱动、投资驱动转向创新驱动。创新城市更新产业用地政策，有利于激化土地和资本市场，重新优化配置资源，推动经济健康有序发展。因此，本项目的研究，有助于促进广州高质量发展。

（2）本研究另一个重要意义是如何更合理地平衡城市更新背景下的经济发展与社会文化发展的关系。对于当前我国来说，推进经济又好又快发展仍然是地方政府的一项中心工作，因为没有较高的经济发展速度与发展质量，就无法保障市民收入的持续增长、无法解决失业与社会保障问题、无法为市民提供更高品质的公共服务。但是，城市更新也不能完全以经济发展为唯一目的。城市更新还需要综合考虑到社会公平与正义、生态环境保护与资源有序利用、历史文化传承与弘扬等议题。因此，本研究将有助于探索如何透过城市更新，在促进经济更快更高质量发展的同时，解决"不平衡不充分的发展"问题，建设更加包容、公平、正义、持续发展的城市。

1.3 研究重点

本项目将重点涵盖以下方面的研究内容：

一是梳理近年城市更新驱动下广州产业发展的成就、特征、问题，城市更新对产业发展带来了什么样的影响以及既有的产业发展规划，对城市更新提出了怎样的要求。

二是梳理近年来国家、省、广州市的城市更新政策，尤其是有关产业发展、产业用地整合规划利用的政策，明确城市更新背景下产业发展的政策潜力与突破口。

三是重点研究城市中心区老工业企业、传统零售商业街、批发商业街、村级工业园等低效利用的产业用地更新模式和方式，探索工改工、工改创新创业产业（高新制造业、孵化器等）、工改现代服务业（创意产业、商贸旅游业、高端房地产业）等产业更新政策，以及城市更新背景下产业导入的标准原则与策略方法。

1.4　研究方法

本研究将采取问题导向和目标导向相结合的研究思路，透过文献分析、实地调研等研究方法，对现状进行剖析，分析存在的问题，面临的机遇与困难挑战，提出对策建议。

文献分析：对相关学术文献与政策文献进行全面细致梳理与总结，以为本研究奠定理论与政策基础。

实地调研：主要是对海珠、白云、花都、荔湾等典型市辖区以及佛山南海、深圳、上海、杭州等国内典型地区进行实地调研，了解广州城市更新的现状、趋势与面临的困难挑战，了解珠江三角洲、长江三角洲典型地区城市更新的经验做法。

2　城市更新驱动下的产业发展：成就、问题、潜力

2.1　城市更新驱动下产业发展现状与成就

截止到 2018 年 5 月，广州市已批准城市更新项目 617 个，改造面积 73 平方公里。其中，全面改造项目 324 个、面积达 33 平方公里；微改造项目 293 个、面积 40 平方公里。在全部更新项目中，已批旧厂改造项目 269 个，面积 1395 公顷，均为全面改造；已批村级工业园改造项目 4 个，面积为 39 公顷，其中，2 个项目为全面改造，占地面积 32 公顷，另有 2 个项目为微改造，占地面积 7 公顷 ❶。

全市已批项目预计可拉动固定资产投资 6000 亿元，现已累计实现固定资产投资 1900 亿元，并已建成科技孵化器 5 个，且通过对 46 个旧园区、旧厂房、旧楼宇的改造，目前已引进包括百度、腾讯微信总部、唯品会、今日头条（华南区总部）等知名企业，引入上市公司 62 家，年产值 1330 亿元，年税收达 160 亿元，并新提供就业岗位 12 万个 ❷。

---

❶　杨承志.有序推进城市更新改造建设美丽广州 [R].广州：广州市城市更新局，2018.

❷　http://www.gzmysjy.com/news.aspx?code=0301.

城市更新有利于形成产业集聚，促进产业结构调整和转型升级。广州市的城市更新对于促进传统工业的转型升级，特别是在引导产业高端化、低碳化、集群化、国际化发展具有重要作用，并在推进产业项目集聚，引导落后产业整合和升级改造，推动优势产业、优势企业、优势资源和要素集中等方面发挥了积极作用。近年来，通过城市更新，广州市的新型制造业、生产性服务业、文化创意产业、旅游业等均实现了较快发展，并造就了一批新的城市标志、行业标准、旅游地标，有效促进了全市的产业发展与产业升级。总之，广州市通过城市更新，正逐步形成以发展优势产业（产品）链为主导、关联性强、集约度高的产业集群。

城市更新不仅淘汰了落后产能，实现了"腾笼换鸟"，提高了土地利用效率，还促进了传统加工贸易产业的转型升级，并为先进制造业、现代服务业和战略性新兴产业发展腾挪了空间。同时，其促进加工贸易产业向粤东西北产业转移园区的梯度转移，推动加工贸易企业转型升级为先进制造业、现代服务业、企业总部，从而实现城市更新与加工贸易企业转型升级的互相促进。

2.2　产业发展及用地更新历程

2.2.1　近十年广州市产业结构的变化特征

近年来广州市产业结构不断优化。2000 年，广州市的三次产业结构为 3.79：41.40：54.81，2010 年演变为 1.76：37.24：61.00，2017 年进一步演变为 1.09：27.97：70.94（图 1），总体来说，第一、二产业所占比重逐步降低，而第三产业所占比重逐步提升，由 2000 年的 54.81% 增至 2010 年的 61.00%，十年间增长 5.19 个百分点，而 2017 年则进一步增至 70.94%，七年间即增长 9.94 个百分点，表明近年来第三产业所占比重的增速正呈逐步加快之势。此外，广州市第三产业对经济增长的贡献率于 2015 年首超七成后，2017 年贡献率继续提高到 78.9%，比 2012 年（69.3%）高 9.6 个点，其中批发零售、金融、房地产、租赁和商务服务、交通运输 5 个服务业行业增加值超千亿元。现代服务业增加值占服务业增加值的比重达 65.00%，比 2012 年提高 3.00 个百分点。

2.2.2　产业用地更新改造情况

近年来，广州市城市更新不断取得新进展。市政府设立了城市更新基金，实施差异化改造政策 ❶。目前，已推进 4 个村级工业园转型升级，广氮、广船地块等重点项目落地实施，老旧小区微改造列入国家试点，经验在全国推广。

广州市产业用地更新改造分散，各个区域间差别较大（图 2）。旧厂房更新改造项目中，增城所占的面积最大，达到 411.8 万平方米，越秀的面积最小，仅有 4.1 万平方米，两者相差约 100 倍，这主要与两个区的产业现状、区域面积、发展定位等

---

❶　杨承志.有序推进城市更新改造建设美丽广州 [R]. 广州：广州市城市更新局，2018.

因素相关。越秀作为老城区，原有企业数量较少、厂房面积较小，其城市更新的主要任务是推动老旧小区改造，而增城作为广州市的新城，发展水平相对较低，区内有大量的村级工业园、老旧厂房等，其城市更新的主要任务正是推动旧厂改造。此外，白云区、天河区及番禺区旧厂改造的面积也较大，而萝岗、南沙、花都等区的旧厂改造面积较小。

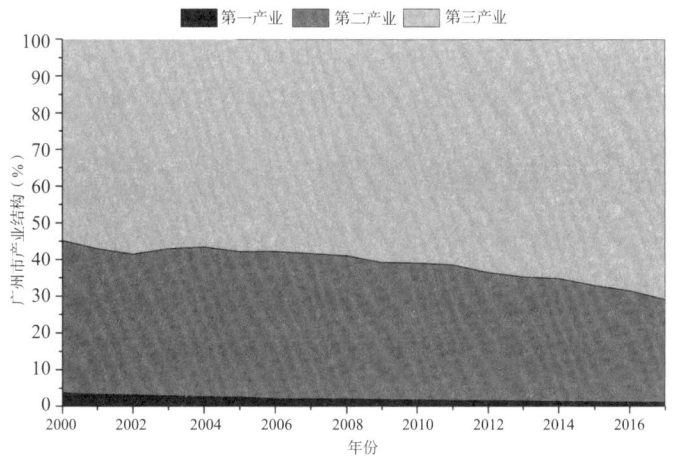

图 1　广州市产业结构演变过程（2000—2017）

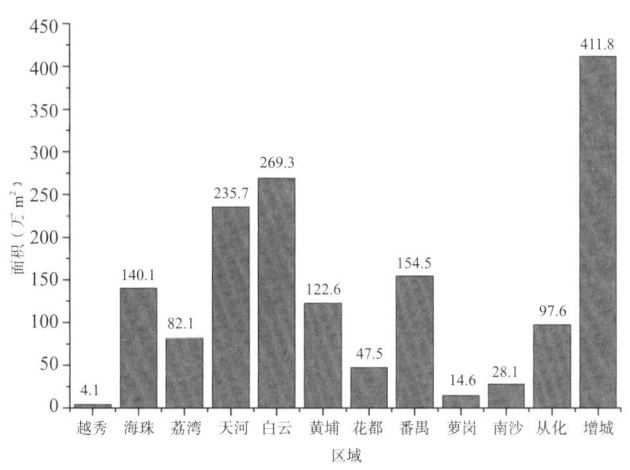

图 2　广州市各区旧厂房更新改造分布情况（截止 2017 年）

2.2.3　产业用地发展历程

　　广州市的产业用地经历了不同发展阶段。总体来说，广州市的产业用地经历了村村点火、产业入园、腾笼换鸟、提质增效等四个不同阶段。改革开放初期，"村村点火、户户冒烟"的工业发展模式给广州市带来了数百个村级工业园，小的几十亩，大的几千亩，不少污染环境的小企业、小作坊隐身其中，有的甚至与居民区夹杂在一起，粗放式管理使得这些地方往往成为环境污染、安全生产的治理死角。此后，各级政府逐渐意识到"村村点火"模式的生产效率低下、生态环境破坏大，并开始推动微小企业改造，努力将产业发展集中到不同类型、不同级别、不同规模的产业园中，以促进规模化利用市政基础设施，发挥集聚效益。随着全球金融危机的扩散及对广州不良影响的深化，市政府逐步开始推动"腾笼换鸟"计划，以进一步提高生产效率、促进产业升级，并延续至今。与此同时，开始在有条件的地区开始实施"提质增效"计划，推动原有产业的升级或跨越式改造，在新时代下实现新的发展。

2.3 产业发展用地的现状特征

（1）传统低效产业园区（主要是以传统工业为主的老旧工业园区）特征：初级的加工制造产业，附加值较低，产值规模不高，竞争力差；园区内企业关联性不强，缺乏有带动效应的龙头企业。

（2）国有旧厂用地特征：厂房破旧，设施落后，厂房功能难以支撑现代产业发展需求。

（3）村级工业园区内以小微企业为主，建设强度普遍偏低，平均容积率在 0.4 左右，土地利用效率较低。土地往往经多次流转，导致土地权属情况复杂。园区内企业在环保、消防、安全生产等方面存在较大隐患。

（4）专业批发市场产业用地特征：广州有悠久的批发业发展传统，专业批发市场达 1000 多家，其中相当部分专业市场分布在老城区。这些批发市场有着较大的消防隐患，带来的交通问题也很突出，但是批发市场更新改造的动迁成本非常高，住宅达 6 万 / 平方米，而商铺高达 18 万 / 平方米 ❶。

目前突出的问题是大型优质项目不多，城市更新地块破碎化分布，难以透过更新改造形成具有旗舰意义的功能区（大中型产业园、商业区）。旧工业园的改造主要涉及规划调整问题，许多创意产业园区为违规经营。由于村级工业园为集体土地，其如果不转为国有，即便更新改造，对大企业的吸引力也有限，大企业希望能获得更有产权保障的土地，以利于抵押融资。城市更新中的产业发展，应更注重发挥市场的力量，目前产业导入，主要依靠的是政府的招商。城市更新中的产业发展，不能一味只考虑到短期经济效益，也要注重对创意企业、高新科技的培育，对基于旧工厂而形成的创意园区，不能只考虑到其巨大的土地经济价值，也要考虑到其对广州文化形象、品味的贡献。

---

❶ 广州进入"产业时代"：如何读懂新一轮城市更新政策？，房地产导刊，http://m.sohu.com/a/13712038 4_327912/?pvid=000115_3w_a&t=1502121605062.

2.4　城市更新驱动下的产业发展问题

（1）城市更新产业导入不足，缺乏指导性的有效产业规划，配套政策不完善

根据现行城市更新政策，村级工业园改造后除依政策规定无偿移交政府部分的土地外，大部分土地还是保留集体土地性质。与国有土地相比，集体土地在土地取得方式、产业导入等方面相关配套政策还不够完善，市场主体参与改造积极性不高，在产业导入上政府缺乏有效管控抓手，难以形成整体规模效应，客观上不利于优质企业的引进。

（2）村级工业园的土地权属主体与租赁关系复杂，更新困难

首先，村级工业园现状普遍存在比较复杂的租赁关系，如租赁主体多、租约时间长、多层租赁等，根据现行广州市城市更新办法相关规定，村社申请开展村级工业园改造前需自行清理土地租赁关系及完成建筑物清拆，考虑到解决租约经济受损及清拆费用等，村社实施改造积极性受影响，客观上不利于村级工业园项目的推进。其次，土地利用相关手续不完善导致村级工业园无法开展改造。村级工业园大多属历史违法用地，缺乏用地规模，无法纳入目前的"三旧"政策进行改造。但目前大多数村级工业园区厂房比较简陋，不进行改造无法引入新的大中型企业。

（3）项目审批周期较长

一是市政府的政策配套文件制定相对滞后，项目前期报审到后续办理供地仍缺乏清晰的工作指引；二是村级工业园改造地块普遍存在不符合城乡规划或现行法定规划不符合改造需求的情况，地块改造需现行开展控规调整。而根据现行城乡规划调整相关政策法规，单个地块申请控规调整难度大，对改造条件、改造效益良好的项目，也需由政府指导组织编制片区策划方案并经市城市更新委员会审议通过后稳定片区控规，才能编制具体项目实施方案，整个流程耗时长、难度大，客观上制约了村级工业园项目的推进；三是用地报批过程中，涉及城市更新、国土规划等多个职能部门，耗时较长（图3）。

（4）改造要求偏高、政府分成偏重导致各区村级工业园改造积极性不高

按照市城市更新相关办法规定，已完善集体建设用地手续的村集体历史用地部分，应将30%的经营性用地转为国有用地后无偿交给政府，剩余的用地由村集体经济组织按规划自行改造。若村社有留用地指标的，可以留用地指标按1：1抵扣应交给政府的用地，已抵扣部分用地由村集体经济组织自行改造。该规定由于划出地块的比例较高，导致了当地村对村级工业园改造的积极性不高。

2.5　城市更新驱动下的产业发展机遇

作为国家中心城市，广州产业活跃度高，城市更新是大势所趋也将大有可为，未来不仅改善城市发展环境，也将与产业发展紧密互动。"白云聚货，番禺聚人，天

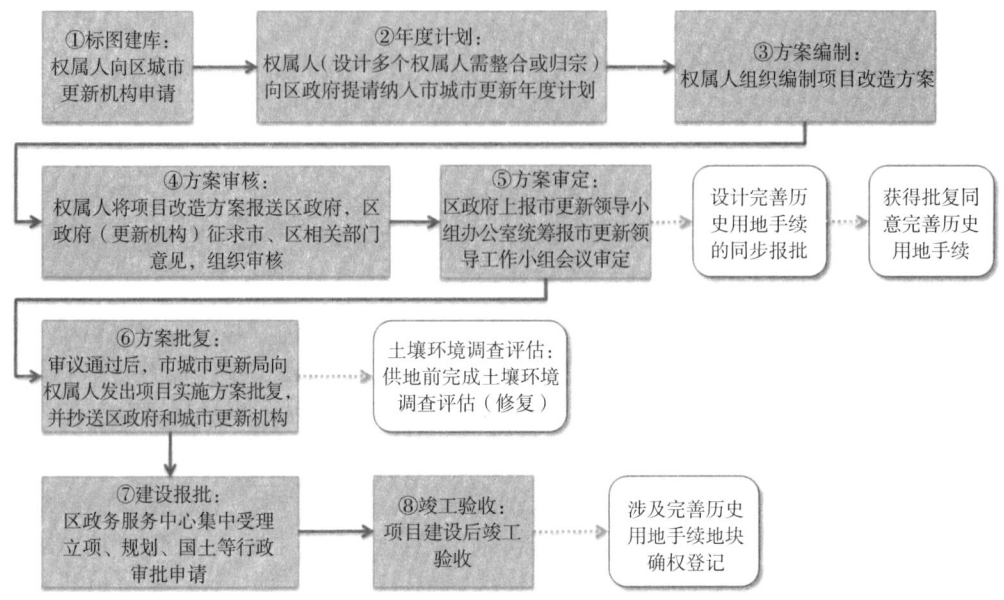

图3 旧厂房自行改造更新项目报批程序流程图

河聚商，黄埔聚智，海珠聚创意，荔湾、越秀聚文化"。随着城市更新推进，广州产业版图不断聚焦清晰，结合 IAB、NEM 产业布局发展，广州将不断涌现一些城市更新样板项目，引领区域大发展，迎接广州发展的花样年华。

（1）国家"供给侧"改革要求去产能，推动产业转型升级

国家"供给侧"改革有助于实现产业转型升级。在供给侧结构性改革作用下，我国产业发展呈现出产业经济运行平稳、企业效益明显好转、新动能快速壮大、转型升级步伐加快的"稳好新转"的运行格局，产业结构持续优化，质量和效益明显改善，为广州市产业持续健康发展奠定了良好基础。

"供给侧"改革战略下，广州市产业发展的前景美好。在积极推动"供给侧"改革的战略下，广州市积极发展高端产业、推动传统产业转型升级，不断促生新的创业集聚区的形成，积极实施创新驱动战略、大力发展高新技术产业，积极利用云计算、大数据、智能制造等技术创新，带动广州市的产业升级。

（2）粤港澳大湾区建设将进一步推动广州发展，刺激广州产业用地需求增加

粤港澳大湾区各城市间产业发展已有较好的合作基础，湾区内部的珠三角、香港、澳门三地具备各自的比较优势，产业互补性强，产业合作具备广阔的发展空间。粤港澳大湾区建设亟需推动三地产业合作与协同发展，而广州市作为广东省省会和珠三角地区核心城市，其产业转型、升级、发展将在粤港澳大湾区的建设过程中迎来新的发展机遇。

粤港澳大湾区建设有助于推动广州市产业转型发展。粤港澳三地的产业具有互补性，珠三角制造业占比较高，而港澳地区则服务业高度发达。此外，珠三角地区

现代服务业起步晚，发展水平偏低，而香港的制造业占比仅在 7% 左右，其支柱产业是仓储物流、金融类及专业类服务等现代生产性服务业，发展水平国际领先，其先进性能够带动珠三角制造业的发展，广州也将由此受益，并进一步刺激产业用地需求的增加，进而增加广州市实施城市更新战略的动力。

（3）广州作为"国家重要中心城市"的定位要求产业转型升级

作为国家重要中心城市，广州承担着代表国家参与全球竞争的使命。近年来，国家和广东省出台的一系列重大战略部署呈现出广州被赋予的角色定位：全面创新改革试验核心区、国家级新区＋自留实验区、打造世界级交通枢纽，这都在客观上要求广州市加快产业转型升级，全市的城市更新也由此面临着新的机遇。

在城市产业发展方面，广州将致力建立高端高质高新现代产业新体系。"十三五"时期，广州将紧密对接中国制造 2025、"互联网＋"、大数据等国家战略，深入实施现代服务业与先进制造业"双轮驱动"战略，着力打造"三中心一体系"（国际航运中心、国际物流中心、国际贸易中心和现代金融服务体系），加快发展现代服务业，加速信息化与工业化深度融合，积极培育新业态和新商业模式，构建高端高质高新现代产业新体系，努力建设若干在全球、全国排在前列、叫得响的项目或产业。这些新的发展规划与发展定位，为广州市的产业发展带来了新的机遇。

（4）广州有大量城中村、低效村级工业园以及关停了的老旧工业企业，它们的更新改造，可为广州提供非常宝贵的产业用地

广州城市更新潜力巨大。广州市的城中村、低效村级工业园、老旧企业等数量多、分布散、占地广，其低下的生产效率、偏低的产品附加值、高昂的环境代价、不集约的用地方式等严重限制了广州市的产业转型发展，制约了城市品位、地位的提高，因此，加快"三旧"改造进程，已成为广州市加快产业发展的迫在眉睫的问题。

广州市积极制定城市更新办法，促进产业发展。2015 年，广州市城市更新局挂牌成立，开创了国家重要中心城市以更新改造推进城市可持续发展的新路径。在相关有利政策的推动下，城市更新正在成为盘活广州市存量用地、破解城市发展空间不足难题、使城市重新焕发勃勃生机、加快城市产业转型升级的有效手段。

3 产业用地更新的政策梳理与典型项目

3.1 产业用地更新的政策

3.1.1 省部级产业用地更新政策梳理

2008 年，国土资源部和广东省人民政府合作共建节约集约用地示范省。广东省政府印发了《广东省人民政府关于推进"三旧"改造促进节约集约用地的若干意见》粤府〔2009〕78 号文，开启了全省"三旧"改造的试点改革工作。截至 2018 年 7 月，

据不完全统计，省部层面共先后出台了与"三旧"改造相关的政策40部，其中意义重大的政策有《国土资源部印发关于深入推进城镇低效用地再开发的指导意见（试行）》的通知（国土资发〔2016〕147号）、《广东省人民政府关于提升"三旧"改造水平促进节约集约用地的通知》（粤府〔2016〕96号）等政策文件（表3.1）。最新省深入开展实施《广东省国土资源厅关于印发深入推进"三旧"改造工作实施意见的通知》等政策文件（表1）。

纵观政策的出台过程，总体上有以下几方面的政策趋势：（1）明确"三旧"改造用地的界定、位置、范围和规划，防止虚报乱报、扩大"三旧"改造的用地范围和无序利用等现象，如防止把无上盖物的用地、违法违建用地等纳入三旧改造范围，加强三旧改造用地的认定和规划引导；（2）进一步规范标图建库的技术操作，做到全省"三旧"改造一张图和动态更新，方便审批、监管和考核；（3）规范三旧改造的操作程序，防止三旧改造过程中的腐败现象；（4）简政放权，简化审批手续，建立三旧改造审批的快车道；（5）加大三旧改造政策的优惠力度和柔性，特别对改造为创新产业的用地给予了较大幅度的政策优惠，推动产业转型升级，激活三旧改造的积极性和参与性；（6）加强三旧改造中的历史文化遗产保护，强化改造的公共利益保障。

省部级产业用地更新政策梳理 表1

级别	政策名称	政策摘录	年份
国家政策	国土资源部关于广东省深入推进节约集约用地示范省建设工作方案的批复 国土资函〔2008〕816号	明确广东省作为国家推进节约集约用地示范省，启动三旧改造工作	2008
	国土资源部关于印发开展城镇低效用地再开发试点指导意见的通知	城镇低效用地是指经第二次全国土地调查已确定为建设用地中的布局散乱、利用粗放、用途不合理、建筑危旧的城镇存量建设用地，权属清晰，不存在争议。国家产业政策规定的禁止类、淘汰类产业用地；不符合安全生产和环保要求的用地；"退二进三"产业用地；布局散乱、设施落后，规划确定改造的老城区、城中村、棚户区、老工业区等，可列入改造开发范围。现状为闲置土地、不符合土地利用总体规划的历史遗留建设用地等，不得列入改造开发范围	2013
	国土资源部关于印发《关于深入推进城镇低效用地再开发的指导意见（试行）》的通知 国土资发〔2016〕147号	改造开发土地需办理有偿使用手续，符合协议出让条件的，可依法采取协议方式。原依法取得的工业用地改造开发后提高厂房容积率但不改变用途的，可不再增缴土地价款。利用现有工业用地，兴办先进制造业、生产性及高科技服务业、创业创新平台等国家支持的新产业、新业态建设项目的，经市县人民政府批准，可继续按原用途使用，过渡期为5年，过渡期满后，依法按新用途办理用地手续。改造开发需变更原土地用途的，应当依法办理规划修改和用地手续。鼓励产业转型升级优化用地结构。各地要制定鼓励引导工业企业"退二进三"的政策措施，调动其参与改造开发积极性，促进产业转型升级，提高土地利用效率。对企业迁址重建的，除享受改造开发政策外，要在用地选址、土地审批、用地规模与计划安排等方面给予积极支持	2016

级别	政策名称	政策摘录	年份
省级政策	印发广东省建设节约集约用地试点示范省工作方案的通知 粤府明电〔2009〕16号	严格执行《工业项目建设用地控制指标》，建立和完善投资强度、容积率、建筑系数、行政办公及生活服务设施用地所占比重、绿地率等标准。鼓励技术创新，支持通过工程技术措施节约用地	2009
	广东省人民政府关于推进"三旧"改造促进节约集约用地的若干意见 粤府〔2009〕78号	严格界定"三旧"改造范围，对列入改造范围的，必须编制控制性详细规划和改造方案，有序推进。严禁擅自扩大"三旧"改造政策的适用范围。下列土地可列入"三旧"改造范围：城市市区"退二进三"产业用地；城乡规划确定不再作为工业用途的厂房（厂区）用地；国家产业政策规定的禁止类、淘汰类产业的原厂房用地；不符合安全生产和环保要求的厂房用地；（二十四）对现有工业用地改造后不改变原用途，提高容积率的，不再增缴土地价款。（二十二）市、县人民政府应保障开展组织实施"三旧"改造工作经费。对"三旧"改造涉及的城市（城镇）公共基础设施建设，应从土地出让金中安排相应的项目资金予以支持	2009
	关于在"三旧"改造中加强廉政建设预防腐败行为的通知 粤纪派国土资纪字〔2010〕1号	"三旧"改造用地属于政府收购储备后再次供地的，必须以招标拍卖挂牌方式出让，要防止滥用"三旧"改造政策，规避国有建设用地使用权招标拍卖挂牌，擅自以协议方式出让或低价出让国有建设用地使用权的现象	2010
	关于在"三旧"改造过程中加强预防职务犯罪工作的通知 粤检会字〔2010〕2号	预防"三旧"改造工作中国土资源管理领域的贪污、贿赂、渎职等职务犯罪行为，建立健全相关预防机制，确保"三旧"改造工作规范有序开展	2010
	关于进一步加快推进和规范"三旧"改造工作的通知 粤府办明电〔2010〕293号	填报"三旧"改造成效统计表，加强"三旧"改造的监管和政策落实	2010
	关于做好"三旧"改造地块标图建库工作的通知 粤国土资测绘发〔2010〕137号	做好"三旧"改造地块标图建库工作	2010
	关于办理"三旧"改造涉及完善征收手续有关问题的通知 粤国土资利用发〔2010〕218号	"三旧"改造涉及完善征收手续方案的审查，提出审查改造是否有利于产业转型升级和符合产业政策	2010
	关于在"三旧"改造中加强文化遗产保护的通知 粤文物〔2010〕268号	对于新发现的重要文物点，特别是纳入"三旧"改造范围的不可移动文物，各地要加强相应的保护措施，各级文物行政部门要主动提请当地政府及时公布为相应级别的文物保护单位。对于尚未核定公布为文物保护单位的不可移动文物，按照省住房和城乡建设厅《印发关于加强优秀历史建筑保护工作指导意见的通知》（粤建市〔2010〕3号）要求，可采取挂牌或公布为历史建筑等方式加以保护	2010
	关于开展"三旧"改造地块标图建库成果检查的通知 粤国土资测绘发〔2010〕387号	"三旧"改造地块标图建库成果检查工作包括自查和核查两部分。自查工作必须针对6月30日前已汇交上报省厅的"三旧"改造地块标图成果进行，不允许新增地块	2010

级别	政策名称	政策摘录	年份
省级政策	关于减免"三旧"改造回迁安置房房屋所有权登记费的通知 粤财综〔2011〕74号	决定对我省"三旧"改造项目的回迁安置房免收房屋所有权登记费，减免规定自发文之日起执行	2011
	关于以"三旧"改造促进珠三角地区加工贸易企业转型升级的通知 粤国土资试点发〔2011〕138号	（1）各地可根据实际情况设立"三旧"改造项目招商引资的专项奖励，并向当中的加工贸易企业转型升级项目倾斜。（2）对属于"三旧"改造范围的加工贸易企业改造成为先进制造业、现代服务业、总部经济等项目的，各级外经贸主管部门和国土资源主管部门要设立项目审批的绿色通道，实施专人跟踪落实。（3）对符合"三旧"改造政策适用范围的加工贸易企业转型升级项目，企业原使用的划拨土地使用权，可采取协议方式补办出让手续；所涉及的用地没有合法用地手续，凡符合粤府〔2009〕78号文的相关规定的，可按相关规定完善用地手续；对属于对改造后不改变工业用地性质，提高容积率的，不再增缴土地价款；对原企业部分或全部加工环节向外转移，原土地由当地政府依法收回后通过招标拍卖挂牌方式出让的，在扣除收回土地补偿等费用后，其土地出让纯收益可按不高于60%的比例返该企业用于异地发展	2011
	关于对"三旧"改造涉及经营服务性收费给予优惠的通知 粤价〔2011〕195号	对"三旧"改造涉及的设计、监理、安装、测绘、施工图审查、建设项目环境影响咨询等经营服务收费给予适当的优惠，按相关收费标准的低限予以减收	2011
	关于加强"三旧"改造规划实施工作的指导意见 粤建规函〔2011〕304号	可借鉴深圳市在城市更新工作中优先落实公共配套设施和保障性住房，东莞市在规划中明确"拆三留一"的做法，通过对公共配套设施、公共空间用地等公益性指标的设定，制定符合地方实际的容积率奖励机制，原则上容积率最高奖励不高于原批准控制性详细规划容积率的10%。异地补偿是指凡符合容积率奖励机制的"三旧"改造项目，若城市规划确定不适合在"三旧"改造范围内进行容积率奖励，在符合城市规划相关要求的情况下，可视具体情况实行异地转移补偿。可借鉴珠海市异地转移补偿机制的做法，探索通过建立鼓励与支持容积率异地补偿机制，以新城开发利润冲抵旧城改造成本方式，既有效控制旧城建设总量，又有序推进新区持续开发	2011
	关于进一步加快"三旧"改造完善历史用地手续规划审查工作的通知 粤建规函2012 49号	"三旧"改造项目完善历史用地手续办理后，应严格按照《城乡规划法》的有关要求，以经批准的控制性详细规划为依据办理规划许可手续，确保具体的"三旧"改造项目严格按照控制性详细规划建设实施	2012
	关于进一步完善"三旧"改造地块标图建库工作的通知 粤国土资"三旧"电〔2014〕115号	列入标图建库范围的"三旧"地块，其改造后的用途必须与土地利用总体规划所确定的用途相一致	2014
	关于调整"三旧"改造涉及完善征收手续报批方式的通知 粤国土资利用发〔2012〕145号	简化程序。纳入"三旧"改造范围，符合土地利用总体规划、城乡规划和"三旧"改造规划、没有合法用地手续且已于1987年1月1日之后、2007年6月30日之前实际使用的历史用地，在完善征收手续时由省国土资源厅、住房和城乡建设厅具体实施审核工作，省发展改革委、监察厅、财政厅不再作为省级审核部门	2012

级别	政策名称	政策摘录	年份
省级政策	关于进一步核查梳理"三旧"改造地块数据库的通知 粤国土资测绘电〔2014〕188 号	凡列入"三旧"改造标图建库范围的地块，必须符合粤府2009 78 号文的相关规定，土地利用总体规划用途应为建设用地，现状为建设用地，2007 年 6 月 30 日之前有上盖物	2014
	关于开展"三旧"改造用地范围内历史文化遗产普查的通知	对"三旧"改造标图建库用地范围内的历史文化街区、历史风貌区、文物建筑和历史建筑等历史文化遗产进行普查	2014
	关于印发探索"三旧"改造民主协商与司法裁决有效途径实施细则的通知 粤司〔2014〕109 号	探索"三旧"改造民主协商与司法裁决有效途径。充分尊重土地使用权人的意愿，统筹兼顾各方利益，探索"三旧"改造司法裁决的有效途径，保障"三旧"改造各方的合法权益	2014
	关于开展"三旧"改造规划修编工作的通知 粤建规函〔2014〕1972 号	开展"三旧"改造规划评估和规划修编工作	2014
	关于"三旧"改造成效统计有关事项的通知 粤国土资三旧发〔2014〕327 号	加强"三旧"改造成效统计和考核	2014
	广东省国土资源厅关于印发《促进我省经济稳定增长和转型升级的国土资源保障措施》的通知 粤国土资办公发〔2015〕94 号	建立"三旧"改造与新增建设用地计划指标挂钩机制，对完成省下达"三旧"改造任务的地市，按照完成改造面积的 20% 奖励新增建设用地指标，对没有完成省下达"三旧"改造任务的，将适当扣减该地区的新增建设用地指标，充分发挥"三旧"改造在工业转型升级中的积极作用	2015
	广东省人民政府关于提升"三旧"改造水平促进节约集约用地的通知 粤府〔2016〕96 号	旧厂房、旧城镇改造涉及将工业用地等土地用途改变为商业、旅游、娱乐和商品住宅等经营性用地（以下称"工改商"项目），国有土地使用权由当地政府依法收回的，必须按规定采用招标、拍卖或者挂牌方式出让，所得出让收益可按规定用于补偿原土地权利人。由原土地权利人自行改造的，除应当按规定补缴地价款及相关税费外，应当按照城乡规划要求，将不低于该项目用地总面积 15% 的土地无偿移交政府用于城市基础设施、公共服务设施建设或者其他公益性项目建设。鼓励和引导农村集体经济组织自愿申请办理土地征收手续将集体建设用地转为国有建设用地，自行实施改造或合作改造；也可依法开展旧村土地整理，以入股、联营等合法方式使用集体建设用地，但不得用于商品住宅开发。当地政府征收农村集体土地的，可因地制宜采取货币补偿与实物补偿相结合的方式安置失地农民，充分保障农民利益。各地应当建立健全"三旧"改造利益共享机制，制定出台相关具体政策文件，统筹兼顾政府、集体、土地权利人和市场主体等各方利益	2016
	广东省国土资源厅关于正式运行广东省"三旧"改造项目监管系统的通知 粤国土资三旧发 [2016]15 号	加强"三旧"改造项目监管，及时跟踪"三旧"改造项目审批信息与改造情况，进一步加强对已批准项目的实施管理，国土资源厅开发建设了广东省"三旧"改造项目监管系统	2016

级别	政策名称	政策摘录	年份
省级政策	关于印发《广东省"三旧"改造税收指引》的通知　粤地税发 [2017]68 号	省"三旧"改造分为三类共九种改造模式。第一大类政府主导模式分为：政府收储、政府统租、综合整治（政府出资）三种模式；第二大类政府和市场方合作模式分为：以毛地出让方式引入社会力量实施改造、土地整理两种模式；第三大类市场方主导模式分为：农村集体自改、村企合作、原土地使用权人自改、企业收购改造四种模式。梳理"三旧"改造过程中涉及的增值税、土地增值税、契税、房产税、城镇土地使用税、企业所得税和个人所得税等主要税种相关税务处理事项，用于指导"三旧"改造项目的涉税管理	2017
	广东省国土资源厅关于印发深入推进"三旧"改造工作实施意见的通知（粤国土资规字 [2018]3 号）	（1）加大对产业类改造项目支持力度。纳入"三旧"改造范围，具有合法用地手续的工业用地，改造后用于兴办先进制造业、生产性及高科技服务业、创业创新平台等国家支持的新产业、新业态建设项目的，经市县人民政府批准，可享受按原用途使用的 5 年过渡期政策。5 年过渡期满后，经市县人民政府批准，可按新用途办理用地手续；若项目无法继续经营，原用地单位可按原用途保留使用土地。鼓励各地制定产业类改造项目专项支持措施，促进实体经济发展。（2）在旧城镇、旧厂房改造中，将工业用地等用途改变为商业、旅游、娱乐和商品住宅等经营性用地的自行改造项目均需移交公益性用地，需移交公益性用地的改造项目类型、具体比例由"三旧"改造主管部门牵头研究确定	2018
	广东省国土资源厅关于印发《广东省人民政府委托"三旧"改造涉及土地征收审批职权实施方案》的通知　粤国土资三旧发〔2018〕13 号	明确省级政府与市级政府之间的审批权限	2018
	广东省国土资源厅关于印发《省政府审批建设用地报批材料范本（2018 年修订版）》的通知　粤国土资利用发〔2018〕25 号	规范审批材料格式与体例，规范审批程序	2018

（图表来源：译者自绘）

3.1.2　广州市产业用地更新政策梳理

近年来从中央到省连续出台了不少新的政策，要求加快各地城市更新的步伐，优化产业功能、提升城市品质。结合"三旧"改造的工作，广州市 2015 年出台有《广州市城市更新办法》（广州市人民政府令第 134 号）、《广州市人民政府办公厅关于印发广州市城市更新办法配套文件的通知》（穗府办〔2015〕56 号），即城市更新"1+3"政策。

2017 年，出台了《广州市人民政府关于提升城市更新水平促进节约集约用地的实施意见》（穗府规〔2017〕6 号）政策。《实施意见》是作为对国土部和省政府"三旧"改造政策的细化，也作为对既有《广州市城市更新办法》的补充和完善。《实施意见》

围绕健全利益共享机制、调动各方主体改造积极性、推进放权强区、提高审批效率、提升改造品质等提出了40条创新措施。总体而言,《实施意见》的目的是降低"三旧"改造的门槛、改现有的零碎改造为成片整体改造,同时缩减审批流程。

旧厂房更新改造政策一览表　　　　　　　　　　　　　　　表2

土地处置方式	土地出让金补缴政策内容
工改居:改为保障性住房外的居住用地	1、除花都区、从化区、增城区外,居住用地规划容积率在2.0以内,商业用地规划毛容积率2.5以内的,按照土地公开出让成交价款的40%计算补偿款,超出2.0部分不再计算补偿款。(可享受政府收储奖励,按时交储奖励10%)
	2、花都区、从化区、增城区的居住用地规划容积率在2.0以内,商业用地规划毛容积率2.5以内的,按照土地公开出让成交价款的50%计算补偿款,超出2.0部分不再计算补偿款。(可享受政府收储奖励,按时交储奖励10%)
	土地出让成交后因规划调整使地价款发生增减的,收益补偿不再调整
	国有土地上旧厂房改造为居住用地方式的,由企业自行搬迁整理土地,原土地使用权人的土地整理、修复费用不再另行补偿
工改商服:改为商业服务业设施用地	自行改造用地按照规划新用途的基准地价,扣减已缴纳的原用途土地出让金的未使用年限部分后补交土地出让金。自行改造用地应按照用地比例由旧厂房权属人无偿配建公建配套设施
	政府收储用地,按规划毛容积率2.5公开出让成交价或新规划用途市场评估价的40%计算补偿款(可享受政府收储奖励,按时交储奖励10%)
工改工:改为一般性工业	按规划提高容积率自行建设多层工业厂房地,可不增收工业厂房土地出让金;用于建设科技企业孵化器的,按照《广东省人民政府关于加快科技创新的若干政策意见》及相关规定执行。若其配套的办公和商业服务业设施用地面积超过总用地面积7%或建筑面积超过总建筑面积14%的,应当按规定缴纳土地出让金
工改新产业:改为创新产业	利用现有工业用地,兴办先进制造业、生产性及高科技服务业、创业创新平台等国家支持的新产业、新业态建设项目的,可继续按原用途使用进行自行改造,按照"工改工"政策补缴土地出让金,过渡期为5年。过渡期满后,依法按新用途办理用地手续
工改科研、教育、医疗、体育	自行改造按相应地段办公用途市场评估价的一定比例计收地价。一是教育、医疗、体育按20%计收;二是保留工业用地性质的科研用地按20%计收;三是市级以上驻穗科研机构自行改造的科研用途用地,科研按20%计收,其余商务设施性质科研用地按原自有部分按40%、增容部分按70%计收土地出让金
村级工业园区改造:不同改造方式下申请转为国有土地的集体旧厂房用地	纳入旧村全面改造的,按规划用地市场评估价的20%缴纳土地出让金
	纳入旧村微改造的,按规划用途市场评估价的30%缴纳土地出让金
	其余的按规划用途市场评估价的40%缴纳土地出让金
国有土地旧厂房权属人申请政府收回	采取一口价方式补偿,按毛容积率2.0商业市场评估价40%计算补偿款(不再享受政府收储奖励)

图表来源:《广州市旧厂房更新实施办法》穗府办〔2015〕56号、《广州市人民政府关于提升城市更新水平促进节约集约用地的实施意见》穗府规〔2017〕6号

相比城市更新"1+3"政策，6号文《实施意见》丰富了自行改造类型，强调产业导入，支持产业转型升级高端化发展。国有土地旧厂房自行改造由原来的"工改工"，"工改商"2种类型增加为4种类型："工改工"、"工改商"、"工改新产业（5年过渡期）"和"科改科、教改教、医改医、体改体"。城市更新"1+3"政策大体上按照基准地价补缴土地出让金。6号文根据省府96号精神，原则上按照市场评估价补缴土地出让金（表2）。

3.1.3 城市更新产业政策的横向对比

在全省，广州、深圳和佛山是珠三角"三旧"改造最为活跃的城市。虽然三个城市距离相隔不远，但是各自产业发展和用地均有自身的特点，因而在城市更新政策上也存在一定差异。广州市产业结构以第三产业服务业为主，土地出让收益占全市财政收入的比重较大，存在大量的村集体用地。深圳市产业结构以二、三产业均衡发展为主，形成了先进制造业、现代服务业和优势传统产业协调发展的格局，土地出让金占市级财政收入的比例小，低效产业用地多为国有建设用地。佛山市产业结构以第二产业为主，存在大量的村级工业用地，产业用地分散，低效产业用地多为村集体用地，土地出让金是佛山财政收入的重要来源。

如表3所示，在产业更新发展的政策差异上，三地更新政策的取向各不同。广州市鼓励产业用地的政府收储和回购，保障土地出让收益的稳定性，容积率审批的弹性空间小，特点是市场主体的积极性不高。由于深圳市用地空间不足，土地出让收益对本级财政影响较小，因而在城市更新用地的审批上，补缴地价比例相对较少，在容积率审批上的可增加幅度较大，市场参与改造的积极较高。佛山市城市更新容积率审批的增幅弹性空间小，市场让利一般，鼓励村级工业园区用地的盘活，保障工业用地空间。

深圳和佛山两市，对广州市来说，有以下几方面值得参考之处：一是在产业发展导向上，在服务业比重不断增加的同时，需要规避服务业陷阱，规避城市的产业空心化，大力发展先进制造业。二是在城市更新策略上，可增加政府的让利空间，进一步激发市场参与城市更新的积极性。三是可考虑通过城市更新促进保障房的建设。

广州、深圳、佛山三市旧厂房改造策略比较分析　　　　　　　　　　　表3

内容	广州	深圳	佛山
产业结构及用地特征	2017年三次产业结构为1：31：68。产业以服务业为主，产业服务化趋势明显，土地出让收益占全市财政收入的比重较大，存在大量的村集体用地	2017年三次产业结构为0.1：41：59，二、三产业发展较为均衡，进制造业、现代服务业和优势传统产业多元发展。土地出让收益占全市财政收入的比重小，现有低效产业用地多为国有土地	2017年三次产业结构为1.5：58.4：40.1。主要以工业制造业为主，存在大量的村级工业用地，产业用地分散，低效产业用地多为村集体用地，土地出让金是佛山财政收入的重要来源

续表

内容	广州	深圳	佛山
产业发展导向	鼓励金融、总部经济、文化体育等现代产业发展，推动制造业高端化发展，增加生态用地和公共配套设施用地，优化城乡环境	以促进产业创新引领、引导产业平稳转型和有序升级为目标，一方面落实工业区块线要求，稳定产业空间规模，巩固先进制造业空间基础；另一方面加强更新对创新型产业空间的供给，引导产业合理布局，促进产城融合发展	重点为支柱行业和龙头企业配套中小企业及采购中心、分销中心、研发中心和区域总部，实现产业优化升级；鼓励和引导搬迁的企业向工业园区、产业基地集聚
补交地价标准	见表3.2，例如按规划提高容积率自行建设多层工业厂房地，可不增收工业厂房土地出让金；用于建设科技企业孵化器的，按照《广东省人民政府关于加快科技创新的若干政策意见》及相关规定执行。若其配套的办公和商业服务业设施用地面积超过总用地面积7%或建筑面积超过总建筑面积14%的，应当按规定缴纳土地出让金	1. 工改商，补交地价为改造后的商住用地的市场评估价减去原有工业用地的残值。 2. 工改工，原有合法面积不再缴地价，超出部分按基准地价的50%缴交地价。 3. 升级改造为住宅、办公、商业等经营性用途的：1）原有合法建筑面积以内部分＝改造后功能土地使用期限的公告基准地价－原用途公告基准地价×年期修正系数。2）增加的建筑面积＝改造后功能和土地使用权使用期限市场评估地价计算地价	1. 工改工：在符合规划、不改变土地用途、不延长土地使用年限情形下，不计收地价款； 2. 工改居：容积率2.0以上以下部分分（挂账收储类：30%，60%，协议出让类：40%，70%）补偿原权属人。 3. 放开工改商住项目的协议出让，地价的计收主要是新规划条件下，容积率2.5以下免50%地价，以上部分免5%的地价。进行总部、研发等提升改造的，按照工业用途的1.5倍（暂定）计收
政策创新点	（1）创立"微改造"模式，将其作为与全面改造并重的城市更新方式。（2）建立城市更新局，"政府主导、市场运作、多方参与、互利共赢"。（3）鼓励土地权属人交地收储，共享土地增值收益。基本按照政府与土地权属人5:5的思路分配土地增值收益（按时交储奖励10%）	（1）首创"城市更新单元"概念。 （2）创新用地分类：W0和M0，分别为新型物流用地和新型产业用地。 （3）实行双线计划制度：设立城市更新单元编制计划和年度计划的双线计划，建立城市更新项目准入审批机制； （4）允许更新后的产权分割出让	（1）建立产保区的概念，对产业用地区别对待。 （2）探索以工改居项目来带动工改工项目。即一定面积的工改居住项目，需要购买等面积的工改工项目产生的地票。 （3）允许新建厂房分割发售：以出让方式取得的工业用地符合相关要求和投资条件的，经报各区政府同意，可建设多层厂房并进行产权分割发售
容积率审批	容积率的审批是政府根据拆迁量反推出来的。容积率较大提高的可能性不大	城市更新项目可以较大的提高容积率；非农建设用地及征返用地较难提高容积率	自行改造基本上完全按照控规的容积率标准
保障房配比	无保障房配比要求	三类地区人才住房、保障性住房配建比例分为35%，33%，30%	无保障房配比要求

（图表来源：译者自绘）

3.2 产业用地更新的典型项目与模式

如表4所示，广州城市产业用地更新可以分为以拆除重建为主的全面改造和以建筑局部拆建、建筑物功能置换、保留修缮，以及整治改善、保护、活化，完善基础设施为主要内容的微改造两种方式。在产业用地的改造类型上，以改造后的用地使用功能划分，可以划分为工改国际金融总部聚集区、旧村（含村级工业园）改电商总部集聚区、工改高新技术产业园、工改商服业、工改生产性服务业、工改创意产业、特色专业市场提升类、历史文化遗产保护类等几种类型。在产业用地更新的操作模式上，主要有"政府公开出让，拍地开发"、"政府企业协作改造，政府让利，基础地价出让"、"企业自主联合改造，开发经营"、"自行改造，开发经营"、"微改造，自主经营"、"采取BOT模式引入企业微改造"等多种改造模式。

结合上述改造方式与操作模式，广州产业用地更新改造涌现了一批全面改造的典型项目，如广州国际金融城改造、琶洲电商集聚区、启迪中海（广州）科技园、广东省铁路投资大厦、越秀集团广纸地块、白天鹅南海项目等。同时，广州市政府也对微改造进行了大力的探索和实践。在旧厂房转型升级的微改造项目方面，由工业用地改为创意产业的典型项目包括有广州T.I.T创意园、红砖厂、羊城同创汇、"新港82"广州联合交易园、1978创意园、太古仓码头等项目，通过"腾笼换鸟"的方式打造现代化特色办公空间，实现"螺蛳壳里做道场"。专业批发市场提升的典型项目有红棉国际时装城，以及永庆坊历史文化街区、荔枝湾涌历史文化街区微改造等项目。

广州产业用地更新操作模式及典型项目 表4

方式		类型	用地处置	案例	操作模式
全面改造	以拆除重建为主	工改国际金融总部集聚区	政府收储的，纳入土地供应计划，由政府按规定组织土地供应	广州国际金融城	公开出让，拍地开发
		旧村改电商总部集聚区	政府企业协作，引入房地产企业保利地产参与改造	琶洲电商集聚区	政府企业协作改造，政府让利，基础地价出让
		工改高科技产业园区	由启迪控股和中国远洋海运集团联合自主改造，补缴土地出让金，5年过渡期变更土地权属	启迪中海（广州）科技园	企业自主联合改造，开发经营
		工改商服业	允许自行改造的，由原产权人向国土资源主管部门办理补交土地出让金或完善土地出让手续并变更土地权属证书	广东省铁路投资大厦	自行改造，开发经营
		工改生产性服务业	政府收储的，纳入土地供应计划，由政府按规定组织土地供应	越秀集团广纸地块、白天鹅南海项目	公开出让，拍地开发
微改造	建筑局部拆建、建筑物功能置换、保留修缮，以及整治改善、保护、活化，完善基础设施	工改创意产业	原产权人自主改造，用地功能转变，修旧如旧	TIT创意园、红专厂、珠江琶醍、广州联合交易园、太古仓码头、1978创意园等	微改造，自主经营

方式	类型	用地处置	案例	操作模式
微改造	特色专业市场提升类	专业市场提升,以设计为支点,撬动服装产业链创新,将设计师资源与专业市场融合	红棉国际时装城	微改造,自主经营更新
	历史文化遗产保护类	采取BOT模式,通过公开招商引入广州万科进行微改造,15年经营期	永庆坊历史文化街区	采取BOT模式引入企业微改造,15年经营期

（图表来源：译者自绘）

4 城市更新进程中产业发展目标、原则、思路

4.1 发展目标

结合新时期广州城市更新和产业发展的要求,确定城市更新进程中产业发展目标如下：

以科学合理稳健有序的城市更新驱动广州产业的发展转型,逐步淘汰落后产能,大力促进新型制造业、战略性新兴产业、现代服务业发展,培育发展高级生产性服务业、高新科技产业、文化创意产业集群,实现从"制造"向"智造"的转型,积极支持大型"旗舰"式企业、"标杆"实产业集群、产业园区快速发展,充分发挥其在产业经济发展中的"龙头"带动作用,大力提高产业用地的集约节约利用水平和效率效益,提高广州的持续发展能力与在全球城市体系中的竞争能力。

4.2 发展原则

依据中央、省、市的有关政策精神,确定城市更新进程中产业发展原则如下：

（1）环保优先原则：近年来举国上下高度重视环境保护问题,环保风暴席卷全国。城市更新作为当前广州城市空间的主要发展方式,应高度重视环境保护,结合城市更新,促动环境污染的治理,推动"美丽家园"建设。为此,城市更新中,对环境问题突出的企业、园区、街区、旧村应优先进行治理改造、强制进行更新转型,同时,应利用城市更新的契机,大力引进发展新型清洁绿色低碳型产业。

（2）因地制宜原则：城市更新中产业的发展应注意因地制宜,随着广州城市的高速扩张和公共服务设施的建设,导致许多原来工业企业密集分布的城市边缘地区转变成为生活便利、公共服务设施完善的城市中心区,而原来某些中心城区则由于城市发展方向、重点的转移,原来的中心地位已经明显削弱,因此,整个城市的级差地租体系在不断发生变化。这就要求城市更新应根据各个地方情况的变化,适时调整土地利用功能与产业发展方向,以更科学合理地利用土地。

（3）高端化原则：广州的城市更新应推动广州产业的高端化。广州作为一线城市、国家中心城市，不应再沉迷于传统低端产业的扩张，而应对标全球城市的产业发展，积极发展高附加值产业、创新型产业，以引领全国经济的发展，并谋求赶超全球城市。为此，广州应抓住新一轮全球产业转型升级的历史机遇，积极透过城市更新，整合利用优质空间资源，发挥政策优势，大力吸引优质企业的进驻，加快促进全市产业结构的高端化。

（4）集群化原则：当今时代，产业的发展普遍强调集群化发展，无论是工业制造业、高新科技，还是现代服务业，大多如此。产业的集群化发展，有利于企业共享基础设施、服务平台，有利于知识、劳动力外溢，有利于企业透过竞争与合作，促进技术创新，有利于统筹解决环境污染与资源利用问题。为此，广州应透过城市更新，整合碎片化的工业园（尤其是村级工业园），营造出更具规模、基础设施完善、产业特色鲜明的工业园区，为大型企业的进驻及相关联企业的集聚，提供空间；应加强对旧厂集聚区的成片改造，打造更具规模和更具创新能力的创意产业集群、高新科技产业集群；应加强对旧城的改造，打造出具有鲜明地方特色的商业文化旅游集群；透过城市更新，打造出以 CBD、次 CBD 为主要依托的现代生产性服务业集群。

（5）多方共赢的原则：城市更新中产业的发展，要充分发挥各方面力量。一是高度重视民间资本、社会力量的参与。如著名的玉皇山南基金小镇，就充分利用了"浙商"资本；白沙泉并购小镇则引入了"中国并购公会浙江并购分会"进行运营管理；阿里巴巴推动建设了"云栖小镇"。二是重视自下而上的城市更新，推动业主自我更新。鼓励各老旧工业企业，在相关政策法规的指引下，自主进行转型升级，政府不与企业争利。三是依法依规，大胆创新政策，调动区街镇的积极性。借鉴上海的经验，广州应进一步理顺各层级的城市更新的责权利关系，大胆大幅度向区街镇放权，市着重做好政策制度、规划指引的制定以及监督督查等工作，城市更新的具体实施推进工作，主要交由区街镇来承担，协力以城市更新推动产业的发展。

（6）公益保障原则：城市更新中产业的发展需要确保公益优先，优先保障公益性设施建设。注重保护工业遗产和传承工业文化。对于具有保留价值的工业遗产提出保护措施，保障工业遗产文化的传承。

4.3 发展思路

随着城市发展从土地的增量开发转变为存量开发，城市更新在产业经济发展中扮演着至关重要的角色。广州增量土地资源潜力非常有限，存量土地资源集约节约利用水平还较低，更新改造再利用潜力巨大。因此，广州应抓住当前我国推动"新型城镇化"与"供给侧改革"、粤港澳大湾区国家战略实施、新一轮全球产业转型升级的契机，以城市更新为中心抓手，破除规划调整修编、产权多元、空间破碎化等关键问题，全面加强旧城、旧厂、旧村的更新改造，限制高污染、高能耗的传统制造业，推进中心城区产业"退二进三"和旧厂改造，淘汰落后产能，盘活存量土地，为先进制造业、高新科技产业、现代服务业等新兴产业的发展提供优质的空间条件。

5 城市更新背景下产业发展的策略建议

5.1 总体策略建议

5.1.1 简政放权，简化审批手续，扩大事权下放到区

2017 年 6 号文《实施意见》已将部分城市更新的权限下放到区。为调动区的积极性，下放的权限包括：把老旧小区微改造、旧村庄微改造、旧厂房和旧楼宇微改造项等重点项目的基础数据调查核查、合法建筑核定、改造主题、用地方案（自住改造、融资地块、政府收储面积与范围）审定、融资地价核定、安置建筑总量核定、改造成本核定、土地整备方案与收储主体审定、分期建设计划审定、村民表决结果认定、项目实施方案审核审定等权限下放给区政府 ❶。市发改、国规、建设等部门同步将涉及城市更新项目批后实施的立项、规划、国土等行政审批事权下放区政府。

在产业用地的更新改造中，应进一步简政放权，简化审批手续，扩大事权下放到区。建议广州市进一步扩大区政府及其相关职能部门的审批权限和财权。对重点产业更新项目下放"三旧"改造方案批准权、实施"三旧"改造方案后续的立项（审批、核准、备案）、环评、规划、用地等审批管理权，在事权下放的同时配套一定的财权，强化区政府推进城市更新改造工作的主体作用。

在事权下放以区为城市更新实施主体的同时，市局着重做好政策制度、规划指引的制定以及监督督查等工作。结合《广州市人民政府关于提升城市更新水平促进节约集约用地的实施意见》，市政府对各区进行监督考评，各区负责日常监管和动态巡查，在实施方案批复后 3 个月内签订监管协议，明确监管措施及改造主体责任。对各区实行年度考核，考核结果作为土地利用年度计划管理及实施奖惩的重要依据。

此外，加快实行"一门式、一网式"审批模式。将产业用地更新改造涉及的立项、规划、用地、建设等审批手续全部纳入"绿色通道"，优化审批流程，简化报批材料，推行网上办公，对符合审批条件、手续齐全的项目，即收即办、限时办结。

5.1.2 扩大政府让利空间，充分调动土地权利人和市场主体积极性

在重点产业用地更新中，扩大政府让利空间，充分调动土地权利人和市场主体积极性。一是在产业用地的更新改造用地收储过程中，适度增加用地收储补偿比例，结合实际情况，可由原来的政府与土地权利人的 5∶5 分成适度向权利人倾斜，增加

---

❶ 张艳芬、黎湛均.闲置八年村级工业园焕新颜，事权下放均禾项目尝头啖汤.南方都市报，2016，12，06. http://epaper.oeeee.com/epaper/G/html/2016-12/06/content_101317.htm.

土地权利人的分成占比；二是增加改造用地的容积率调整的弹性空间，对重点产业更新项目，可以适度调高用地容积率；三是适当调整用地移交比例，为激发村社对村级工业园区改造的积极性，建议在目前市规定的基础上，适当调整无偿移交的用地比例和留用地指标抵扣比例；四是制定激励优惠政策，对于参与工业园区改造的机构和企业给予相关优惠奖励。

5.1.3　适度放宽规划调控，增强改造用地规划修编的弹性空间

在重点城市更新产业用地改造中，可适度放宽规划调控，增强改造用地规划调整的弹性空间。一方面，争取对不符合两规的园区实施微改造。鉴于各区多数村级工业园属于历史违法用地，不符合城市总体规划、土地利用规划等，但该类园区受长期发展影响，往往地理位置优越，具有较强的发展潜力。因此，建议对于不符合两规、属于存量"违法用地"且发展潜力比较好的园区，在补缴罚款的基础上，原则上同意纳入城市更新微改造试点范围，在不改变建筑面积、不改变容积率的基础上，实行原址部分比例改建，以便引入重大企业，打造企业孵化器。

另一方面，适度放宽工业园开展特色餐饮服务的相关管理限制。建议对于部分重点传统工业园区、村级工业园等低效产业用地在不改变原址的情况下，允许发展特色餐饮、酒吧、民宿等服务，适度放宽消防等管理标准，推进园区就地转型。

5.1.4　加强城市规划对旧厂房改造的精细化管理

一是不断创新城市规划方法，对城市空间进行精细化研究和规划，挖掘城市空间潜力。对于产业发展来讲，城市更新阶段下的城市极度缺乏产业升级空间，创新的城市规划方法有利于更好发掘新的空间载体，推动经济发展❶。

二是进一步完善"三旧"改造规划的编制和实施，将促产业转型升级作为规划的一个重要内容。加强规划的引导作用，优化城市更新产业用地的功能布局。在总体布局的规划编制过程中，依据上位规划，根据区位条件以及产业发展现状对产业的用地进行集中、科学布局，合理分区，整合空间资源和发展要素。

三是构建低效产业用地更新项目的总规划师制度，聘请专家担任项目更新改造的总规划师。以镇街为单位，搭建传统工业园、专业市场和村级工业园等城市更新改造的总规划师制度，构建常态化工作制度，保障镇街改造的公平性和改造目标的一致性。

5.1.5　强化政府引导与市场参与，破解产业用地更新资金瓶颈

通过积极引进市场资源参与城市更新，推动城市产业升级。政府引导加市场参与运作是产业用地更新的原则。要打破"政府收储—拆迁安置—政府出让土地"的政府主导式更新模式，积极引入私人投资，通过政府与市场的合作开展城市更新。

首先，进入城市更新阶段，新增土地资源有限，通过参与城市更新获得城市再

---

❶　苏鹏海，刘苗 . 城市更新阶段产业升级实践探究——以深圳市为例 [C]// 2015 中国城市规划年会 . 2015.

开发机会是市场资源介入城市建设获取利益的主要途径。对重点产业更新发展项目，可通过降低土地出让金、提高产业开发强度和出台扶持政策等多种方式，保障项目开发成本可控和开发主体的利润空间，吸引大量的市场资源介入。

其次，以市场培育为主，政府适当引导，政府当好引导者和规则制定者的角色，加大政策支持力度，市财政部门每年安排一定专项资金用于政府主导项目的土地征收、收购与整理，并依法对资金使用进行监督管理。对城市更新中的市政基础设施、产业配套设施以及环境优化建设进行资金补助，并且适当放宽对城市更新用地开发商的土地政策，给予一定资金保障，减少入驻企业土地使用金，以此吸引更多的外来投资。

最后，通过强化政府引导与市场参与，激活城市更新产业的资本市场，促进低效传统产业园、村镇工业园、中心城区"退二进三"旧厂房，以及位于重大战略发展平台的城中村等重点领域和关键领域更新改造，大力引进先进制造、文化创意、电子商务、科技金融等战略新兴企业，推动产业升级。

5.1.6 促进技术创新，发展新兴产业

一是城市更新应鼓励支持技术先进的新兴制造业发展，包括战略性新兴产业、新一代信息技术、人工智能、生物医药等，为它们优先优惠提供发展所需要的优质空间资源。

二是应促进现有产业园区的"提质增效"，加快低效、低端、低质产业的退出及高效、高端、高质产业的引入，实现试点产业园区主导产业集聚发展、创新能力显著提升、园区服务优化完善、单位面积效益倍增，打造集生产、生活、生态于一体的产业园区。

三是大力响应中央"大众创业、万众创新"精神，在城市更新中为民众的创新创业提供空间支持，比如闲置废弃的旧厂房、旧仓库可以免费或优惠价格供市民创新创业，以促进新兴产业发展。

四是适应时代的变化与需要，加强城市更新地区的信息化建设，加快推进智慧城市发展，为城市产业发展提供强有力支持。

5.1.7 强化土地节约集约利用，促进用地空间保障

城市更新背景下产业的发展，用地空间的保障是非常重要的前提。为此，一是要坚持节约集约利用土地，坚持规划引领，强化产业规划，优化产业布局，保障产业发展；二是要通过相关法律、经济、行政等手段，加大落后产能、过剩、污染产能的淘汰力度，为优质企业的发展腾挪空间；三是要通过对相关老旧工业园区的改造，形成连片、成规模的优质国有产业用地，为吸引大型"龙头"企业的进驻以及产业集群的发展打下坚实基础；四是要鼓励支持引导相关村级工业园整合连片发展，并通过环境保护、劳动用工等相关措施，推动传统企业转型升级；五是借鉴学习上海的经验做法，建立产业用地"全生命周期"制度，加强产业用地利用的全程监管，确保

产业用地能真正得到高效利用；六是学习佛山的做法，建立"产业发展保护区"，保证产业用地能具有一定规模，避免"产业空心化"。六是进一步优化土地供应方式，逐步实行弹性年期出让制度，大力推进"先租后让"的供给制度。

5.2 具体策略建议

5.2.1 高新技术产业和生产性服务业

（1）城市更新用地的供给优先满足高新技术产业和生产性服务业发展的用地需求。

对制造业或科技研发、工业设计、孵化器、科技信息服务、工业服务外包等生产性服务业的工业、仓储用地，或用于上述产业的以商务金融用途为主的商服用地优先供给。

（2）确保城市更新用地符合城市发展战略，保障重点项目转型升级。

一是在城市更新过程中发展高新技术产业和生产性服务业，应综合考虑用地的区位优势和制度建设，避免处处开花，打造精品项目。由原来零星的用地向成片的功能区集聚发展，是广州生产性服务业用地布局的主要模式。由于生产性服务业具有中间需求性、产业关联性、知识密集性、高度专业性和高附加值性等产业特征，其区位选择的影响因素明显不同于制造业，基础设施、制度环境、人力资源和市场腹地是影响城市生产性服务业空间集聚。在上位规划的指引下，应根据区位条件以及产业发展的情况，对生产性服务业功能区进行合理布局，整合空间资源和发展要素。

二是生产性服务业依托制造业而发展，在城市更新过程中应该对生产性服务业的发展进行积极的规划指引。切实加大市"十三五"规划重点功能区、"一江两岸三带"、旧城54平方公里、地铁城际铁路站点周边800米范围内城市更新项目盘活力度，加强城市更新产业研究，细化主导产业链及面积占比、产值占比以及单位面积产值、增加值、税收和投资强度等经济指标，通过城市更新推进生产性服务聚集发展，引导产业高端化、低碳化、集群化、国际化发展。

（3）完善基础设施与服务配套，配置人才用房。

高新技术产业和生产性服务业具有知识密集性，对高层次的人才需求大。优质的办公、生活环境以及完善的配套服务设施是发展高新技术产业和生产性服务业人才争夺的核心竞争力。因而，应充分利用现有的资源，对落后的老旧工业区进行功能重塑，完善配套设施，改善园区环境，在城市更新中注重保障性人才用房的配给。

（4）结合重点产业分类，加大政策支持力度。

在更新过程中，发挥政策扶持作用对高新技术产业和生产性服务业的支撑。对于原有土地转型发展的高新技术产业和生产性服务业，建议采用补地价的方式，转变土地用途。对重点发展的高新技术产业、生产性服务业，对其土地转型实施土地出让金优惠。对于重点支持类高新技术产业和生产性服务业，在周边配套和相关规划许可的情况下，建议可突破容积率限制。

5.2.2 文化创意产业

文化创意产业以文化、知识为基础，以创新为驱动力。在全球化时代，随着生产模式从大规模、标准化的福特制向小规模、个性化的后福特制模式转变及新消费时代的到来，文化创意产业的发展明显加速，其市场前景正越来越广阔，经济上的重要性也明显提高。以伦敦为例，其创意产业的规模超过了金融业，在城市产业发展中发挥了至关重要的作用。广州近年来也高度重视文化创意产业的发展，各类文化创意产业园区快速兴起。将来，在城市更新中，应进一步重视文化创意产业的发展。

（1）城市更新中应重视文化创意产业的发展

文化创意产业，涉及面很广。英国的文化创意产业包括了出版、电视和广播、电影和录像、电子游戏、时尚设计、软件和计算机服务、设计、音乐、广告、建筑设计、表演艺术、艺术和古玩、工艺等13个子行业。根据北京市统计局制定的地方标准《文化创意产业分类》，文化创意产业包括了文化艺术服务、新闻出版及发行服务、广播电视电影服务、软件和信息技术服务、广告和会展服务、艺术品生产与销售服务、设计服务、文化休闲娱乐服务、文化用品设备生产销售及其他辅助服务等类型，其内涵较之英国要更广。文化创意产业有着很高的收入弹性、附加值也很高，是非常有发展潜力的产业。广州在城市更新中，应努力支持文化创意产业发展，尤其是高端文化创意产业的发展，从而进一步优化广州的产业结构。

（2）城市更新中要加强对传统文化资源的抢救、保护和振兴

创意产业区选择在具有独特与传统风格的历史地段或建筑环境区域内，优秀的文物文化风貌是创意产业形成的重要外部条件之一，对吸引创意人才、启发创意理念能起到积极作用。近年来，在城市高速发展的冲击之下，传统文化或被破坏或被淘汰而日渐凋零。在城市更新改造过程中，大量宝贵的历史文化资源在"现代化"的名义之下和推土机的碾压之下荡然无存。因此，广州要采取措施加强对传统文化资源的抢救、保护和振兴，重点是历史街区、特色建筑、文物古迹、工业遗产、"老字号"品牌、粤剧、粤曲、粤菜等，包括物质文化遗产和非物质文化遗产。主要措施是在城市建设、更新改造中重视对文化资源的保护，重点保护好充满浓郁文化气息的传统街区、历史文物古迹，尽可能避免在老城区中大拆大建；支持"老字号"企业的发展，扶持粤剧、粤曲等非物质文化遗产的传统弘扬，积极推动它们与旅游产业相结合。

（3）为创意产业提供发展空间，重点是创意产业园区建设

主要措施为促进闲置空间的再利用，纽约苏荷艺术区、伦敦东区文化创意产业中心、上海苏州河沿岸创意产业带就是利用闲置的旧仓库发展起来的；并推动老工业企业的转型，如珠江边的T.I.T创意产业园就是由旧工厂转型而来，现已成为广州的"798"，成为创意产业发展的一个极佳案例；再一方面是旧建筑的功能转用，如部分

西关大屋可以改建为小型博物馆或艺术家工作室，有着悠久历史的工业遗产更是可以保护下来以供发展创意产业。

为了促进文化创意产业的发展，还应做好相关配套工作，如协调好相关老旧企业更新改造规划的调整、适当减免土地出让金、充分调动相关市场主体的积极性等。在这一过程中，妥善处理老旧建筑的产权问题、优化国土城乡规划的管制、加强政府部门的引导与支持等，以上配套工作既是通向成功的必由之路，也是关键难点之所在。

5.2.3 旅游业

旅游业是当前全球第一大产业，也是发展最为迅速的产业之一。尤其是我国，随着改革开放以来，城乡居民生活水平的快速提高，旅游需求急剧增加，已成为为全球最大国内旅游市场。广州是我国旅游强市。2017 年旅游总收入 3650 亿元，仅次于北京、上海，名列全国各城市第三名。作为一个国家中心城市、国家历史文化名城、全国重要的陆路交通枢纽和空港门户，广州的旅游业有着极大发展潜力。因此，广州的城市更新应与旅游业发展紧密结合，并树立"全域"旅游观念，积极优化旅游环境，培育特色旅游吸引物，构建旅游线路，形塑浓郁地方文化氛围，夯实旅游基础设施，推动旅游业持续快速发展。

广州城市更新中旅游业的发展，应突出以下方面：

（1）充分挖掘地方特色资源，推动特色旅游的发展

广州虽然没有"名山大川"，没有"世界文化遗产"，但广州的文化也有着鲜明的特色，其为"海上丝绸之路发祥地、岭南文化中心地、中国民主革命策源地、改革开放前沿地"，具体表现为岭南文化（建筑、园林、戏曲、风俗、服饰等）、商业文化（特色商业街、批发市场）、美食文化、红色文化、工业文化等。在城市更新中，应注意充分挖掘地方特色资源，延续历史文化风貌，结合游客的需要，活化再利用老旧建筑，丰富旅游项目，完善其旅游配套设施，改善周边环境，打造特色文化旅游线路，努力营造出具有国内外影响的"旗舰式"旅游景区（项目）和旅游街区。

（2）坚持文化遗产保护与再利用的有机结合

在新的历史时期，文化经济已成为我国城市更新的重要动力，文化以旅游与消费的形式所创造出来的象征经济（symbolic economy）已经成为政府与资本家对于城市空间再发展的重要想象。文化旅游发展的主要依托——文化遗产，也是呈现城市的地方性、历史脉络、增强市民的认同感和归属感的重要载体，是城市发展历史的真实写照。因此，一方面，在城市更新中应走"渐进式有机更新"道路，尽可能避免"大拆大建"，保护好历史建筑、历史街区，营造浓郁的历史文化氛围，为游客的观光凝视和市民的记忆想象提供吸引物；另一方面，对于历史建筑、历史街区乃至非物质文化遗产，也要避免"博物馆式保护"，应透过对传统社区结构、社区文化风俗的适当保护，为游客呈现出真实的"日常生活实践"。在城市更新中，既

要充分挖掘文物古迹的旅游经济价值与社会文化价值，也要避免文化资源被过度消费、过度商业化而带来无法挽救的伤害，应将保护与再利用（adaptive reuse）有机结合起来。

（3）促进政府、市场、市民利益的整合与平衡

城市更新背景下文化旅游的开发牵涉到政府、市场、市民等不同社会行动者的权力、利益博弈。其中，从"政府"的角度而言，其所希望的是文化旅游的发展能促进经济增长、营造良好的城市形象；从"市场"的角度而言，其所希望的是获取更多经济利益与企业的拓展；从"市民"的角度而言，其所希望的是生活环境的切实改善。而在市场经济条件下，为了更有利于促进体现"政绩"的经济增长，政府与企业会形成"合谋"，将更多的资源配置于产业发展，从而出现侵犯、牺牲市民利益的现象。比如为了发展历史街区的旅游，大量原住民被迫迁离，其居住权、财产权受损，取而代之的则是纯粹为了资本增值、缺乏市民生活气息的"超真实"、"虚拟"的仿古建筑群，历史文化遗产沦为仅供获利的"商品"。事实上，若从人文主义地理学的观点出发，城市要再现的，不是表现在硬件建设的仿古建筑上，更重要的是呈现空间中丰富的历史意涵，并具体表现在居民的日常生活中，让空间自身发言，透过空间历史深度的挖掘与意义建构，才能真正复苏历史文化名城。因此，城市更新背景下文化旅游的发展，不能任意让资本肆虐主导，要有强烈的人文关怀，尊重历史，保障社会公平，将经济的发展与市民的日常生活实践有机融合起来，促进政府、市场、市民利益的整合与平衡，唯此，城市更新与文化旅游才能够持续健康有序发展。

（4）创新相关体制机制，为文化旅游发展营造良好环境

城市更新背景下文化旅游业发展不是简单的旅游资源的开发利用、旅游产品的生产和营销，而是一个关系到经济发展、文化振兴、环境改造、社会整合的多目标复杂过程，其牵涉到众多利益相关者，包括城市政府、社区（居民）、投资商、非政府组织等。由于不同的利益相关者有各自的价值取向与利益诉求，从而导致在文化旅游开发中出现经济利益与社会利益的冲突、利益相关者之间的利益分配冲突等。因此，应高度重视创新相关体制机制，如探索完善历史文化遗产的登录保护制度、建立保障老城区容积率转移补偿制度、建立支持文化遗产保护、弘扬的文化发展基金会，以及加强对市民的地方历史文化教育、为老城区居民自发更新改造社区创造条件等。透过相关体制机制的改革创新，合理平衡城市更新背景下文化旅游开发中各利益相关者之间的关系，尤其是要借此抵抗全球化、现代化、资本、权力对历史文化遗产、底层市民、地方特色的伤害，为城市更新、文化旅游发展营造良好环境。

5.2.4 房地产业

（1）严格控制供给总量，促进房地产业健康发展

城市更新促使广州土地供给方式由单一的政府供应转向政府、村集体、企业等多元化供应,这虽拓宽了土地供给的渠道,却同时使得土地供应总量的控制难度提升。在以后的土地供给中,要合理安排人力对各个供地渠道进行监控统计,加强总量控制的监管力度,严格控制房地产用地总量供给。城市更新盘活的用地指标优先保障重点项目和民生项目,进一步实现土地的可持续发展、节约集约利用。

(2)实施区域差别化供地政策,构建差异化的政府参与机制

由于过去广州土地供给空间布局存在不合理的地方:市区供地受限,郊区供地较多,有效供给不足。因此城市更新的实施势必要扭转过去的土地供给布局,实现区域差别化供地,哪个区域土地紧缺首先供应哪个区域。另外对于通过城市更新盘活的土地,应针对不同区域的发展给予不同对待,赋予不同的发展功能,应用不同的改造策略,从而形成"平衡、区别、整体"的思路。如根据广州城市发展规划,有的区域主要发展商业、现代服务业,那么可适当增加商服用地供给,采用地产开发商直接与村集体或者原用地单位协商进行改造开发策略,政府从旁指导机制。

(3)合理确定拆迁补偿标准,给予开发商改造优惠

城市更新拆迁安置补偿成本过高,进而促使房地产价格不断攀升,形成市场压力,容易挫伤开发商参与改造的积极性,甚至导致城市更新项目改造无法照常顺利进行。因此需要在合理确定拆迁安置补偿标准的同时,给予地产开发商一定的改造优惠政策。如采取地价优惠或补贴的方式、税收优惠政策等,给开发建设单位让利,确保改造项目得以进行 ❶。

(4)设定土地开发强度指标体系,控制土地开发强度

虽然为确保改造项目的可行性,需要适当提高容积率指标,但一般来说,容积率都要按照区位条件、功能定位、承载能力、规范要求和区域平衡等技术因素来规划。我们可以通过适当提高开发项目的容积率,平衡改造成本和效益,吸引开发商积极参与;但城市更新中容积率如何评估、调整还缺乏规范性文件,因此建议可分区域建立改造容积率调整标准,尝试性地设定城市更新项目土地开发强度指标体系,作为确定城市更新项目建筑容积率、建筑密度和绿地率的参考。那么广州各个区域即可根据本地实际情况在指标体系范围内进行适当调整,以确定合理容积率、建筑密度和绿地率等土地开发强度指标。

5.2.5 商业服务业

(1)加强政府监管与引导

在城市更新建设中,作为社会管理者和公共资金的使用者,政府在投融资体制

❶ 邹岳连. 高速城市化地区的城中村改造——以深圳特区为例 [J]. 产业与科技论坛, 2010, 09 (4):
34-35.

中的主要作用不在于直接参与具体项目的投资，而是负责制定产业政策、完善投资法规、健全投资服务和优化投资环境，并通过政府的小额资金吸引国内外各类企业的大量资本参与城市更新，除关系国家安全和必须由国家垄断的领域外，其余领域建议允许社会资金以独资、合作、联营、参股、特许经营等方式参与投资。

（2）优化政策保障与法律依据

首先，通过出台新的城市更新管理办法，对与城市更新中与商业服务业有关的现行相关政策进行补充和整合；同时，修正现有政策的矛盾和与时代背景不符之处，并使新政策和现行的政策能够有效地衔接起来，形成的一个紧密联系、相互补充、协调配套的政策体系，为商业服务业的发展提供强有力的政策保障。对于出台的广州城市更新管理办法，需明确城市更新中商业服务业发展的目的、对象、主体、原则、方向、运作模式、资金保障、组织机构及职责、改造程序等，为城市更新的实施提供政策保障和法律依据。

（3）简化城市更新手续，提高办事审批效率

城市更新手续繁多、耗时较长。一个产业更新项目从报建到落成最少需要1年时间，所涉及的相关部门有规划、土地、环保、工商等众多行政审批部门，其审批程序和所需条件也非常复杂。另外针对不同类型的历史用地，补办建设用地手续程序不同，导致补办用地手续繁杂，所占用时间太长，协调难度大，流程较为繁琐等。因此，开发商在参与城市更新过程中总是遇到种种难题。为保证改造项目的时效性，必须要求进一步简化城市更新手续，提高政府的办事效率。有的村集体甚至提出是否可采取边建边审批、边建边办手续的方法以求缩短时间，这虽然简化了办事手续，但同时也会造成未批先用等违规操作问题。

（4）协调各利益群体关系，提前防范各种风险

由于城市更新的不断推进，政府、开发商、业主将会面临着各式各样的风险，无论哪一种风险都有可能严重损害各方利益，进而阻碍城市更新的顺利进行。因此在改造过程中，我们要注重协调好政府、开发商以及业主三方的利益关系，实现三方共赢的局面，提前防范风险的产生。假如在城市更新过程中，政府在该插手干预的地方却任由其他主体无序甚至违法获取既得利益，而本应该由市场来配置资源的地方却利用行政资源干预市场竞争，破坏市场机制，这样的政府有为与不为必将导致各利益主体之间不能得到很好的协调，那么势必是会出现以上种种的风险，从而导致城市更新步履艰难。

（5）严格产业项目准入门槛

强化建设项目的准入管理，商业服务业项目的投资强度、容积率、建筑系数、绿地率、行政办公及生活服务设施用地所占比重、土地产出率、产值能耗、用地指标不符合工业项目控制指标要求的，不建议供地。现代服务业项目的容积率、投资强度、土地产出率、用地指标不符合现代服务业项目控制指标要求的，不建议供地。

基金项目：

国家自然科学基金（41601170）；广州市科技创新计划（201804010258）；广州市社科联"羊城青年学人"项目（18QNXR61）

作者信息：

廖开怀，男，广东工业大学建筑与城市规划学院，特聘副教授。

赵亚博，男，广东工业大学建筑与城市规划学院，讲师。

谢涤湘，男，广东工业大学建筑与城市规划学院，教授，副院长。

朱雪梅，女，广东工业大学建筑与城市规划学院，教授，院长。

黄金海，男，广州市委政策研究室，处长。

王长江，男，广州市委办公厅综合二处，处长。

闵　丽，女，广州市城市更新协会，副秘书长。

盘活城市更新用地增强广州持续发展能力的建议

中国的城镇化是 20 世纪以来人类社会的重大进步，我国仅用了 30 多年的时间就走过了其他国家 100 多年的城市发展道路。在经过城镇化高速发展、城市建设取得重大成就的同时，也带来了资源浪费、生态退化、交通拥堵、土地紧缺、利用低效等一系列亟待解决的突出矛盾和问题，这些问题已成为当前城市发展转型、实现新型城镇化和深度城镇化发展需要解决的重大课题。

在当前城市发展从增量模式逐渐转为存量模式的背景下，以对存量土地的再利用，提升城市经济、社会和环境效益的城市更新逐渐成为新型城镇化建设的重要推动力，城市更新在很大程度上影响着新型城镇化推进的效果，对当代中国具有重要的意义，是新常态下综合性解决各类发展诉求、实现城市发展供给侧改革、城市可持续发展的重要战略之一。

2008 年以来，按照国务院领导的重要指示，广东省和国土资源部共同开展了"三旧"改造工作。按照部省开展节约集约用地示范省建设的部署，2009 年广东省出台了《关于推进"三旧"改造促进节约集约用地的若干意见》（粤府〔2009〕78 号），针对广东省经过三十多年高速发展后所带来的土地资源紧缺、土地利用低效、产业亟待转型、城市形象亟待提升等一系列问题，通过城乡更新手段对存量土地进行制度创新、政策完善，促进存量开发、拓展建设空间、保障发展用地，力争在节约集约用地方面为全国探索出一条新路径。

改革开放 40 年来，广州的城镇化和工业化得到了高速发展，GDP 增长了近 126 倍，但广州市在 2016 年国土开发强度已达 25%，接近 30% 的生态宜居警戒线，中心城区早已超过 30%，仅通过投入新增建设用地来保障经济社会发展已难以为继。因此，在土地资源有限、特别是中心城区土地已将用尽的情况下，通过盘活城市更新用地，在不占用耕地、不增加建设用地面积情况下提升土地支撑保障能力，对于抢抓转型发展窗口期的历史机遇，实现产业转型升级、城乡面貌改善、保持广州市的持续竞争力十分关键。

作为全省节约集约用地先行先试的专题试点地区，广州自 2008 年开始已开展了近 10 年的三旧改造和城市更新探索与实践，逐步摸索出一条符合广州特色城市更新的路线。在存量土地的盘活与利用方面取得了一定的成绩，阶段性地实现了节约集约用地、人居环境改善、产业转型升级、城市功能提升等目标，在 2018 年全国城市区域建设用地节约集约利用评价中排名全国第二。但同时，整体进展较为缓慢、存量产业空间的产业绩效监管不足、专项政策配套文件制订有待完善、历史遗留用地缺乏落实途径等问题依然存在。

"十三五"期间，为贯彻落实党的十九大精神，奋力实现"四个走在全国前列"及建设"三中心一体系"、打造"三大战略枢纽"的发展目标，广州作为建设广深科技创新走廊、粤港澳大湾区、广东自由贸易试验区的核心城市，进一步破解城市更新土地问题是广州市转变用地方式、实现高质量发展、打造世界一流城市的必然选择，是为城市持续发展提供空间载体的保证，是推动广州高质量发展的重要抓手和改善民生的重要内容。

本报告通过对广州市城市更新用地问题的探讨，多方位、多举措盘活城市更新用地提出建议和措施，从而助力增强广州持续发展的能力。

1 历年来城市更新用地供给和特征分析

1.1 总体供给分析

2008 年广东全面推进"三旧"改造后，广州盘活了一定规模的低效存量用地，用地布局结构与产业形态结构也得到了同步优化，不仅使经济发展质量和城镇化质量明显提升，也为珠三角地区经济持续发展提供了重要的土地资源后备保障。广东省历年下达改造任务 26.38 平方公里，广州市实际完成改造 5.18 万亩（34.53 平方公里），完成率 130.9%，共节约土地 1.19 万亩（7.92 平方公里），平均节地率 22.91%。

广州市标图建库范围图斑共计 21092 宗，面积 598.32 平方公里，其中旧城镇 1402 宗，面积 66.12 平方公里，旧村庄 10619 宗，面积 322.52 平方公里，旧厂房 9071 宗，面积 209.68 平方公里。其中，2020 年可实施改造的地块图斑共计 5006 宗，面积 202 平方公里。其中，旧城镇 339 宗，面积 23.21 平方公里，旧村庄 3010 宗，面积 131.80 平方公里，旧厂房 1657 宗，面积 46.99 平方公里。

各类型用地供给和 2020 年可实施改造情况如图 1 所示，到 2020 年可实施改造的地块面积占总图斑面积的 33.8%。目前（截至 2018 年 9 月），已批城市更新项目 1089 个，面积 106.45 平方公里，已批项目面积占图斑总面积的 17.8%。❶

近三年来（2015 ~ 2017 年），广州市十一个区的三旧改造地块图斑的动态更新

---

❶ 2018 年第三季度城市更新数据，广州市城市更新局提供。

统计如下表。❶

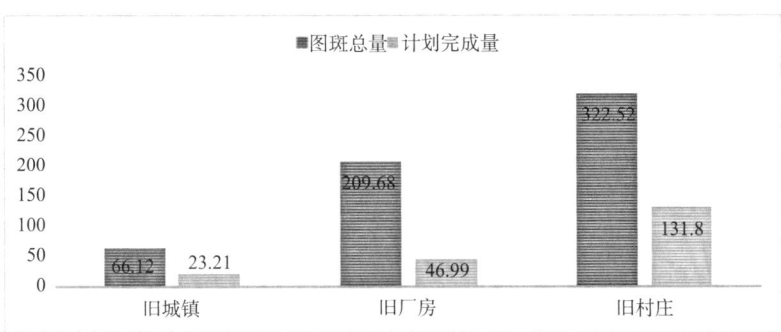

图 1　各类型用地供给和 2020 年可实施改造情况

（图片来源：作者自绘）

广州各区三旧图斑情况表　　　　　　　　　　　　　表 1

广州市 2015–2017 年的"三旧"改造地块标图建库动态更新统计表（单位：平方千米）

年份	越秀	海珠	荔湾	天河	白云	黄埔	花都	番禺	南沙	从化	增城	总计
2015	9.21	27.55	24.50	27.49	134.70	48.50	51.38	87.39	39.66	41.19	98.28	589.85
2016	9.77	27.42	24.52	27.48	127.09	48.93	52.25	89.51	38.75	41.18	98.30	585.21
2017	10.88	27.63	24.54	27.75	130.14	50.35	53.87	90.67	38.99	41.81	97.57	594.19

（图表来源：作者自绘）

从数据上看，三旧图斑总量和分区的变化并不明显。根据 2016 年广州各区三旧改造地块统计表（表 2），广州城市更新旧厂房的用地规模占比较大的是白云、增城、番禺三区，面积约 114 平方公里，占全市旧厂房图斑面积总量的 55.6%。旧村庄较多的是增城、白云、番禺三区，面积 176.04 平方公里，占全市旧村图斑面积总量的 55.3%；旧城镇较多的是增城、从化、番禺三区，面积约 31.47 平方公里，占全市旧城镇图斑面积总量的 50.1%（图 2）。❷

2016 年广州各区三旧改造图斑面积统计表（单位：平方公里）　　　表 2

	旧厂房	旧城镇	旧村庄	合计
越秀区	0.29	5.41	4.07	9.77
海珠区	8.35	2.72	16.36	27.43

❶　数据来源：广州市城市更新局提供。
❷　数据来源为广州市城市更新局提供。

续表

	旧厂房	旧城镇	旧村庄	合计
荔湾区	6.99	4.38	13.15	24.52
天河区	8.44	0.8	18.24	27.48
白云区	41.32	1.14	84.63	127.09
黄埔区	12.36	5.5	31.07	48.93
花都区	27.92	5.07	19.27	52.26
番禺区	38	7.47	44.04	89.51
南沙区	15.56	5.26	17.94	38.76
从化区	11.09	7.74	22.35	41.18
增城区	34.68	16.26	47.37	98.31

（图表来源：作者自绘）

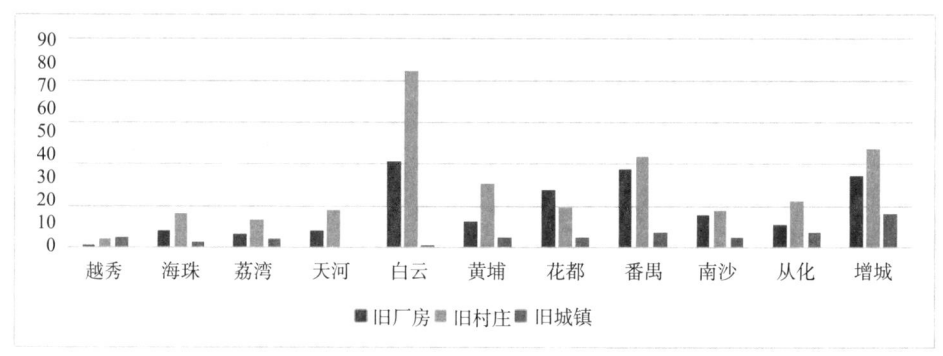

图 2　2016 年广州各区各类型图斑面积柱状图

（图片来源：作者自绘）

1.2　分区供给分析

1.2.1　白云区

　　根据上文的数据显示，白云区是所有城区中图斑总面积最大的城区（127.09 平方公里），也是旧村庄图斑面积最多的城区（84.63 平方公里），占全市旧村庄图斑总量的 26%。白云区从 2016 至今三年已完成 18 公顷的三旧改造，完成量占计划完成改造项目总面积（3845 公顷）的 0.47%，占全区"三旧"标图建库面积的 0.14%，完成量仍较低。

　　白云区旧厂房改造共 22 例（252.54 公顷），旧村庄改造共 39 例（2608.99 公顷），旧城镇改造 88 例（89.38 公顷）。宗数占比最多的是旧城镇改造，而面积占比最大的是旧村庄改造。对比 2017 年的图斑面积情况，旧城镇已审批（含已建设）项目进度 77.4%，旧村庄已审批（含已建设）项目进度 30.2%，旧厂房已审批（含已建设）项目进度 5.9%。可以看出，旧城镇改造项目的进度远超旧村庄和旧厂房改造项目。2016 ～ 2018 年白云区共 164 个项目纳入市城市更新年度计划，共涉及土地面积 3845.46 公顷（表 3）。❶

白云区三旧图斑情况表（面积单位：平方公里）　　　　表 3

图斑类型	总数		已完成		已审批		动工	
	宗数	面积	宗数	面积	宗数	面积	宗数	面积
2017 年								
旧城镇	32	1.15	0	0	4	0.0813	0	0
旧村庄	1833	86.43	0	0	0	0	0	0
旧厂房	2667	42.56	0	0	1	0.2	2	0.0597
2016 年								
旧城镇	30	1.2	0	0	0	0	0	0
旧村庄	1892	89.1	0	0	0	0	0	0
旧厂房	2711	45.2	4	0.1393	2	0.28	2	0.0994
2015 年								
旧城镇	30	1.19	0	0	0	0	0	0
旧村庄	1891	88.75	0	0	1	0.63	0	0
旧厂房	2707	44.76	2	0.043	0	0	1	0.068

（图表来源：作者自绘）

具体已纳入城市更新年度计划项目的类型、数量、面积、改造主体和资金来源情况如表 4 所示。

白云区已纳入城市更新年度计划的已审批项目情况表　　　　表 4

类型		数量	总用地面积（公顷）	改造主体	更新类型	资金来源
片区策划项目	全面改造	1	619.10	白云区政府	片区策划❷	区财政
		1	155.77	村集体	片区策划	自筹

---

❶　数据来源：白云区城市更新局。
❷　棠溪火车站周边地区片区策划项目。

续表

类型		数量	总用地面积（公顷）	改造主体	更新类型	资金来源
计划项目	全面改造	1	21.88	镇	全面改造	自筹
		1	174.06	街道	全面改造	自筹
		12	1305.55	村集体经济组织	旧村庄全面改造	自筹
		11	207.56	村集体经济组织	自主改造村级工业园❶	自筹
		6	86.34	旧厂土地权属人	国有土地旧厂房自主改造❷	自筹
		1	1.86	企业	全面改造（工改商）	自筹
		9	131.03	企业/旧厂土地产权人	政府收储全面改造❸	收益补偿
	微改造	1	393	人和镇	航空小镇微改造❹	市、区财政
		88	89.38	白云区政府/街道	老旧小区微改造	市、区财政
		1	17.22	村集体	历史街区微改造	市财政
		16	306.52	村集体	村微改造	自筹
		9	307.28	村集体	村级工业园	自筹

（图表来源：作者自绘）

从改造类型上分析，城市更新已纳入年度计划的项目分为前面改造和微改造两类，其中全面改造个数为 49 例，占比 30%，微改造 115 例，占比 70%。

其中旧厂房自行改造 7 例（88.2 公顷）；旧厂房政府收储改造 9 例（131.03 公顷），旧厂房自行改造和政府收储改造的面积比约为 4∶6。

旧村庄全面改造 12 例（1305.55 公顷），村级工业园全面改造的 13 例（403.5 公顷）；旧村庄微改造 17 例（323.74 公顷），村级工业园微改造 9 例（307.28 公顷）。可以看出，全面改造和微改造的面积比约为 7∶3。

从资金来源方式上分析，正式计划项目 8 项，来源全部为自筹，面积 52.96 公顷；预备计划项目共 40 项，其中资金来源为自筹的共 31 项，面积 1993.37 公顷，资金来源为收益补偿的共 9 项，面积 131.03 公顷。可以看出，自筹是目前白云区城市更新资金来源的主要方式，而政府收益补偿则属于较少被选择的模式。

---

❶ 均禾大道北工业区改造项目，夏茅村级工业园改造项目，横滘村级工业园改造项目，黄边村工业园改造项目。

❷ 广州祥锦贸易有限公司解放庄路 206 号旧厂房改造项目，广州市市政集团同德南大门旧厂房改造项目，白云区广州二运集团有限公司旧厂房改造项目。

❸ 建国电机厂地块改造收储项目（建国电机厂），建材集团槎头地块改造收储项目（建材集团），金融控股集团广永置业公司黄边地块收储项目(金融控股集团)，岭南集团钟落潭(马沥居)地块收储项目(岭南集团)，轻工工贸集团华侨糖厂地块改造收储项目（华侨糖厂），同泰路榕树头仓储地块收储项目（广药集团），东方农工商改造项目（东方农工商）。

❹ 航空小镇。

小结：

（1）白云区旧厂房的整体改造主要包括通过自行改造实现产业升级的工改工类型和政府收储类型，二者占比约为4∶6，其共同特点是面积较小、较为分散，规模效应不明显。

（2）从资金来源方式上看，采用收益补偿方式的较少，政府财政项目个数较多，但基本都为老旧小区微改造，面积较少，投入资金也相对较少；而自筹项目的面积较大。

（3）在旧村改造中，全面改造和微改造的面积比约为7∶3，全面改造无论从个数到面积都远多于微改造，其中项目资金来源除1个历史街区微改造是政府投资外，其余皆为自筹。

（4）项目数量占比最多的是旧城镇改造（老旧小区微改造）。而根据白云区三旧图斑库情况，数量占比最多的是旧厂房、其次为旧村庄，这说明仍有大量的旧厂房和旧村庄由于各种问题尚未进入审批阶段。

1.2.2　海珠区

海珠区三旧改造地块750个，用地面积27.63平方公里，约占全区用地面积的1/3。其中，旧厂房422块，用地面积8.38平方公里（占比30%）；旧村庄274块，用地面积16.35平方公里（占比60%）；旧城镇54块，用地面积2.89平方公里（占比10%）（图3）。截至2017年底，累计完成改造的用地面积2.89平方公里，占全区"三旧"标图建库面积的10.5%。其中，已经完成的旧厂房类用地面积1.41平方公里，旧村庄类用地面积1.13平方公里，旧城镇类用地0.35平方公里，占比如图3所示。❶

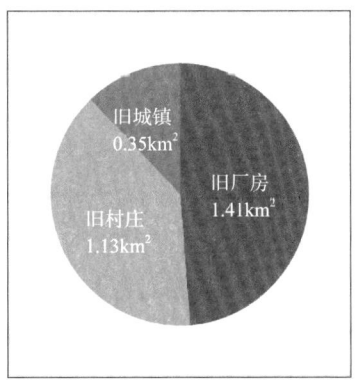

图3　海珠区已完成三类用地占比情况（截至2017年）

（图片来源：作者自绘）

---

❶　数据来源：海珠区城市城市更新局。

　　海珠区目前正在推进的项目用地面积 4.84 平方公里，占全区"三旧"标图建库面积的 17.5%，各类型用地标图建库情况如图 4。

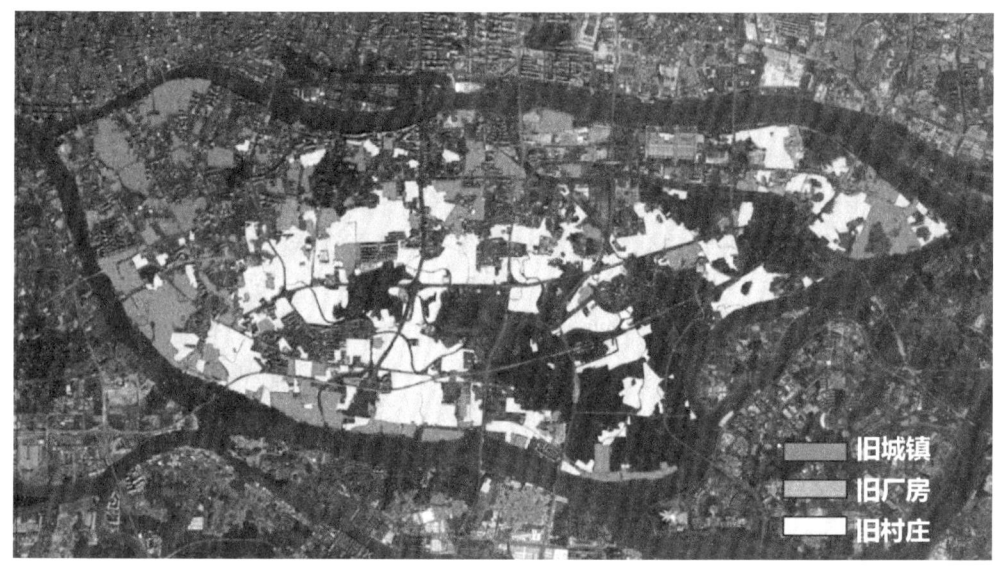

图 4　海珠区三旧用地分布情况图

（图片来源：海珠区"十三五"时期城市更新发展规划（2017））

　　海珠区辖区内共有 20 条行政村，旧村庄标图建库地块面积约 16.37 平方公里（约占 59%）。其中进行全面改造的 14.25 平方公里（约占 41%），进行综合整治 2.12 平方公里。海珠区开展了大量的城中村改造工作，取得了一定的成效。但旧村庄改造整体实施进展仍然较为缓慢，截至 2017 年底，累计完成改造的旧村用地面积 1.13 平方公里，占该区旧村全部标图建库面积的 6.9%。目前正在实施改造的旧村用地面积 1.54 平方公里，占该区旧村标图建库面积的 9.4%。全部改造后预计可释放约 8 平方公里的土地面积，是海珠区拓展城市发展空间的重要途径。

　　2010 ~ 2017 年，海珠区已经实施旧厂房改造项目 30 项，改造面积 1.41 平方公里，占总规模的 16.65%。

　　海珠区旧城镇改造整体实施进展较为缓慢。2010 年以来，受到权属、历史保护、拆迁安置等各种因素的影响，海珠区仅开展了草芳围、南华西二期等地块的改造征询和方案编制工作，涉及规模约 0.14 平方公里。

1.2.3　其余各区

　　各区的图斑按照三类用地进行统计的总面积，已批项目面积和已批项目面积占图斑总面积比例如表 5。

广州各区三旧改造图斑面积统计表（单位：平方公里）　　　　表5

| | 时间 | 标图建库图斑总面积 ❶ | | | | 已批项目面积面积 ❷ | 已批项目面积占图斑总面积比 % |
		旧厂房	旧城镇	旧村庄	合计		
越秀区	2016	0.29	5.41	4.07	9.77	0.96	9.8
	2015	0.30	4.84	4.07	9.21		10.4
海珠区	2016	8.35	2.72	16.36	27.43	6.55	23.9
	2015	8.48	2.72	16.36	27.55		23.8
荔湾区	2016	6.99	4.38	13.15	24.52	7.39	30.1
	2015	6.96	4.39	13.15	24.50		30.2
天河区	2016	8.44	0.8	18.24	27.48	3.78	13.8
	2015	8.44	0.80	18.24	27.49		13.8
白云区	2016	41.32	1.14	84.63	127.09	6.57	5.2
	2015	44.76	1.19	88.74	134.70		4.9
黄埔区	2016	12.36	5.50	31.07	48.93	9.64	19.7
	2015	12.32	5.51	30.67	48.50		19.9
花都区	2016	27.92	5.07	19.27	52.26	1.1	2.1
	2015	27.96	5.09	18.33	51.38		2.1
番禺区	2016	38.00	7.47	44.04	89.51	1.52	1.7
	2015	37.96	7.46	41.97	87.39		1.7
南沙区	2016	15.56	5.26	17.94	38.76	0.29	0.7
	2015	15.65	5.29	18.72	39.66		0.7
从化区	2016	11.09	7.74	22.35	41.18	1.73	4.2
	2015	11.09	7.74	22.36	41.19		4.2
增城区	2016	34.68	16.26	47.37	98.31	6.22	6.3
	2015	34.66	16.26	47.37	98.28		6.3
总计	2015	208.58	61.75	319.98	589.85	45.75	7.8
	2016	205	61.29	318.49	585.24		7.8

（图表来源：作者自绘）

　　根据上表已批面积占比，各城区 2016 年和 2015 年已批更新项目面积占总图斑面积比相差不大，而各区之间相差较大，单从数据方面考虑，已批项目面积占总图面面积比例，按照从高到低排名依次为：荔湾区、海珠区、黄埔区、天河区、越秀区、增城区、白云区、从化区、花都区、番禺区、南沙区。

❶　图斑总面积（分区）数据提供：广州市更新局。
❷　已批项目面积数据提供：广州市城市更新局（2011.18 年），数据面积不含老旧小区和特色小镇，仅含旧村、旧城、旧厂三类用地数据。

1.3 分类供给与实施分析

根据前文各类三旧图斑的总面积、2018 年已批面积和计划 2020 年前实施规划的城市更新用地，可得到表 6 和图 5。

从图 5 中可看出，到 2020 年计划实施面积占比从高到低依次为旧村庄、旧厂房、旧城镇用地；2018 年已批项目面积占比从高到低依次为旧厂房、旧村庄、旧城镇用地。根据二者数据可得到已批项目占计划实施项目占比情况从高到低依次为旧村庄、旧厂房、旧城镇用地。

可以认为 2018 年已批项目比到 2020 年计划实施的项目更能反映近期的现实情况，因此结合图 5 和表 6 可知，旧村庄和旧厂房的已批面积占图斑总面积比例几乎一样，较少的是旧城镇；计划实施占图斑总面积比例中，按照从高到低依次为旧村庄、旧城镇、旧厂房。

广州各类型三旧改造图斑面积统计表　　　　　　　　　表 6

类别	旧厂房	旧城镇	旧村庄
图斑总面积（平方公里）❶	209.68	66.12	322.52
2018 已批面积（平方公里）❷	17.07	2.75	25.91
2018 已批面积占图斑总面积比例（%）	8.1	4.2	8.0
至 2020 年计划实施面积（平方公里）❸	46.99	23.21	131.80
计划实施占图斑总面积比例（%）	22.4	35.1	40.9

（图表来源：作者自绘）

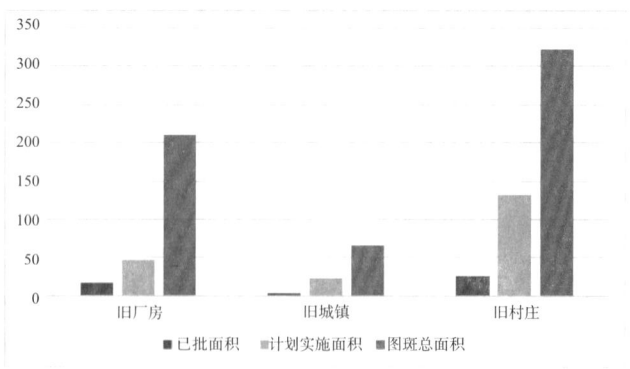

图 5　2018 年三类用地已批情况和至 2020 年计划实施情况

（图片来源：作者自绘）

❶ 数据来源：2018 年第三季度城市更新数据，广州市城市更新局。
❷ 数据不含老旧小区和特色小镇。
❸ 数据来源：2018 年第三季度城市更新数据，广州市城市更新局。

1.3.1 旧村庄改造

全市标图建库范围图斑总量中，旧村庄占54.3%，占比高于其他两类。截至2018年9月，已批复57个旧村项目，面积2587公顷。其中，全面改造41个，面积1889公顷，微改造16个，面积698公顷，完工17个，面积及729公顷，在建18个，面积869公顷，前期22个，面积989公顷。

（1）已批项目总量较少，仍有较大潜力

全市旧村图斑面积322.52平方公里，已批面积25.87平方公里，占图斑总量的8.02%，剩余潜力存量空间296.65平方公里。各区均有已批复项目，但对于总量而言仍较少。

（2）"村级工业园"利用率低，权属复杂，分布"大聚集、小分散"

全市可利用"村级工业园"共589个，合57.19平方公里。目前平均毛容积率0.47，土地利用率极低。

白云、番禺和花都三个区的村级工业园占比最高，三个区的总和约占总体面积的70%（图6）。村级工业园整体存在大聚集、小分散的结构——即在白云、花都和番禺区主要聚集，在各区内的具体分布又往往呈现较为分散的结构。

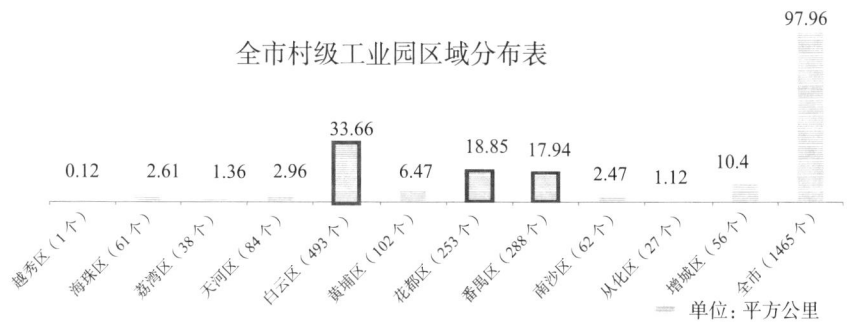

图6　全市村级工业园区域分布

（图片来源：广州市更新局提供资料）

1.3.2 旧厂房改造

已列入更新计划更新项目中，各区的旧厂房改造项目空间分布情况如下图7所示。根据上文表2中，各区标图建库的图斑统计，广州城市更新旧厂房的用地规模占比较大的是白云、番禺、增城，面积共约114平方公里，占图斑面积总量的55.6%。

（1）旧厂改造以政府收储为主，自主改造为辅

如表7、表8，旧厂房自主改造项目9个，总用地面积14.46公顷，主要分布在黄埔、白云、番禺，这三个城区内旧厂房自主改造面积占全市该类型用地总面

积的 80%（图 9）；旧厂房政府收储项目 20 个，总用地面积 189.6 公顷，主要位于增城和番禺，这两个城区内旧厂房自主改造面积占全市该类型用地总面积的 96%。无论从面积还是个数上来说均为政府收储多于自主改造。

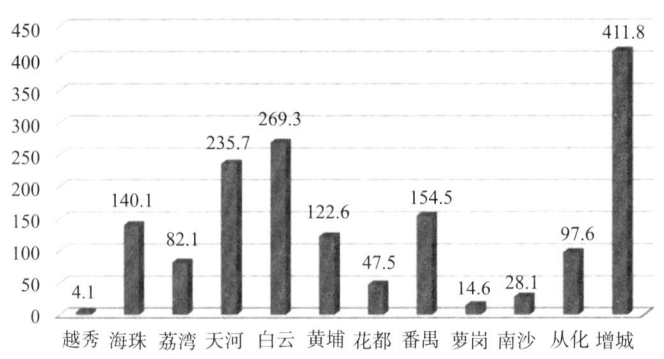

图 7　旧厂更新改造项目分区情况

（图片来源：广州市城市更新局提供资料）

旧厂项目改造类型表　　　　　　　　　　　　　　　　　表 7

改造类型	个数	面积（公顷）	主要分布区域	分布区域内面积（公顷）	主要分布区域内占旧厂房更新用地比（%）
旧厂房自主改造	9	14.4	黄埔、白云、番禺	11.66	80
旧厂房政府收储	20	189.6	增城、番禺	182.6	96

（图表来源：作者自绘）

2018 年广州市旧厂自主改造项目　　　　　　　　　　　　表 8

序号	项目名称	行政区	面积	土地类型
1	广州市旭龙建筑工程有限公司自主改造项目	海珠区	0.25	国有土地
2	广州祥锦贸易有限公司解放路 206 号旧厂房改造项目	白云区	1.86	国有土地
3	嘉利码头地块旧厂自主改造项目	黄埔区	6.94	国有土地
4	番禺区潮流水上乐园建造有限公司旧厂更新改造项目	番禺区	1.8	国有土地
5	广州创联置业投资有限公司旧厂更新改造项目	番禺区	0.46	国有土地
6	广州市番禺怡华洁具有限公司旧厂更新改造项目	番禺区	0.78	国有土地
7	广州楹展贸易有限公司旧厂更新改造项目	番禺区	0.41	国有土地
8	番禺区珠江灯光时代创意园旧厂更新改造项目	番禺区	1.21	国有土地
9	增城市镁特有限公司自主改造项目	增城区	0.75	国有土地

（图表来源：作者自绘）

（2）旧厂房改造类型，工改工的比例相对较低

已列入 2018 年更新计划的旧厂房改造项目共 305 个，面积 1707 公顷。其中，工改工（产业园）37 个，面积及 190 公顷，工改商 101 个，面积 353 公顷，工改居 140 个，面积 850 公顷，工改商居 18 个，面积及 292 公顷，公益征收 9 个，面积 22 公顷。（表 9、图 8）

各类型旧厂房改造个数和面积　　　　　　　　　　　　表 9

改造类型	个数	面积（公顷）	面积百分比（%）
工改工	37	190	11.1
工改商	101	353	20.7
工改居	140	850	49.8
工改商居	18	292	17.1
公益征收	9	22	1.3
总计	305	1707	100

（图表来源：作者自绘）

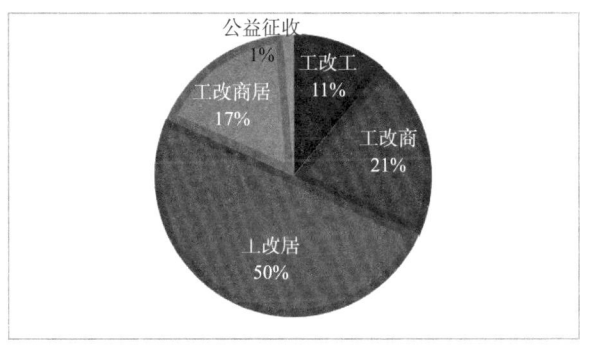

图 8　各类型旧厂房改造面积占比

（图片来源：作者自绘）

从上图和上表中可以看出，工改居占总改造面积的 50%，是旧厂房目前改造占绝大部分的改造途径，接下来依次为工改商、工改商居、工改工、公益征收，工改工的比例相对较低。

1.3.3　旧城镇改造

在列入 2018 更新计划中，旧城共 24 个，共 275 公顷。全市 11 区中除越秀区外，旧城镇面积所占比例远低于其他两类三旧用地，在实施过程中以微改造为主，在形式上也呈现出个数众多、总体面积较小的情况。旧城镇图斑所占比例较多的为番禺区，有 1 例旧城镇全面改造的项目已纳入工作计划（石碁新墟）。旧城镇改造方式仍以政

府收储后土地出让为主。同时，旧城镇改造往往受到旧城容量控制、历史文化保护的影响，较难实施。

在广东省 2018 年新出台文件《关于深入推进"三旧"改造工作的实施意见》（粤国土资规字 [2018]3 号）中，整体改造的旧城镇改造方式为政府收储公开出让，资金来源是由区政府按照签订的拆迁补偿协议组织落实补偿完毕后，向市国土资源主管部门提出供地申请，由市国土资源主管部门按国有建设用地公开出让程序，组织地块出让。从上述文件可以看出，"三旧"改造的流程仍较为复杂，以海珠区的南华西和芳草围等旧城改造为例，由于难以实现自身的经济平衡，因此一定程度影响到了改造意愿和改造进度。

1.4 特征分析

根据表 10 涉及到的各区、各类型三旧用地的面积和占比情况，进行详细的土地特征分析如下：

分区各类三旧用地图斑总面积（2016）和已批面积（2018）　　　　表 10

行政区	行政区面积（单位:平方公里）	图斑面积（单位: 平方公里）				已批面积（单位:平方公里）			已批面积占比（%）
		旧厂房	旧城镇	旧村庄	合计	旧厂房	旧城镇	旧村庄	
越秀	33.9	0.29	5.41	4.07	9.77	0.02	0.82	0.12	9.8
海珠	90.4	8.35	2.72	16.36	27.43	1.82	0	4.73	23.9
荔湾	59.1	6.99	4.38	13.15	24.52	1.33	1.68	4.38	30.1
天河	96.33	8.44	0.8	18.24	27.48	2.21	0.01	1.56	13.8
白云	795.79	41.32	1.14	84.63	127.09	1.65	0	4.92	5.2
黄埔	484.17	12.36	5.5	31.07	48.93	1.63	0.07	7.94	19.7
花都	970.04	27.92	5.07	19.27	52.26	0.65	0	0.45	2.1
番禺	786.15	38	7.47	44.04	89.51	1.33	0	0.19	1.7
南沙	527.65	15.56	5.26	17.94	38.76	0.29	0	0	0.7
从化	1974.5	11.09	7.74	22.35	41.18	0.98	0	0.75	4.2
增城	1616	34.68	16.26	47.37	98.31	5.18	0.17	0.87	6.3

（图表来源：作者自绘）

1.4.1 旧村旧厂旧城用地更新完成情况

总体而言，三旧用地的已批改造面积都比较低，城市更新进展仍较为缓慢，各区距离目标完成仍有较大空间，在后续的工作中应加快项目批复和完成的进度。从旧村庄、旧城镇、旧厂房三种更新类型而言，旧城镇的已批项目总面积最低（图 10），只有 5 个区存在已批复项目，其余 6 个区的面积为 0，在已批复的

5 个区中，荔湾区是相对已批占比最高的。旧厂房和旧村庄改造虽然每个区都有批复项目，但从总量而言仍较少，黄埔区的已批项目面积最大，荔湾区的已批项目面积占图斑总面积的比例都是最大，占比达到 30.1%（图 11）。

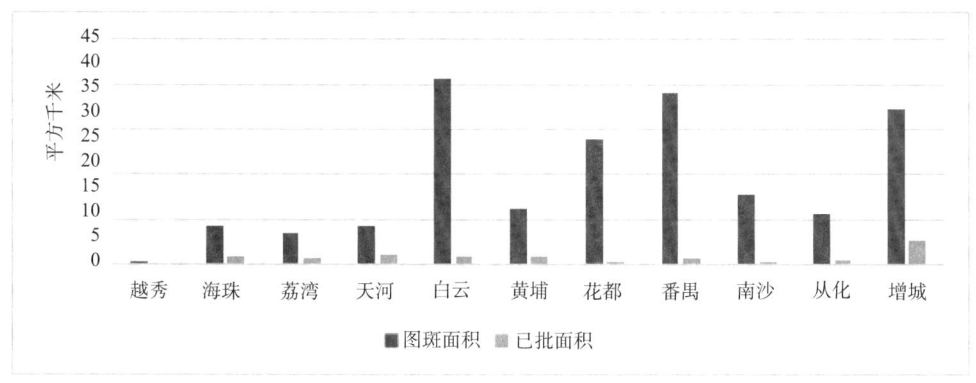

图 9　各区旧厂房图斑面积及已批面积柱状图

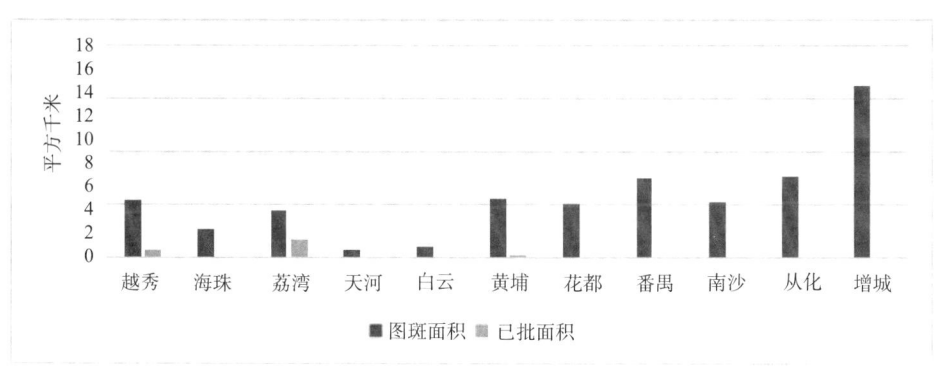

图 10　各区旧城镇图斑面积及已批面积柱状图

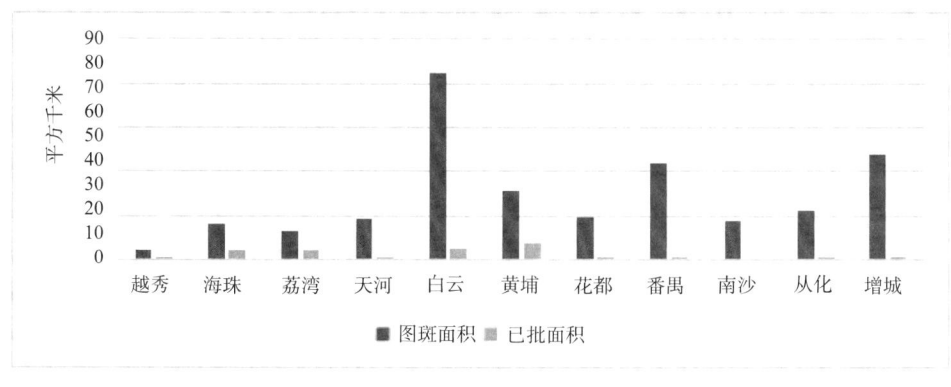

图 11　各区旧村庄图斑面积及已批面积柱状图

1.4.2 城市更新完成情况影响因素分析

根据表11，及前文得出的已批面积占比按照从高到低排名为：荔湾区、海珠区、黄埔区、天河区、越秀区、增城区、白云区、从化区、花都区、番禺区、南沙区。该排名可认为反映了各区完成城市更新的情况，排名越靠前则证明改造需求大，改造意愿强，更新难度更低（图12）。

排名前三的荔湾区、海珠区、黄埔区的三旧用地中，由于旧城镇用地差距较大，故按照"旧厂∶旧村"的比例以此为"1∶3"、"1∶2.5"、"1∶5"；排名后三的花都区、番禺区、南沙区类似的比例为"1.5"、"15∶1"、"0.29∶0"三类三旧用地的占比和前三名的似乎没有明显区别，因此，城市更新完成情况与各类三旧用地的比例无关。

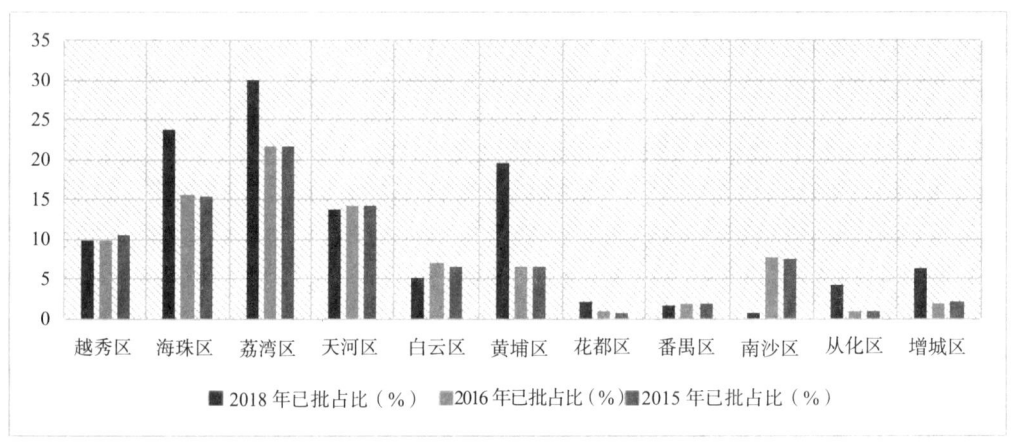

图12 广州各区已批更新项目面积占总图斑面积比

（图片来源：作者自绘）

为进一步研究城市更新完成情况是否与该区的图斑总面积有关，将图斑总面积和已批占比的数据进行 SPSS 相关性分析，得到图13。其中，纵轴可以理解为更新完成情况，横轴为图斑总面积。从图中分析，二者相关性为弱相关（R ≈ 0.5❶），在一定范围内，趋势线显示出随着图斑总量增大而完成情况越低，而图斑总量较高的区域往往对应非主城区的区域，也确实存在"存量大，更新完成情况较慢"的情况。

推测更新完成情况和区域总体面积相关，故将行政区面积和更新完成情况进行 SPSS 相关性分析，得到图14，图中发现二者的确呈现显著正相关（R > 0.7），且属于负相关关系，即：随着行政区面积增大，更新完成情况占比降低。

---

❶ 当相关性 0.3 < R < 0.7 时，认为属于弱相关，即有一定相关性但不强烈。

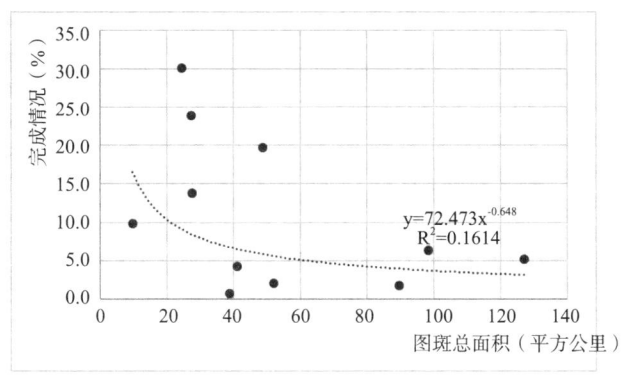

图 13　更新完成情况与区图斑总面积相关性

（图片来源：作者自绘）

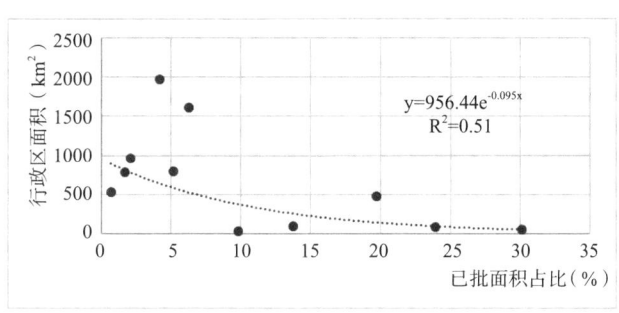

图 14　行政区面积和城市更新完成情况相关度

（图片来源：作者自绘）

1.4.3　市场关注度相关性研究

研究方法为通过在百度（www.baidu.com）搜索关键词为"xx 区 城市更新"和"xx 区 三旧改造"，得到二者搜索量的数量进行相加，从而得到网络搜索情况的总数据。该数据一定程度可以理解为是"三旧改造"受关注度（表 11）。

市场关注度和图斑情况表　　　　　　　　　　　　　　　　　表 11

行政区	图斑面积（平方公里）	已批占比（％）	网络搜索量（万次）
越秀	9.77	9.8	105
海珠	27.43	23.9	90
荔湾	24.52	30.1	67
天河	27.48	13.8	120
白云	127.09	5.2	32
黄埔	48.93	19.7	42

行政区	图斑面积（平方公里）	已批占比（%）	网络搜索量（万次）
花都	52.26	2.1	21
番禺	89.51	1.7	38
南沙	38.76	0.7	22
从化	41.18	4.2	46
增城	98.31	6.3	64

（图表来源：作者自绘）

根据该表，将图斑面积与网络搜索量通过 SPSS 进行相关性分析，得到图 15。将已批项目面积占比和网络搜索量通过 SPSS 进行相关性分析，得到图 16。

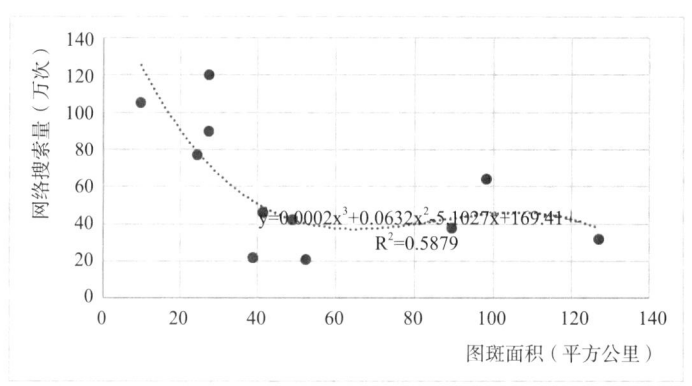

图 15　市场关注度和图斑面积相关性

（图片来源：作者自绘）

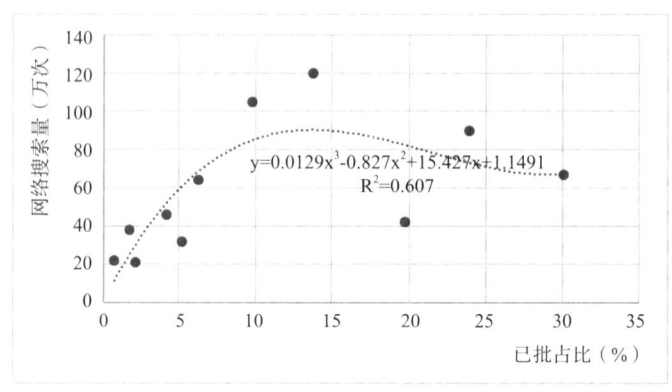

图 16　市场关注度和已批占比相关性

（图片来源：作者自绘）

图 15 表明，网络搜索量和图斑总面积成反比，随着图斑总面积增加网络搜索量下降，而图斑面积较大的往往分布在主城区以外。进行验证，主城五区的搜索量相加为 424 万次，其余七个区网络搜索量则为 233 万次，主城五区的搜索量几乎是其他七区之的搜索量的 2 倍。

图 16 表明，已批项目占比情况和网络搜索量呈显著正相关关系，即已批项目占比较高的，网络搜索量也较高，这意味着城市更新进展情况更快的城区受到的市场关注和期待也更高。

2 城市更新用地的效益评估与存在问题分析

2.1 社会效益评估

2.1.1 改善人居环境，保障城市居住安全

通过微改造模式，对存在安全隐患、人居环境差的建筑，进行整治改善、保护活化。至 2018 年广州投入财政资金 7.9 亿元，推进 274 个老旧小区微改造，已整治"三线"121 公里，维修消防设施 933 项，维修排水管道更换 1 公里，规范垃圾清运点设置 50 个，拆除违章建筑（防盗网）9151 平方米，新增绿化 16558 平方米，修缮历史建筑 901 平方米。

城中村改造建成村民安置住宅和物业 463 万平方米，惠及 6 万户居民；通过旧村全面改造，旧村的绿地率由改造前的 5% 提高到 30%，建筑密度由原来的 60% 以上降低到 30% 以下，拆除违建 103 万平方米。明显改善了旧村的人居环境。

至 2018 年，城市更新已批项目将增加公益面积 7.4 平方公里，新增公共服务建筑面积 181 万平方米，配建公共服务设施（场所）438 个，建筑面积 207 万平方米。学校（含幼儿园）134 所、养老机构设施 166 个，菜市场 46 个。完善了老城区的配套设施，提升了居民的生活品质。

2.1.2 盘活低效存量用地，提升节约集约用地水平

城市更新是解决用地空间饱和、新增用地空间不足发展瓶颈的重要途径。省历年下达改造任务 26.38 平方公里（3.96 万亩），实际完成改造 34.56 平方公里（5.18 万亩），完成率 131%，节地面积 7.92 平方公里，平均节地率 22.91%，完成改造旧村的绿地率由改造前的 5% 提高到 30%；建筑密度由原来的 60% 以上降低到 30% 以下，拆除违建 103 万平方米，均节地率达 48%。

存量土地已经逐步成为建设用地供应的重要补充。大量"利用效率低、布局不合理、功能不完善"用地的盘活进一步拓展了广州城市发展的空间，进一步优化了用地布局和用地结构，提升了建设用地集约节约水平。

2.1.3 促进城乡、新旧城区之间协调发展

在旧城镇、旧村庄的更新改造中，落实"先安置后拆迁"的原则，加强公建配套和公共服务设施建设，解决农村土地无序利用、土地收益低等问题，促进城乡之间和新旧城区之间统筹发展，促进农民增收。其中，配建公共服务设施（场所）438个，建筑面积207万平方米，市更新安置房建筑面积114万平方米，学校（含幼儿园）134所，养老机构设施166个。

2.1.4 是保护历史文化遗产，传承岭南历史文脉

广州通过城市更新保护修缮文物古迹、工业遗产、历史建筑121宗、总建筑面积17.23万平方米，资金约6亿。广州市的一批历史建筑活化利用的城市更新试点项目，如逢庆社区微更新（荔湾）、永庆社区微更新（荔湾）等，坚持文脉传承，更新活化历史建筑。在与保护不冲突的前提下，引入合适的产业类型，对文物及历史建筑实施功能再造，重塑地区活力。

2.2 经济效益评估

2.2.1 产业转型升级直接拉动经济增长

全市已批旧厂改造项目305个，总用地面积17平方公里。建成科技孵化器5个，通过对46个旧园区旧厂房旧楼宇的改造，引进企业、上市公司62家，年产值1530亿元，年税收43亿元，提供就业岗位12万个。

城市更新通过空间重构和土地重配，就地淘汰落后产业，引入创新型产业，推动优势资源和要素集聚发展。城市更新加强产业引领，推动传统产业区块、村级工业园、批发市场、特色商业街等产业转型升级改造，通过挖掘区位和项目自身优势，因地制宜、突出特色，扶持各类创新型特色产业，拉动社会投资，增强广州市经济发展的内生动力。

以海珠区为例，通过城市更新可以带动建材、冶金、轻工、化工、机械、电子、森林、能源、交通、金融、市政、邮电、纺织等十多个行业、四十多个相关产业的发展，能有效拉动国民经济增长，增加财政税收。以投入产出法算，每投入1万元，可带动相关行业增加1.7 ~ 2.2万元产值。"十三五"期间，海珠区城市更新地块总面积约1009公顷，按照容积率2.0及单位建筑面积1万元的改造成本，带动相关产业的产值约2018亿元。

目前，花都区村级工业园租金基本集中在8 ~ 12元/平方米/月的水平，根据一般经验，改造后村级工业园租金可带来7 ~ 15倍的提升。然而花都区村级工业园租期剩余30年以上的占比达到35%，二手转租厂房比例达到87%，10% ~ 50%二手转租厂房比例达到68%。

2.2.2 城市更新间接拉动经济提升

广州纺织工贸集团根据市政府"腾笼换鸟"、"转型升级"的产业调整政策要求，

按照"三旧"政策启动了 T.I.T 创意园建设，采取不改变用地性质、房屋权属和建筑物主体结构，通过升级改造将该旧厂房建设成以服装创意为主题的时尚产业园区。该旧厂改造的项目通过产业调整带动就业、带动相关产业增值从而获得经济效益。

该园区是广东省首批"互联网＋创意"培育小镇、广州市科技企业孵化器园区和海珠区创新产业园区。现有入驻企业 68 家，其中上市企业 4 家，包括七天集团（香港铂涛集团孵化器）、腾讯集团的微信全球总部、科技领域及新媒体服务提供商"爱范儿"、文化传播公司"游龙御驾"；拟挂牌新三板企业 2 家，包括环保设计生活理念品牌"树德生活"、创意家居设计品牌"哲品"等。园内已吸引了一批国内外时尚界著名设计师、名模、名企、名牌进园发展，其中包括：著名设计师邓达智、刘洋、屈汀南、知名模特王东等分别在园区设立了设计工作室；爱帛服饰（Mo&Co. 法国品牌）、匹克、美思等 60 多家著名企业进驻。

园区改造前连年亏损，通过"退二进三"在保留城市工业发展记忆的同时旧厂房用地得到盘活，租金收入由开园初期的 60 多元／平方米上升到 200 多元／平方米，目前年收入近 1 亿元，除此之外，带动相关行业产业链年产值 150 亿元，就业人数由改造前的 1400 多人增加至 3000 多人。

旧城镇和旧村的整治改造，也在一定程度上起到了提高间接经济效益的作用。如旧村的绿地率由改造前的 5% 提高到 30%，建筑密度由原来的 60% 以上降低到 30% 以下，旧城改造中三线下地等工程项目，大幅降低了火灾等隐患的可能性，由于增加绿地还带来了减少碳排放和建筑节能降温的可能性，从而间接减少了相关开支。

2.3 存在的主要问题

2.3.1 已批与实施规模有限，更新进展有待提速

目前广州市标图入库的城市更新用地总面积 598.32 平方公里，已批用地 51.99 平方公里（不含老旧小区微改造），仅占存量用地规模的 8.69%。其中，旧城的推进情况较差，仅 4 个区有批复项目，旧厂和旧村虽然每个区都有批复项目，但从总量而言仍较少。三类存量用地已批规模占比均在 7% 以下，整体进展与社会预期存在差距。

再从实施角度看，截至 2017 年底，在实施和已完成的项目共 100.5 平方公里（已实施 66 平方公里，已完成 34.5 平方公里），实施完成度约 17%。多方利益主体难以协调、拆迁安置阻力大、实操政策指引不够完善等成为制约更新改造实施进度的重要因素。

2.3.2 产业引导不足，土地利用效益较低

国有土地上旧厂自行改造项目，由于大量国有用地权属人规模偏小、产权独立，

尽管政府有意统筹考虑产业布局，但实际操作仍是以单个项目推进，导致城市更新提供的存量用地与大型产业项目的匹配度低，难以推动产业空间的集聚发展。

村级工业园改造除依据政策规定无偿移交政府部分的土地外，大部分土地仍保留集体土地性质，集体土地相对国有土地，发展权、交易、流通、抵押贷款等都受限，市场主体的参与改造积极性不高，客观上不利于优质企业的引进。加之村集体普遍缺乏产业导入与培育意识，同时也缺乏针对产业导入和运营的绩效监管机制，导致产业集聚性差、产出效益低下。目前，村级工业园厂房建筑简易落后、以初级加工制造产业为主、产业附加值低、产值规模小、综合竞争力差等问题仍旧突出，占旧厂房比重高达 64% 的村级工业园的升级改造仍是旧改中的一个难点。

2.3.3 历史遗留问题缺乏解决途径，留用地落地难

三旧改造与留用地是一个较为复杂的关系，都涉及到城市更新的实施和推进。其中，留用地的选址既要符合土地利用总体规划和城乡规划，又要被征地村民同意，但是往往因为规划限制，需要在异村、异镇予以解决，在选址上政府部门和被征地村集体难以达成一致。目前广州留用地不符两规占比较大，未兑现用地超过 33%，导致不同程度地存在留用地落地难的现象。以花都区为例，该区留用地已有红线用地 1902 亩中，两规不符留用地占 37.6%。

2.3.4 违法建筑的处理进程较为缓慢，更新改造现实阻力较大

违法建筑量大是广州城市更新实施进程中的"老大难"问题，尽管 2016 ~ 2017 年间已治理了城市建成区的违法建筑 1236.9 万平方米，但目前全市仍旧存在 2.97 亿平方米的违法建筑，整体进展较为缓慢。加快全市违法建筑摸底排查、建立违法建设数据库、新增违法建筑的快速拆除机制等依旧是需要努力的方向。

2.3.5 利益分配原则有待考究，市场积极性需要进一步调动

广州市城市更新政策的政府主导特征明显，总体上强调政府参与更新改造项目的利益分配，以期维护城市整体利益，但是这样的利益分配原则在一定程度上制约了改造主体的积极性，也影响了产业升级的市场热情。以旧厂房为例，国有旧厂自行改造为商业服务业设施用地的，除花都、从化、增城外，用地规划容积率在 2.5 以内的，按照土地公开出让成交价款的 40% 计算补偿款，超出 2.5 部分不再计算补偿款，规划节余的建筑面积按照 4：3：3 的比例由市政府、区政府、村集体进行分配；村级工业园用地面积低于 150 亩的，除了要将不低于该项目总用地面积 15% 的用地用于城市基础设施建设，超过权益建筑面积的部分按照 4：3：3 的由市政府、区政府、村集体进行分配，最后还要将已完善集体建设用地手续的村集体历史用地部分 30% 的经营性用地转为国有用地，然后无偿移交政府。这些政策从客观上压缩了改造主体的利益空间，村民、企业和政府在利益分配方面难以达成共识，在一定程度上影响了更新工作推进的效率。

2.4 原因分析

2.4.1 对城市更新重要性的认识还不够深刻

广州市 2016 年国土开发强度已达 25%，接近 30% 的生态宜居警戒线，中心城区早已超过 30%，通过投入新增建设用地来保障城市持续发展的思路已难以为继，转型势在必行。广州市也从"三旧改造"到"城市更新"进行了一系列探索实践，全市各区都有正在推进或者储备中的更新项目。但是总的来说，广州市对城市更新重要性的认识还不够深刻，顶层设计有待加强，需要进一步妥善处理好当前与长远的关系，抓住城市更新可能带来的巨大的经济社会综合效益。

2.4.2 历史遗留问题的处理缺乏明确的政策指引

作为走在改革开放前沿、经济发展历时久远的一线城市，经济社会发展留下的各种历史问题是广州城市更新工作的一大难点，在实际中，各区都不同程度地存在租地建房、挂靠使用土地、房地不一等现象。尽管结合城市更新解决历史遗留问题一直是广州城市更新工作的目标之一，但是截至目前，市级层面还是未出台具体的可操作性的政策指引，多数历史遗留问题的解决依旧缺乏途径，导致相关项目难以办理行政审批手续，无法实施改造。

以村级工业园为例，现行广州市城市更新办法规定，村社申请开展村级工业园改造前需自行清理土地租赁关系并完成建筑物清拆，但在实际操作中，村级工业园普遍存在着租赁主体多、租约时间长、多层租赁等较为复杂的租赁关系，土地权属利益错综复杂，又由于缺乏明确的解决途径，村社实施改造的积极性在项目初期阶段便受到阻碍。

2.4.3 城市更新工作合力尚未形成

城市更新工作涉及城市更新、国土规划、发改住建等多个部门，涉及逐级上报审批，也涉及联合审查，总体协调程序繁琐，广州市还未能真正做到简化程序，形成高效的工作合力。这在一定程度上影响了更新项目的推进，增加了市场主体参与改造的成本。

其中，规划调整程序最为复杂，根据现行政策，单个地块申请控规调整难度大，改造条件、改造效益良好的项目，也需由政府指导组织编制片区策划方案并经市城市更新委员会审议通过后稳定片区控规，才能编制具体项目实施方案，整个流程耗时长、难度大。在实际操作中，由于片区控规不明确，导致一些比较成熟的改造项目（如赤沙村、龙潭村等）的实施方案无法上报审批，一些已经开始运营且情况良好的项目（如 T.I.T 工业园、启迪中海科技园）由于没有规划支持，至今仍属于非法经营。

2.4.4 专项政策的配套相对滞后

城市更新涉及基础数据摸查、拆迁补偿、建设管理等多项内容，但是由于缺乏相应的政策指引，导致部分政策难以落地，同时也提升了城市更新的运作成本。

基础数据认定方面，现已出台的《广州市城市更新基础数据调查和管理办法》，更多的是从行政职责、工作流程和成果要求等方面对基础数据摸查工作做出规定。但是对于基础数据的具体认定，没有统一明确的规范，导致很多项目在数据认定阶段耗费过多的时间，影响整体进度。

拆迁补偿方面，在《广州市旧村庄全面改造成本核算办法》的基础上，各区依据实际对补偿层数、交楼奖励、地下室费用等进行了差异化的实践探索，但均无明确的标准，也无相应的政策文件。此外，目前旧村改造普遍存在开发商对违法建筑进行埋单行为，加大了旧改成本，提高了旧改的门槛，同时也加剧了村民非法抢建加建行为。

2.4.5　更新项目的动态监管机制还不成熟

城市更新项目的批后监管是促进项目落地、保证更新质量的重要途径，2018年1月市更新局印发《广州市城市更新项目监督管理实施细则》，对更新项目的监督管理模式进行了新的探索，明确了城市更新项目批后实施的监管内容，也在监管方式和工作机制方面提出了初步建议，但是点到为止，例如该实施细则将产业引入和提升作为旧厂、旧城的监管内容，但是具体从哪些方面进行监管、如何追责、项目如何退出等都未做出明确要求。在实施细则的基础上，广州市还需要进一步完善更新项目的动态监管机制，特别是针对项目拆迁安置进度、财政资金使用情况、产业升级效益等重点内容制定详细的监管措施，并建立项目退出机制，保障城市更新健康保质推进。

2.4.6　地价计收体系不够科学合理

地价计收是更新项目评估经济可行性的关键，计收的标准反映了更新效益的让利空间，是能否调动改造主体积极性的重要因素。广州市的地价计收标准从"1+3"政策按基准地价补缴，改为6号文中原则上按照市场评估价补缴，一定程度上缩减了改造主体的利益，也忽略了地价计收体系在城市更新政策中的稳定性与延续性，降低了城市更新政策的正面影响力。

2.4.7　缺乏相应经济核算与融资机制

目前在大部分城市更新项目运作中，缺乏多元化的投融资机制，融资渠道单一，项目融资困难。且部分地块实行公益征收、整体复绿等改造模式，经济效益不高，生态补偿和转移支付机制尚未建立，导致企业改造积极性不高。

3　国内城市更新盘活用地经验借鉴

3.1　佛山：注重高端产业导入

目前，佛山全市纳入省标图建库范围的"三旧"用地约57万亩，完成改造面积约 12.45 万亩，已实施项目占总量的 21.83%。全市"三旧"改造纳入标图建库的面积约 380 平方公里，约占全市建设用地的 26%，三旧改造的空间和潜力仍十分巨大，是广东省三旧改造的主战场之一。

佛山经过十多年来积极探索、大胆创新，形成了一套较为完善且成熟的三旧改造政策，具体包括"纲领性政策、配套性政策、实施细则"等，形成了成熟的政策体系。2017 年佛山对全市以及各区十多年来摸索出来的好的做法进行总结和提升，针对过去"三旧"改造实践中暴露出来的问题，启动《关于深入推进城市更新（"三旧"改造）工作的实施意见》的编制工作，目前已经形成初步成果。其主要指导方针为：加强市级统筹，建立全市统一的政策、规划和管理体系；进一步激发市场活力，政府与市场协力加快推进三旧改造；进一步聚焦产保区内工业提升和中心城区旧村改造，提升佛山城市形态。工作成效主要有以下五点：

一是促进了土地节约集约利用。目前佛山已启动改造项目约十万亩，平均容积率从改造前的 0.6 提升到改造后的约 1.5，土地利用效率提升约 2.5 倍。如南海瀚天科技城占地 210 亩，改造前整体容积率不足 0.5，而建筑密度高达 70%，改造后容积率超过 1.5，建筑密度低于 40%。

二是推动了产业转型升级，佛山市注重以产业提升发展为导向，推动三旧改造，每一个三旧改造项目都在当地产业升级中发挥了重要作用，如澜石国际金属交易中心，广佛国际商贸城，佛山国际家居博览城，佛山创意产业园等三旧改造，实现了统筹规划，连片开发，产业集聚，效益提升的良好效果。

三是促进了投资增长。三旧改造带动了社会资本投资，促进了建筑建材，冶金轻工，化工，机械，能源等十多个行业 40 多个相关产业的发展，近十年来累计投入资金 3000 多亿元，成为促进经济增长的重要力量。

四是促进了城乡面貌有效改善，在已完成改造项目中建设居民住宅 700 多万平方米，新增公共设施用地和城市绿地 200 多万平方米，完善了城乡基础设施，改善了城乡面貌和人居环境，推动了城乡一体化建设。

五是增加了城乡居民收入，佛山市三旧改造项目新增就业岗位约 20 万个，改造后农村集体收入和就业人数平均增加近一倍。❶

3.1.1 佛山市产业提升政策

佛山市产业保护区的产业提升方面出台了很多优惠政策。一是在产权分割方面，以出让方式取得的且符合相关要求和投资条件的，报各区政府同意，可建设多层厂房并进行产权分割发售。二是在地价计收方面，增加容积率的，不再补交土地出让金；连片改造的，可在地价计收方面有相关奖励。三是在完善手续方面，对于产业发展保护区内推进产业提升的，可以优先完善历史手续。四是在奖励措施方面，用地改

---

❶ 深圳市城市更新开发企业协会刊物《城市更新》2018-06 刊。

造超过 20 亩的，工程造价超过 2000 万的，均可按相关标准奖励，单个项目奖励资金最高可达 1000 万；设立发展基金、专项资金等推进土地整备、基础设施建设。具体政策包括：

①土地整合：可以通过多种方式形成单一改造主体；允许更新项目范围内外建设用地凭证置换。

②土地供应：允许通过公开出让、协议出让、土地流转等多方式供地。

③土地兼容：允许兼容一部分生产生活配套、行政办公等设施。

④混合开发：允许工业、商业、商务办公等用地混合出让。

⑤弹性出让年限、先租后让：根据产业类型、生命周期、项目规模等因素灵活确定土地供应方式与出让年期，提高供应方式与产业项目的适配度。弹性年期出让年限为 10 ~ 50 年；"先租后让"则是按照公开出让程序确定土地竞得人后，由竞得人进行开发建设、经营利用，待租赁期届满，达到约定要求并缴清土地出让价款后，将土地使用权出让给竞得人的供应方式。

⑥统筹片区利益，连片开发

统筹片区利益是佛山市"三旧"改造的重要路径之一。零散的小规模开发无助于解决佛山结构零散、用地分散和公共设施缺乏的问题。为解决这一问题，减少零星改造、推动连片改造，佛山市分别于 2010 年、2017 年划定十大示范项目连片改造区域，主导推动示范项目建设，成功打造出千灯湖产业总部经济区、广佛国际商贸城中心区、听音湖片区等一批优质连片项目。

其中，以广佛国际商贸城为例，由政府租赁村集体土地 40 年，并承担工业用地转成商业服务业用地和拆迁的成本，同时通过投资推进基础设施建设和城市环境改造，实现引进开发商的资本；广佛智城的开发运营企业——广东广佛智城商业地产投资有限公司，通过投入资本从政府手中租用土地进行空间开发与建设，获得了面积为 110 万平方米的物业的 40 年使用权。该地块原本属于村集体用地的简易厂房，占地面积 1462 亩，厂房建筑面积约 100 万平方米。绝大部分土地以集体出租收取租金的经营模式为主租户主要为从事回收废旧塑料和有色金属的企业和加工厂，城市服务功能欠缺、单位用地产出效益低下，土地利用较为低下（容积率约 0.8）等问题。经改造后广佛智城容积率约为 4 ~ 5，写字楼的出租率达 100%，已有近 1000 多家企业、10000 多名办公人员。众创空间中的创业项目大多立足于有色金属加工、家具制造、五金建材、纺织服装和商贸批发等本地传统产业，转型后孵化出梦芭莎、百贝屋、铜道网、合美及点赞科技等 10 多个初创企业。该项目通过灵活运用三旧改造政策，连片改造，盘活了土地整体经济价值，启动改造前后的土地租金收入情况对比如下表：

启动项目改造前后土地租金收入对比   表 12

村委会	改造前			改造后				改造后租金增长率（％）
	原有土地（亩）	土地租金（万元）	每平方米土地租金（元）	征用土地（亩）	租赁土地（亩）	土地租金（万元）	每平方米土地租金（元）	
联滘	1017.731	1907	28	141.011	876.72	2504	43	52.94
沥东	155.118	938	90	12.069	143.049	952	143	10.08
沥中	104.937	253	36	8.750	96.187	297	46	28.22
平地	101.111	81	12	14.148	86.963	暂无	暂无	暂无
雅瑶	85.332	62	11	17.992	67.34	140	31	184.93

（图表来源：佛山市国土资源和城乡规划局）

3.1.2　旧村改造模式

主要有三种改造模式。一是公开转让模式。即允许村集体土地转国有性质后，由村集体通过政府公开平台进行公开转让，转让收益在扣除相应提留部分后按照一定比例补偿村集体；二是自行改造模式。即村集体通过将出让地块抵押融资，然后成立公司自行改造；三是协议出让模式。由市场土地进行土地整合后，政府协议供地。

涉及协议出让的地价计收，拆建比 2.2 以的内免收地价，拆建比 2.2 以上的 60% 免收地价，充分让利给市场和村集体。充分让利给市场和村集体。

3.1.3　旧城镇改造模式

旧城镇改造，改造模式主要有以下两类。一是政府征收模式，即对于改造难度极大的旧城镇改造项目，由政府主导通过传统征收方式推进，比如佛山东华里改造项目。二是协议出让模式。市场主体可直接与改造单元内的原业主达成一致后向政府申请改造，政府可直接供地给市场主体。

协议出让模式的地价计收为——旧城镇改造采取协议出让方式供地的，地价的计收为：拆建比 2.2 以内部分免收地价，超过的以外部分正常计收地价。也就是说，市场主体拆除原业主 1 平方的物业面积，新规划条件下 2.2 平方的物业面积免收地价。

3.2　深圳：市场主导为主

深圳作为改革开放前沿阵地，特区成立 30 多年来，GDP 年均增长 23%。深圳是一个经济大市，人口大市，但同时深圳又是一个土地小是全市土地总面积仅 1997 平方公里，开发强度逼近 50%，正面临着无地可用的发展困境，如何通过存量开发释放土地产能，优化城市结构，提升城市功能，破解发展瓶颈，是摆在深圳面前的一个重要课题。近年来深圳城市更新的工作成效如下：

（1）拉动社会经济稳步增长

近年来深圳城市更新完成固定资产投资额逐年递增，2017 年实现投资额约 1044 亿元。

（2）节约集约利用存量土地

2017 年城市更新供应用地 261 公顷，已连续六年供应用地面积超过 200 公顷。

（3）促进产业转型升级发展

截至 2017 年，全市累计有 93 个拆除重建类产业升级项目获得规划审批，更新改造后将提供 1760 万平方米的产业用房及产业配套设施。综合整治类城市更新有序开展，2017 年深圳市完成 116 万平方米旧工业区综合整治。

（4）稳定房地产市场供应

截至 2017 年城市更新供应商品房（不含回迁）面积约 260 万平方米，占全市房地产市场供应总量的 80%，城市更新已成为了商品房的重要来源，截至 2017 年，深圳市城市更新供应商品房已连续五年超过 250 万平方米。

（5）改善人居环境提升民生幸福

截至 2017 年，全市审批通过的拆除重建类城市更新单元规划，落实保障性住房 385 万平方米，公共配套设施 260 万平方米，其中公共配套设施包含幼儿园 239 所，公交首末站 161 个，社康中心 215 家，各类中小学 118 所，医院三家。

深圳市主要经验做法如下：

3.2.1　规划统筹，单元管理

城市更新单元规划与法定图则衔接，由城市更新项目的申报单位委托有资质的规划技术单位进行编制，由城市规划委员会下设的专业委员会进行审批，一经审批并公告后，即可作为该片区的法定规划管理依据，与法定图则具有同等效力。城市更新单元规划编制过程充分尊重原权利人权益，带有协商式的特点，可操作性强。

城市更新单元原则上为具有一定规模的相对成片区域，通过改造后重新划定产权边界和设定规划条件，能够有效地落实城市基础设施和公共服务设施用地，并通过城市更新项目的实施保证相关设施建设到位。目前深圳市城市更新单元的平均规模在 8 万平方米左右。

3.2.2　市场运作，公益优先

充分发挥市场在土地资源配置方面的决定性作用。推进成片连片改造，助力重大配套设施落实。通过重点更新单元制度，选取区位重要、对城市发展带动作用强，但基础设施严重缺乏、市场动力不足或达不到现有政策要求的片区为重点更新单元，拆除范围要求原则上不少于 15 万平方米（原特区内），原特区外不少于 30 万平方米。

保障公益用地和公益用房。每个拆除重建类城市更新单元必须提供政府不小于拆除范围用地面积 15% 且不小于 3000 平方米的用地，用于建设城市基础设施和公共服务设施。

3.2.3 创新政策，改革土地制度

在广东省《若干意见》（78 号文）和《广东省人民政府关于提升"三旧"改造水平促进节约集约用地的通知》（96 号文）的基础上，借助土地管理制度改革的契机，深圳市也进行了土地相关政策探索，创新用地管理政策，包括：主要包括改造用地可协议出让给市场主体、更新单元规划编制可进行用地腾挪或者置换、不同类型改造项目可采用差异化地价标准、建立地价与容积率联动机制。在公告基准地价的基础上根据不同用地类型（城中村、旧屋村、旧工业用地等）、用地权属、改造类型制定差异化地价；根据容积率高低，采取逐渐递进的多级累计地价计收方式。此外，在非农建设用地和征地、返还用地指标落地、历史用地处置方面，城市更新还发挥了消化历史欠账、激发政策创新的作用。具体而研究即通过城中村改造的政府让利举措，包括土地分成 2 : 8 比例（政府 20%、原农村集体 80%）、地价收取按照 1.1 倍公告基准地价等，促进历史用地明晰权益，转化为国有土地。

3.2.4 产业引导，促进升级

由于工业用地改造成本较低，深圳大量工业区改为居住区。为防止产业空心化、促进产业转型升级，深圳市先于全国推出了新型产业用地（M0）这一创新，随后推出《深圳市优化空间资源配置促进产业转型升级》"1+6"文件，大力推动存量工业用地盘活来实现产业转型升级的空间平台依托。"工改 M0"需配建 12% 的创新型产业用房，可由政府回购，也可根据相关政策出租或出售给特定企业。为鼓励"工改M0"，深圳提出分割转让政策与地价优惠政策，更新后形成的工业楼宇可按照栋、层、间为基本单位，进行分割转让；地价计收以公告地价为标准，根据不同改造类型和使用方式（自用、转让）进行修正，鼓励自用。从"十三五"开始，深圳市委市政府明确提出保护工业用地，有序引导"工改工"。2016 年提出划定工业区块线，保障产业空间。270 多平方公里的工业区块控制线以内严禁工改居住、商业。其中工业区块线分为两级，第一级 250 多平方公里，严禁改为其他性质用地；二级控制线以内远期可根据城市规划改为居住、商业、公共服务设施。

3.2.5 多式并举，绿色低碳

十九大之后，绿色、低碳、以人为本成为社会发展主导理念。深圳市近几年加强政策供给，提倡引导小规模、渐进式更新，鼓励旧工业区综合整治、划定城中村综合整治区。为提高旧工业区空间质量，维持相对稳定的制造业空间规模及成本，近年来，深圳市针对旧工业综合整治，出台了一系列鼓励政策。拓展综合整治内涵，鼓励旧工业区开展以综合整治为主，融合功能改变、加建扩建、局部拆建等方式的城市更新。为鼓励旧工业区以综合整治的方式进行改造，旧工业区综合整治允许加建、扩建，扩建比例大大提高，在 2009 年的《城市更新办法》中，综合整治，拆建比例不得超过原有建筑比例 15%，根据最新政策，拆除范围不超过原宗地面积 15% 且不

大于 5000 平方米，扩建不超过原容积率 2 倍。增加辅助类公用设施，不超过现状建筑面积 15% 的，科学统筹相关单元、企业直接组织实施。

3.3 杭州：创新土地政策，以"亩均论英雄"

目前，杭州的城市更新政策主要是各类分项政策，包括城市更新产业用地更新政策、城中村改造规划技术导则、工业遗产建筑保护规划管理规定等，面向全市的、针对城市更新的全面系统的政策法规尚未出台。在已出台的分项政策中，产业用地更新政策的创新是杭州城市更新政策建设的核心亮点。

3.3.1 产业用地更新的基本思路

建立以"亩产效益"为核心的综合评价体系，推动经济发展质量变革、效率变革、动力变革。

按照杭州市原有的土地政策，办公房修建要按商业用地进行出让，价格是工业用地的 10 倍之多。为了改变政策对经济发展、产业转型升级的引导方向，让单位面积建设用地能够产生更大的效益，杭州市提出亩产倍增计划，先后发布《关于实施"亩产倍增"计划促进土地节约集约利用若干意见》《关于规范创新型产业用地管理的实施意见》《推进"空间换地"实施"亩产倍增"规划管理意见》等文件，形成"1+X"的节约集约用地政策，建立了以亩产效益为核心的综合评价体系。

在以"亩均论英雄"思路的引导下，杭州市积极创新产业用地更新政策，在新兴产业用地按工业用地相应比例出让、灵活调整土地出让年限等方面进行了多项政策创新。

3.3.2 主要创新点

这一系列政策的主要创新点可归结如下：

（1）多策并举，降低产业转型的土地成本

2014 年以来杭州出台一系列政策，激励企业参与转型开发、降低产业转型的土地成本，促进盘活存量工业用地，节约集约用地、促进产业转型升级，其创新性体现在以下四个方面：

一是年租金政策。城市中心区老工业厂房"退二进三"兴办特定产业的，可不用进行用途调整、办理用地手续，经过规划批准临时使用，并按规定缴纳国有土地年租金即可；二是规划容积率以内不用办理用地手续。对工业企业通过"退二优二"提高容积率的，经规划、经信部门同意，可不用补交地价；三是创新型产业用地供地政策。符合七大类，创新型产业用地供地可建成楼宇，地价不低于工业用地 1.5 倍。企业可自主申请，补交地价后可拆除重建新楼宇，无偿上交 7% 的土地面积或 15% 的建筑面积，改造后楼宇原则上不能分割销售，最多 50% 面积可售，土地出让合同需附加履约监管合同（区政府监管），监管周期 4 年；四是工改商政策。《推进浙江省低效用地再开发》（2014 年 2 号文）提出，允许企业为主体，在符合规划情况下，将工业用地调整为商业，按照市场评估差价补交地价。对工业用地用于商服并分割销售的，分割销售的建筑面积不得超过再开发后总建筑面积30%，房产证和土地使用权证可按相应分割单元办理，并在土地出让合同中予以约定。

（2）优化管理，提高产业用地效益

杭州探索了基于产业用地"退出—变更—再开发—再退出"的全过程生命周期动态管理机制，其产业用地全生命周期管理的做法可概括为用地退出准入管理、公益用途变更管制、规划分类审核和动态跟踪评估四部分，实行供应前、变更中和再开发后的更新全过程的动态跟踪评估机制。

为化解城市更新中效率与公平兼顾的矛盾，近年来杭州对辖区范围内的低效工业用地进行摸底调查并登记造册，建立了低效工业用地的腾退机制。实行项目准入评估审查，对于新项目的进驻，则确立分区域、分级的投资总额、投资强度、亩均产值和亩均税收等准入指标，并建立招商引资项目联合审查制度。建立工业遗产建筑保护基本名录，采用容积率奖励、开发权转移等诱导性措施鼓励企业自建配套设施和自觉保护经认定的工业遗产。针对"退二优二"、"退二进2.5"，分别创建不同的规划审核机制。

3.4 上海：土地管理适应市场环境要求，同时维护公共利益

2014年，上海市率先在国内提出了"建设用地零增长"的目标，实施最严格的节约用地制度，加快土地利用方式转变。为落实这一目标，上海市政府和市规土局紧紧围绕集约用地、城市更新陆续出台了《上海市城市更新办法》、《上海市城市更新规划土地实施细则》以及《上海市城市更新规划管理操作规程》等一系列创新型政策，建立了较为系统的有机更新政策体系。

其在存量土地更新方面的经验主要包括以下几个方面：

3.4.1 分类引导，激励存量工业用地转型

（1）降低土地成本，支持产业转型

为降低企业用地成本，上海推出了工业用地弹性出让年期、产业用地先租后让、存量工业用地提高容积率弹性收取土地价款、支持园区平台建设等的政策。

（2）激励企业参与转型开发

上海对存量工业用地将主要采取区域整体转型、土地收储后出让和有条件零星开发等实施路径。对于工业用地转型的引导及鼓励政策主要体现在允许单一主体或联合开发体采取存量补地价方式自行开发、根据不同区位与转型后用地性质制定的补缴地价的优惠政策、符合相关条件的用地容积率可提高政策等方面。

3.4.2 探索建立容积率奖励政策，促进公共利益和改造主体利益共赢

上海市提出城市更新中"缺什么，补什么，给什么"的公共要素实施路径，即通过评估（区域评估报告）明确缺什么,通过计划（更新单元实施计划）提出补什么，

然后政府给予相应的容积率奖励。

《上海城市更新实施细则》明确提出"实施计划阶段，增加各地块建筑面积必须以增加公共设施或公共开放空间为前提，各更新单元内部，可在现有物业权利人协商一致后，进行各地块建筑面积的转移补偿"，"在建设方案可行的前提下，规划保留用地内的商业商办建筑可适度增加面积，增加的商业商办面积按所提供各类公共要素面积的规定倍数计算"，"规划保留用地内根据评估要新增公共设施的，可在原认定建筑总量的基础上，额外增加相应的公共设施建筑面积"，既保证了公共要素的落实，也减少了对权利人利益的损害，促进了共赢结果的实现。

3.4.3 立足长远，实施"全生命周期"管理

上海市的城市更新项目按照经营性用地、工业用地全生命周期管理要求，由规划土地部门会同产业投资、公共事业、建设等相关部门，综合产业功能、区域配套、公共服务等因素后，提出城市更新项目功能、改造方式、建设计划、运营管理、物业持有、持有年限和节能环保等要求，将其纳入土地出让合同进行全过程管理。从工业用地开始，逐步推广到经营性用地，避免了土地利用的"一让了之"。

3.5 创新型产业用地：从国家到地方的政策概述

近年来在长三角、珠三角等城市迅猛发展的新业态、新产业，在空间区位、载体形态、配套服务等空间需求方面较以往的工业用地标准更高，其用地具有典型的研发用途比例高、用地类型混合成分高、用地需求多元化等特征，过往略显粗放含混的土地供应和管理政策已无法满足新业态、新产业的发展需求。因此，从国家到地方，都在探索和尝试一些创新型的产业用地供给，包括M0、M4、C65以及"M创"、"M科"、M+等，这些产业用地政策的突破创新和深刻变迁，将直接影响未来整个土地市场的格局（表2）。

3.5.1 国土部：鼓励"新产业用地"

2015年和2016年，国土部先后颁布《关于支持新产业新业态发展促进大众创业万众创新用地的意见》和《产业用地政策实施工作指引》。在两个政策中，国土部提出"对于现行国标分类中没有明确定义的新产业、新业态类型，市、县国土资源主管部门可结合现有土地供应政策要求和当地产业发展实际需要，主动向同级城乡规划、产业主管部门提出规划用途的建议意见，促进项目落地"，以及"新业态项目土地用途不明确的，可经县级以上城乡规划部门会同国土资源等相关部门论证，在现有国家城市用地分类的基础上制定地方标准予以明确，向社会公开后实施"，并且还提出了"兼容性混合功能用地"。

可以说，这两个政策是中央政府层面对新产业用地的"政策工具包"和使用说明书，基本给全国的工业用地创新分类定了基调，很多城市的创新型产业用地就是以此为底板来执行的。

3.5.2 北京：从 M4 到 M 创

北京是最早提出 M4 用地的城市，早在 2006 年《北京中心城控制性详细规划》就已经提出了高新技术产业用地（也称为工业研发用地，即 M4），从已经出让的 M4 用地情况来看，容积率从 1.5 ～ 5.0 不等。但是 M4 政策的出台并没有完全实现以低成本扶持产业发展的初衷，但政府未出台非常明确的政策条例管理规范，出现了一些寻租空间和管理难题。

2018 年 3 月，北京市规土委发布建设项目规划使用性质正面和负面清单，其中鼓励部分区域（包括中关村科学城和城市副中心）的工业、仓储、批发市场等非居住类用地调整为科技创新用房，提出"M 创"的新概念。

3.5.3 上海：从"M4+C65"到 C65

2011 年《上海市控制性详细规划技术准则》出炉，提出了增加工业研发用地（M4）和科研设计用地（C65），希望对工业园区内的土地功能加以区分，避免土地收益流失。但是在相关土地操作细则未及时出台的情况下，这两类用地区分界线较为模糊，这种模糊也造成大部分工业用地更新更多地选择以操作更为简便、不用进行招拍挂的工业研发用地（M4）的形式进行出让开发，仍然没有解决工、办、居混杂和政府土地收益流失的问题。

2013 年《上海市规划和国土资源管理局关于增设研发总部类用地相关工作的试点意见》，统一了工业研发用地（M4）和研发总部用地（C65），都叫作"研发总部类用地"，下面细分为研发总部产业项目类用地（地价不低于工业用地 150%）和研发总部通用类用地（地价不低于商办用地 70%）。研发总部类用地容积率不得高于 3，其中可允许兼容不大于 10% 的各类设施，包括人才公寓、专家楼、公共服务设施等，但要求只能是全资国有平台来运作，并且要全部持有。并允许 C65 以定向供地的形式出让，避免了重新招拍挂的风险。此后，M4 用地在上海基本消失。

随后，这个持有限制逐渐放宽。2016 年出台的《关于加强本市工业用地出让管理的若干规定》提出，研发总部通用类项目可以分割销售 30% 的面积；同一年出台的《关于本市盘活存量工业用地的实施办法》中则规定，工业用地转型为商业、办公用地的，可以分割销售 50% 的面积。直到现在，上海工业用地管理的方针也基本在这个基础上没有太大的变化。

3.5.4 深圳：M0

2013 年，深圳市出台优化空间资源配置、促进产业转型升级的"1+6"文件，首次提出了 M0 概念。其准确概念是为适应传统工业向高新技术、协同生产空间、组合生产空间及总部经济、2.5 产业等转型升级需要而提出的城市用地分类。即在工业用地（M 类）中增加新型产业用地（M0），其范围定义为融合研发、创意、设计、中试、无污染生产等创新型产业功能以及相关配套服务的用地。

M0 项目用房包括产业用房和配套用房。产业用房指可用于生产、研发设计、勘察、检验检测、技术推广、环境评估与监测等功能用途的用房，配套用房包括小型商业、配套宿舍等。M0 用地可以最多建 30% 的配套，容积率最高可以达到 6.0，并且可以有一定的分割销售比例。目前，深圳的 M0（新型产业用地）已经成为最受关注、也是最为经典的创新工业用地分类的样板。

3.5.5 东莞：从产业转型升级基地和 C65 到 M0

2013 年，东莞出台《东莞市产业转型升级基地认定和管理试行办法》，其中提出的产业转型升级基地用地性质基本就是工业用地的创新分支，定义为"现代化工业区或融合工业生产、工业研发、工业办公及其他配套服务业的工业产业综合体"，容积率不低于 1.5，可以分割销售，每栋建面不小于 600 平方米，分拆单元建面不小于 300 平方米，由工业用房和配套设施用房两部分组成。其实产业转型升级基地的用地就是 M0 的前身，它的出台与同一年深圳 M0 的提出是完全同步。

2016 年，东莞出台《东莞市科研用地管理暂行办法》，其中专门新增了一个 C65 地块，也就是科研设计用地，放在科教用地的大类下，分为可分割和不可分割两种，基本单元面积也是不小于 300 平方米。

2018 年 3 月，《东莞市新型产业用地（M0）管理暂行办法》正式出炉，成为全国第一份明确针对 M0 的市级政策，内容详尽系统，其中 M0 容积率规定在 3.0 ~ 5.0 之间，低于深圳的 6.0。东莞的 M0 可以认为是将此前的产业转型升级基地和 C65 都兼收并蓄地纳入其中，后两者在一定的过渡期之后逐步统筹整合，统一以 M0 进行管理。

3.5.6 珠海：M0

2016 年，《珠海市国有建设用地使用权出让年限管理规定》修订版出炉，新增了新型产业用地（M0）。指的是融合与生产紧密相关的研发、孵化、试验、创意、软件、信息、动漫、无污染生产等创新型产业功能以及相关配套设施用地，最高出让年限也为 50 年。随后，珠海此前的一些工业和商业混合用地（如 M1+B1+B2）都调整为了 M0，容积率不超过 3.0。

3.5.7 温州：M0

2016 年 8 月，温州专门针对龙湾区的浙南科技城项目出台了《温州市人民政府办公室关于浙南科技城新型产业用地管理的实施意见（试行）》，提出这种 M0 是浙南科技城中用于研发、创意、设计、中试等功能的产业和总部用地。其中规定，M0 容积率原则上按 1.6 ~ 2.8 进行控制，可兼容复合利用，15% 的配套部分仅限企业内部使用，鼓励"弹性年期出让""先租后让"，但不得分割转让。

3.5.8 惠州：M+

2018 年 7 月，《惠州仲恺高新技术产业开发区新型产业用地（M+）管理暂行办法（征求意见稿）》发布。其中提出，尝试在城市用地分类中增设平行于（注意，而非"隶属于"）工业用地（M）的新型产业用地（M+）类型。

该意见稿提到，M+ 是融合研发、创意、设计、中试、环境友好型生产等创新型产业功能以及相关配套服务活动的用地，包括科技企业孵化器 / 加速器项目用地。新型产业用地土地使用年限不超过 40 年，鼓励施行弹性出让政策，分为产权分割（允许销售 50%）和非产权分割两种使用类型，容积率原则上不低于 2.5。产业用地价格按现行工业用地标准上浮 20% 进行修正后评估，配套设施用地按商服地价评估。

M+ 用地包括产业用房和相应的配套服务设施用房。配套用房计容积率建筑面积不得高于总计容积率建筑面积的 30%，其中服务型公寓单套套内建筑面积不得超过 70 平方米；新型产业用地严禁建造各类型住宅。办公楼、科研楼等产业用房建筑应采用公共走廊、公共卫生间式布局，不得设置外挑阳台，不得采用类住宅套型布局与功能设计；配套用房的规划、施工、竣工验收及销售等手续办理均不得早于产业用房；产权分割项目产业用房基本单元建筑面积不得小于 300 平方米。申请 M+ 时，承诺项目达产后，土地年产值不低于 15000 元 / 平方米，年税收贡献不低于 750 元 / 平方米。在规划建设要求和企业准入两个角度设置了新型产业用地的门槛，严格"去房地产化"。

3.5.9　杭州：M 创

2014 年 1 月，杭州出台《关于规范创新型产业用地管理的指导意见》。这个工业用地的创新分类，主要针对的是杭州创新型产业（2.5 产业），包括文化创意、信息软件、物联网、节能环保、现代物流等具有显著创新、创意特征，从第二产业中分离出来的以产品研发、核心技术产品生产试验为主的产业。因此，该用地属于升级版的 M1，可以被简单称为"M 创"，出让起价按工业用地评估价的 1.5 倍修正后评估确定，容积率不低于 2.0。采取"先租后让"的方式供应，租赁期限最长不超过 6 年，通过达产验收的，方可办理剩余年限土地出让手续。原则上，"M 创"不可分割销售，但凡事总有特例，经市政府批准后，可以分割销售 50% 的面积，政府享有优先回购权。

不过，"M 创"设置了非常严格的准入条件，包括投资强度、容积率、单位用地产值（营业收入）、单位用地达产税收、万元增加值综合能耗等，其中投资强度不低于 450 万元 / 亩、单位用地产值（营业收入）不低于 850 万元 / 亩、单位用地达产税收不低于 35 万元 / 市、万元增加值综合能耗不高于 0.05 吨标准煤 / 万元，并规定，"各区政府（开发区管委会）可结合实际，制定实施更严格的地方标准。"

3.5.10　福州：M 创

2017 年，福州出台《关于创新型产业用地管理的实施意见（试行）》，针对具有本地特色的创新型产业量身打造"M 创"，其中的创新型产业主要指信息技术、生物医药、高端装备研发、新材料等具有显著创新特征，以及从第二产业中分离出来的以产品研发、核心技术产品生产试验为主的产业。

福州规定，"M 创"实行（6+N）年限（不超过 30 年）的土地出让模式，土地出让金一次性收取。其中，6 年为建设、达产验收期，该期限内土地使用权不办理登记，并不得转让、出租和抵押。通过达产（单位达产税收不低于 600 元／平方米）验收的，办理剩余年限土地使用权证书。"M 创"的定价出让起价按 50% 工业和 50% 办公基准地价（此地价对应 2.0 基准容积率，若高于 2.0 基准容积率，按楼面价相应调整）与市场评估价两者择高确定。比杭州更严的是，"M 创"不得分割转让，没有任何特殊情况存在。

3.5.11 南京：M 科（C65+ 生产研发用地 Ma／Mx）

2013 年的《关于进一步规范工业及科技研发用地管理意见的通知》中明确了新的科研设计用地——即 C65 和生产研发用地 Ma／Mx，主要适用于生产性服务业（即 2.5 产业），二者的土地登记用途统一为科教用地（科技研发），我们把它简称为"M 科"。

"M 科"分为不可分割销售（自用型）和可分割销售两种，可分割的部分不超过 50%，容积率基本在 1.5 ～ 4.0 之间。可销售型地价标准主要针对土地受让方为园区或政府投资平台的情况；其他主体取得的科技研发用地需分割转让或销售的，挂牌出让起始价在可销售型地价标准基础上再上浮 80%。

南京的"M 科"地价介于工业用地和商办用地之间，但更细化的划分为六个土地级别，每个土地级别设定相应的基准地价标准，基准地价水平从 20 万元／亩至 157 万元／亩不等，根据容积率进行修正时，一级地最高标准达到 263 万元／亩。在级别基准地价的基础上，还根据各科技产业园区的区位条件、产业集聚程度、开发程度等因素，专门确定了各科技产业园区的土地挂牌出让起始价标准。

此外，济南、天津等城市也在创新型产业用地方面进行了探索。（表 13）

3.5.12 小结

各地新型产业用地政策的创新主要包括以下几个方面：

（1）通过适当提高用地容积率和兼容比例，允许用地分割转让等方式促进产业用地供给的创新，由此推动地方产业升级换代，往高精尖经济结构发展。

各地创新型产业用地政策对比　　　　　　　　　　　　　　　　表 13

城市	用地	容积率	兼容	分割转让	最高出让年限
北京	M 创	1.5~5.0	—	不得分割转让	—
上海	C65	不超过 3.0	10% 的配套但仅限全资国有平台来运作	同用类项目可以分割销售 30% 的面积；工业用地转型为商业、办公用地的，可以分割销售 50% 的面积。	—
深圳	M0	不超过 6.0	30% 的配套	有一定的分割销售比例	—
东莞	M0	3.0~5.0	产业用地计容建面不得低于 50%，住宅不得高于 20%	不超过 49%	40 年
珠海	M0	不超过 3.0	—	—	50 年

续表

城市	用地	容积率	兼容	分割转让	最高出让年限
温州	M0	1.6~2.8	15%的配套但仅限企业内部使用	不得分割转让	—
惠州	M+	不低于2.5	30%的配套	产权分割（允许销售50%）	40年
杭州	M创	不低于2.0	—	原则上不可分割销售。但经市政府批准后可分割销售50%的面积	30年
福州	M创	不低于2.0	—	不得分割转让	30年
南京	M科	1.5~4.0		可分割的部分不超过50%	

（图表来源：作者自绘）

（2）从企业准入条件、规划设计标准、持有限制等方面对新型产业用地设置严格的门槛，规范市场行为，坚持"去房地产化"。

例如杭州的"M创"在投资强度、容积率、单位用地产值、单位用地达产税收、万元增加值综合能耗等方面设置了非常严格的准入条件；惠州的"M+"提出办公楼、科研楼等产业用房建筑应采用公共走廊、公共卫生间式布局，不得设置外挑阳台等规划设计标准，防止采用类住宅套型布局与功能设计；上海的C65用地在刚开始的时候，要求只能是全资国有平台来运作，并且要全部持有，随后虽然有所放宽，但基本依然是鼓励和倾向于由全资国有园区平台来操盘，由此保证产业用地的供给。

（3）出台相应的配套管理政策，建立一套适应新型产业的管理机制是新型产业用地这条路能走多远的先决条件。

从目前各地的探索实践经验来看，很多城市虽然提出了新兴产业用地的概念，但是还停留在概念探索阶段，缺乏相应的管理办法或实施细则，北京、深圳等均在此列。以深圳为例，尽管它是第一个设立M0的城市，但至今仍未出台专门的M0管理政策，在现实操作中，由于M0用地分类标准无法清晰对标，对产业内涵没有明确界定，和政府谈判与申请没有依据，一度造成诸多分类混乱、管理不公和"类房地产化"，甚至造成诸多的寻租空间。

在吸取深圳前车之鉴的基础上，东莞率先出台了新型产业用地（M0）管理暂行办法，与此同时，杭州、福州、温州、惠州等城市的相关暂行办法和实施意见也正在紧凑推进中。在广州市探索新型产业用地的过程中，应充分总结其他城市政策建设经验，结合广州实际，制定明确的规范和办法，指导存量产业用地更新和用地供给。

4 盘活和挖掘城市更新用地的思路与原则

4.1 总体思路

4.1.1 提高土地综合效益，推动高质量发展

将城市更新上升到城市发展战略的高度来看待，重点激发市场的力量，改变土地利益效率最大化的单一目标导向，将存量土地的盘活运营与以人为本、产业升级、功能优化、文化传承等方面进行挂钩，全面提高土地利用的长远综合效益，在推动高质量发展上聚焦用力，助力广州国家中心城市建设全面上新水平，成为高质量发展的示范区。

4.1.2 灵活纵深挖潜，加快存量用地盘活

存量土地再开发和高效利用是城市更新的本质问题，在城市更新过程中应积极实行差异化的用地政策，探索差别化供地、差别化地价、差别化管理模式等，以有扶有控、有保有压，以结构性、差别化的存量土地管理方式，灵活、深度挖掘与激发存量土地的再开发潜力，同时提高土地资源配置效率，节约集约发展智慧型城市。

4.1.3 强化顶层设计，引导要素流动配置

加强政府对城市更新的规则引导作用，强化顶层设计，综合激发市场、财税、金融等经济手段对于资源配置的作用，调动各方积极性，为存量土地优化利用提供不同路径，整体统筹引导要素流动，实现资源优化配置，同时促进城市更新地有序化、规范化推进。

4.1.4 全盘统筹研究，健全集约用地机制

在城市更新总规、更新计划及现有更新政策的基础上，进一步完善规划引领、计划调节、标准控制、市场配置、政策激励、考核评价的土地节约集约利用新机制。促进建设用地"增减挂钩"，推进土地出让方式改革，探索建设用地弹性出让制度，强化产业用地扶持力度，多方位完善节约集约用地机制，提升效率。

4.1.5 全生命周期管理，有效做好社会服务

按照项目全生命周期管理思路，将实施进度、产业导入、运营管理、公共服务等要素，纳入土地出让合同一并管理，结合城市更新年度计划，对已纳入计划的项目进行监管，改变重审批轻管理的工作模式，进一步健全城市更新机制流程。

4.2 基本原则

4.2.1 坚定不移地推进城市更新

深入学习贯彻习近平总书记视察广东的重要讲话精神，把抓好城市更新工作作为践行"两个维护"的具体行动、推动高质量发展的主要抓手和改善民生的重要内容，为建设国际大都市拓展新空间、增添新活力。广州市要在近10年更新实践的基础上，

继续坚定不移地推进城市更新，最大限度地盘活存量用地，实现集约高质发展。

4.2.2 坚持"全市一盘棋"行政

各级各部门要按照"全市一盘棋"的要求，统筹协调、上下联动，重点解决好城市更新工作中存在的利益诉求多元、协调平衡难度大等问题。进一步评估有关政策实施效果，加快制定出台城市更新实施细则，充分调动各方积极性，鼓励社会资源力量参与，提升改造效率和效果。

4.2.3 坚持存量用地更新与文化保护并行

要高度重视城市更新中的历史文化保护和城市文脉传承，要以对历史负责任、对人民负责任的思路处理好城市更新与历史文化保护利用之间的关系，不大拆大建，同时杜绝过度市场化行为，注重文明传承、文化延续，让城市留下记忆，让人们记住乡愁。

4.2.4 坚持推进产业用地政策创新

要充分认识存量产业用地是推动产业经济转型的重要抓手，通过地价计收优惠、补偿标准提升、提高用地兼容率等方式对存量产业用地进行适度政策倾斜，进一步明确和优化存量用地的产业导入政策，吸引更多新技术、新产业、新业态、新模式，助推广州产业转型升级。

4.2.5 坚持土地收益多方共享

向原土地权益人适度释放土地发展权，同时探索多方利益均衡共享机制，在城市更新过程中让利各利益主体，共同分享存量土地再开发带来的土地增值收益，调动各方积极性，有效维护公共利益，推动多方共赢，实现有效推动产业转型升级、城镇基础设施和公共服务设施更加完善、人居环境明显改善等多重目标。

5 盘活和挖掘城市更新用地的策略与建议

5.1 建立用地"增存挂钩"机制，引导绿色集约发展

根据省厅关于土地利用年度计划指标管理制度改革的部署，2018年起，除重点基础设施和民生保障项目外，省将不再向珠三角城市下达新增建设用地指标，实行"以存量换增量"、"改一奖 X"等政策，根据"三旧"改造和拆旧复垦情况、引进重大产业项目落地等情况，奖励分配用地指标。盘活用量越多，奖励指标越多，倒逼珠三角城市盘活存量建设用地。

5.1.1 探索建立基于城市更新的用地"增存挂钩"机制

按年度考核广州市各区的存量土地更新实施情况，把存量用地更新实施指标作为新增建设用地指标分配的重要依据，减少对城市更新推进缓慢、存量土地盘活率不达标地区的新增建设用地分配，并对更新改造实施率高、项目改造成效显著的地

区给予新增建设用地指标奖励，倒逼各区进一步盘活存量用地，形成节约优先的绿色发展导向。

5.1.2 加强"增存挂钩"机制运行的检测监管

市、区相关主管部门应加强建设用地"增存挂钩"机制运行情况的监测监管。督察机构应将存量土地的更新实施情况纳入督察工作重点。对于更新推进十分缓慢、用地盘活率远不达标的地区，依照有关规定发出督察意见，责令限期推进。

5.2 完善现行规则，多措并举降低博弈成本

进一步完善数据认定、拆补标准、确定净容上限等更新配套文件，综合施策，形成合力，规范城市更新运作，提高效率。

5.2.1 明确基础数据认定标准，划清底线，严控违建

结合广东省新政策，对基础数据的认定标准进行进一步修订完善，尽快出台专项政策，严控村民抢建、加建行为，减少村民、开发商和政府在基础数据认定方面的博弈成本。

5.2.2 分区域建立统一的拆迁补偿标准，提高改造效率

在《广州市旧村庄全面改造成本核算办法》的基础上，目前各区结合地区实际采取不同的拆迁补偿措施，但均未形成明确的标准，往往是以不同村庄会议纪要的形式给出成本核定建议。建议在更新成本方面加强政府管控，在全市分区域建立详细、统一的补偿标准，并允许将土壤环境调查评估及处理、地价评估、土地勘测定界、土地出让金、拆迁奖励等实际发生的费用纳入改造成本，优化标准，加快推进改造。

5.2.3 合理确定住宅地块净容积率上限，降低更新与规划审批之间的拉锯成本

旧城旧村改造项目采用成本核算的方式确定容积率，该做法可操作性不强，常导致改造主体和规划部门反复拉锯博弈，延长了规划审批时间。应科学合理的改进容积率的确定方式，确定容积率测算规则，提出客观明了的容积率计算公式，并向社会公开。

在城市更新实操中，由于部分旧村的改造基数较大，导致融资复建量较高，为避免旧村全面改造项目容积率太高，倒逼规划，影响城市环境和形象，建议以已完成全面改造的旧村住宅净容积率平均值作为住宅净容积率上限，不超过该上限的原则上可以采用全面改造方式进行改造，超过该上限的以综合整治方式改造。降低控规调整难度，提升项目可行性，加快项目推进。可参照借鉴深圳《深圳市城市更新单元规划容积率审查规定(征求意见稿)》，对于现状容积率超过 2.5 的城中村、旧屋村，除因落实重大城市基础设施和公共服务设施的需要外，应审慎纳入拆除重建类城市更新。

5.2.4 创新财税和金融机制，降低压力

逐步减少当前政府财政支出对于土地出让收入的需求，提高土地出让收入用于

旧改土地实施成本的比重，降低融资的财务费用；对重点地区的城市更新实施项目，以及发展实体经济、高精尖创新产业的更新项目，探索长期资金筹措机制，进一步完善城市更新基金的使用方法，研究发行长期债务，延长资金平衡年限，允许企业通过对产业的培育、发展和增加税收的方式逐渐偿付本息，实现资金平衡。

5.3 创新旧城更新工作机制，因地制宜推进城区内涵化持续化更新

根据旧城镇存量用地的不同特征属性，把控核心，建立严弹有度、扶持有度的旧城改造机制。

5.3.1 重点历史文化保护区更新改造应坚持政府主导，由政府实施土地征收补偿安置

历史文化保护区作为"旧城镇"的特殊区域，其更新改造涉及公共利益，因而不能过多地由市场介入，建议由政府主导。借鉴杭州、南京等城市的经验，由各区政府通过土地储备方式对重点历史文化保护区实施土地征收补偿安置，项目涉及经营性用地的，采取保留建筑物带方案公开招拍挂方式出让。政府应下决心主导重点历史文化保护区的改造，保护历史文化遗产，拓展公共空间，同时引导创新产业植入，唤醒历史文化保护区的经济活力，促进老城复兴。

5.3.2 明确城中村分类改造时限要求，加快改造进程

鼓励城中村以拆除重建为主进行全面改造，对暂不具备全面改造条件、3年内无法启动拆除重建的城中村实施微改造，并明确微改造完成的时间，降低城中村在全面改造和微改造之间的选择时间成本，尽可能快速地改善人居环境，提升群众的居住幸福感。

5.3.3 在老旧小区微改造中引导居民自治，逐步降低政府财政压力

目前广州老旧小区微改造基本为政府主导，改造资金由政府财政支出。建议参照杭州"属地主导、居民自治"、台湾"都市自主更新"的做法，发挥社区居民的主导作用，由社区居民自主申请，按照"共同缔造"原则完成设计和实施，政府负责审批与监管，同时在符合建筑安全的前提下，为自主更新的社区提供容积率奖励，平衡改造资金。

5.3.4 加强组织实施，推进旧城区成片连片改造

按照《广州市旧城镇更新实施办法》，旧城区全面改造项目，第一轮征询改造区域居民意愿，同意改造户数的比例达到90%以上（含90%）的，方可启动改造，并办理地块改造前期手续。建议加强对旧城区连片改造项目的组织实施，在确定开发建设条件的前提下，经改造范围内90%以上户数（或权属人）表决同意，由政府将征收补偿及拟改造土地的使用权一并通过公开方式确定改造单位。由区政府作为征收主体、改造单位出资，完成征收后，办理协议出让手续。

5.4 重视存量产业用地更新，并给予适度政策倾斜

强化对产业导入的扶持力度，为城市更新所活化、提供的空间注入经济活力，实现功能提升。

5.4.1 制定产出绩效门槛，优化存量产业用地的资源配置

建立产业准入标准，将相关准入要求作为存量产业用地更新改造的前置条件；并对产业绩效进行全生命周期监管，在土地使用权人申请利用存量产业用地前签订监管协议书。在协议书中明确产业导向、投资强度、自持比例、税收贡献等指标，约定违约责任及退出条款，严防房地产炒作，强化利用绩效、使用用途监管，杜绝"不做产业做物业"牟利的现象。对于未兑现承诺的行为可采取收取违约金、缩短土地使用年限、直到收回土地使用权等多种惩治措施，使得低效要素能退得出、高效要素有空间进，从而在宏观整体上促进生产要素的流动配置。

5.4.2 地价计收给予优惠倾斜，提高改造积极性

"工改工"改造后房屋分割转让项目、"工改商"和"工改新产业"自行改造项目，建议允许企业结合产业导入分期补缴地价，或结合产业绩效评估，对于产业导入升级成效显著的，允许以基准地价补缴土地出让金，降低企业压力。建议从利益影响较大的地价入手，对存量产业用地更新进行专项研究，制定适度的优惠政策，提高权属人的改造积极性。

5.4.3 提升国有土地旧厂房政府收储项目的补偿标准，保障业主权益

按照《广州市旧厂房更新实施办法》和《实施意见》，国有土地上旧厂房交由政府回收，改为居住用地的，按规划毛容积率2.0以内计算补偿款，改为商业服务业设施用地的，按规划毛容积率2.5以内计算补偿款。即原则上不对超出上述容积率的部分进行补偿，一定程度上压缩了原业主的利益空间。建议参考《佛山市城市更新地价计收及收储补偿办法（征求意见稿）》，对居住用地规划毛容积率2.0、商业服务业设施用地规划毛容积率2.5以上部分，按公开出让成交价或新规划用途市场评估价的10%计算补偿款，降低原业主的利益损失，提升改造意愿。

5.4.4 适度推行产业用地M0，推进产业转型升级

参照深圳、东莞等城市的经验，优先在成片连片的工业园区试行新兴产业用地M0，允许适度提高工业园区兼容比例和容积率，鼓励工业用地内的配套行政办公及生活服务设施集中统一安置，同时明确其用地面积比例和计容建筑面积比例，以及新建配套设施可以分割出让的比例。建议以3年为试行时间，总结经验后全市推广，最终达到调整存量土地市场格局、提高产业用地供应、推动产业升级的目的。

5.5 探索留用地开发和城市更新统筹工作机制，妥善解决历史遗留问题

在有利于促进旧村更新改造的前提下，允许村留用地纳入改造范围，进行统一

规划和利益分配。

5.5.1 明确可纳入改造的留用地规模标准，控制捆绑开发上限

广州市现有更新政策提出村集体有留用地欠账的，可通过留用地落地的方式，将符合城乡规划的村集体土地纳入改造范围，平衡旧村全面改造项目资金以及容积率，并给予计算集体物业权益面积，但是对纳入改造的留用地面积未做具体要求。建议按照资金平衡和纳入留用地面积小于安置用地面积的双重条件，一村一策，由区政府确定纳入改造的留用地面积上限，防止捆绑城市更新进行新城开发，确保城市更新工作可持续推进。

5.5.2 建立协同合作机制，明确具体权责

由镇人民政府、街道办事处作为村集体留用地开发推进旧村更新改造的责任主体，负责组织实施基础数据调查，指导进行民主决策、招商引资等工作；各镇、街对村留用地开发与旧村更新改造工作进行监管；由区城市更新局统筹实施村留用地开发推进旧村更新改造工作，对村留用地开发和旧村庄更新改造的时序安排、空间结合、利益分配等重要内容进行统一规划。

5.6 突破行政效能建设瓶颈，完善城乡规划管控机制

建议借鉴深圳城市更新单元规划的经验做法，建立与"三旧"改造相适应的规划管理制度，缩短规划审批流程，减少规划审批环节，明确审批时限。

5.6.1 推动各相关部门形成工作合力

进一步明确涉及城市更新改造各职能部门责任分工、审批时限，强化倒逼、考核机制，建立一套行之有效的工作机制，充分调动各相关部门的积极性，形成推进城市更新工作的强大合力。

5.6.2 加快完善城市更新配套政策

按照省提升"三旧"改造水平促进节约集约用地工作方案要求，重点围绕完善利益共享机制、优化项目实施程序、解决征地拆迁矛盾纠纷、强化批后实施监管等方面，制定完善配套政策和工作指引。同时，要探索利用国家城镇低效用地再开发、老旧小区改造试点政策、棚户区改造政策以及农村土地拆旧复垦等政策，发挥政策叠加效应。

5.6.3 简化城市更新用地审批流程

按照省政府调整省级行政职权事项工作部署，做好承接省委托下放"三旧"用地审批权限各项准备工作。进一步优化审批流程，简化报批材料，将城市更新项目涉及的相关审批手续全部纳入"绿色通道"，加快实行"一门式、一网式"审批模式。

5.7 加强交易平台建设，促进存量流转

完善全市统一、公开、常设性的存量土地二级市场交易平台，实现企业需求与

存量土地空间资源供应信息的高效链接。

5.7.1 推进土地出让方式改革

允许土地使用者将土地使用权再转让的行为，包括出售、出租、抵押、交换和赠予，改变单一的国家出让土地使用权的一级市场行为，让市场杠杆促进存量资源实现真正的科学配置。

5.7.2 制订土地弹性年限

改变土地的空间资源供给模式，从采取一次性提供 40 ～ 50 年使用期限的土地转向采取先租后让、弹性年期提供产业用地，降低企业土地使用成本，引导企业真正聚焦于产业创新与运营上。可以参考借鉴佛山南海区《佛山市南海区产业用地提升指导意见（试行）》，根据产业类型、生命周期、项目规模等因素灵活确定土地供应方式与出让年期，提高供应方式与产业项目的适配度。其中，弹性年期出让年限为 10 ～ 50 年；"先租后让"则是按照公开出让程序确定土地竞得人后，由竞得人进行开发建设、经营利用，待租赁期届满，达到约定要求并缴清土地出让价款后，将土地使用权出让给竞得人的供应方式。

5.7.3 建立土地交易鉴证制度

针对土地转让后，部分企业不按照合同利用土地所带来的问题，建议建立土地交易鉴证制度，在签订转让合同时，将相关约定纳入转让合同，并在土地转让后继续加强跟踪管理。

5.8 加强城市更新法制化，进一步明确权责边界

逐步推动城市更新法制化工作，为城市更新改造的实施提供有效的法律依据，提升城市更新工作的规范化、法制化水平，充分保障各方利益、压缩博弈空间，从而进一步调动改造积极性，加快存量用地盘活的速度。

5.8.1 推进城市更新立法工作

广州市现行城市更新政策多以市政府、市政府办公厅、市国规委、区政府、区更新局等政府和相关机构发布的规范性文件来体现。城市更新必然会涉及原权属人土地使用权及建筑物所有权权益的调整、置换或补偿，涉及对原有用地规划及工程规划的必要调整，也会涉及对参与更新改造的开发商合法权益的保护。政府、原权属人和开发商在城市更新中既有共同的目标，也有各自的利益诉求，加强城市更新立法，可以做好城市更新活动中各参与方的角色定位，据此设定政府和市场的权力边界，各司其职，各担其职。通过法律途径来规范城市更新实施，保障各方利益，加快更新实施。

5.8.2 优先试行征拆纠纷司法裁决机制

妥善解决土地征拆难题、保障群众合法土地权益，为城市更新项目加快实施保驾护航。旧村和旧城全面改造项目在制定补偿安置方案时必须具备相关司法裁决条

款，相关补偿安置纠纷可通过民主协商、行政仲裁、司法仲裁等方式解决争端，拒不服从的依法采取相关措施。

5.8.3 加快违法建筑治理力度

切实摸清全市违法建设家底，细化完善全市违法建设存量和治理台账，实行销号式管理。坚持源头管理，运用技术手段，加强巡查发现，加快出台建立新增违法建设快速拆除机制，做到对新增违法建设"露头就打"，确保实现"零增长"。要抓紧制定存量违法建设的分类处理政策，坚持"拆除一批、整改一批、没收一批"，综合运用"三旧"改造、城市更新、棚户区改造等多种政策积极消化存量。

作者信息：

蔡云楠，男，博士、教授，广东工业大学建筑与城市规划学院副院长，中国城科城市更新专业委员会常务副主任委员。

肖　希，女，博士，广东工业大学建筑与城市规划学院，讲师。

和素祯，女，广州寰宇都市规划建筑设计研究院有限公司。

闵丽，女，广州市城市更新协会副秘书长。

黄金海，男，广州市委政策研究室，处长。

王长江，男，广州市委办公厅综合二处，处长。

周　玲，女，硕士，广州城市更新协会。

加强广州市老旧小区微改造特色化建设的建议

1 广州老旧小区微改造概况

1.1 老旧小区微改造的工作概况

（1）市委市政府工作部署

自 2017 年我市开展老旧小区微改造试点工作以来，广州市委、市政府高度重视我市老旧小区改造试点工作，认真落实试点工作各项要求。时任市委书记任学锋同志亲自抓老旧小区改造工作，多次专题听取试点工作汇报并实地调研，强调"要一项项抓出成效，微改造带到大变化，让群众的获得感、幸福感、安全感更强、更可持续"，其中越秀区仰忠社区、天河区德欣小区改造为任书记亲抓的示范项目。2017年 5 月 3 日温国辉市长主持召开全市老旧小区改造工作部署会，进一步统一思想认识，加强工作部署，同时市政府将老旧小区改造纳入 2018 年十件民生实事之一。

（2）政策配套和安排资金

2015 年 12 月，广州市出台《广州市城市更新办法》，首次提出"微改造"，把"微改造"和"全面改造"放到同等重要的位置。2017 年《住房和城乡建设部关于推进老旧小区改造试点工作的通知 [2017]322 号》明确老旧小区改造工作的重要意义、试点的主要任务和工作具体要求。借此契机，广州市将微改造与老旧小区改造有机地结合起来，以此开展老旧小区改造的试点工作。同时印发了《广州市老旧小区改造试点工作方案》，并强调：一要政府主导，共建共治；二要因地制宜，分类实施；三要注重长效，建管并重。"试点方案"选取 5 个不同类型的老旧小区作为试点，安排财政资金 2.08 亿元，并明确工作总体要求、主要任务、进度安排及保障措施等。同时老旧小区微改造初步确定了具体改造内容、改造标准和改造程序等工作标准，为老旧小区微改造的推广打下厚实的工作基础。

（3）试点小区的微改造

老旧小区微改造试点工作在现状摸查和分类研究的基础上，从 2000 年之前建成的、人居环境较差的 779 个老旧居住小区中综合各方面的条件，选取 5 个典型小区作为试点。具体是：越秀区旧南海县小区（历史文化街区）、五羊小区（广州市最早最集中的单位宿舍区）、梅花路小区（房改房小区），荔湾区泮塘五约小区（历史文化街区），天河区德欣小区（房改房小区）。其中：1 个试点小区（德欣小区）基本完工；2 个试点小区（五羊小区、泮塘五约小区）正在施工；2 个试点小区（旧南海县小区、梅花路小区）的改造方案已征求社区居民意见，正进行立项审批等前期工作，预计 2018 年 8 月开工。在市级层面小区微改造开展的同时，各区又开展对区内典型老旧小区进行先期微改造，如海珠区成立老旧小区微改造工作实施小组，由专人跟进老旧小区微改造项目，同时开展 9 个老旧小区的微改造，其中素社街稔岗社区和兰蕙园得到媒体和社会的一致认可。

1.2 老旧小区微改造工作进展

目前，广州老旧小区的微改造已初步形成系统的政策体系，构建了较为高效的实施机制。出台了一系列系统性的实施方案计划和技术标准，包括：《广州市老旧小区改造试点工作方案》、《广州市老旧小区改造三年（2018–2020）行动计划（审议稿）》、《广州市老旧小区微改造实施方案编制指引（试行）》及《广州市老旧小区微改造"三线"整治实施方案和技术指引（试行）》。围绕小区公共部分和房屋建筑本体共用部位，改造内容合计 60 项，分为基础完善类 49 项和优化提升类 11 项，出台相应的改造标准。

2017 年，在试点小区重点推进的同时，广州市纳入计划的老旧小区"微改造"项目共 87 个，包括越秀区 28 个、海珠区 9 个、荔湾区 22 个、天河区 3 个、白云区 4 个、黄浦区 8 个、花都区 4 个、番禺区 5 个、从化区 3 个、增城区 1 个。计划到 2020 年，重点推进全市 779 个功能配套不全、建设标准不高、设施设备陈旧、基础设施老化、环境较差的老旧小区微改造。

其中海珠区提出老旧楼道改造工作的特色项目，对老旧小区的公共空间改造起到了很好的效果。2017 年，该区共开展了 25 栋旧楼宇楼道的改造。同时，在促进电梯加装方面，广州市各区根据实施的具体情况，出台相应加装电梯财政补助申领规定，对符合条件的电梯加装项目，海珠区、天河区、白云区、越秀区和荔湾区等给予 10 万元财政资金补助，黄浦区、花都区和番禺区则提出给予 15 万元财政资金补助的鼓励政策。

2018 年市城市更新局制定 2 批老旧小区微改造项目计划，共拟推进 587 个小区改造。

1.3 老旧小区微改造典型示范

目前，各区老旧小区微改造的试点工作，呈现多样化的改造成果。其中：

（1）越秀区东源小区借助"微改造"来弘扬廉洁文化。东源小区原属于典型的无物业管理老旧小区，2017 年起围绕"三改造一落实"工作主线扎实开展微改造。

该小区微改造项目建设前期，通过面对面交流座谈充分听取街坊意见，进一步充实改造的内容。特别是通过深入挖掘东源大街的历史文化渊源，突出宣扬正能量要素，在东源小广场树立廉洁人物雕塑，提醒党员干部群众提高廉洁自律意识。此外，改造项目重点对东源大街进行了全面整修，路面和人行道铺设了麻石和青砖，树木进行了修剪，道路两旁的建筑外立面、雨棚、防盗网进行了整饰，东源大街视觉形象得到全面提升。同时，增加民生投入，新建通信合建管廊 350 米，东源大街通信、有线电视线路全部实现下地；修整化粪池 5 个、污水管 120 余米；为 23 栋楼更新了消防设施，增加消防箱 170 个，更换接合器 100 多个；为 7 栋楼更换了防盗门，提升群众居住安全性。

（2）越秀区盐运西社区微改造通过艺术介入的方式，实现空间改造和居民共建共治共享。作为 2018 年国家住建部的历史建筑活化利用试点项目，盐运西也是广州首个成立老旧小区"微改造"工作坊的社区。盐运西社区提出微改造不仅是物质空间的提升，更要与社区治理相结合，坚持居民主体地位、公众参与、共同缔造，"改不改"、"改什么"、"怎么改"充分尊重居民意愿。

（3）海珠区素社街兰蕙园老旧小区微改造项目，市财政已投资 503 万元完成小区公共"三线"整治、外立面整饰、公共楼道粉刷及加装不锈钢扶手、维修围墙、更换排水管网、建设步行系统、提升小区绿化、建设小区公共空间、维修安装体育锻炼器械、建立文化长廊、更新补建信报箱、健身路径、垃圾分类等工作。

（4）恩宁路永庆片区的微改造项目。2015 年荔湾区政府以微改造为契机，选取恩宁路永庆大街片区作为全市首个微改造试点，采取政府主导、企业实施、居民参与的形式，政府制定《微改造建设导则》、《微改造社区业态控制导则》，万科企业以 15 年租期获得改造运营权。项目总占地面积约 8000 平方米，改造建筑物约 12000 平方米。

恩宁路永庆片区的微改造模式可归纳为，政府首先进行公房回收，获得大部分房屋的改造权，以 BOT 的模式引入万科企业对恩宁路进行微改造。改造通过对街区保留肌理，改造建筑的局部、翻新立面和重构内部空间等方式，以减弱居住、逐渐植入特色产业为目标，重塑街区的活力。

2016 年 9 月，恩宁路永庆片区微改造基本完成并对外开放。微改造完成至今，永庆街区的物质空间环境得到提升，各种产业进驻也初见成效，"永庆坊"逐渐成为广州的热门活动场所。社会和媒体对永庆片区在政策、项目组织、空间设计和改造、产业植入、后期运营等方面进行的"先行先试"的大胆创新给予了肯定，但也存在一定的争议。

（5）泮塘五约社区微改造——荔湾区城市更新局高标准推进住房城乡建设部老旧小区改造试点。一是坚持文化传承。在改造设计上，通过原状保留村落原有形态、恢复历史水系和传承传统民俗文化等方式，力求恢复泮塘地区的岭南水乡风貌和历史文脉,留住乡愁;二是注重功能提升。通过对已征收房屋进行改造,改变其居住属性,变更其使用功能,作为集市、老幼活动中心、便利百货、医疗站等社区配套服务设施开放给周边居民使用,实现泮塘五约社区服务功能的不断提升;三是实现环境美化。通过立面整饰、三线下地、市政给排水管网改造、道路修复铺装,改善居住环境。打破村落与公园界限,融合村落与公园景观;四是探索共同缔造。通过党建引领,多元参与,汇集民意,实现共同缔造。2018 年 8 月 25 日,在泮塘五约三官庙内,区城市更新局和昌华街道召开"共同缔造"及"共同缔造委员会"说明大会,邀请泮塘五约居民代表参加,听取居民代表意见。

1.4 老旧小区微改造特色化必要性和紧迫性

作为公共财政先期投入的民生工程,老旧小区的改造在标准化上比较容易得到各方认可,然而针对不同年代、不同区位的老旧小区,统一标准化的做法将导致小区的千篇一律,缺乏特色,也难以适应不同年代、不同规模的小区本体。同时,如何打造具有广州特色的老旧小区改造,回应全国的试点工作,也是广州老旧小区改造的一个重要议题。着眼于不同类型、规模、区位的小区进行分类标准的制定,对打造小区的特色具有较好的实操意义,同时在标准与非标准中寻求合理尺度,有利于广州地域特色的展现。

2 广州老旧小区微改造的初步成效

2015 年,广州首创的旧城微改造模式,得到住房和城乡建设部及社会各界的认同和肯定。2017 年底,广州成为唯一入选全国老旧小区改造试点的一线城市,改造经验上升为全国范本。在老旧小区微改造工作中,广州始终坚持以人民为中心的发展理念,将解决群众切身问题放在首位。2016 年选取 19 个项目探索老旧小区改造,2017 年选取 4 个老旧小区开展"三线"整治四网融合试点,截至 2018 年 5 月,全市已推进老旧小区微改造项目 274 个,面积 30.3 平方公里,财政资金投入 7.43 亿元,惠及群众 100 万人。就目前的工作而言,广州率先于全国进行的老旧小区微改造取得了初步的成效:

2.1 提升居民的幸福感与获得感,优化了城市风貌

老旧小区的微改造实现了小区环境美化、民生改善、经济发展、文化保护等功能。各区老旧小区改造基本按照计划落实,首批微改造小区取得良好成效,获得广大市民以及中央电视台《新闻联播》、新华社、人民日报等主流媒体的专题报道。

第一,重点完善基础配套。将用水、用电、用气、消防等基础设施升级作为常规内容,以市财政补助为主推进改造,确保解决涉及居民基本生活、功能性保障等

方面的问题。如越秀区的 38 个项目，维修改造路面 5.6 万平方米、消防设施 1568 套、绿化 13.6 万平方米、清疏化粪池 460 个、安装维修楼梯扶手 146 栋、门禁 210 栋、楼道照明设备 700 套，居民生活环境得到有效改善。

第二，扎实开展"三线"整治。明确整治内容，制定工作流程，首次对不同管线的材料、颜色、尺寸等内容统一技术指引。旧南海县小区、梅花路小区等试点项目采取四网融合模式，联合供电部门进行"三线"整治；仰忠小区完成 60 栋楼宇一户一表改造，清剪废弃线路 95.8 千米，切实解决"三线"乱拉乱挂等影响市容和安全隐患问题。

第三，方便市民出行。老旧小区加装电梯按照相应的技术规范和建设标准，获得较高认可，现阶段已在全市层面继续开展。

第四，政府及时出台相关准则和技术标准。按照住建部关于老旧小区改造试点工作有关要求，广州市重点从探索项目建设机制，加强老旧小区改造顶层设计、机制保障、技术支撑等方面入手，由广州市城市更新局牵头编制了《广州市老旧小区微改造设计导则》（以下简称《设计导则》），于 2018 年 8 月 9 日印发实施。

第五，美化环境，小区空间与环境品质得到全面提升。关注老旧小区户外空间和交往空间，整治环境，美化景观，科学配备环境卫生服务力量，使社区整洁有序。同时引入有机、智能的垃圾分类工作机制，将垃圾分类硬件建设纳入老旧小区改造内容，投入 1300 万元推进 10 个老旧小区垃圾分类试点。

2.2 探索建立一套老旧小区微改造的政策和机制

一方面，初步形成系统的政策体系。明确了改造内容和标准，针对老旧小区共性问题，梳理 60 项"任务清单"，包括基础设施升级、拆违整饰等 49 个基础完善类项目和加装电梯、绿化节能等 11 个优化提升项目，指导基层分门别类、依循标准开展改造。制定全流程工作指引，从方案编制到竣工验收均制定了相关文件，为工作规范开展夯实基础；明确规划设计标准，编制《广州市老旧小区改造设计导则》，明晰设计流程和设计要点，提升改造品质；明确专项工作规范，出台"三线"整治、电梯加装等工作的实施方案和技术规程，为重点难点问题提供专业指引。

另一方面，构建较为高效的实施机制。针对老旧小区微改造市政府加强了财政保障，累计投入市财政资金约 18 亿元。同时加强计划统筹，按年度安排改造项目和资金，按照"改造一批、策划一批、储备一批"的原则，制定三年（2018-2020）行动计划，有序推进 779 个老旧小区改造；简化工作流程，将项目审批权限下放到区政府，对纳入计划的项目视为已立项，解决项目批复时间长、立项工作繁琐等问题。创新实施模式，结合实际通过 EPC 总承包、BOT（私企参与建设 - 经营 - 转让）等模式开展改造，提高工作效率。

2.3 实现以点带面的良好开局，首批重点微改造的小区起到标杆作用，较好带动后续小区的微改造

广州率先打造了特色化的老旧小区，形成全国性示范，如五羊新城小区、海珠小区等。通过增设社区养老、医疗、教育、停车等公共服务设施，打通消防通道，原则上实现了"三线"下地，公共服务和市政配套设施也得到完善。

2.4 带动居民自发自行参与，形成良好的社区微改造机制与地方文化传承活动

在居民参与小区微改造的过程中，岭南文化与历史文化遗产得到传承和弘扬，历史文化建筑和街区也得到相应保护，修缮文物古迹、工业遗产、历史建筑共 207 宗，总建筑面积 13.75 万平方米。

2.5 多举措促进老旧小区电梯加装

加装电梯是老旧小区微改造中最重要的工作之一，截至 2018 年 6 月，全市已审批增设电梯 3300 多宗，其中已完工 1124 台，在开工 154 台。

（1）结合居民出行，创新制定加装电梯专项工作方案。越秀、海珠、荔湾、天河等区给予每台 10 万元的财政补助，花都区、番禺区等给予 15 万元补助，充分调动了群众积极性。荔湾区成立旧楼宇加装电梯服务中心，搭建"政府＋企业＋志愿者"的服务平台；越秀区采取"1+1+18"的服务模式，即 1 个电梯服务中心＋1 个政务中心电梯预审专窗＋18 个街道电梯咨询专窗，提供一站式、全流程的政策解答和咨询服务。

（2）坚持共同缔造，倡导居民自治与社会参与。为了打造有活力的老旧小区，鼓励居民自筹，全市老旧小区居民共提取个人住房公积金 345.36 万元用于加装电梯相关工作。

（3）探索创新，提供专业指引。按《广东省既有住宅增设电梯的指导意见》《广州市既有住宅增设电梯办法》《广州市既有住宅增设电梯技术规程》及住建部相关要求进行电梯加装，逐步完善实施方案和技术规程。

（4）加装电梯逐步探索市场与政府相结合的路子。在未纳入 779 个老旧小区改造名单的其他小区、单独住宅等，结合严格的技术规范，开放加装电梯的窗口，全面提升住区居民的出行品质。

3 广州老旧小区微改造的现实困境

3.1 老旧小区现状问题复杂

广州的老旧小区普遍存在建筑性能退化、基础设施陈旧、道路交通混杂、公共空间匮乏、环境质量差、安全管理堪忧、社区文化丧失等问题。此外，不同年代、不同基础有着不同的空间风貌和社区文化特色。如何把握与提升历史记忆、文化特色、社区文化等，打造具有针对性的特色老旧小区，是微改造工作的难点所在。

以年代划分，不同年代建造的老旧小区，由于建造的基础、条件和标准各异，居民的年龄构成、职业构成和来源构成等也不相同。当前微改造面临的主要问题存在较大的差别，对于建筑质量、小区设施、小区环境、小区绿化等改造内容，改造的优先等级、具体的改造措施将有所区别。从建造年代划分，广州的老旧小区大致可分为中华人民共和国成立前、中华人民共和国成立后至1980年、1980～1990年和1990～2000年四类。其中中华人民共和国成立前和中华人民共和国成立后至1980年的老旧小区多数集中在荔湾和越秀的老城区，与广州的历史街区关联较大，20世纪80年代之后多数为单位大院和初期的商品房，建设标准较粗放。

根据实际建设综合情况，广州老旧小区也可以划分为街巷型、单位大院型和商品房型等3种基本类型。街巷型老旧小区大多建于20世纪80年之前，以居民个体为主，基于原有城市肌理进行改（扩）建而形成，如海珠区的仁和小区；单位大院型老旧小区主要形成于计划经济时期和改革开放初期，以单位为核心，依赖单位集体住房分配体制建造形成，如越秀区梅花村梅花路小区；商品房型老旧小区多建于20世纪90年代之后，由开发商投资建设，通过商品住房市场交易集聚居住人群，如越秀区的东湖新村小区。三种类型的老旧小区，除了共同的问题，诸如房屋破旧、市政设施老化、"三线"乱搭、养老适老设施欠缺等外，街巷型老旧小区当中不少中华人民共和国成立前的老旧小区建于民国或清代时期，一定程度反映了广州的城市历史文化内涵，微改造应在保护和挖掘历史文化上予以重点的关注，单位大院型老旧小区和商品房型老旧小区则更多需要关注文化娱乐设施、交流空间、适老养老设施等的配置补充。

3.2 老旧小区微改造标准不够精准精细

目前老旧小区微改造的实施工作，与《广州老旧小区微改造建设标准》的规定要求仍存在一定差距。不少老旧小区与"微改造标准"指引的选项难以一一对应，存在改造标准不够精准不精细的情况。许多改造事项缺乏针对性地进行现场设计或施工，按照标准化的规定去实施的改造，更多是实现功能与安全需求，难以表达老旧小区的在地性，形成有特色的社区，不少老旧小区在微改造后难以达到"一区一景"

的改造目标。

现行的老旧小区微改造标准，分前期准备、项目实施和后期管养三大部分共计12项流程；改造要素上分为基础板块和提升板块两部分，9个分类，共60个要素，并针对每项分类提出了相关改造规范和标准的要求。从目前实施的这些标准看，更多的是指向功能合理和安全改造，在文化特色和社区营造方面未能较好提出具体建议，因而目前完成改造的老旧小区在小区特色塑造上未能有较好的展现。

3.3 老旧小区微改造资金来源单一

作为民生幸福工程，广州老旧小区微改造资金目前主要依靠政府财政拨款，市区两级按照相应比例共同出资，社会筹集资金和居民出资部分仍未能增多渠道，解决资金来源比较单一的问题仍比较困难。因而，长远上来讲，改造资金来源等方面的问题仍较突出：

一方面是微改造项目的财政拨款资金仍不到位，多数非试点项目仅获得财政拨款的首笔资金。更常见的是，项目开始能得到市级财政拨款支持，区级财政拨款未能及时跟进，导致项目无法持续进行，造成工期延误等损失。

另一方面是在资金使用与管理上，出现实施项目面上过于铺开，未能根据资金到位情况做好项目安排和统筹计划。在市区两级财政未能同步或者不到位的情况下，微改造项目应根据改造事项做好分类实施，避免项目实施中断，诸如"三线"更新等项目，会直接影响居民的正常生活。

此外，有不少微改造项目资金管理的灵活性不足，在实际操作中由于资金管理与审批的一系列程序问题，影响工作进度也影响了项目实施的深度，从而使整体小区的微改造品质难以提升。

3.4 老旧小区微改造管理实施有待完善

第一，缺乏长久管理的机制。

从目前微改造的现状来看，不少老旧小区存在"重建设轻管理"的现象。多数改造的重点集中于小区硬件设备的提升上，对于小区后期的管理和维护很少涉及。不少老旧小区是20世纪各单位集资房，产权不一，很少物业机构入驻，微改造的福利难以发挥长久的作用。在政府资改造金退出之后，老旧小区如何实现长期妥善的管理，避免老问题的反复发生，针对性的方法目前仍在探索，如在改造前签后续管理协议等。

第二，激励机制缺失。

老旧小区微改造作为民生工程，目前大部分是由政府全面包揽，在小区自发自行改造的行为上仍未出台相关的激励机制，这在一定程度上会打击准备自行开展微改造的老旧小区居民的积极性。从长远看，相关激励机制的制定是大势所趋，老旧小区自行微改造将增加改造模式的多样性，同时也将有效降低政府的财政和行政成本。

第三，部门协调与行政考核困境。

一方面改造涉及部门较多，导致协调难度较大。老旧小区改造通常涉及小区供电、供水等配套设施的修缮升级，以及小区道路和建筑立面的整治，各单位和部门配合不当将造成工期停滞等问题，甚至对进度和造价都有影响。另一方面，行政考核节点时间与项目实施完成的时间不一致，项目完成时间往往晚于考核时间，微改造的效率与品质出现一定矛盾。

3.5　老旧小区微改造公众参与度较低

作为提升居民生活品质的幸福工程，公众参与在目前的老旧小区微改造中仍未显现出应有的热度。尽管公共财政对近期的老旧小区微改造作了近乎全面的资金支撑，在推进老旧小区的微改造中仍存在居民参与不积极，甚至出现个别居民对改造不配合等问题。同时，被动式接受所在小区的微改造，并认为仅为政府行为的居民不在少数，这使得微改造项目无法全面掌握小区存在的各种问题，个别特有的问题没得到反映，特别是各个小区特有的社区文化没得到较好的显现。

更为重要的一方面，除了个别典范改造项目，多数小区微改造的公众参与机制并没有建立完善，公众参与缺失明确的组织主体，或是公众参与未被列入微改造作为重要议程等不在少数。部分项目虽然能获得改造的效率，但未获得居民、专家以及媒体等较好公众参与的微改造还是反映出改造品质不高的事实。居民需求、政府行政、规划设计、实施单位以及其他相关各部门等未能形成较好的相互沟通机制，仍是目前公众参与存在的主要问题。

4　广州老旧小区微改造特色化的建议

广州老旧小区改造工作要坚持以人民为中心的发展思想，按照"政府主导、市场运作、多方参与、互利共赢"的原则，创新融资渠道和方式，注重发挥市场机制的作用，充分调动企业和居民的积极性，动员社会力量广泛参与老旧小区的微改造。充分运用"共同缔造"的理念，重点探索老旧小区改造在工作组织、资企筹措、项目建设、长效管理等方面的机制。共同缔造是以群众参与为核心，以"共谋、共建、共管、共评、共享"为路径，通过空间环境的改造、项目活动的举办等方式，为社区建设指引方向。针对目前存在的问题，我们对老旧小区微改造特色化工作提出以下建议：

4.1　深入探索老旧小区微改造的特色化途径

4.1.1　微改造内容与技术的精细化精准化

广州老旧小区微改造率先于全国其他试点城市提出标准化的实施策略。以标准化为基础进行改造，是广州老旧小区微改造的一项重大举措，在实施程序、改造内容和技术指标等层面形成了较好的体系。但在具体个案的实施中，老旧小区应根据自身不同特性，制定量身定做的改造方案，对不同类型的老旧小区的改造内容和技术指标进行精准化设置，体现小区应有的自身特色。

一方面是以现行的老旧小区微改造标准为基本工作框架，进一步推进优化微改造实施程序和改造技术的标准化。现行的《广州市老旧小区微改造实施方案》，虽然已按照项目准备、项目实施、后期管养三大阶段提出了12个分阶段的工作程序，但是应特别注意改造项目验收合格后，将相关设施设备管理移交的程序完善。另外，针对60项改造内容，涉及建筑性能、公共配套、道路交通、景观环境、建筑外观、安全管理等方面的标准化，则根据具体情况采取更为精准和精细化的改造方法。

另一方面是针对各个小区的具体情况，深入研究老旧小区微改造中刚性指标与弹性指标的相互关系，明确刚性指标与弹性指标的分类与执行标准和尺度。刚性指标严格控制，弹性指标则由居民与社区规划师共同决策实施，确保小区特色的延续和凸显。

同时，应尽快推出老旧小区微改造的相关技术手册。老旧小区情况各异，微改造应该充分尊重这种多样性，改造内容和方式应针对小区的不同类型，体现因地制宜的原则，实行"一区一策"，采用"规定动作+自选动作"相结合的"菜单式"改造方式，以满足不同小区的更新需要。并形成技术标准手册，将程序、制度、改造内容、技术标准、奖惩事项明确为手册细则，手册到户。

此外，标准化的改造内容和措施能保证老旧小区微改造的公平性，而因地制宜，精准施策、精细设计的改造措施，则是确保老旧小区微改造有特色、实现"一区一景"的重要手段，特别是对历史街区的老旧小区与一般的老旧小区应区别对待。

4.1.2 微改造应结合智能（智慧）化改造

老旧小区的微改造是面向未来的，应结合现有技术和未来发展方向，实施智能（智慧）化改造。智能化改造将互联网、物联网、大数据等技术充分整合，打造一体化的智慧社区管理系统，涵盖智能无线楼宇对讲系统、智能停车系统、智享生活 APP 等。坚持智能化改造与整治相结合、建设与管理相结合，是加强老旧小区后续管理、确保改造成果的必然要求，如社区网络接入系统、智能停车场管理系统、可视对讲系统改造、社区安全防范系统和社区环境监测信息发布系统等。通过智能化改造，能有助提升老旧小区综合安防管理水平与安全指数。

4.2 重视历史文化，凸显老旧小区微改造在地性

老旧小区是城市历史的重要载体，城市文化和生活习俗往往透过居住区的空间环境表现出来。广州的老旧小区深深烙印了广州特有的地方文化，广府文化、西关大屋、粤剧、武术、美食文化等，在老旧小区中可以一一寻找到踪影。老旧小区均

有强烈的在地性，如何进一步地提升社区文化价值，营造社区文化活力是广州老旧小区微改造的关键议题。

4.2.1 结合历史建筑的活化利用

广州近 50% 的老旧小区位于历史城区保护范围，如何因地制宜、精准施策，在改造中延续传承岭南历史文化特色，留住老广州人的"乡愁"？针对于此，老旧小区微改造应加强对历史建筑的保护，探索活化利用的机制，以及功能变更的适宜性方法，在历史街区微改造中通过历史建筑利用带动地方风貌特色的建设。

首先，立足小区现状资源，以保护为前提，针对小区的特色风貌，微改造方式强调保护优先，对历史文化建筑和要素进行保护性整治。在空间形态上，注重整体风貌控制，保留空间格局，延续传统街区街巷格局，优化公共空间环境，小规模、渐进式活化更新，适当抽疏建筑以优化环境品质，减少拆迁安置成本。

其次，在社会结构方面，维持原有社会结构和产权，通过功能置换活化历史建筑和居住建筑。

另外，老城区中单个小区不是孤立存在，应加强宏观规划研究，与历史街区规划、控规单元等相衔接，形成整体的改造片区策划，连片研究改造，分段分期实施。

4.2.2 强化老旧小区的特色文化营造

老旧小区的改造中，特色文化可从多个范畴进行挖掘，包括宏观的岭南文化、广府文化、广州城市文化，以及小区自身的地理、历史信息。挖掘小区历史文化和自然环境方面的个性特色资源，以"一区一景"为目标，在完成老旧小区基础性改造的前提下，进一步打造内涵丰富、各具特色的小区风貌。包括公共绿化、街道广场、游乐场地等公共空间的地方特色；公共服务设施特色，如文化室、图书室、儿童活动等结合小区的居住人群量身配置；建筑风貌上立足岭南建筑风貌，把握传统岭南、现代岭南等风貌的相互协调；同时在公共文化艺术特色上，留住历史记忆，融入现代艺术，提倡时代性和地域性相结合。

老旧小区的改造应充分挖掘和发挥社区文化，秉持以保护岭南本土文化价值、挖掘社区在地精神、实现社区可持续性发展为核心的改造理念。小区改造的方案设计，一方面应重视地域文化进社区，丰富社区文化内容，凸显广府文化特色；另一方面要在强调功能完善的同时，注重社区文化特色的保护与彰显，在尊重原有空间格局的基础上进行精心设计，着力探寻传统和现代的有机融合，做到社区文化促进社区的和谐发展。

4.3 促进微改造融资与财政激励机制创新

目前我市老旧小区微改造主要是政府出资，一次性投资建设。这种排除居民出资和市场参与，由政府完全出资的方式，不利老旧小区微改造的持续推进。长远来说，应积极导入 PPP（政府和社会资本合作模式）、BOT（私企参与建设 - 经营 - 转让）、PFI（民间主动融资模式）等新型融资模式，建立政府、居民、市场多方共同筹措的资金机制，解决资金来源过于单一的问题。

一是针对不同类型老旧小区制定灵活的投融资组合模式，根据 PPP、PFI 等不同融资模式的适用对象，以此来决定不同类型老旧小区的改造模式和投融资结构，如政府担保和部分出资，社会资本合作参与改造等方式。

二是建立社会资本参与老旧小区微改造的政策激励与风险分担机制。社会资本通过先行出资参与改造，获得相关政策激励。如老旧小区相邻开发地块的主体进行可通过对其周边老旧小区提供改造资金，获得适当的税收激励等措施等。

三是按照"谁受益、谁出资"原则，改造资金可通过住宅专项维修资金、公共收益等方式筹集，鼓励居民个人捐资、捐物，参与老旧小区改造。原产权单位应帮助做好老旧小区维修养护工作，鼓励其以适当方式支持和参与老旧小区改造。鼓励企业单位通过直接投资、落实资产权益等方式参与老旧小区改造。结合购买服务、新增设施有偿使用等筹资方式，引入专业机构和社会资本参与老旧小区改造工作。政府资金则主要通过以奖代补方式予以支持。

四是对小区原有物业的升级改造、原有的废弃建筑空间进行再利用和增加公共服务设施、养老设施等方式，通过引入专业代为管理机构经营的方式在增加小区的公共收入，作为老旧小区微改造后续管理运营的专项资金来源等。小区的公共配套如儿童和养老设施的运营资金，可通过银行获得低息贷款，政府减低税收等，增加营业收入来盘活公共设施的方式来激活小区的公共设施运营。

4.4 加强组织建设，完善管理机制

4.4.1 加强党建引领老旧小区改造工作

老旧小区改造是民生和文化延续的工程，应充分发挥党建的作用，形成共建、共治的全生命周期的党建管理与监督机制。

一是加强党组织统筹领导作用。将老旧小区改造作为惠民生的书记项目，实行区委书记统筹、常委分片指导，确保民生实事"一竿子插到底"。

二是发挥基层组织凝聚协调作用。以社区党组织为核心，形成党员骨干、居民代表、楼（组）长、辖区单位、社会组织各界代表广泛参与的社区议事平台，建立规范化协商议事规则，将改造相关事项纳入协商议事范围，通过平等协商、理性平和的方式，全面反映和掌握社情民意，共同协商解决社区改造问题。

三是发挥党员先锋带头作用。组织基层在职党员、小区退休党员等力量，通过网格化走访、居民议事会、微信公众号等多种方式，在改造前期收集群众意见，中期协调工程扰民问题，后期调动群众共同参与管养，在改造全过程抓牢做实群众工作，促进党群共建。

4.4.2 促进老旧小区微改造管理机制提效

老旧小区微改造在管理机制上的提效,主要集中在完善责任人制度、简化报批手续和优化考核指标三个方面。

一是完善老旧小区微改造的责任人制度,推动微改造各个事项落实到个人,重点项目落实为一把手工程,一般项目落实到街道、社区的责任人,并可垂直管理至各个工种项目负责人。

二是现状老旧小区微改造仍存在"流程多、手续繁琐"的问题,如改造审批手续,前后涉及规划、城管、城建、市政、文广新及消防等各个部门。繁琐的审批程序影响改造的积极性。因此,应简化行政审批程序,为符合规划的老旧小区微改造提供"一条龙"服务和审批的绿色通道。在微改造的报建审批上,采取底线控制原则,对不突破底线的微改造报建开通审批的绿色通道,简化审批程序和手续。

三是不同的项目由于设计条件、施工周期等各方面均存在一定的差异性,老城区的老旧小区现状复杂难度大,统一的考核指标将可能导致实施品质不高。针对此类老旧小区的微改造,并根据项目资金的实际到位情况,应予以一定的考核时间弹性,分项目实施和项目成效不同阶段进行考核,提升改造的实际品质。

4.4.3 建立老旧小区长效管理模式和机制

为保持老旧小区微改造成果,应建立适合老旧小区特点的长效管理模式和机制。调动市场力量与社会力量介入老旧小区物业管理是实现老旧小区长效管理可行的办法。老旧小区专项资金作为公共财政资金,从长远看必然逐渐退出。在政府资金退出后,放宽市场准入与居民自行改造等方式如何落实,同步的制度监管与政府服务指导如何跟进,等等。眼下应加强相应的长效机制探索,实现决策共谋、发展共建、建设共管、效果共评、成果共享。

4.5 "共同缔造",倡导以公众参与为核心的社区共建共治模式

老旧小区微改造,由于牵涉对象主体错综复杂,应坚持共同缔造的理念,实行居民自治与社会参与相结合,实现有深度的公众参与,打造老旧小区改造公众参与的全国性标杆。公众参与是共同缔造的核心,多元是共同缔造的重要特色。深入落实"社区共建、共同缔造",搭建由社区规划师主导的公众参与平台,包括决策和监督,形成制度化机制。如最近荔湾区恩宁路永庆大街微改造和泮塘五约微改造的公众参与均引发了极大的关注。

通过搭建第三方组织平台,形成组织运作和监督机制。专门的第三方平台选定和聘请的社区规划师应广泛收集民众意见和建议,立足特定社区居民生活、发展的切实需求,进行现场调研、方案编制,以焦点事件的解决为主题举办活动,激励居民参与。同时凭借规划设计专业知识,引导公众进行理性、开放的提议、讨论和协商,在协商对话中寻求问题与方案的共识,形成阶段性成果。通过协商对话逐渐凝聚成

居民自发的集体行动，使居民自觉参与规划编制、监督规划实施，并拟定后续维护制度。

此外，应加强项目参与者与媒体的合作和互动。通过媒体参与，一方面在微改造的政策、手段和技术标准等进行宣传，一方面对微改造的各个方面进行监督。通过多方合作与相互监督，形成积极探索"共同缔造"方式的广州老旧小区微改造模式。

5 思考与展望

广州老旧小区微改造的特色化是继标准化改造的又一率先于全国的举措，也是今后老旧小区微改造的基本方向。特色化的微改造需深入研究城市文化、小区居住人群、社区生活习俗等，通过更为精准化和精细化的改造措施，更为完善的建设组织和管理机制，以及多途径的改造资金来源，秉持共同缔造理念，在第三方专业平台机构组织下充分公众参与，走出具有"在地性"的特色化微改造道路。

总之，广州老旧小区微改造一方面应秉持服务人民的核心理念，将微改造工作作为解决城市发展不平衡不充分问题、改善和提高民生水平、打造共建共治共享社会治理格局的重要举措，进一步增强群众的获得感、幸福感、安全感，以"共同缔造"理念激发居民群众热情，调动相关单位的积极性，共同参与老旧小区微改造，实现决策共谋、发展共建、建设共管、效果共评、成果共享的改造模式；另一方面应坚持因地制宜，做到精准施策，结合地域文化与小区实际，制定老旧小区的适应性改造方案，彰显岭南特色。

作者信息：

刘利雄，男，博士，广东工业大学建筑与城市规划学院，讲师。

谢　超，男，博士，广东工业大学建筑与城市规划学院，讲师。

陈　丹，女，博士，广东工业大学建筑与城市规划学院，讲师。

朱雪梅，女，广东工业大学建筑与城市规划学院，教授，院长。

黄金海，男，广州市委政策研究室，处长。

王长江，男，广州市委办公厅综合二处，处长。

闵　丽，女，广州市城市更新协会副秘书长。

周　玲，女，硕士，广州城市更新协会。

广州市旧村庄更新改造中的土地置换问题浅析

摘　要：目前全国的城市空间政策已经从增量发展转向存量发展，广东省作为节约集约示范省试点建设取得了明显成效，得到了国务院和自然资源部的充分肯定❶。随着城市更新工作深入到广州的各区，因地区战略发展方向不同，在全市统一的"三旧"政策的背景下各区呈现出不同特征的土地问题，本文结合实际案例从土地利用总体规划、旧村庄权属复杂及建设现状分散、生态保护及安置区建设等角度分析了广州市旧村庄更新改造中土地置换的主要问题；并从土地利用总体规划修改、权属性土地置换、用途性土地置换三个角度对以上问题进行了初步建议。

关键词：城市更新；旧村庄更新改造；节约集约用地；土地置换

1　研究背景

1.1　广州市旧村庄更新改造背景

　　党的十八届三中全会后，国家严控 500 万以上人口特大城市中心城区新增建设用地；2015 年中央城市工作会议明确要求严控增量、盘活存量，尊重城市发展规律，开展城市更新和城市修补；广东省在全面推进土地节约集约利用的指导意见中提出，原则上广州每年使用建设用地总量中存量用地的比例不得低于 60%。广东省从 2018 年起，除了民生和基础设施项目，不再向珠江三角洲地区城市直接下达新增建设用地计划指标，必须通过改旧、增减挂钩、复垦来换取新增建设用地指标，盘活存量土地成为土地管理的重要方向。

　　广州市自发布《广州市人民政府关于加快推进"三旧"改造工作的意见》（穗府〔2009〕56 号）以来，经历了从"三旧改造"到"城市更新"。自 2017 年 6 月《广州

---

　　❶　2016 年 11 月，国土资源部发布经国务院和中央深改组审定的《关于深入推进城镇低效用地再开发的指导意见（试行）》（国土资发〔2016〕147 号）复制推广广东省"三旧"改造经验成果。

市人民政府关于提升城市更新水平促进节约集约用地的实施意见》（穗府规〔2017〕6号）发布以来，广州市旧村庄全面改造逐渐加速。截至2018年6月30日，广州市共批复更新改造旧村庄47条，其中已完工8条、在建20条、前期19条。猎德村、杨箕村、琶洲村等已完工旧村的改造成效，提高了其他村民对于更新改造的积极性。通过旧村更新改造盘活土地资源，充分发挥土地资源潜力，成为自上而下、自下而上发展的迫切需求。

随着社会经济效益好、改造难度小的项目逐渐消化，目前面临的项目大多是有着各种问题的"硬骨头"，改造难度逐渐加大。相对比旧厂房项目，旧村庄项目权属复杂，土地问题多样，目前各地区的更新改造数据统计出现了改造项目比例与标图建库入库面积比例倒挂的现象。

1.2　土地置换的概念界定

土地置换是在符合土地利用总体规划要求的前提下，为实现土地资源的高效配置及可持续利用，通过土地整理、产权重组、用途改变等方式，使不同权属之间、不同用途之间的土地进行交换。土地置换中的"置"是土地资源的优化配置与合理利用；"换"是土地资源的交换和流转❶。

土地置换分为权属性置换和用途性置换，其中权属性置换涉及产权重组，包括国有土地置换、集体土地置换、国有与集体土地置换；用途性置指同一权属内的同种或者不同种使用性质的土地置换，包括建设用地置换、农用地置换、建设用地与农用地置换❷。

2　国内外关于土地置换的实践

2.1　国外土地置换实践

国外将土地、空间的发展权物化，并通过发展权的交易来实现类似土地置换的效果。1947年英国《城乡规划法》中提到发展权，通过土地发展权国有化，防止因土地多少或区位差异所造成的不公平现象。英国土地发展权归国家有效地缓解了土地开发速度，保护了城市周边的农地资源，同时也一定程度造成土地市场停滞❸。20世纪70年代，法国为了解决因工业化和城市化带来的环境问题及社会问题，引入了土地发展权的概念，并通过《改革土地政策的法律》和《城市规划法典》确

❶　张金明，陈利根.宅基地土地置换若干问题探析 [J].山西农业大学学报（社会科学版），2011，10（3）：281.

❷　章明.城乡建设用地指标置换的预警研究 [D].南京农业大学，2016：17.

❸　刘国臻.论英国土地发展权制度及其对我国的启示 [J].法学评论，2008（4）：141-146.

立"法定上限密度限制"制度，规定超过法定上限容积率的建筑权属部分属于国家所有，这样政府可有效控制城市土地开发容积率 ❶。美国发展权转移（TDR）概念源自 1916 年颁布实施的《纽约城市区划法》中规定允许房地产主将未使用的上空使用权出售给位于同一街区、相邻地块的其他房产主。1968 年法案修改，TDR 的地理界限放宽。TDR 除了用来保护历史建筑或遗迹、农田、生态设施等区域防止其被开发利用外，还在城市功能完善与生态治理中得到应用，特别是对农田保护贡献最大 ❷。

2.2 国内土地置换实践

国内关于土地置换的实践，主要表现为城乡建设用地指标的置换。折抵指标有偿制度是城乡建设用地置换的来源。1998 年浙江省允许通过整理耕地换取建设用地指标 ❸，但因对折抵指标的管制不完善，出现"指标圈地"潮，违背集约节约用地的原则。2007 年中央出台《国务院办公厅关于严格执行有关农村集体建设用地法律和政策的通知》，禁止了土地整理折抵建设用地指标 ❹。我国的城乡建设用地指标置换的主要实践形式为城乡建设用地增减挂钩。2004 年《国务院关于深化改革严格土地管理的决定》（国发〔2004〕28 号）提出"鼓励农村建设用地整理，城镇建设用地增加要与农村建设用地减少相挂钩"，"建设用地要严格控制增量，积极盘活存量，把节约用地放在首位，重点在盘活存量上下功夫"，首次提出了"城乡建设用地增减挂钩"的概念，允许城乡建设用地指标置换 ❺。2005 年全国开展城乡建设用地增减挂钩试点。2008 年国土资源部对增减挂钩试点工作提出管理要求 ❻。随着"增减挂钩"制度的不断发展，结合各地区实际情况，出现了天津市"宅基地换房"、江苏省万顷良田建设工程、山东省农村社区化、重庆地票等地方试点，在改善农民生活条件、保护耕地、城乡一体化发展等方面取得了一定成效。其产生的问题，主要表现在土地置换后的产权管理政策法规制度不完善、农民的权益难以保障落实、"占优补劣"耕地质量降低、加大了不同地区的发展差异 ❼。

广东省各地区在集体土地相关工作推进过程中，对土地置换推出相关政策指导实践。为了解决原农村集体经济组织继受单位的征地遗留问题《深圳市人民政府印＜发关于征地安置补偿和土地置换若干规定（试行）＞的通知》（深府〔2015〕81 号）

---

❶ 高洁，廖长林. 英、美、法土地发展权制度对我国土地管理制度改革的启示 [J]. 经济社会体制比较. 2011（4）: 208.

❷ 陈春，张维. 城乡建设用地置换机理与风险研究 [M]. 北京: 科学出版社，2017: 9.

❸ 1998 年浙江省颁布了《关于鼓励开展农村土地整理的有关问题的通知》，允许进行折抵指标有偿调剂.

❹ 章明. 城乡建设用地指标置换的预警研究 [D]. 南京农业大学，2016: 7-12.

❺ 章明. 城乡建设用地指标置换的预警研究 [D]. 南京农业大学，2016: 13-15.

❻ 《城乡建设用地增减挂钩试点管理办法》（国土资发〔2008〕138 号）.

❼ 章明. 城乡建设用地指标置换的预警研究 [D]. 南京农业大学，2016: 17-18.

规定了因收回已出让的国有土地使用权给予土地权利人的用地置换。佛山市"三旧"改造政策允许土地置换、开展城乡建设用地在增减挂钩。《佛山市人民政府办公室关于深入推进城市更新("三旧"改造)工作的实施意见(试行)》(佛府办〔2018〕27号)提出为完善土地整合归宗,促进土地连片改造,在符合土地利用规划和城乡规划的前提下,遵循"面积相近、价值相等、双方自愿、凭证置换"的原则,允许城市更新项目用地范围内、外地块之间的土地置换。

3　广州市旧村庄更新改造中的土地置换问题

广州市旧村庄标图建库图斑主要分布在非中心城区范围,其中面积较大的区依次为白云区、增城区、番禺区、黄埔区(图1),此类区域的旧村庄多数存在建设用地与非建设用地插花分布现象、历史征地遗留问题、用地权属交错的问题,无法成片连片改造,土地利用效率较低,更新改造中土地置换诉求较为显著。

《广州市旧村庄更新实施办法》(穗府办〔2015〕56号)第十一条提出旧村庄在全面改造项目用地范围可结合所在地块的特点和周边路网结构,合理整合集体经济发展用地、废弃矿山用地、国有土地等周边土地资源,实施连片整体更新改造。《广州市城市更新办法》(广州市人民政府令第134号)第三十九条提出土地置换的原则要求❶。

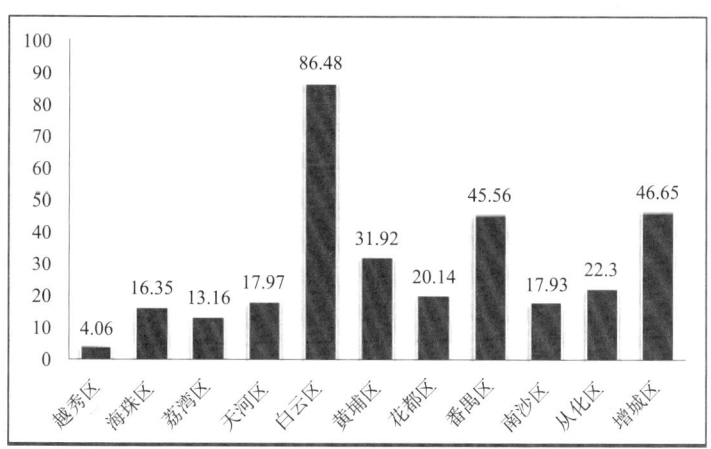

图1　广州市2018年上半年各区旧村庄标图建库面积统计(单位:平方公里)

(数据来源:广州市城市更新局)

---

❶　《广州市城市更新办法》(广州市人民政府令第134号)第三十九条提出城市更新项目用地范围内、外地块之间土地的置换,包括集体建设用地与集体建设用地之间、集体建设用地与国有建设用地之间、国有建设用地与国有建设用地之间的土地置换,应遵循"面积相近、价值相等、双方自愿、凭证置换"的原则。

以上政策提出了允许进行用地整理以及土地置换的原则要求，但在项目实操过程中需要进一步的政策细则指导。2016–2018 年广州市城市更新年度计划中涉及旧村庄全面改造的项目（含正式项目及预备项目）数量较多的主要为黄埔区、番禺区、南沙区、白云区、增城区（图 2），根据城市更新主管部门对在编方案的实际审议情况，用地整理置换问题较为普遍，具体主要体现为以下几个方面：

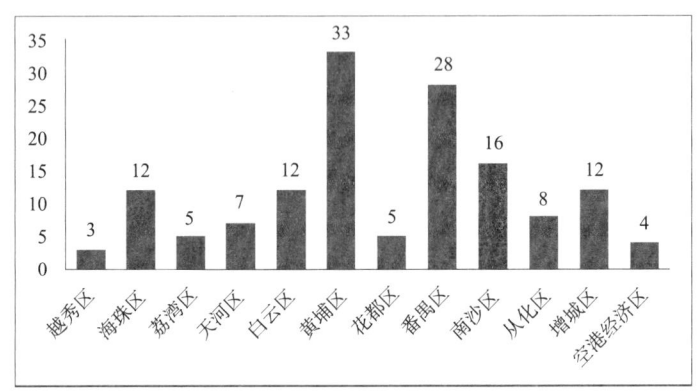

图 2　广州市 2016–2018 年城市更新年度计划中各区涉及旧村庄全面改造的项目数量统计

（单位：个）

（数据来源：基于广州市城市更新局公布数据整理）

3.1　土地利用总体规划的问题

土地利用总体规划是旧村庄更新改造的重要依据，但实际中因指标控制、城市发展战略布局等综合原因，部分地区出现土地利用总体规划中建设用地分布与旧村自然形态一致，或者部分旧村庄历史建成区成为非建设用地等现象；从而增加了旧村庄更新改造的实施难度，无法实现成片连片更新。在番禺区、黄埔区等旧村庄改造数量较多的地区，因土地利用总体规划不符而产生的难以成片开发、土地利用率低的问题较为普遍。以番禺区某旧村庄为例，村居建成范围内插花布置有水塘及其他农用地 22 处，共计 7.27 公顷（部分插花地面积超过 3 亩），其土地利用总体规划为非建设用地。旧村庄更新改造建设如果避开 22 处非建设用地，其道路交通组织难度会增加、各地块的使用效率较低，且增加了地下空间建设的难度与成本。

3.2　旧村庄权属复杂、现状建设较为分散

广州市多数旧村庄权属问题复杂，出现国有用地与集体用地交错、不同权属集体建设用地交错等状况，并且权属情况与实际使用状况不同的现象，大致可分为三种情况：土地性质仍属集体所有（包括本村及其他村的飞地）、已被征转为国有用地

为城市开发建设使用、名义上转为国有，但实际上土地仍保留在原村集体经济手中。例如南沙区某旧村庄，村居建成范围内涉及二十年前的历史批文，包括已报批已补偿和已报批未补偿，但报批内容均未建设实施。此类用地从红线定义上属国有用地，但从实际使用情况上仍属村集体建设用地，在更新改造过程中，直接用于复建区或融资区的建设，均存在供地争议。再例如因历史原因，在旧村庄更新改造范围内有同一行政区内其他村的飞地，甚至跨行政区的飞地，难以直接纳入改造范围。

随着城市建设发展，多数的城郊村已成为城中村，但此类旧村庄多数现状建设分布较为分散，旧村庄标图建库与现状建设状态基本吻合。如从化区某村，占据从化区战略拓展的主要位置，承载了"从化大道、迎宾大道、地铁14号线某站点"等多项城市重大基础设施的建设责任，更新改造势在必行；但现有建成旧村庄约42.54公顷，由南向北呈"撒豆子"状分布在长度约3公里的村道两侧，如果以三旧标图建库范围进行更新改造建设，则难以落地实施。

3.3 其他问题

3.3.1 生态及水源保护问题

根据广州市各区划定的生态控制线或水源保护区，"红线"内的旧村庄需要拆旧复垦或者限制开发建设。此类村庄需要政府统筹、借助村集体、社会等多方面力量解决村民安置问题。例如，目前已纳入广州市城市更新年度计划的旧村庄有涉及沙湾水道、流溪河等水系的二级水源保护区、准水源保护区，其中二级水源保护区限制新增人口，无法进行全面改造。在严守生态底线的前提下，可通过用地置换或者其他补偿、奖励的方式，来满足村民的安置及旧村庄的更新改造诉求。

3.3.2 优先安置问题

因缺乏争议解决和强制执行机制，在私人物权保护的原则下，临迁安置与安置区的建设、拆迁补偿安置标准及程序、违法建设等问题造成拆迁困难。《广州市旧村庄更新实施办法》（穗府办〔2015〕56号）第二十九条要求旧村庄改造分期开发应当按照安置地块优先于融资地块的顺序安排。根据对广州市多条旧村庄更新改造的村民意愿调查发现，在旧村庄更新改造的过程中村民不愿意搬出本村范围之外。在条件允许的旧村庄，可考虑在已有的空地建设安置房，待村民安置后，再进行等面积的用地复垦，进行村集体建设用地与非建设用地的置换。

4 广州市旧村庄更新改造土地置换问题的建议

4.1 土地利用总体规划的修改

根据《广东省人民政府关于提升"三旧"改造水平促进节约集约用地的通知》（粤

府〔2016〕96号）第三条提出允许成片改造项目申请修改土地利用总体规划 ❶，但未对修改面积做具体规定。《广东省国土资源厅关于印发深入推进"三旧"改造工作实施意见的通知》（粤国土资规字〔2018〕3号）第五条提出对于连片改造中不符合土地利用总体规划，原则上单块面积不超过3亩、累计面积不超过项目主体地块面积10%的"三地"，在满足相关要求的前提下，可按规定进行土地利用总体规划的修改。后文对土地利用总体规划修改的面积做了限定，与一般项目的规划修改相比较，材料更少，程序一致。建议在城乡建设用地总规模不增加、耕地保有量不减少且不占用基本农田的前提下，旧村庄更新改造中可根据项目实际需求放宽对土地利用总体规划的修改面积限制，为广州市各区的不同用地情况更新改造创造可能，为优化土地资源配置所需的土地置换提供条件。

4.2　权属性土地置换

广州市旧村庄更新改造中权属性土地置换常见为集体建设用地之间的置换、国有建设用地与集体建设用地之间的置换。集体建设用地之间的置换，对于地理位置相近、土地价值接近的不同村权属用地，在有利于成片连片改造提高土地利用效率的前提下，可以进行等面积置换；对于不满足前述等面积置换条件的情况，可通过土地作价入股、联营、等价物业或货币等方式进行置换。实现集体建设用地之间的置换关键在于村民意愿的表决，但常因不同旧村庄更新改造进度不一致而难以达成共识。建议在旧村庄更新改造中，对于纳入城市更新项目库的旧村庄更新改造项目，在其编制过程中，将改造范围确认作为重要前置环节，为村民意愿表决的顺利进行提供条件。国有建设用地与集体建设用地之间的置换，需村民同意将集体建设用地申请转为国有后进行置换。广州市黄埔区作为广东省城市更新试点，在旧村庄更新改造中，通过旧村庄完全拆除地上上盖物后与政府储备地进行等面积置换，实施连片整体更新改造。在实际执行中需要对土地置换条件的方式、程序进行详细规定。

4.3　用途性土地置换

用途性土地置换在广州市旧村庄更新改造过程中，主要表现为旧村庄权属范围内的集体建设用地与农用地之间的置换。此类用地置换后，因不符合"协议出让"的条件，通常用作村民复建用地及公共配套设施建设用地。此类置换有两种途径：途径一是在满足村域范围内村集体建设用地面积不增加、农用地面积不减少的前提下，通过总体规划修改的路径来实现的等面积置换。途径二是对于土地利用总体规划进行全区统筹，村域范围内根据实际情况或增加村集体建设用地。具体通过村民复建

---

❶　《广东省人民政府关于提升"三旧"改造水平促进节约集约用地的通知》（粤府〔2016〕96号）第三条提出对于成片改造中不符合土地利用总体规划的零星土地，在不突破城乡建设用地规模、不减少耕地保有量且不涉及占用基本农田的前提下，可按规定程序申请修改土地利用总体规划。

用地或公共配套设施用地划拨、落留用地指标、预支留用地指标等方式来实现。目前在黄埔区、从化区、南沙区等多个旧村庄更新改造中均出现此类情况，且部分区已经在开展相关政策细则的制定工作。

2018年9月，广东省住房和城乡建设厅在加快推进城中村改造工作的相关政策措施征求意见稿中提出，各市政府应将新增建设用地计划指标优先安排到城中村改造项目。对城中村周边不符合标图建库条件的用地，经市级人民政府同意纳入整村改造的，其供地方式可参考"三地"执行。对用地紧张的城中村改造项目，政府可将符合城市总体规划和土地利用规划的用地划拨作为安置与公益设施用地，纳入城中村改造一并实施建设。将来，相关政策的落实，为旧村庄全面改造项目实现用途性土地置换，解决旧村庄更新改造中的生态保护、安置区优先建设等问题提供了政策依据。

5　结语

通过土地置换解决广州市旧村庄更新改造中的用地问题，可实现土地资源优化配置，有助于更新改造项目顺利落地实施。广州市各区均面临存量用地挖潜压力，全市统一政策无法满足所有区域的更新改造需求；建议在全市范围内进行底线政策管理，各区结合实际困难明确实施细则，指导实操。同时，要结合土地置换的实施情况，落实风险防控机制，一方面要以保证耕地及基本农田为前提，防止出现"占优补劣"、耕地质量降低，或者加大地区发展差异的情况；另一方面要完善土地置换后的产权管理政策法规制度，保障各方权益的落实。

作者信息：

窦飞宇，男，广州市城市更新规划研究院。

广州老城区慢行系统改造初探

摘　要： 目前，在新的经济形势和社会发展背景下，城市慢行系统的建设在城市建设与更新中越来越受到重视。但现阶段，城市建设与更新中对老城区慢行系统的建设认知存在一定的偏差。本研究以慢行休闲为导向，分析广州老城区慢行系统环境与建设存在的主要问题，之后总结了慢行系统建设较为成功的相关经验与启示，为老城区规划及建设高品质慢行系统提供了参考。

关键词： 慢行系统；老城区；高品质

1　慢行系统与慢行环境

1.1　城市慢行系统

　　城市慢行系统即慢行交通，指在城市中将公交车出行、步行、骑自行车出行当作主要的出行交通方式，进而有效降低交通压力，缓解人们出行比较困难等问题，引导城市居民使用慢行的方法出行。慢行道是街道界面中人活动的主要场所，是人感知城市的重要媒介。一个良好的慢行环境，更易于行人和骑行者舒适使用和驻足停留，激发他们欣赏城市风景、体验城市生活、感受城市文化。

1.2　广州老城区慢行系统改造背景

　　广州老城区规划范围 54 平方公里，涉及越秀区、荔湾区与海珠区，如图 1。广州老城区具有特殊的地理位置，交通路网发达，人口密集，商业氛围集中及历史积淀等特点。基于这些特点，对老城区的改造规划提出以提高城市服务水平、改善市民居住条件、保障旅游资源、完善休闲娱乐服务为目标。而城市慢行系统更新作为老城区改造的重要组成部分，对丰富完善城市基础服务，提升城市休闲功能具有重要意义。现阶段，人们对于便捷、舒适、健康、宁静的慢行方式的需求开始回升，因此，对老城区慢行系统的建设改造，提出了更高的精细化高品质设计的要求，这也顺应着城市建设与更新发展。

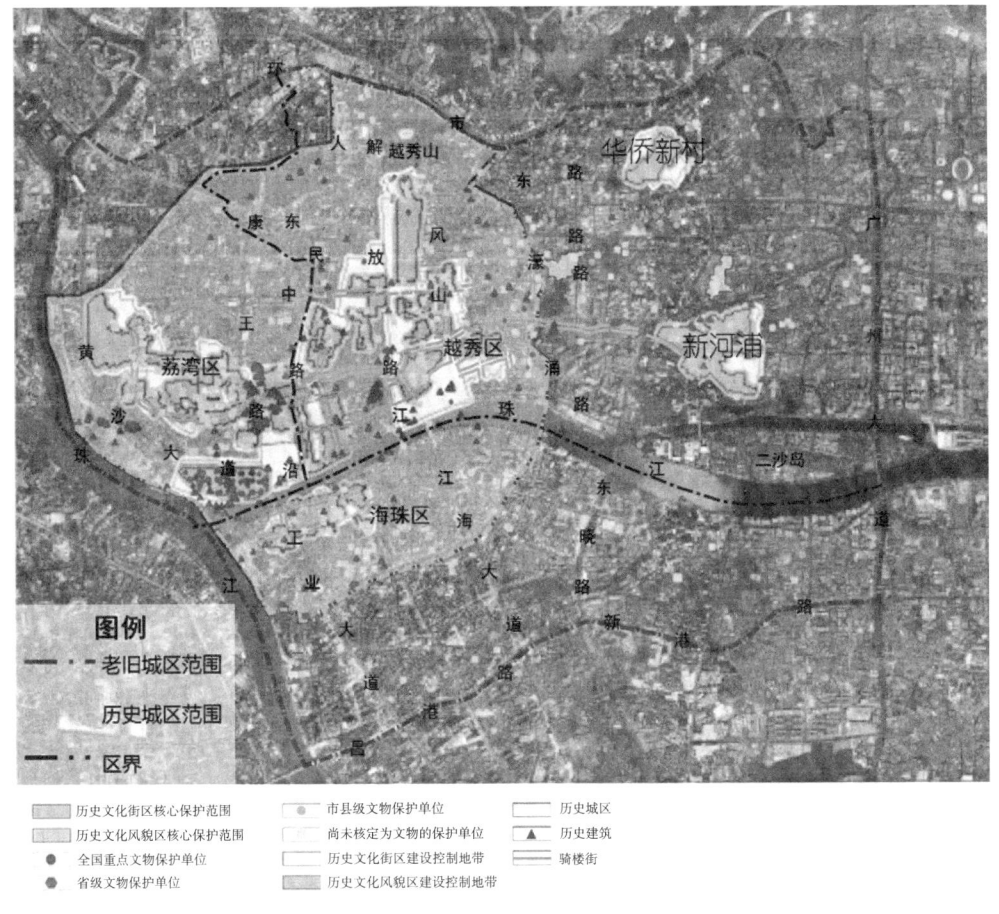

图例
— — 老旧城区范围
　　历史城区范围
— · · 区界

历史文化街区核心保护范围	市县级文物保护单位	历史城区
历史文化风貌核心保护范围	尚未核定为文物的保护单位	历史建筑
全国重点文物保护单位	历史文化街区建设控制地带	骑楼街
省级文物保护单位	历史文化风貌区建设控制地带	

图 1　广州老城区范围

2　广州老城区慢行环境的现状

　　广州老城区，一般作为广州的中心城区，其人口、工业等会逐步外移，就使得老城区的更新速度放缓，难以跟上新城区的扩张建设步伐。这也一定程度上导致了老城区存在建筑密集、慢行系统缺乏以及道路狭窄等一系列问题。在当前很多老城区改造中，对建设慢行系统处理方法单一，一般只是简单做改善交通环境处理，缺乏对整个交通体系建立的综合考虑。

2.1　自行车出行安全隐患

　　广州老城区街路状况已经形成，想再拓宽自行车道条件不足，以至于慢行系统不完善。自行车道规划不完善和被挤占的现象很普遍，慢行空间"缩水"。广州老城区中很多机动车道靠人行道一侧并未规划出自行车道，道边上停着很多机动车，骑自行车的行者一路紧贴着路边骑行，在遇到前方有临时停放的车辆时，只能往马路中间骑行，如图2。

图2　广州老城区部分自行车街道现状

此外，在道路设计时对自行车道细节考虑不周，出现自行车道窄、自行车行驶路线不连续、路面不平等问题，不利于骑行者按设计行驶路线骑行，也会造成一定的隐患。

2.2　步道建设标准低、不连续

广州老城区步道存在被停车占用，宽度过窄，树池凸起或出现断头路，使步道缺乏连续性。步道被机动车出入口中途切断，而未进行缓坡处理，出路口地面道路标线缺失，盲道中断等不符合无障碍设施建设标准等，无法为公众提供便捷服务，如图3。

图3　广州老城区部分步行街道现状

此外，在步道上常见各种市政设施，例如电线杆、电箱、井盖以及废弃的公共电话亭，占据了行人区，扰乱了行人的权利，如图4。

图4　广州老城区步行街道转角多杆林立

2.3　缺乏科学合理的配套慢行系统服务设施

配套慢行系统设施包括信息导向标识、规范自行车停车点、合理设置休憩附属设施等。广州老城区配套慢行系统设施不完善，缺乏科学合理的布置。在公共交通与慢速交通对接的过程中，导向标志系统没有正确连接，行人在寻找信息和返回时浪费时间，同时加剧了交通拥堵，如地铁口和公交车站点标识欠缺。共享单车的普及，乱停乱放的现象也开始蔓延，导致群众出行不便，影响环境美观城市。街道上休憩的座位和信息亭等附属设施，单一且过时。它们不仅可以改善该地区的文化品位，还会对城市形象造成破坏。单位的数量和布局不能满足用户的需求，甚至在许多商业区也找不到休息座位，这已经成为许多人行人的障碍。由于规模不合理，缺乏空间隔离和遏制以及维护管理不善，路边的许多座位使用率低，经验不足。

2.4　缺乏城市特色与场地活力

由于历史原因，广州老城区都存在很多问题难以解决。例如：老城历史文化保护街区内人口多、设施差、生活难等，"保护"与"发展"的矛盾较为突出。老城区一般都有自身地域特殊民俗文化以及气候条件，但现阶段老城区普遍缺乏人文景观资源承载的步行系统建设，步行空间简单、过于模块化，缺乏与城市特色元素的一体化设计。在缺乏对城市通勤功能和休闲游憩功能的细分考虑下，老城区慢行线路设置与服务站点布局上一般都难有特有的城市气质。

老城区慢行空间两旁景观空间少，或缺乏连续性，或较为混乱。场地与场地之间的欠缺可达性与便捷性，使得老城区整体活力欠缺。大型建筑的前广场等空间之间缺乏连续性，各自为政，综合利用率较低，也是原因之一。如各类建筑前广场与人行道关系的一系列剖面，可知建筑广场空间大多不开放或被混乱停车占据，同时点状空间之间的连续性不够，场地的潜能未被合理发挥。

3 以慢行休闲为导向的城市中心区慢行环境改造建议

慢行交通的高品质建设，重点在于人性化考虑、精细化设计，即慢行交通规划和设计的过程中，重点考虑人的出行特征与需求，设计适合慢行出行的交通设施。在慢行系统建设的契机，综合规划利用城市中心区环境与文化基底，串联起城市中心区绿地、旅游及商业节点，改善交通"毛细血管"，激发场地活力。

3.1 充分考虑自行车路线的连续性

城市要建立慢行交通，很重要的一项就是保证自行车的路权，让每条主次干道都有专门的自行车道，在老城区无法具备新做自行车道的条件下，可适当考虑自行车道划线和标识，保证自行车道设施建设。还应注重自行车交通换乘与停车设施的建设。与公交、停车、过街、绿道、码头等设施实现便捷换乘，在公交首末站、地铁站附近设置公共自行车租赁点地。在道路设计时对自行车道细节考虑全面，并营造良好的自行车骑行环境，重点是保持自行车道的连续性，如自行车遇、到公交车节点时，自行车道可利用辅道外侧车道，保持其连续性。最大程度上实现自行车道的全线贯通，形成回环线。以厦门市同安老城区东溪（东桥至五显二桥段）慢行系统为例（图5），自行车道标识和划线方法如下：

（1）新增自行车道。对于现状没有慢行道，且有条件建设慢行道的路段，建议新增自行车道，合理设置节点。

（2）改造自行车道。对于慢行道功能不全，只有人行道或滨水道，且有绿地条件拓宽但是绿地不大的路段，有条件的建议改造为大于3.5米宽的步道与自行车道综合的慢行道。

（3）标识划线自行车道。对于无绿地腹地无人行道或者人行道现状条件不佳的，只能利用现状周边的公路进行设计自行车道的路段，建设标识划线。

（4）标识自行车道。对于已有完善市政步道或滨水步道且无自行车道功能的，步道宽度不超过3.5米的，现场条件不佳无腹地退让的;现状桥梁人行道段等的路段，可建议放置自行车标识与地面慢行系统标识。

图 5　自行车道标识和划线方法

3.2　建设和更新精细化、人性化的高品质步道环境

为了保证步道的纯净性和步道中穿过车辆过往的连续性，实现交通分流意义上的完整步行空间，应在早期全面考虑立体交通的人车分流，倡导公共交通和慢行系统。而老城区改造过程中，新建立体交通难度大，这时候更需要考虑建设和更新精细化、人性化的高品质步道环境。在规划设计层次上，统筹考虑片区建设，以点连线，以线成面，让慢行系统网络联动周边各场地。在具体实施过程中，在建设步行环境时也应实施对残疾人、老年人和儿童的照顾，安全设施和无障碍设施应独立且连续。对步道被机动车出入口中途切断要缓坡处理，出路口地面道路标线和盲道设施，要符合无障碍设施建设标准。对于步道上的市政设施，有条件的可设置多杆合一设置；对于各类有碍观瞻的井盖，可以做双层景观井盖的饰面处理。

如广州老城区改造项目为例，从老城区整体规划考虑出发，提出一线一带三片区的提升方向，对提升传统中轴线片区，贯通珠江景观带西段，提升西关特色风貌区，提升东山特色风貌区以及提升南华——海幢风貌特色区做出系统规划。项目中涉及先行的市政步道部分，就以致力于打造出精细化、人性化、品质化的市政工程。道路铺装以简洁大气为主，其铺装材料因地制宜，体现各片区的风貌特色。在穿越人流量大的商业文化区时，铺装选用规整的石材、板材并配以拼花图案；在排水不畅的居住区时，融入透水砖铺设，响应海绵城市建设，改善城区排水环境。对市政设施，做好盲道、缘石坡道、市政井盖装饰、多杆合一等细节。片区统一规划改造步道系统，以提升品质为策略，明晰标识为点，统一道路铺装为线，成片组合联动老旧小区改造为面，点缀文化历史径，打造特色区域品质路径，为改造提升广州老城区品质添砖添瓦（图6）。

图6 广州老旧小区微改造项目部分设计图纸

3.3 建立科学合理的配套慢行系统服务设施

建立综合、美观的导向标识系统，对接公共交通与步行环境。引导识别系统首先需要满足最基本的功能，并通过调查行人行为特征和寻址要求来传达环境信息和及时指导。由于行人的不确定性和多方向性，信息应合理分类并充分表达。应在整个中心区域形成一个系统，为慢动作者提供明确和分类的指导和信息，并指导不同需求的行人到达目的地。

规范自行车停车点，要合理布置停靠点和引导市民有序停车。在公交车停靠点与人流较密集的区域设置自行车智能停车示范点，引导市民规范停车。合理设置休憩附属设施，以人们的日常使用为依据基础，从人性化角度出发，融入文化内涵，提升景观品质。对于街道上休憩的座椅坐凳和信息亭等附属设施，设置在人流密集处，提高使用率，并对其加强维护管理。以苏州环古城河慢行系统为例，其标识系统对于进入慢行系统，引导慢行流线及周边景点，明确区域配套等有重要作用。苏州环古城河慢行系统规划的指示系统包括以下三类：交通诱导标识，慢行系统路线指引标识、景点及配套设施引导标识。休憩设施着重体现场地的景观特色，传承苏州古城区的精神、文化和风俗。适宜的设施可以使人们体验特色的景观氛围，也起到调节环境色彩、人群心态与视觉感受的作用，使游客充分感悟当地的风貌与特色。

3.4 综合规划慢行系统环境，激发场地活力

慢行环境是公共生活的重要组成部分，街道作为媒介，串联广场、绿地、步行街、公共建筑等主要活动场所。在老城区中，一般都布满着较多的和城市历史文化相关的历史文化要素以及风景旅游景点。慢行系统沿线可打通大型建筑物前广场空间，统一铺装，形成景观的连续性；同时可以串联起各历史文化点，作为文化的承载；串联起各公园绿地等主要活动场地，激发场地活力，带动人气。

此外，慢行系统一方面考虑的是交通因素，另一方面也可以将历史文化的体验进行带入。群众在享受慢行系统的同时，还可以感受慢行系统周边的历史文化。以厦门市同安区东西溪慢行系统为例，引入城墙文化、孔庙文化、朱子文化等，展示的方式不限于浮雕、小品等传统方式，还通过现代的文化景墙、铺装等方式进行展示，串联起众多古迹、桥梁和公园，从而打造出集合休闲、观赏、文化综合为一体的慢行系统。建设内容包含新增自行车道、步道、亲水平台、休闲廊架、艺术小品、附属配套设施及夜景工程等建设内容。项目已大部分建成投入使用，深受市民欢迎，做到了还公共空间于民、还路于民、还绿于民的目标。同时，慢行系统环线充分发挥了其对老城区历史文化景区人气的聚集作用和旅游带动作用，作为老城的一张新名片（图7）。

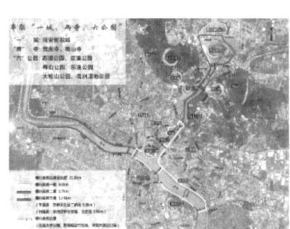

图7　同安东西溪慢行系统路线及实景图

4　结束语

综上所述，面对城市慢行系统在建设与更新问题中，建设城市中心区高品质的慢行系统是发展的必然需求。如何将建设精细化、人性化的高品质慢行系统转化为

切实可行的措施，落实到老城区慢行系统实践当中，是建设慢行系统的关键问题。

　　本文提出了广州老城区慢行系统现状及分析慢行系统的建设案例，提出了慢行系统应在自行车道、步道、配套服务设施方面注重精细化、人性化、高品质建设，为老城区的日常公共生活带来新的可能性。慢行系统规划往老城区内部延伸，改善交通"毛细血管"，促进交通"微循环"，完善及提升城区慢行系统的建设，带动城区业态更新发展，更好地服务居民和发展城区街巷游，使城市蓬勃发展。

参考文献：

[1] 孙帅，陈如一.城市道路多层复合式绿色廊道设计研究 [J].风景园林，2013（2）.

[2] 冉维尧等.城市综合体布局与 TOD 模式相结合来提升城市交通——以杭州市城市发展布局为例 [J].浙江建筑，2015（1）.

[3] 曹靖，王岚.不同分类体系下绿道慢行系统建设标准的研究 [J].广东园林，2012（3）.

[4] 张晓明，曾栋鸿，周茂松.广州海珠生态城低碳交通规划实践 [J].南方建筑，2014（6）.

[5] 胡志赛.城市慢行系统高品质建设——借鉴新加坡风雨走廊建设 [J].低碳世界，2015（18）.

[6] 王兆迪，梁文馨，李艺琳.以慢行休闲为导向的大城市中心区步行环境调研与分析 [J].现代园艺，2016（6）.

作者信息：

　　曾泽威，男，广州市城市更新规划研究院。

　　梁伟，男，广州市城市更新规划研究院。

广州市地区总师制度专题

近年来根据广州市委市政府的工作要求，广州市国土资源和规划委员会在城市规划设计方面，做了不少大胆而有益的探索。其中之一是建立"地区总师"制度，为重点城市地区的规划设计提供全面的技术咨询与服务。地区总师团队长期客观中立地参与和影响规划决策，有效协调管理部门要求与业主需求的矛盾，平衡公众利益与个人利益；探索行政管理与技术把关分离，补充规划管理部门专业力量，避免专业力量不足导致的管理僵化、把关不到位等问题，进而明显提升了规划设计决策的科学性，促进了规划管理及规划实施效率、效果和效益的统一。地区总师制度的建立，为政府及相关行政管理部门推动更科学合理地利用土地资源、提升空间环境品质与彰显城市文化形象特色提供了重要技术支持平台。为了展现广州地区总师的成就与经验，本专题遴选了"琶洲西区总设计师"、"广州传统中轴线地区总设计师"、"深井古村微改造参与式工作坊"、"南沙新区存量地区总规划师"、"广州国际金融城城市设计顾问总师实践探索"等几个典型地区总师项目进行介绍。

琶洲西区城市设计优化与地区城市总设计师实践

1 项目背景

1.1 发展背景与缘起诉求

"十三五"时期，广州大力推进经济结构调整和产业转型升级，深入实施创新驱动发展战略，着力加强供给侧结构性改革，着力构建"三中心一体系"（国际航运中心、物流中心、贸易中心以及金融服务体系）相互融合的格局，以求实现产业结构优化调整。广州中心城区结合"一江三带"（珠江、经济带、景观带、创新带）战略，打造广州总部金融科技创新集聚区，用以吸引高端要素集聚，提升辐射带动区域发展的能力。

琶洲与珠江新城、国际金融城融合发展，构成中心城区集聚高端要素的"黄金三角"，通过高水平建设琶洲互联网创新集聚区及互联网领军企业的投资带动，构建高端高质高新现代产业新体系、构建高水平开放型经济体系的核心区域。

琶洲西区地处琶洲岛西侧，是广州"十三五"时期重点打造的城市中心片区，是推进经济结构调整和产业转型升级、深入实施创新驱动发展战略、构建"三中心一体系"、实现产业结构优化调整的重要抓手。琶洲西区快速推进互联网等产业的高度集聚，以科技创新引领产业发展。项目逐步落实了如何在有限空间内实现集聚发展、实现精细化、品质化城市设计的要求，同时也被寄予带动和引领实现新型城市化的厚望。

2012 ~ 2013 年，全国电商交易额近万亿元，迎来互联网发展浪潮，发展潜力巨大。琶洲西区准确把握发展机遇，选址建设电商总部区;2015 年，琶洲西区引进腾讯、阿里巴巴、小米、唯品会等互联网龙头企业，打造国内标杆、国际标准的互联网创新集聚区。

1.2 工作思路

根据广州市委市政府的工作要求，高品质规划设计、高标准实施管理琶洲地区，强化规划编制与规划管理的对接，优化行政审批效率，琶洲西区施行地区城市总设计师制度。地区城市总设计师为规划管理部门提供行政审批的辅助决策及设计审查的技术服务。地区城市总设计师的审查意见，作为规划管理部门行政审批的依据之一。

琶洲西区建立区别于地区规划师制度的"地区城市总设计师"制度，这是新时期的城市设计在实施过程中对地区规划师这项制度提出的研究与探讨。地区城市总设计师制度的建立，实现地区城市和建筑设计更加深度的介入与管控，实现以公共利益为导向，地区城市和建筑设计更加多样性和具有可实施性，实现地区城市和建筑设计更加精细化、品质化的管控。

2 项目特征

2.1 项目概况

琶洲西区地处琶洲岛西端，西依广州塔，北望珠江新城和金融城，东接琶洲会展中心，用地面积约 2.1 平方公里。用地范围北至珠江、南至黄埔涌、东至华南快速路，其中，海洲路以东、双塔路以北为 30 公顷的琶洲互联网集聚区。

琶洲西区的规划历经数次调整，此次城市设计优化是在 2014 年版控规方案的基础上进行优化调整。

2.2 现状研究

前期通过研究基地现状特征与城市设计发展背景，分析发展空间空间与限制，对比期望与诉求，梳理出项目面临的难点与挑战：

（1）原开发地块尺度大，用地粗放，土地价值的浪费；

（2）自然、人文要素本就不多，且未得到决定规划的必要保护；

（3）现状市政及公建设施少，服务水平弱；

（4）如何在持续实施过程中实现城市管理的精细化品质。

2.3 目标定位

琶洲西区致力于"紧凑、集约、高效、复合"的城市发展理念，提高产业集聚，优化土地利用和空间布局。通过加大市政公建设施密度，加强城市设计和城市特色营造。实现高密度公共设施服务，以及高效紧凑的城市中心区。集约节约用地，建设琶洲互联网创新集聚区，打造广州紧凑型新 CBD，打造有文化底蕴、有岭南特色、有开放魅力的总部商贸区。

琶洲西区作为规划对土地储备、产业规划、城市设计、土地招商与出让全过程管控的典型案例，将相关要求融合于"引资"、"引智"、"引技"工作，实现区域开发过程中规划、市场、政策的集成互动。

2.4 改造思路

研究分析东京、新加坡、中国香港、台北等相关案例，走高密度发展模式，通过大密留出大疏，通过两个"加"实现两个"高"：

措施一：加大市政公服密度；

措施二：高效紧凑的土地开发；

措施三：加强场所与景观营造；

措施四：高品质精细化管理。

3 城市设计方案

3.1 空间布局

土地细分：相比于原控规"200米×200米"的地块尺度，优化采用为80米×120米的小尺度街区开发模式，地块数量增加至99个（图1），路网密度由11.07公里/平方公里提升至12.9公里/平方公里。营造一个适宜步行和人本尺度的城市环境，提高公共交通的可达性和使用效率（图1）。

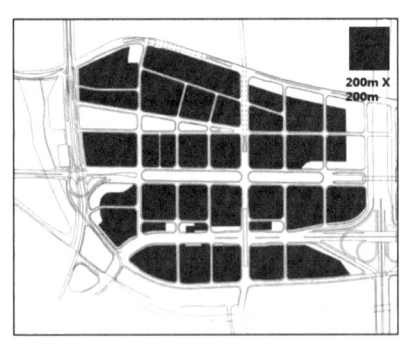 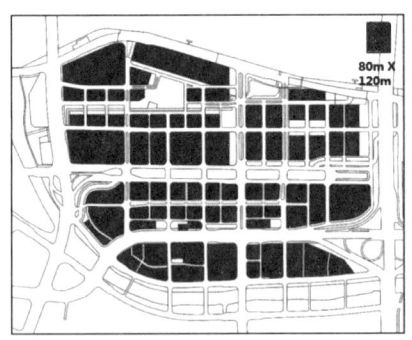

a.优化前   b.优化后

图1 优化前后地块划分图

混合利用：单一的商务办公功能转变为商务、商业、居住等混合功能，其中商业功能允许达到占25%～40%（含员工宿舍）。

加大市政公建设施密度：针对现状和原控规中市政和公建设施的不足，专门研究中心区及商务区对公共服务设施与市政基础设施的专项。通过增加公共交通、公共服务等市政公建设施密度，优化和提升琶洲西区的物质基础。其中，交通方面较现状新增 2 条地铁线路，1 条 LRT 环线及 2 个水巴码头及 7 个公交首末站，3 条地铁线交汇处将打造 1 个综合换乘枢纽，以 2 个水巴码头、滨江立体公园和公交首末站形成 2 个交通换乘节点。地铁、有轨电车、公共汽车三大层级公共交通系统将全覆盖整个规划区，提供高效便捷的公交换乘。

突出轨道交通站点的带动作用，综合利用地下空间：结合地铁站点，合理设置地下商业空间和公共走道、地下停车，综合发掘地下空间价值。

3.2 功能业态

引入功能兼容，缩小昼夜人流差：突出产业特色与资源配置，倡导产业引进与城市设计同步推进；结合配套商业，引入居住功能，创建一个多功能的地区供人们生活、工作、学习。通过立体混合使用，减少地区与其他功能区之间的交通需求，从而减少碳排放，促进可持续发展。

打造三条标志性骑楼主街：琶洲大街东、琶洲大街西与琶洲南大街，形成地区主轴，促进区域人才、信息、资本等要素资源在本地区高水平集聚。合理布置 4.5 米、6 米、8 米宽度骑楼，融入零售、文化、艺术等多样功能，突出岭南建筑文化与街道活力，设置沿街零售商业界面，增加街道活力（图 2）。

图 2 骑楼大街

3.3 环境风貌

保留水面与河涌水系：在互联网创新集聚区西北侧集中保留自然水面约 1.4 公顷，形成具有一定规模的景观公园，在高密度与高强度的城市开发中保留一方净土，为市民提供舒缓放松空间。在尊重保护现状生态水资源与兼顾用地效率的基础上，精心梳理、集中保护。优化磨碟沙涌公园，疏通、恢复园艺场涌，保留河涌长度约

2400 米，形成城水交融的多廊道开放空间体系。

工业遗产活化利用：为避免珠江啤酒厂迁址后遗留的工业建筑被盲目拆除，造成资源浪费和特色流失，城市设计通过梳理厂区整体结构及空间肌理，进行公共空间再塑造与多样性功能策划，将原厂区特色工业建筑集中保留，利用新旧结合的方式对单体建筑及设施进行改造和再利用。对特色工业构筑物也进行部分保留，结合公园绿地升级成为绿地公园、文化艺术、创意办公、休闲商业相结合的活力区，将场地特色记忆元素保留（图 3）。

绿地集中、合理布置：鼓励绿地集中，通过大密留出大疏，与高强度的地块开发形成一疏一密、一松一弛的对话，在步行尺度内设置公共绿地公共广场，形成片区内相对集中，整体上相对平均的公共空间布局，通过精细化景观设计，形成更多的活力公共空间场所。

提升滨水景观价值：设置滨江立体公园，将珠江沿岸打造为具有丰富景观及承载多样化活动的滨水活力带；改善和提升黄埔涌一涌两岸景观，进一步发挥滨水的景观价值（图 4）。

图 3　珠啤保留构筑物

图 4　珠江滨水活力带

互联互通的立体步行系统：在片区内各地块内及地块之间不同标高设置公共空中连廊、地面通廊和骑楼、地下公共通道，以互联网创新集聚区 30 公顷为例，同层公共空间保障相互连通并且无障碍衔接，不同层之间通过 24 小时开放的公共垂直交通模块便捷联系，实现整个区域不同标高的公共空间互联互通，最大化的保障公共活力与公共利益。

3.4 配套设施

从人的需求出发，结合琶洲西区的发展目标和主导功能，配套设施强化对商务办公的支撑，其次是考虑为此区域休闲、娱乐人群的服务。琶洲西区主要功能为总部办公、互联网产业、文化娱乐等，在此区域商务办公的人群居多，少部分为居住、休闲的人群，配套设施可分为三大类：生活类配套设施，为当地居民、前来休闲的人群服务，以及商务办公人群工作以外的时间服务；商务类配套设施，为商务办公人群、企业服务的；市政类配套设施，该地区提供市政保障。

其中，积极增加政务中心、超市、托儿所、中西药店、社区卫生站、平价餐饮等便民服务设施，满足不同人群的不同需求，优化后每个新出让地块均配套 3 个以上的公共服务，全面提升片区的公共服务能力。

4 实施评价

4.1 技术方法

强调动态过程——从终极蓝图到持续优化：作为公共政策的实施手段，城市设计及地区总师制度必须应对在每一阶段实施过程中遭遇不可预见的事件，并解决变化带来的实施困难。持续优化、过程规划即是实现这一目标的可行方法。

完善管控方式——刚性控制与弹性引导相结合：地区城市总设计师通过公共利益优先的导则体系，引导和保障地块内的公共空间生成，并形成体系。地区总师着重对城市公共空间、建筑风格、建筑高度、骑楼、连廊等提出审查意见，提前介入各阶段规划管理的建筑方案把控及监管，城市设计与方案审查一体化，为精细化、品质化的城市设计、城市建设与管理提供了良好的平台（图 5）。

4.2 影响效果

截至 2017 年 9 月，琶洲西区已出让 38 宗开发用地，引入阿里巴巴、腾讯、唯品会、小米、复星、欢聚、国美、环球市场、康美药业、科大讯飞、粤科金融等共 13 家互联网巨头以及 17 家总部地块，吸引了 Jean Nouvel Ateliers、nbbj、Gensler、GMP、Benoy、GP、PE、Aecom 等共 24 家国际及国内设计团队。目前，琶洲西区已有 22

个地块正式开工，一个紧凑高效的电子商务产业集群正在逐步形成（图6）。

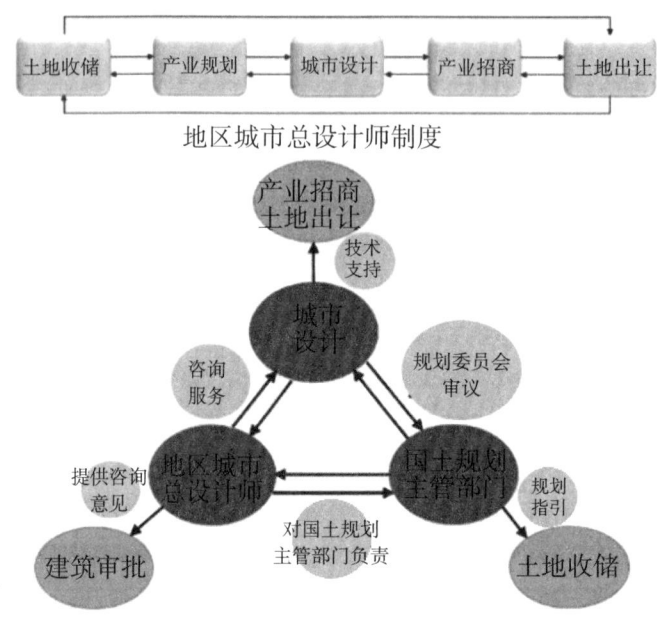

图5 地区城市总设计师制度

图6 互联网创新集聚区地块方案

经城市设计优化及地区总师制度经批准实施后，以琶洲互联网创新集聚区 30 公顷范围为例，计容建筑面积提升了 32%，绿地水域增加了 0.9 万平方米，地块数增加了 12 个，骑楼公共空间面积增加了 1.2 万平方米，二层连廊增加了 1600 米。琶洲西区 2.1 平方公里计容建筑面积提升了 85.6 万平方米，提升了 18%，绿地水域提升了 3.8 万平方米（图 7）。

图 7　琶洲 A 区总平面图

4.3　特色创新

（1）精细化、品质化的城市设计与管控措施。其一，城市设计将通过细分地块集约高效用地，减小街区尺度，增加建筑密度和容积率，增加公共设施投入等措施，实现对土地的高效利用。其二，城市设计对建筑界面、河涌水系、骑楼、地下空间、道路交通和轨道交通、公共空间、功能混合、绿色生态技术等要素进行细致研究，提出具体的控制内容，并结合建筑概念方案设计进行反复验证和挑战，以确定成果内容。其三，城市设计优化成果匹配地区城市总设计师制度，进行不同强度的控制和指引。城市设计与法定规划管理文件的衔接，以城市设计导则和图则的形式，在地块出让前完善并写入出让合同中，实现对城市地区的精细化、品质化管理。

（2）多方参与、多角度互动的协调机制

通过接待琶洲西区建设项目来访，地区城市总设计师召开总师审查会，回复建设方项目咨询案件，主动向建设方发函等，在提高地区公共利益与生态效应的原则下辅助地块方优化方案，为城市贡献。

地区总师工作组起到沟通协商的桥梁作用，积极推动琶洲西区建设项目工作的顺利开展。通过建立与市国规委、区规划局相关处室的平台联系制度，参与市委、市国规委、海珠区局等组织的项目会议，组织项目审查、协调会议，回复市国规委、海珠区局相关会办，主动处理建设方、规划局与其他相关部门（如财局、招商、水务、建委、地铁、城投等）的对接。

综合开发多种智能互动展示与应用管理平台，为成果宣传和城市设计管理提供创新支持（图8）。通过建立专门化的联系平台、设立指定的邮箱、传真机、微信等新媒体公举开展咨询工作，建立与国规委协调微信群、与建设方项目协调微信群、总师工作组微信群、相关会议群等。

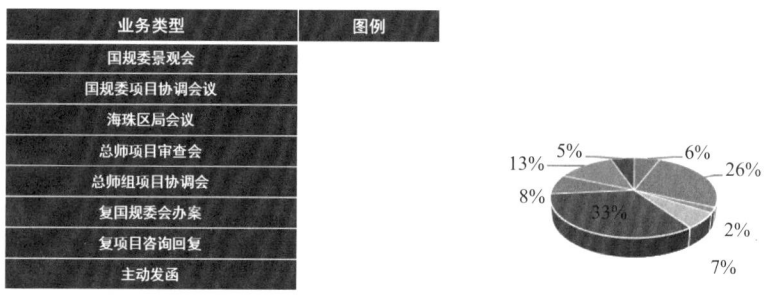

图8　2016年总师工作组各项工量（总工作量376）

（3）实时跟踪，新媒体工具平台的引入

通过建立专门化的联系平台、设立指定的邮箱、配备专门的传真机等工作方法，以提升地区公共利益和环境效益为目标。借助微信等新媒体公举开展咨询工作，目前建立与国规委协调微信群、与建设方项目协调微信群、总师工作组微信群、相关会议群等。综合开发多种智能互动展示与应用管理平台，为成果宣传和城市设计管理提供创新支持。

4.4　小结与讨论

琶洲西区城市设计优化及城市设计管理，为未来中国城市化发展做出了积极的探索实践。中国城市化的发展，已迫切地将品质问题提上日程。如何在存量中寻求增量，如何在主导功能导控下寻求功能多样复合，如何在保障城市功能前提下提升城市公共空间品质，如何在低碳绿色的基础上更加有效提升土地价值，如何在推动城市及建筑设计多样性的方向上提升城市设计管理水平，仍然是现在和未来许多中国城市面临的问题。

作者信息：

孙一民，华南理工大学建筑学院、亚热带建筑科学国家重点实验室，教授、博士生导师。

夏晟，华南理工大学建筑学院博士研究生、华南理工大学建筑设计研究院。

骆乐，华南理工大学建筑设计研究院。

蔡宁，华南理工大学建筑设计研究院。

历史城区城市总设计师团队——广州传统中轴线的创新实践

1 引言

为了落实广州市传统中轴线地区一系列有关历史保护以及品质提升的策略、规划以及具体项目，广州市越秀区建立了广州传统中轴线地区城市总设计师制度，充分利用专家智库资源，作为政府及相关行政管理部门开展历史城市活化及环境提升工作的重要技术支持平台。期间，城市总设计师及其团队（以下简称"总师"团队）对传统中轴线地区进行了规划纲要编制、亮点工程项目提案、重要节点设计比选、环境提升详细设计顾问、施工现场咨询、环境提升工程验收等系列工作，最终有针对性地实现了历史城区核心地带的近期环境总体提升，并在总结经验的基础上开展制度安排与技术服务的创新实践。

2 历史城区需要空间决策"协调员"

历史城区的环境改善与提升，虽然意义重大、社会各界的关注度高，但也面临各方面的挑战，至少包括以下几点。（1）作为城市已建成区，历史风貌的维持和史新改造面临产权复杂、利益多元等具体现实困难，同时可供成规模再开发建设量的地块极少；（2）街道、广场、绿地等公共空间由于人流量大、附属设施侵占等原因，使用情况复杂，导致其维护量大、协调难度高；（3）市政基础设施老化、公共服务设施配套不足，危破房的危险隐患大；（4）拆迁与协调成本高，社会过程的有效组织与协商很难建立，导致各类项目实施的不确定性大；（5）建成环境的改变，不仅涉及多元业主、居民，也备受文物部门、社会公众、媒体、专家学者等的关注。

因此，虽然历史城区的空间对象相对固定，但面临着管理多头、主体多元、文脉复杂等挑战。要实现空间品质提升的集体行动，公共部门、多元社会主体、各种公益机构以及市场力量之间需要综合协商，最终需要形成与空间改变相关的各类决策，设置"协调员"角色可以起到积极的平台作用。

首先，面对同一工作对象，很可能会同时涉及规划、文保、建设、房管、旅游、园林、市政等多个政府职能部门和街道办、管委会等基层管理部门。原来事权明晰的公共管理机制，面对频繁跨界的建成空间品质提升工作，反而显得效率低下。"协调员"可充当准牵头者的作用，重新厘清具体某一项目中各部门的职权。其次，社会群体构成复杂，居民想要更高品质的生活和更多的话语权，商家想要吸引更多的人流，游客想要更好的旅游体验。提前预判并协商各群体的诉求，是实现综合社会效益的关键。再次，历史城区多元的民俗文化、宗教文化、商业文化和成熟社区之间，往往会产生冲突。环境提升中既要发挥多元文化魅力又要有效缓解各种冲突，也需要协调。最后，历史城区的建设活动之间存在较强的文化关联性，需要统筹考虑；同时，历史城区建设项目的决策相关信息丰富，需要深入全面的了解才能做出合理的决策支撑。因此，历史城区需要能够扎根地方、深入了解文脉、持续参与的空间"协调员"，并以团队合作的工作来辅助各类决策。广州传统中轴线地区城市总设计师就是这样一种创新实践探索。

3 历史城区"总师"团队的特殊性

在新区城市设计或城市重点项目实施中，"总师"（"总规划师"或"总设计师"）制度的执行特征是在其主导的蓝图方案基础上贯穿规划实施全过程，通过城市设计导则、城市设计图则、控制性详细规划等一系列手段维护蓝图方案并指导实施工作，最终实现精细化的城市设计管控，以保证设计方案特色的落实。上海世博会的总规划师工作[1]、广州国际金融城的地区总规划师工作、广州琶洲西区互联网创新集聚区的地区城市总设计师制度[2]、[3] 等，皆属于此类。

历史城区作为建成环境，其复杂性和不确定性使得在历史城区难以形成稳定的规划设计蓝图，历史城区空间提升的愿景和目标具有显著的遗产保护框架下的"共同愿景"特征，城市空间的品质提升也难以通过如新区开发"总师"制度的城市设计管控手段来实现。因此，历史城区的"总协调员"需要通过历史城区保护规划的底线控制、环境提升总体纲要的统领以及重点项目的策略性识别及实施等一系列手段协调"共同想象"的落实实施（表1）。通过微观具体的识别和重点亮点的打造，在不确定的蓝图方案中找到提升改造的突破口，最终实现高品质的历史城区更新改造或环境提升。

<table>
<tr><td colspan="4" style="text-align:center">新区开发"总师"与历史城区"总师"　　　　　　　　　　表 1</td></tr>
<tr><td></td><td>"总师"制度目标</td><td>实现手段</td><td>具体案例</td></tr>
<tr><td>新区开发"总师"制度</td><td>维护既定的蓝图方案</td><td>城市设计导则、图则、控规</td><td>上海世博会规划设计
广州国际金融城城市设计
广州琶洲西区互联网创新
集聚区城市设计</td></tr>
<tr><td>历史城区"总师"制度</td><td>在不确定的蓝图中提升"共同想象"</td><td>保护规划、环境提升纲要、策略性重点项目</td><td>广州传统中轴线地区提升计划等</td></tr>
</table>

4 历史城区"总师"团队的效用

4.1 在地辅决策，技术导实施

在广州传统中轴线地区"总师"团队工作中，地区总设计师担任着从纲要编制、方案设计到建设实施全过程的高效顾问咨询和技术指导的角色。回顾2017年，在全球财富论坛前后，"总师"团队配合越秀区委区政府、北京路核心区管委会、区国规局、区城建水务局等部门，重点对北京路北段、中段、西湖路、惠福路、教育路等地的环境提升方案进行多轮方案讨论与论证，共主持、参与了24次规划设计咨询、15次建设项目咨询、29次环境提升咨询、7次行政决策会议。其中，对省财厅前广场的花坛及铺装、北京路北段步行化、骑楼街立面清理、新大新骑楼立面改造、北京中路环境小品及环境修复、西湖路广场铺装、大佛寺北广场环境提升协调、铜壶滴漏再设计、惠福路铺地及入口节点、街道设施等进行多次详细的现场沟通或组织专家咨询，实现近期的环境总体提升。如大佛寺北广场的近期环境提升工程，从开始设计到近期实施方案确定，先后经历了不同业主委托的多个设计单位的方案修改论证，"总师"团队通过持续性的参与、梳理所有相关资料、组织专家论证、对多方案的比选形成预判，高效辅助行政决策，并保证决策的科学合理。

4.2 中立求共识，协商促最优

在历史城区环境提升过程中，"总师"团队保持中立地位，通过构建基于空间品质最优的协商平台，促使各方最大化地达成共识，进而保障环境提升工程项目高效实施。广东省财政厅前广场作为传统中轴线北京路段北端的重要节点，周边与多处重要功能建筑衔接，经历了4个月的多部门、单位协商过程。在这项工程中，广东省财政厅作为广场正北面的标志建筑，前广场的景观质量直接影响财厅（文保单位）的立面形象与整个广场节点的空间品质；同时，广场作为广州大厦停车场入口的车行通道，其景观改造应以不影响车行流线为前提；但广州大厦入口作为广场侧立面，现状较大尺度的门廊也严重影响这一历史空间的体验。另外，广场位于国家级文物保护单位南越国公署遗址的保护范围内，也在北京路历史文化街区的核心保护范围，花坛以及地面铺装的拆除改造需严格遵守文物保护的底线。在多重条件的限定下，广场改造方案探讨先后经历了拆除花坛、修建旱喷池、修建喷水池等多种提案。同时会同文物保护部门开展文物初探工作，触及文物埋藏层后停工，并谨慎选择了更新花坛与铺装的轻触式提升方式。在保证广州大厦车行流线的前提下，拆除横梁式门廊，采用与南越王宫博物馆协调的通透立柱式入口，突出财厅建筑的地标属性，提供了更好的广场体验（图1）。面对多方的多元诉求与管理，"总师"团队在整个过程中的"总协调员"定位得到充分体现。

图1　广东省财政厅、广州大厦、南越王宫博物馆交界处改造的前（左）后（右）对比

4.3　顾问守底线，提案迎创新

守住历史文化保护的底线，是历史城区空间提升的根本原则。面临多要素老化的历史城区，自然渴望多方资金的投入以提振产业活力、提升环境品质。"总师"团队的作用是在尽量包容多方投入的背景下，帮助建设项目、环境改造工程融入历史环境中。在日常顾问工作中，"总师"团队对大量以环境提升、基础设施改善为目的的微改造实施方案提供了书面咨询意见，为老旧社区在改善基础设施的同时，能以合宜的面貌融入历史文化名城。

除了日常顾问工作外，对重要项目进行主动提案也是"总师"团队的重要工作内容。实际工作中，坚持"积极保护、鼓励创新"的理念，"总师"团队利用环境提升纲要编制的机会，提出了一系列创新性的项目与策略内容，供决策参考。以广州起义路改造提升为例，提出设置快速自行车道、拓展步行区域、升级工艺美术业态、修复民国风貌等促进环境品质提升、激发街区活力的空间策略，以创新的手段更好地实现保护与发展的融合。

位于北京路北段和中山五路交叉口的新大新百货大楼，是传统中轴线上的一处重要地标，但是其裙房采用了不锈钢圆柱与广告幕墙界面等无历史感的立面。为强化北京路一带的历史环境特色，通过历史照片的考证，"总师"团队对该大楼提出裙房立面修复的提案，具体以民国历史照片为依据，在小幅改变当前建筑结构的前提下，恢复民国风格骑楼样式、构件与比例，制作了设计指引，并全程指导建筑设计和建设施工过程，提升了北京路北段的整体风貌（图2）。

改造前裙楼立面（2017年拍摄）　　　　　　　"总师"提出的改造指引意象

历史照片依据　　　　　　　　改造后裙楼立面（2018年拍摄）

图2　新大新百货裙楼立面改造前后对比

5　总结与前瞻

5.1　历史城区创新管理的三个特点

受限的土地存量，欠佳的建设条件，复杂的产权关系，以及多元的利益主体，使得历史城区的发展必须寻求不同于新区土地开发的管理方式，转向多方协作、寻找"最大公约数"的创新协调管理方式，具有多专业部门协调、多主体价值协调与多利益倾向协调等三个特点。

第一，多专业部门协缮。历史城区空间提升通常涉及多领域的专业知识，包括历史遗产保护、历史建筑修缮、历史街区微改造以及建筑规范、交通与市政等基础设施等，并涉及各相关专业部门，"总师"团队必须根据具体项目情况，与各部门进行专业性协调，促成各类项目的实施。

第二，多主体价值协调。历史城区的建设项目往往涉及多元价值观的碰撞，这也是很多项目难以顺利开展的主要原因之一。从大佛寺北广场的多轮方案论证过程可以看出，寺庙方的宗教意识、零售业运营商的市场意识、骑楼爱好者的保护意识、代建单位的公共意识等多元价值诉求各有理据，需要"总师"团队以中立的态度进行沟通与调和。

第三,多利益倾向协调。历史城区的多主体价值观都不同程度地与显性利益关联,私人利益与公共利益、文化利益与经济利益等不同倾向的表现,或明或暗,利益主体与管理主体往往持有各自底线。"总师"团队协助政府构建基于空间品质最优的协商平台,促成多元主体利益诉求的谈判,促进统一意见的形成,协助历史城区各类公共项目与私人项目的顺利推进。

5.2 历史城区创新管理的四大关键条件

从广州传统中轴线地区的"总师"经验可知,多元协调管理能有效地促进历史城区具体项目的落实,创新协调管理方式需要以下四大关键条件的支撑:

一是愿景达成共识:历史城区的发展应秉承保护为本、持续发展、产业振兴、鼓励创新的态度与原则。在"总师"团队的协助下,促成政府、社会团体、开发主体、产权业主对未来发展形成共同愿景,严格遵守历史城区保护的控制底线,延续历史文化风貌并在保护中更新,灵活引入创新产业激活城区发展动力。

二是程序有章可循:建立完善的地区城市总设计师制度,为历史城区的发展提供有章可循的规章制度,"总师"团队作为"总协调员"以及利益中立的角色定位辅助行政决策,形成合理透明的专家咨询服务流程,为政府及公众社会构建沟通咨询的平台,通过正义的制度程序来促进社会公平的实现。

三是技术有据可依:在多专业、多价值观碰撞的背景下,历史城区空间提升项目的实施需做到有据可依。以建筑立面修复或整饰工程为例,历史考证是最为可靠的支撑。北京路北段的新大新百货裙房、北京路南段的陈李济建筑立面设计,均以历史照片作为修复工程的技术依据。虽并非完全恢复历史信息,但其风格与特征的延续,很好地保证了地段历史风貌的传承。与此同时,由"总师"团队编制的环境提升纲要,作为工作的技术支撑与行动纲领,为广州古代城垣格局景观恢复提供了合理的技术依据。

四是包容跨界创新:历史城区空间提升不仅包含城乡规划,还更多地涉及与建筑、风景园林、市政工程、道路交通、美学、文化、宗教、历史、文物保护等跨专业领域。从北京路北段骑楼立面景观提升,到北京路中段铜壶滴漏雕塑的改造,从惠福路美食花街的招牌设计,到惠福路步行街上公共雕塑的选型,更多的是从大众审美的角度出发,结合相关的技术依据与专业知识,加以创新的技术手段与形象定位,大幅提高了空间品质以及公众体验。历史城区的协调管理只有包容跨界创新,才能为其空间提升创造更多的可能性。

5.3 扎根地方知识的新职业雏形

不同时代的城市发展特征,改变着对城市规划师的需求。增量开发主导的时期,我国的规划师类型大致可分为为政府工作的政府规划师（决策规划师）和以市场需求为导向的执业规划师（执行规划师）。随着城市建设的逐渐成熟，为实现社区利益最大化的社区规划师[4-5]的需求也逐渐显现。随着城市建设进入存量时代，社区规划师将更多深入社区，唤醒公众的规划主体意识，以带领社区的环境提升，这是一种新的职业雏形。从传统的城市规划师到社区规划师，其角色和观念发生了转变，由"技术专家"转向"公众价值的倡导者"[6]，强调规划决策过程的交流与合作，通过社会运动和公众参与等途径来达成社会共识[7]。

这是一个长期扎根于地方的职业，对一个地区的决策传统、社区价值取向、历史决策过程、地域文脉等地方知识熟悉掌握，以便与城市规划过程中相关利益主体进行交流和沟通，进而参与规划决策的制定，全过程引导规划项目的推进与落实。与增量时代下以空间蓝图为工作核心的城市规划师不同，存量时代下的地方规划师更多是以实现社会公平为导向，带领公众对城市地区未来的发展愿景形成"共同想象"，积极对接并协调各方利益相关者的诉求，协助多元主体促进地区的空间提升优化，于是便形成了基于地方知识的"总师"制度。目前看来，"总师"制度的创新实践经验，值得前瞻的是如何将精英式规划师进一步演进为日常式扎根地方的职业规划师。

参考文献

[1] 邓颖，朱伟.从设计管理看中国 2010 年上海世博会规划研究 [J].规划师，2006（07）：69-71.

[2] 林隽.面向管理的城市设计导控实践研究 [D].华南理工大学，2015.

[3] 广州年鉴编纂委员会.琶洲西区城市设计与控规编制 [G]// 广州年鉴编纂委员会.广州年鉴 2016.广州：广州年鉴社，2016 [EB/OL]http：//www.guangzhou.gov.cn/node_450/node_724/2016nj/html/1117.htm

[4] 李进."行政三分制"与规划师角色转化 [J].规划师，2003（10）：95-98.

[5] 陈有川.规划师角色分化及其影响 [J].城市规划，2001（08）：77-80.

[6] 朱喜钢."两型社会"引领下的规划与规划师转型 [J].规划师，2012（8）：5-8.

作者信息：

王世福，华南理工大学建筑学院、粤港澳大湾区规划创新研究中心，教授、博士生导师。

邓昭华，华南理工大学建筑学院、粤港澳大湾区规划创新研究中心，副教授、硕士生导师。

田文豪，华南理工大学建筑学院硕士研究生。

林卓祺，华南理工大学建筑学院硕士研究生。

参与式工作坊——深井古村微改造实践

1 深井古村微改造项目背景

1.1 落实广州市城市更新政策的相关工作要求

2016年1月1日起正式实施的《广州市城市更新办法》首次提出"城市更新方式包括全面改造和微改造方式",并强调多元主体参与、创新改造方式、有效提高改造综合效益,标志着"微改造"成为新的城市更新理念和思路,为新一轮旧村庄改造模式创新提供了政策支撑,为旧村庄的更新发展开辟了新路径。作为具有七百多年历史的古村,深井村于2016年被纳入了历史文化保护微更新类项目库。

1.2 保护开发思路下深井村发展需要规划引导

深井村位于广州东部珠江口前后航道交汇处,所在长洲是明清时期中国和西方通商交往的重要门户。因其重要的历史地位,长洲岛与深井古村分别被划为广州市第一批历史文化街区(2000年)、第一批广东省传统村落(2014年)(图1)。

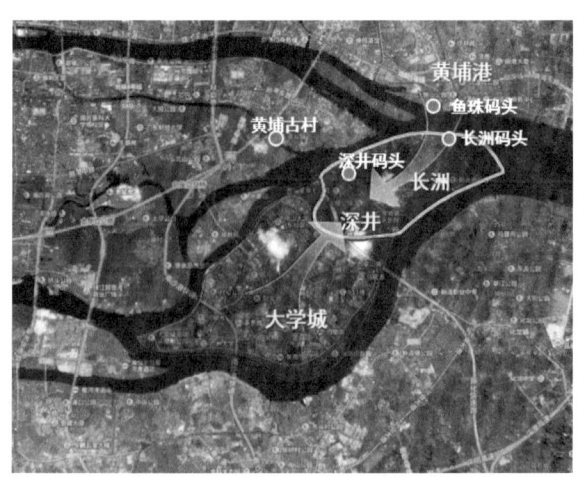

图1　深井村区位图

基于"保护开发"的规划控制思路,深井长洲多年来规划控制指标保持不变。然而,近年来深井村发展存在问题凸显:村经济发展较为缓慢,村集体收入主要来源于农地、鱼塘及少量物业租赁,收入和分红远低于广州其他村集体;人口空心化现象明显,原住民只有30%住在村内,且以老年人为主;村庄生态环境基础好,但建筑空置严重,现有282栋建筑处于空置状态,占现有建筑的18%;交通承载力不足,仅有一条金洲南路对外联系,拥堵问题与停车管理问题严峻。同时,由于缺乏有效的发展引导,近年来村内老建筑拆除和新建、占用公共空间停车等现象凸显,部分历史文化资源遭破坏,古村整体传统风貌的保护受到严重威胁。因此,作为保护开发区域的村庄发展建设模式,亟需新的政策来支撑规划和引导活化。在这一背景下,以微改造开展旧村庄城市更新为深井古村的活化带来了新的契机。

2 以参与式工作坊开展深井微改造实践

2.1 微改造工作坊模式的内涵

（1）微改造与传统改造模式的差异

传统村庄改造主要以全面改造为主,大拆大建模式下难以保护村庄的传统风貌,同时触及了多元主体的产权利益,容易引发一系列社会矛盾与问题。与以往全面改造模式相比,微改造模式存在着本质的差异。由于村庄改造涉及多方利益主体、多方使用及管理主体,产权复杂,而微改造能尽可能地减少触及村民根本的产权问题,从关注一次性改造带来的短期效益,转变为关注整村人居及产业长效发展的良性机制。微改造所采取的方式、思路以及涉及的内容均比过去更具有广度和深度,并在项目时效上铺展得更为长远。因此,微改造的更新方式能更好地适应村庄改造。

（2）以参与式工作坊推动微改造

微改造的推动需要有效的多方协商平台和协商制度,"工作坊"是有效推动微改造的重要手段。工作坊是一种以社区为基础的、多方参与、协商共治、"自上而下"与"自下而上"结合的规划模式,工作坊需要在政府的领导下,联合街道、社区、民间组织、居民以及专业第三方机构,以社区问题及需求为导向推动多方参与的空间规划及实施,形成基层可持续治理制度基础。

工作坊以问题为导向,以群众为主体,以空间为载体,以参与式规划为根本方法,边编规划边做参与,公众参与的过程即为规划编制的过程。从每块用地、每栋房屋和每位产权人的基本情况出发,让村主体在改造规划的初期即进入改造过程,让村经济联社、村分社、村民等表达自身的利益诉求,勾勒符合自身利益和社区共同利益的发展愿景。工作坊的方式便于有效渐进地协调私人利益与公共利益的关系,并且在达成共识的领域落实土地利用与公共服务设施布局,制订出可实施的项目方案。

2.2 多方主体组成深井工作坊

2016 年 12 月，广州市更新局、黄埔区政府、黄埔区更新局委托中山大学城市化研究院、广州市城市规划勘测设计研究院区域所、广东城印城市更新研究院联合长洲街道办、村经联社共同组建深井工作坊，通过建立有效协商制度，多方参与，提升村庄人居环境，推动深井古村活化（图 2）。

图 2　深井微改造工作坊

在工作坊中，政府、企业、规划师、群众和社会组织等多元主体积极参与，针对具体规划事项以共同参与的方式推动深井古村微改造。

黄埔区政府对深井古村给予极大关注，多次实地视察调研，并以多种方式在资金、政策方面提供支持。黄埔区更新局于 2016 年组织编制《深井古村微改造片区策划方案》作为规划指引，并批复了《深井古村微改造三大节点实施方案》，下拨 1800 万资金对深井岐西坊愚园、安来街区、荷花池三大空间节点改造给予支持，并提供 100 万资金支持工作坊活动服务，同时陆续开展了"以奖代补"等制度方面的创新机制研究。黄埔区国土资源和规划局将深井古村列为"住建部历史建筑保护试点项目"，牵头各职能部门积极开展"党建引领，共同缔造"工作，全力支持深井古村活化。长洲街道办事处和深井村委全力给予人员与物资支持，街道办事处重点落实上级政府的战略要求与相关政策，联合家庭综合服务中心协同工作坊共同开展活动，加大对深井的投入力度;村层面以村经济董事会、村经联社为主积极配合，协调村民关系，并对各种物资使用、空间使用给予支持。

企业也积极参与到微改造建设中，为深井微改造出谋划策，开展具体实践。广州中大城乡规划设计研究院有限公司、广州市城市规划勘测设计研究院、广东城印城市更新研究院多次设计各种层次的空间规划方案，举办多种类型的参与式活动，与深井村民建立良好关系。同时，黄埔区文化集团发展有限公司，广州市设计院也根据自身特长，通过文化注入、建筑设计等积极加入深井微改造的工作。

社会团体和组织发挥协助相关工作顺利推进的作用。中山大学、广州美术学院、华南理工大学等高校在村内开展各种专业设计课程实习、方案竞赛、问卷调查等。通过带领大学生走访村庄，组织摄影征文比赛，举办规划作业展等一系列活动，了解村民对于村庄发展的建议。埔衣坊、蜗牛居、林间小院等社会组织通过开办女红学堂、民宿体验、儿童冬令营等一系列活动积极也参与到深井微改造工作中。

村民作为深井村的主体，对微改造相关工作与活动都给予大力支持。2017年5月，在工作坊团队进驻飞扬阁时，深井第五经济合作社向工作坊赠送龙标一艘（图3），预示着多方参与、同舟共济发展好深井，对多方参与、共同治理的活化发展模式表示支持与认同，希望与各方共同合作促进深井的活化发展。同时村民在一系列参与式活动中，积极表达对村庄发展的建议和对美好生活的向往（图4）。

图3 深井第五经济联社赠送龙标 图4 飞扬阁入驻仪式
一艘予以深井工作坊

2.3 深井工作坊的实践成效

（1）构建多方参与平台，形成发展共识

自2016年10月至今，深井工作坊共组织约25次公开参与性活动。通过组织大学城300余名大学生走访深井，举办摄影征文比赛等活动，引导深井村周边年轻力量认识深井；通过举办大学生规划作品展示、新老村民茶话会、微改造策划方案公示讨论会、设计工作坊讨论会、乡村社区学堂等活动，建立与新老村民、多方主体共商共谋的沟通机制；通过举办新春蜗牛市集、女红体验课、"我和我的美丽深井"夏令营、古村中秋游园会等一系列活动，给公众提供具有公共性的公共空间，建立公众参与交流的沟通平台（图5～图8）。

图 5　大学生作业展览

图 6　大学生走访活动

图 7　深井茶话会

图 8　女红体验课堂

（2）推动古建筑活化，培育深井活化"益生菌"

深井工作坊以一系列方式活化历史老建筑，美化空间环境，丰富建筑空间功能，培育深井活化"益生菌"。通过策划老建筑活化创投竞赛，吸取年轻人的优秀方案与奇思妙想，对正吉大街 14 号进行设计改造；在肖兰陵公祠多次举办作品展览，开展乡村社区学堂，设计工作坊等一系列活动，活化老建筑；对德星里 2 号进行改造设计，建设成为乡村社区图书馆；对从桂西街 8 号工作坊驻点与飞扬阁进行空间美化，将其作为各群体协商活化深井事宜的场所和展示深井历史文化的平台；对于存在现状闲置老建筑，通过"老房子伙伴计划"开展老建筑规划设计、修缮改造、功能注入、运营管理等活化内容作为公益和半公益用途（图 9 ~ 图 14）。

（3）挖掘社区历史价值，推动古村保护

工作坊以多种方式挖掘社区历史价值，推动古村保护。自 2016 年以来，工作坊多次参与深井耆英会和端午龙舟节活动，通过与村内民间艺术家保持良好沟通，挖掘和保护根雕、刺绣、手指画、雕塑等多样化的民间艺术，依托古村内现有和将新引入、新萌发的民间艺术家空间，开展艺术创作空间布置、立面装饰、交通导引等建设内容。挖掘深井村祠堂历史文化渊源，以村内主要祠堂为脉络，开展历史文化展示布置、空间特色与文化氛围营造等历史文化路径建设内容。使村民和社会各界认识、保护和传承深井古村历史价值，推动古村保护（图15、图16）。

图9　深井建筑创投竞赛

图10　广州"共同缔造"规划师培训

图11　正吉大街14号改造前

图12　正吉大街14号改造后

图13　工作坊从桂西街驻点

图14　工作坊飞扬阁驻点

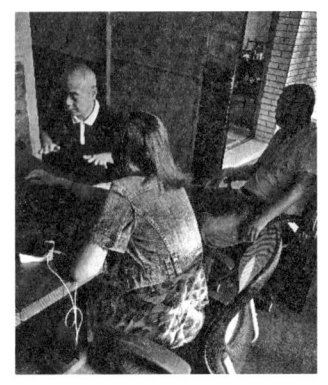

图 15　端午龙舟节活动　　　　　　　图 16　与民间手指画艺术家访谈

目前，通过一系列参与式规划与活动，围绕着共同参与的平台，村内多方主体共同形成了深井"干净、安静、宁静"的发展共识。肖兰陵公祠、工作坊驻点、正吉大街 14 号、飞扬阁、岐西坊愚园、安来街区、荷花池等也逐渐成为古村文化活化的重要节点。工作坊团队充分落实习总书记在十九大中提出的"共建共治共享的社会治理格局"理念与乡村振兴战略，通过多方参与，上下联动，共同明确深井"干净、安静、宁静"的特点，共同认识村落发展需求，形成以"耕读传家、文创兴村"为方向，推动深井微改造的发展共识，形成以"多方参与、社区治理"推动深井微改造的创新模式、发展机制与治理格局。

作者信息：

张帆，女，中山大学地理科学与规划学院。

李郇，男，中山大学地理科学与规划学院，教授。

南沙新区存量地区总规划师咨询制度实践介绍——以广州南沙蕉门河中心区与明珠湾灵山岛尖 C1 单元地区总规划师咨询制度为例

1 项目概况

1.1 项目背景

我国城市快速发展的地区一直具有政策带动发展的特征，2015 年南沙区成为广东省自由贸易试验区；2016 年，南沙被赋予全新的定位——广州的城市副中心。南沙成为广州继珠江新城城市新中轴、白云新城之后，广州城市规划管理又一新焦点。进入"十三五"时期，国内越来越多地区重视精细化规划管理的发展。然而，以存量为主的规划时期，在面对城市再生型城市规划的时候，就会涉及更复杂的需求背景。所以，对于政府治理而言，精细化实施管控的时代在带来机遇的同时也充满挑战。

1.2 规划决策的特征

1.2.1 质量取向

目前，城市竞争的焦点正由"规模、成本"逐步转变为"质量、品牌"。2014年，南沙区提出城市空间"国际化、高端化、精细化、品质化"四化的建设品质要求，也在围绕加快建设广州城市副中心、打造高水平对外开放门户枢纽目标，聚焦"一城市三中心"、总部经济、创新型产业、区域交通枢纽等重点领域，加快推动了一批较为成熟的项目集中开工建设，南沙需要一个能够精细化实施管控的规划模式和机制。

1.2.2 效率取向

自贸区作为城市发展快速的区域，其对新的政策、新的理念、新的需求敏感度比较高，南沙需要一个能够高效率应对新政策新理念新需求的规划模式和机制。

1.2.3 问题取向

决策显示出一定问题取向，即政府通常为了快速应对发展中的问题，希望打破常规的体系，提供弹性且有针对性的解决方案。

1.3 传统规划管理的困局

传统规划都是以长期发展为导向的，例如总体规划、分区规划、控制性详细规划、土地利用规划等，都是在稳定环境下指导城市未来发展的工具。在这样的背景下，城市政府有很少的规划工具能够满足弹性调整的需求，也面临各类型的开发项目、各层次的规划设计项目内容各自为政，缺乏统筹协调。因此，城市建设很难做到精细化实施管控。

原有规划导控、传统的规划管理模式已不能满足支撑南沙重点地区快速响应政策变化、精细化实施管控、动态弹性调整及高效率且高品质的项目建设要求。当前的这种治理理念必须要发生变革才能适应精细化实施管控时代的要求。地区总规划师咨询制度的思维价值观融入政府治理理念中，将对基于部分信息的决策，转向覆盖更广泛、涉及更多人的讨论和决策，要求政府从规划的执行者转向规划的分析者，从中预测社会需求，探索政府治理的多元、多层、多角度特征，提升政府治理能力，才能够实现城市的精细化实施管控。

2 工作内容

2.1 工作范围

蕉门河中心区位于广州南沙新区蕉门河城市中心区范围内，北至小虎沥，南至蕉门水道，西至大山岌，东至黄山鲁，总面积22.84平方公里。

灵山岛尖C1单元位于广州南沙新区明珠湾区内，北至蕉门水道，南至上横沥水道，西至京珠高速，东至凤凰大道，总面积1.84平方公里（图1）。

2.2 工作基础

蕉门河中心区范围内可建设用地中，约有2/3用地为已批已建、已批未建及已咨询地块；蕉门河中段及部分金洲涌已完成景观提升。是存量地区的规划总师实践。

灵山岛尖C1单元现处于开发建设阶段，场地基本平整，内部市政道路网已基本建成，河涌基本建成；景观滨水带也处于整体施工阶段，滨水公园、滨江栈道等已建成（图2）。

2.3 工作团队

地区总规划师咨询制度工作团队由地区总规划师和技术团队组成。其中，蕉门河中心区总师为广州市城市规划编制研究中心吕传廷主任，明珠湾灵山岛尖C1单元

图 1　规划范围示意图

图 2　现状建设情况

总师为广东省建筑设计研究院洪卫副总建筑师，两个地区的技术团队均为广东省建筑设计研究团队。

2.4　工作思路

承上启下，面向实施：与上位规划及相关规划相协调，紧密结合项目建设需求和规划管理工作要求，促进规划实施和项目落地，避免对上位规划的颠覆。

总体协调，弹性处理：抓住项目特点、解决项目具体问题，在保持南沙大框架大格局不变的前提下，全面考虑项目调整导致的可能性矛盾，通过总体协调、周全考虑给出项目的最优处理方案。

多元合作，精细导控：多专业统筹协调，有效、系统、全面解决问题。根据发展形势变化为规划实施长期提供跟踪技术支持，推进项目精细化导控。

2.5　工作内容

规划咨询作为规划管理部门应对城市建设"从规划到实施"之间出现的局部性、多元性、多样性实施难题的规划管理创新性探索，充分发挥地区总规划师咨询团队的技术把关作用，结合咨询范围内重点项目开发建设，从规划用地、道路系统、市政设施、建筑形象、设施配套、景观环境开展全体系的研究工作，根据项目提出规划实施咨询意见，使城市规划的理念在各项目实施过程中得以落实、体现，包括用地咨询、设计条件细化、规划审查咨询、交通咨询、其他专题研究五类内容。

3　创新与特色

3.1　守住城市总体发展格局与公众利益底线，确保实现一张蓝图执行到底

统一的蓝图是各方凝聚共识基础，是城市发展的大框架和大方向。针对南沙，整体的城市空间和景观大格局，是南沙城市景观的空间载体，为人们获得良好的城市景观体验奠定基础。因此，需要充分凝聚政府、开发商、公众、专家学者等各届共识，框定南沙大空间大格局及发展的基本原则，并在保证大框架不变的情况下，可以弹性动态的修缮蓝图。

蕉门河中心区上位规划审批较早且实施与规划变化较大，结合现状已建情况，对整体系统进行梳理，包括道路交通、公共服务设施、公共空间、城市设计等专项，作为总师咨询的基础（图3）。

建立蕉门河中心区"二维平面"一张图与"三维空间"一张网动态的统筹与维护机制，形成稳定和完整的城市发展总体格局与公众利益底线，包括一纵五横的生态廊道、形成显山露水的城市空间格局，蕉门河与大山岃、望虎山、黄山鲁之间视线的视线廊道，TOD导向的基本城市轮廓，通透、有层次的滨水界面四个基本原则。

针对市场要求，在尊重稳定和完整的城市发展总体格局与公众利益底线，在保证城市整体环境容量、交通容量、配套容量的基础上，提出合理化的技术意见，保证城市发展总体格局不变。

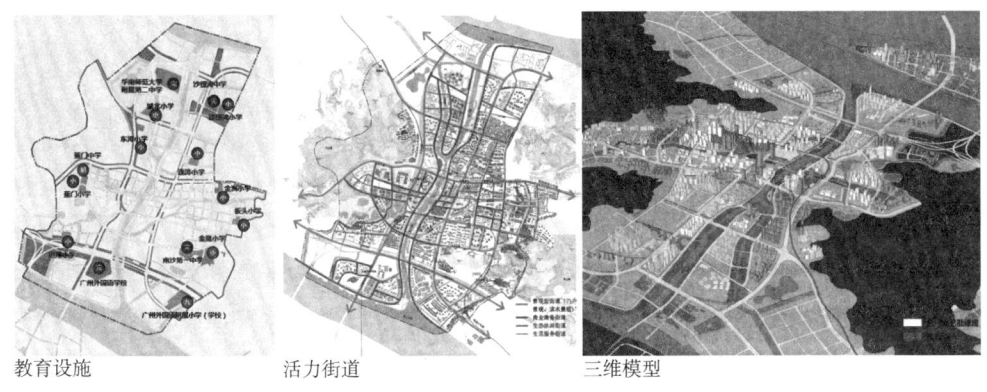

教育设施 活力街道 三维模型

图3 在已建基础上梳理各专项内容，作为总师审查的基础

A住宅项目通过总师制度把控规划底线，实现准公共产品——人才公寓空间品质优化；原方案人才公寓户型东西向占比超过50%，绝大部分采用内廊式布局，主朝向面向高速公路，居住环境品质较差。经总师多轮意见引导后，人才公寓户型东西向占比降至8.4%，大部分采取南北外廊式户型，并采取局部降噪措施，整体提升准公共产品的空间品质（图4）。

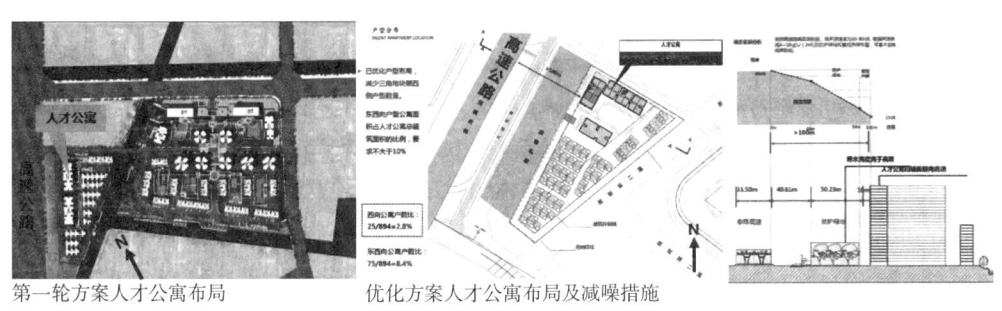

第一轮方案人才公寓布局 优化方案人才公寓布局及减噪措施

图4 优化人才公寓布局，提升准公共产品的空间品质

3.2 创建平衡多元利益的规划管控模式，实现城市规划刚性管控要求与市场需求的相协调

创建一种新的规划管控模式，通过地区总规划师团队，客观中立地长期参与和影响规划决策，有效协调管理部门要求与业主需求的矛盾，平衡公众利益与个人利益；探索行政管理与技术把关分离，补充规划管理部门专业力量，避免专业力量不足导致的管理僵化、把关不到位等问题，提升决策的科学性，促进规划管理及规划实施效率、效果和效益的统一。

A村留用地开发与旧村更新改造规划咨询通过优化交叉口及优化居住区内部道

路等方式解决村留用地不足的问题，在保证公共空间的前提下，增加了留用地用地面积，同时也协调了用地性质调整、建筑规模、景观视廊、建筑密度、建筑高度、交通承载力、公共服务设施及经济测算八个方面内容。统筹协调当地居民、政府与开发商等多元利益，基于更广泛的讨论，最终能促进城市的发展，有效促进旧村更新改造进程（图5）。

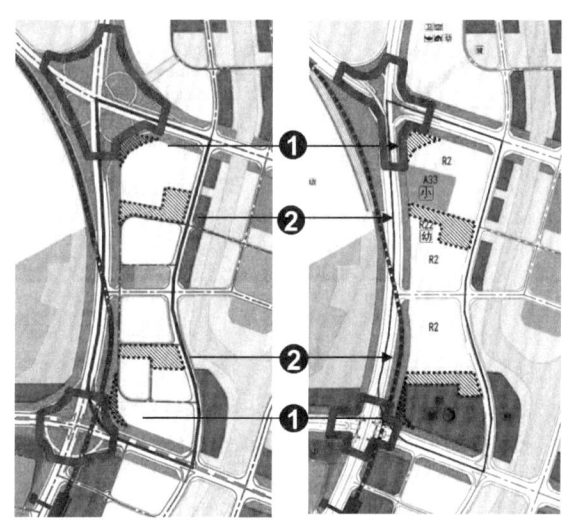

图5　优化交叉口增加用地面积

3.3　增强先进设计理念和最新政策在项目中的落实与实施，引导建设高品质的城市空间

原规划中，保利蕉门岛项目地块路网密度仅为8公里/平方公里；通过咨询优化后，路网密度增加至15公里/平方公里，减小道路转弯半径，落实"小街区、密路网"的理念。

在地块出让条件中增加了城市设计导则的内容，总师对项目的贴线率、建筑高度、公共服务设施等内容进行了审查，尤其是建筑高度，形成进水高远水底的城市空间形态，避免屏风楼的出现（图6）。

A住宅项目中，引导有盖步行连廊系统落地，搭建地铁至家门风雨无阻的"最后500米"；原方案未考虑有盖步行体系，经总师的意见引导，通过骑楼、挑檐、独立风雨连廊等的设计，形成从地铁站至社区服务中心的形式丰富的有盖步行系统，提升了社区品质，引导高品质的公共空间（图7）。

提升过街天桥、公共厕所等设施的空间设计；精细化管控城市界面的公共空间品质，将过街天桥、公厕等小设施引导成为街景上的地标与空间亮点（图8）。

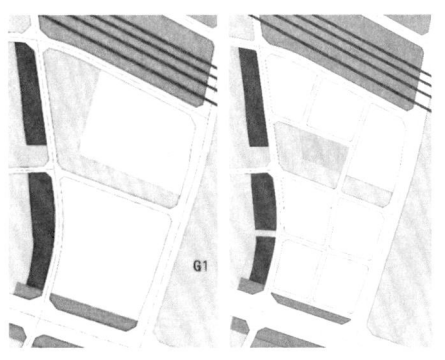

图6 增加道路网密度，落实"小街区、密路网"理念；
优化建筑高度，形成进水高远水底的城市空间形态

商业 - 场所节点 - 风雨连廊 - 公共活动平台 - 邻里中心系统
PUBLIC ACTIVITY CONNECTION SYSTIEM

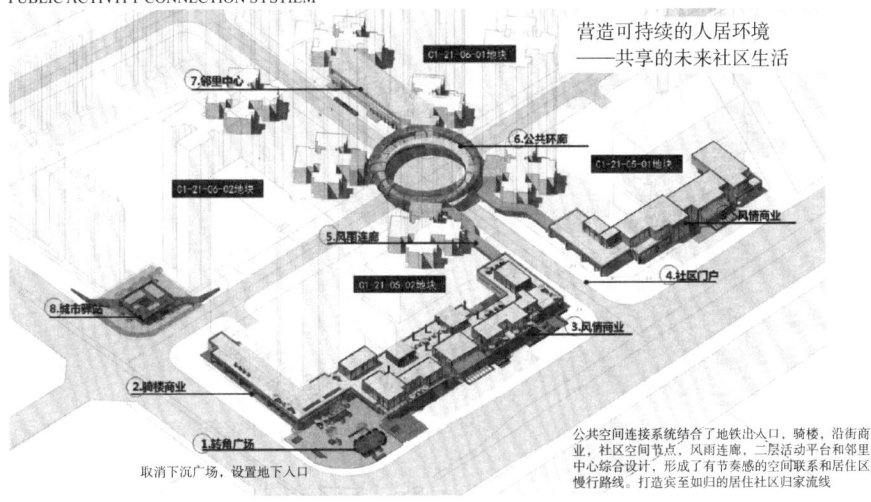

图7 公共空间连接地铁出入口、骑楼、沿街商业、社区节点、
风雨连廊、二层不行系统和邻里中心综合设计

图8 优化后方案鸟瞰图及人才公寓效果图

3.4 构建多专业多部门统筹合作的机制，实现项目的精细化实施管控

通过构建多专业多部门统筹合作的机制，融合规划、交通、市政、建筑、景观等多学科、多专业，探索一站式咨询服务及精细化实施管控模式，打破独个地块、单一专项孤立的调整方式，建立区域层面、多角度分析论证调整模式，扩展决策及管控的广度及深度，确保整体城市全盘棋统筹考虑（图9）。

蕉门河景观总咨询项目以景观规划方案作为总体把控，保证了规划、市政、景观、建筑等各专业方案设计之间的技术统筹，实现了规划设计与工程设计的一体化无缝衔接，成效显著。

以市民广场为例，项目组依据总体设计方案和技术文件，从整体设计到城市家具等细部做法提出优化意见，并全程跟进，开展了16次咨询，成功打造了高品质的城市公共空间（图10）。

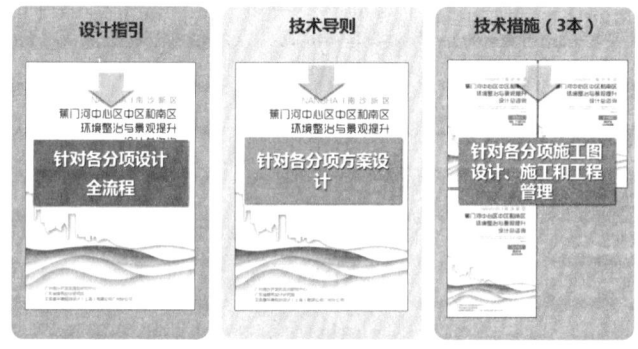

图9 制定设计指引、技术导则及技术措施导则，精细化管控项目实施

图10 项目建成图

3.5　建立完善的总师工作机制，为其他地区及城市作出示范性及可复制的经验

建立地区总规划师咨询制度的工作流程与工作手册，形成"收案 - 审查 - 审批 - 归档 - 长期跟踪"的健全动态更新工作机制和要点式各类型咨询工作标准，为其他地区及城市，特别是未来存量规划地区大量的长期跟踪咨询作出示范性经验及可复制的经验推广式探索。

作为南沙探索管理创新、提高建设品质的重要实践手段，经历了由机制空白到形成初步一套工作机制及应对各类型咨询的基本模板。咨询成果依据不同的内容，形成不同的结题流程。对于规划审查意见类、细化设计条件类、部门会办意见及其他局业务会管委会通过的内容，规划部门具出相关的规划许可即予以结题；对于涉及法定规划调整的按合法程序进行控规调整后予以结题；需专家把关的组织专家评审会审查。并建立长期动态跟踪机制，长期跟踪地区规划，起到修补及更新地区规划的作用（图 11）。

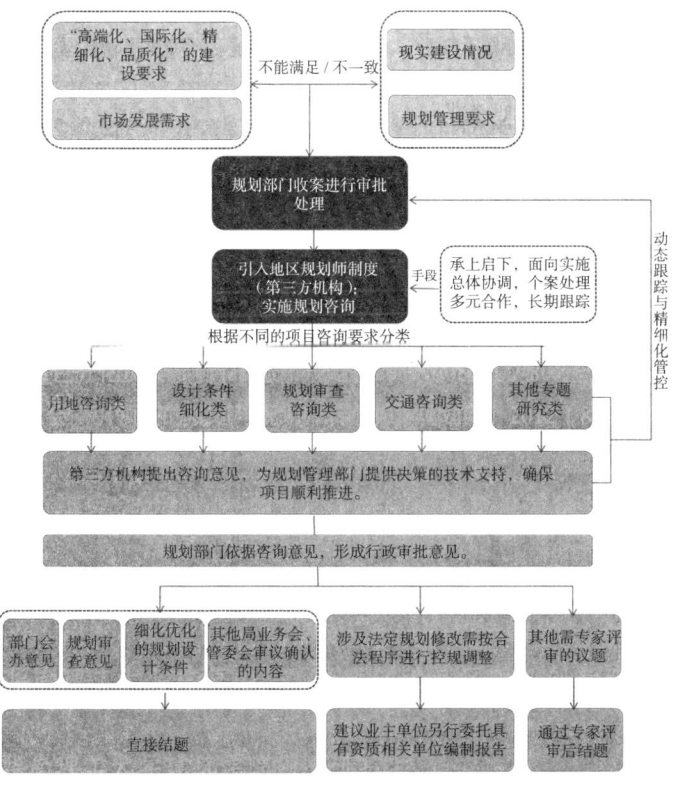

图 11　构建一套完整的工作机制及流程

4 结语

为了在地区建设中做到高效、弹性及精细化的实施管控，需要在传统规划的基础上进行创新，为地区提供针对性的解决方案，为政府治理能力的提升、规划决策的优化带来了新的思路。在南沙的地区总规划师制度探索工作过程中，作为地区总规划师咨询团队，应树立正确的价值观；对自身的专业技术能力应更精细和高品质，技术手段应更多元；确立良好的沟通机制，包括外部与政府、开发商及公众，内部团队各专业之间的沟通等；拥有良好的学习能力且不断地进行学习。目前该制度仍然在不断完善中，我们相信南沙地区的实践与探索可以为我国类似地区提供一些借鉴。

作者信息：

李鹏，男，广东省建筑设计研究院城市设计与规划研究所，副总规划师。

广州国际金融城城市设计顾问总师实践探索

引言

近年来，随着城市设计编制和实施管理的不断发展，各地逐渐开展针对城市重点地区的城市设计的顾问总师、总规划师和总建筑师等实施管理制度尝试，探索如何由城市设计编制进入实施阶段维护并精准实现既定蓝图，如何实现规划管理中一般部门行政与专业技术支持的高效协作。

广州国际金融城城市设计顾问总师制度的推出是广州首个面向城市重点地区城市设计的地区顾问总师项目，也是国内较早推行城市设计顾问总师项目，对广州地区以及其他城市推行的地区城市设计顾问总师有较深远的影响。继 2012 年广州国际金融城的城市设计顾问总师之后，广州相继推出了广州琶洲西电商总部地区（2014年）、广州白云新城（2015 年）和广州传统城市轴线地区（2017 年）等城市重点地区的城市设计顾问总师制度，此外 2018 年深圳推出前海自由贸易区城市设计顾问总师制度。

1 城市设计顾问总师制度概述

1.1 城市设计顾问总师制度制度概述

多年来，城市设计实践伴随我国的城市化进程持续快速发展，然而城市设计的实施结果往往与规划蓝图大相径庭，城市设计从编制到实施如何实现高品质转换的问题日渐受到城市规划管理部门的重视。以往，相对粗放的城市设计实施管理常常受到各种挑战，城市设计的改变时有发生；而对图式的城市设计实施管理往往过于教条化，忽视城市空间品质化与特色化的发展需求；且多数情况下城市设计编制单位往往在完成城市设计编制后便完全交由规划管理部门实施管理，编制单位与后期城市设计实施管理几乎完全脱钩，城市设计实施的过程中，实际编制团队未能及时支持城市设计的实施管理。

随着对西方城市设计的不断深入学习，顾问总师此类城市设计管理制度逐渐受到关注，这种制度在西方的城市规划管理中已有较普遍运用，类似的有美国的"总设计师协作组"、日本的"主管总设计师协作设计法"、英国的"设计顾问制"和我国香港的"认可人士制度"等，是相对成熟的城市设计实施管理方式。我国暨上海2010年世博会推出总规划师制度之后，全国各地针对重点地区城市设计项目逐渐开展类似的城市设计实施管理探索，如总建筑师负责制、总规划师制和地区总师等形式，规划顾问总师制度的本土化近年来逐渐有所发展。

1.2　城市设计顾问总师的制度设计

目前国内类似城市设计顾问总师制度（如总规划师制度，总建筑师负责制等）的制定上，对顾问总师（团队）的选取、工作方式、工作成果和作为规划管理的技术顾问等各项内容各个地方的做法虽有所差别，但总体的要求有着较高的相似度。

在顾问总师团队的选取上，按照政府相关服务采购程序，城市设计顾问总师（团队）的选取一般由城市设计的编制单位中产生，总顾问由项目负责人承担，也可另行聘请在业界具有较高的学术影响力的专业人员担任；工作内容上需事先明确顾问工作的各方责任、工作范畴、工作对接方式等；进而明确顾问工作的具体成果，包括顾问答疑、顾问协商、会议纪要、书面顾问意见以及顾问专家会等形式和成果方式；同时划定顾问总师工作在行政审批中的权力角色，一般而言顾问总师的顾问意见仅提供技术支持，不能代替行政审批。

总的来说，顾问总师的工作范畴至少涵盖两个层面，包括规划编制阶段和规划实施阶段。

1.3　城市设计顾问总师的作用

城市设计顾问总师制度的推行仍是规划实施管理一个探索方向，目前的顾问总师仅作为行政审批的技术支持和行政技术审查的重要依据，辅助规划管理的行政审批。但对于规划行政管理部门而言则一定程度实现了一般性行政与技术性行政分离，在很大程度上提升了行政审查的可靠性和专业性。顾问总师的主要职能大致归纳为以下几个方面：

一是城市设计顾问总师以城市设计为依据，以维护城市公共利益为基本出发点，依照法定规划的编制和实施等程序，对规划的编制和实施中的各个方面提出顾问意见。作为城市空间公共利益的维护者是顾问总师团队的核心职责。

二是城市设计顾问总师承担编制到实施管理中的协调、答疑、服务和技术审查等工作，作为规划管理行政审批的前置工作。顾问总师的工作内容主要为城市空间，涵盖空间的秩序、建设指标等技术层面，针对城市设计中的各项刚性指标和弹性指标，通过对城市空间的价值判断、利益交换方式等提出相应的专业性技术论证和决策参考建议。

三是城市设计顾问总师顾问工作在解决各方面矛盾的同时，对城市设计进行了进一步完善和二次设计加工。一方面是城市设计的实施需要建设单位作为建设主体来实现，建设单位的实际需求与原城市设计存在一定的差异，在协调与顾问的过程中，是对原城市设计的适应性进一步完善的过程；另一方面，城市设计在编制阶段多数情况下仍难以预测到规划实施中将会遇到的各种问题，顾问总师根据实施过程中出现的问题对原有城市设计的空间细节进行二次加工创作，使得城市设计蓝图的落地更为精准。

四是城市设计顾问总师是对图式规划管理的重要补充，弥补了规划管理中原城市设计编制单位对实施管理中支持的缺失。多数情况下，通过城市设计图则对建设用地的管控能基本实现城市设计意图，但在对于具体的建设情况，地块的实际建设需求、与周边地块的相互关系等经常会与既定图则不一致，因而需要顾问总师在场及时协调并提出合理的解决方案，在规划管理中依照制度设定"自由裁量"式提供专业技术支持。

2 城市设计顾问总师在广州国际金融城的实践

2.1 广州国际金融城简介

广州国际金融城位于广州市中心城区东部，整体规划用地面积为 8 平方公里，其中起步区用地面积均 1.32 平方公里。

广州国际金融城总体城市设计以金融"方城"为核心，形成"花廊水街"、"方城曲苑"的整体空间布局，目标是在地形、空间和建筑三个层面融入岭南要素，创造出富有岭南地域特色的城市环境，打造独具岭南风貌的国际金融中心。"方城"体现对中国传统造城思想的传承与创新，"方城曲苑"体现了城市建设的"岭南智慧"，"曲苑"主要由曲水与园林景观共同构成，衬托并提升"方城"的空间形态；"花廊水街"通过新型骑楼、具有现代风格的滨水建筑展示亲人尺度的岭南建筑特色（图 1）。

2012 年 9 月，广州市国土资源与规划委员会聘请华南理工大学建筑设计研究院何镜堂院士为广州国际金融城城市设计的总顾问，并以原城市设计编制团队为主组建"城市设计顾问团队"和"岭南特色建筑团队"两个小组，开展地区城市设计总师顾问工作。

广州国际金融城城市设计坚持整体风貌、集体行动、岭南特色和广州精神等基本城市设计原则，城市设计顾问总师依照整体城市设计和既定的顾问总师工作机制，目标是参与把控从编制到实施、从宏观到细节等各个方面实现城市设计的基本理念。

图 1　广州国际金融城城市设计

（资料来源：广州国土资源与规划委员会）

2.2　广州国际金融城城市设计顾问总师工作机制

在顾问团队组成上，采取顾问总师和多个专业顾问团队相互合作的方式。广州国际金融城城市设计编制阶段便实现了多个团队的相互协作，编制了一套完整的城市设计实施成果，分别由不同编制团队协作编制的包括整体城市设计、控制性详细规划、岭南建筑特色专项、综合交通专项、绿色市政专项、地下空间专项、低碳绿色专项、二层连廊与骑楼导则以及色彩控制导则等面向城市设计实施成果。因而在顾问团队的选取上，采取顾问总师团队和专项顾问团队相结合的综合顾问咨询队伍，各个顾问小组各司其职负责相应领域的技术协调和审查工作，形成多工种、多团队相互配合支持的整体规划顾问方式。

各顾问团队的工作包括参与城市设计的编制、对城市设计方案进行解释说明、对城市设计在实施过程中遇到的问题进行顾问，提出修正优化建议、对各个开发地块的设计方案进行技术审查，提出顾问意见等。

在工作流程上，城市设计顾问总师的工作可分技术案件会办和专家会审查两个大阶段进行：

一是技术案件的会办。对规划实施过程中出现的技术矛盾，首先采用技术案件会办的形式会办原规划编制团队进行研究，技术案件根据类型交由相应团队进行办理，提出技术意见后由总顾问团队进行把关，以供办案参考。如原规划编制团队对通过书面技术意见难以协调解决技术问题，则由总顾问总师团队在会办回复意见中明确是否建议召开专家审查会，并由主管部门最终确定组织专家会。

二是采取相对固定的专家审查会。审查会专家由顾问总师负责人担任专家审查会审查组组长，审查组专家从城市规划委员会（含各专业委员会）专家库及金融城规划编制团队主要专项负责人中进行选择，形成相对稳定的专家审查队伍。参照规划管理中相应的审查会组织方式召开会议，对规划及建筑设计方案的合理性、可实施性、对规划的落实程度、存在的技术矛盾等方面进行技术审查，最终形成审查意见，为规划主管单位的项目审批或行政许可提供参考。该审查意见仅供技术咨询，不能代替行政审批。

2.3 广州国际金融城城市设计顾问总师工作内容

广州国际金融城城市设计顾问总师工作可分为规划编制和规划实施两个阶段：

在规划编制阶段，各单位在规划编制过程中，顾问总师团队负责协调解决规划编制中的各类技术问题，对规划设计成果质量进行技术把关，提出顾问意见。

在规划实施阶段，顾问总师团队根据广州国际金融城控规与城市设计成果，整体把控金融城地区规划与建筑效果，分两大类型的控制指标进行总师顾问工作。一类指标是依照《城市规划编制办法》中确定的控规强制内容，包括地块用地性质、容积率，可直接提交市规委会审议或是经顾问总师团队出具顾问意见由专家会审查后交市规委会审议，并报市政府审批。另一类指标是广州国际金融城控规自定的强制性内容，对金融城地区重要建筑设计方案的建筑高度、建筑密度、绿地率、塔楼控制、裙楼控制、贴线率、色彩、二层过街连廊、综合交通、绿色市政、地下空间、低碳绿色、公共服务设施配套等指标的调整，则由顾问总师团队出具顾问意见，由专家审查会提出审查意见，并最终报上级领导办公室备案。

2.4 广州国际金融城城市设计顾问总师工作成效

目前广州国际金融城城市设计顾问总师制度已经运行近 6 年时间，处理近三百余次规划编制和规划实施的顾问工作，完成金融城专家审查会十二次，以及多次相关协商、答疑、会议和技术研讨等工作。尽管广州国际金融城城市顾问总师制度的实践相比以往的城市设计实践在时间周期上较为漫长，规划审批工作更为繁多，但从实施结果上，城市设计顾问总师制度取得了应有的成效，顾问总师机制的建立和运作使得城市设计的初衷基本得以实现。

在城设计编制上，推进了编制工作的精细化和特色化，完善了城市设计编制。广州国际金融城城市设计是主题突出的城市设计，其管理图则具有特定的针对性。在城市设计编制阶段，对每个地块的建筑形态，从平面到立面均作了深入的研究和导控，包括开发地块的建筑裙楼范围、塔楼的具体坐标、平面尺寸大小、建筑高度、建筑立面形式建筑色彩、骑楼样式以及二层连廊等均作了详细的图则，并尽可能地控制误差率和弹性范畴，做到精准施策。

规划实施上，广州国际金融城强调以整体城市设计为中心，负责到人的顾问总师负责制以及高水准的专家审查方式，使得实施管理机制更为完善。从实施结果看，城市设计既定蓝图的落实程度高，精细化城市设计管理水平进步明显。顾问总师前置了规划管理部门的技术审查工作，由顾问总师专业技术团队进行地块的设计方案审查，使得城市设计实施的品质较以往大大提升（图2）。

规划行政上，总师顾问制度调动规划管理部门的内部良好协作。包括如编研中心、建管处、景观处、市政处等多部门共同参与，其他政府部门如土发中心、区政府、文广新局、市消防局市、供电局以及水务局等多部门协作。

同时，随着金融城城市设计顾问总师制度的推进，顾问总师的规划管理制度很大程度上矫正了市场以往较不太规范的认识，大大提升规划管理的权威和管理水平，为后续其他城市重点地区提供了宝贵的经验。其中金融方城中的AT090940地块在方案设计中便一直未能理解整体城市设计意图，试图以常规的市场开发行为改变金融城的整体城市设计，顾问总师制度的协调、答疑、顾问意见和专家审查会等给满足城市设计意图方案的落地提供了有力的支撑。

图2　广州金融城AT090940地块报批方案与最终实施方案

（资料来源：广州国土资源与规划委员会）

3　广州国际金融城城市设计顾问总师制度实践的创新

3.1　集体智慧，共管共创

与其他地区的城市设计顾问总师制度不同，广州金融城城市设计顾问总师制度的设计采用的是多顾问团队和分级裁定审核的方式，体现出城市设计审查的集体智慧。多顾问团队的设置在工作机制上避免总师团队一家定论的可能，在审核机制上设定三级审核，根据审查工作的具体内容进行层层把关，针对一般性技术问题由顾问总师团队出具顾问意见，复杂性问题则通过金融城专门的专家委员会的进行审查，对于涉及用地改性或调整容积率的则按照现行控规调整的制度进行。多顾问团队和多专家审查体现了金融城城市设计的集体智慧，确保了顾问审查意见的科学性。其中以何镜堂院士为总顾问的专家审查组对报批方案进行审查的工作方式以及取得的成效开创了国内相关顾问总师工作的先河，体现了城市设计实施的集体智慧。同时借助顾问总师制度的平台，由多个政府部门共同合力协作参与管理，共同完善规划编制和管理，其中顾问总师起到了至为关键中枢作用，成为各个协作部门汇总、协调、答疑和顾问的中转平台，使得部门协作更为流畅。

3.2 全周期全方位服务平台

面对建设单位与政府规划管理部门，广州金融城顾问总师同时又是一个全周期和全方位的服务平台。

在工作周期上，广州国际金融城城市设计顾问总师团队首先是参与开始阶段的城市设计编制工作；在面向市场出让用地时作为媒介向建设单位解释答疑整体城市设计和设计条件；在规划设计阶段进行设计方案参与顾问与审查工作；在建设施工阶段，对建筑材料进行把控，对建设中出现的各种问题进行再顾问解答，实现顾问工作在建设过程中的全周期覆盖。

同时，顾问总师的工作面向多个顾问团队、多个工种和多个部门，涉及工作范围除了规划地块、建筑设计之外，还包括整体地下空间、地面景观设计、交通规划、市政设施等专项的规划设计，同时需与相关部门共同协作推进整体地区的建设。

此外，广州国际金融城的顾问总师倡导以服务宗旨，以技术为支持的顾问工作模式，摒弃以监管为主导的传统管理方式，力求与开发单位、相关部门共同协作，创造高品质的城市空间，合理释放土地的价值。

3.3 落实蓝图和深化城市设计主题

作为金融城顾问总师制度设立的初衷，落实城市设计蓝图是顾问总师团队首要坚守的本职工作，基本工作目标是确保城市设计蓝图不受图则实施困难以及后期开发建设因素的影响，确保实施方案与蓝图一致。广州国际金融城城市设计强调总体城市空间的整体化和特色化，各个组团的城市设计主题突出：如金融"方城"各地块应以米黄石材为主，体现现代、经典的建筑形象；"玉带"组团各个地块以玻璃金属材料为主，体现现代、典雅的建筑形象。此类的城市设计要求在量化图则中往往难以执行，因而顾问总师需依据整体城市设计提出专业技术解读，同时提供相当于自由裁量的顾问意见作为管理部门的审批依据。

在城市设计的编制上，广州国际金融城基本实现了地块图则的详细分类精细化，每个地块针对各个专项的图纸近十几张；而在顾问总师团队的顾问审查工作和专家审查会的审议中，仍可发现城市设计主题难以实现的各类问题，如金融方城建筑塔楼的尺度控制在后期的审查中经反复研究将塔楼的控制尺度控制在48米×48米的范畴内，建筑高度提出整体了一定弹性的放宽。顾问总师的审查工作实际上进一步完善和深化了城市设计的品质，深化了城设计的主题，是城市设计编制的二次加工和品质再提升，再如顾问总师团队在建筑设计实施方案的审查中对金融城骑楼的建筑外观、高度、宽度甚至柱跨等提出更适应金融主题的详细设计要求。

落实初衷蓝图和城市设计品质二次提升两个看似矛盾的方面，在本次金融城顾问总师制度的工作中得到了比较好的协同。

4 小结

广州国际金融城的城市设计顾问总师制度的实践是城市规划管理顾问制度本土化的一次大胆尝试，探索了搭建以总师顾问制度为主体的规划实施共管共创平台，在规划编制和规划实施管理上均取得了良好的成效。

一方面，广州国际金融城城市设计顾问总师制度面对规划管理巨大的工作量，采取多专业团队、多专家参与的大集体智慧的审查的方式，大大提升了顾问审查本身的专业技术水平，尽管在其他地区的顾问总师工作中由于成本较高仍未能得到全面的推广；另一方面，金融城顾问总师制度的推行既维护了既定蓝图又实现了实施过程中的品质提升，且顾问总师在审查中过程中制定的关于公共空间管控的建设导则（包括裙楼、二层连廊、骑楼）、后建协调先建原则（后建地块应与周边先建地块建筑立面相协调），以及实体模型大比例沙盘实时更换的审查方式，在行业内得到了较高评价和推广；此外，面向市场的开发建单位，顾问总师制度改变了以往规划管控与市场需求需相互博弈的方式，实现提倡以服务市场需求先导的规划管理观念转变。

总体而言，城市设计顾问总师制度是一种需要通过多专业、多部门和多元价值协调，实现城市设计的编制精准化和实施高品质化的规划管理方式。眼下国内已有多个城市的重点地区采用顾问总师规划管理方式，试图寻找从规划编制到规划实施中的最佳链接方式，并且逐渐显现出顾问总师工作由全设计周期服务向全项目周期服务转变的趋势。

目前，顾问总师制度在我国仍然是一种新兴的设计管理制度，还有许多需要厘清之处，诸如顾问工作中的设计评判的标准如何确定、顾问总师的自由裁量是否具有法律效果、顾问总师与规划管理部门的权责界线该如何划定等仍有待进一步的研究深化。

参考文献：

[1] 周子航 . 韧性视角下社区规划师制度研究 [A].2018 城市发展与规划论文集 [C]. 中国城市科学研究会、江苏省住房和城乡建设厅、苏州市人民政府：北京邦带会务有限公司，2018：6.

[2] 王建峰，刘云华 . 公共政策视角下城市规划师的角色转变 [J]. 城市问题，2018（09）：99-103.

[3] 陈有川 . 规划师角色分化及其影响 [J]. 城市规划，2001（08）：77-80.

[4] 朱喜钢 . "两型社会"引领下的规划与规划师转型 [J]. 规划师，2012（8）：5-8.

[5] 邓颖，朱伟 . 从设计管理看中国 2010 年上海世博会规划研究 [J]. 规划师，2006（07）：69-71.

[6] 林隽 . 面向管理的城市设计导控实践研究 [D]. 华南理工大学，2015.

[7] 程海帆 . 西方现代城市设计的设计控制研究综述 [J]. 国际城市规，2012（6）：91-95.

[8] 陈伟珂 . 香港的认可人士制度对我国建筑业管理的启示 [J] . 科学学与科学技术管理，2003（3）：90-93.

[9] 陈可石，姜雨奇 . 城市设计实施方法探讨：总设计师负责制的方法介绍 [J]. 城市建设理论研究：电子版，2013（10）.

基金项目：

亚热带建筑科学国家重点实验室开放课题（2018ZB07）.

作者简介：

刘利雄，男，广东工业大学建筑与城市规划学院，讲师。

致谢：

感谢何镜堂院士的指导和对本文提出的宝贵意见；感谢华南理工大学建筑设计研究院广州国际金融城城市设计顾问总师团队和广州国土资源与规划委员会的支持。

有机更新视角下的历史城区的城市设计——宁波市孝闻片区改造提升规划及城市设计

摘　要：历史城市（historic urban area）是国际遗产保护和我国历史文化名城保护中的重要内容。本文针对历史城区面临破碎化、零散化等问题，通过《宁波孝闻片区改造提升规划及城市设计》的实践，尝试以有机更新为视角，初步构筑了"价值评估－特色空间规划－整体控制－支撑系统优化－小规模渐进式更新"的历史城区改造提升规划的编制方法。通过价值评估先行，梳理出能够体现片区核心价值的区域，并总结片区布局、空间格局、街巷肌理，以及建筑体量、高度、色彩、空间等特征，采取整体风貌保护，完善支撑体系，最终在特色空间的基础上开展小规模、渐进式改造。

关键词：历史城区；有机更新；价值；整体保护

1　我国历史城区保护与更新存在的问题

历史城区（historic urban area）：城镇中能体现其历史发展过程或某一发展时期风貌的地区。涵盖一般通称的古城区和旧城区。特指历史城区中历史范围清楚、格局和风貌保存较为完整的需要保护控制的地区[❶]。自 1982 年以来，国务院先后公布了我国 134 个历史文化名城，每座历史文化名城中都有其特有的历史城区，如果这些历史城区可以得到妥善的保护和升级，势必将有益于城市经济的发展与文化的塑造。然而历经近三十年的旧城改造，中国城市经历了计划经济体制下的单位住房建设，强势政府作用下的街廓改造，市场经济导向下的房地产开发，使原有的城市空间结构无法在短期内承受"日新月异"之巨变，惯常的演变模式与自我调节机制遭到破坏，导致历史城区的分裂失衡，"破碎化"和"零散化"的问题显而易见[❷]，对于大部分历史城市而言，历史城区只有文物古迹、历史文化街区、城址格局可保。破碎化的空

[❶]　历史文化名城保护规划规范（GB 50357-2005）.

[❷]　何依. 走向"后名城时代"——历史城区的建构性探索 [J]. 建筑遗产，2017（03）：24-33.

间现实和整体性的保护诉求，成为历史城区保护核心矛盾之一，迫切需要建立一种保护与发展并重的整体性保护方法。

2 有机更新：历史城区保护的核心视角

2016年中共中央、国务院印发的《关于进一步加强城市规划建设管理工作的若干意见》中指出："有序实施城市修补和有机更新，解决老城区环境品质下降、空间秩序混乱、历史文化遗产损毁等问题，促进建筑物、街道立面、天际线、色彩和环境更加协调、优美。通过维护加固老建筑、改造利用旧厂房、完善基础设施等措施，恢复老城区功能和活力。加强文化遗产保护传承和合理利用，保护古遗址、古建筑、近现代历史建筑，更好地延续历史文脉，展现城市风貌"。文件中所提出的"有序实施城市修补和有机更新"，❶ 对于历史城区保护具有重要意义。

"有机更新"理论是吴良镛教授针对我国历史性城市进行的长期研究，它鼓励小规模、渐进式、微循环的历史城区更新方式，即根据城市与建筑空间发展的小尺度、多样性、有机性和整体特征，对历史城区现状中存在的许多复杂问题进行具体细致的分析，在整体统一的原则下，通过灵活机动的处理方法，解决各种问题，在保持城市渐进发展的过程中，提高人们的生活环境质量和最大限度的保护历史城区的历史人文环境和风貌特色 ❷。

有机更新视角下的历史城区的城市设计的工作性质、目标是什么？其工作的重点与主要特征有哪些？如何从实际操作出发，把握好其工作的内容和深度？针对这些问题，笔者在《宁波市孝闻片区改造提升规划及城市设计》项目中对有机更新视角下历史城区的城市设计方法进行了初步探索。

3 宁波孝闻片区有机更新的探索

宁波是第二批国家历史文化名城，是浙江省五个国家历史文化名城之一。自列入国家历史文化名城名录以来，宁波市在历史文化遗产的保护工作中取得了一定成绩，但随着社会经济发展和城市化进程的加速，名城保护工作也面临着新的矛盾和问题。历史城区范围内 8 处历史文化街区，其中 6 处已实施更新改造，已实施更新改造的历史文化街区更新模式上均存在一定问题，造成了街区传统风貌和街巷格局的破坏。尚存 2 处未开展大规模更新的历史文化街区，而这 2 处历史文化街区均位于历史城区西北部的孝闻片区，为了落实历史文化名城的整体保护，切实保护 2 处

---

❶ 国务院关于进一步加强城市规划建设管理工作的若干意见 .2016.02.

❷ 全国政协十二届四次会议提案第 1987 号 .

尚未开展大规模更新的历史文化街区，开展了孝闻片区改造提升规划及城市设计工作（图1）。

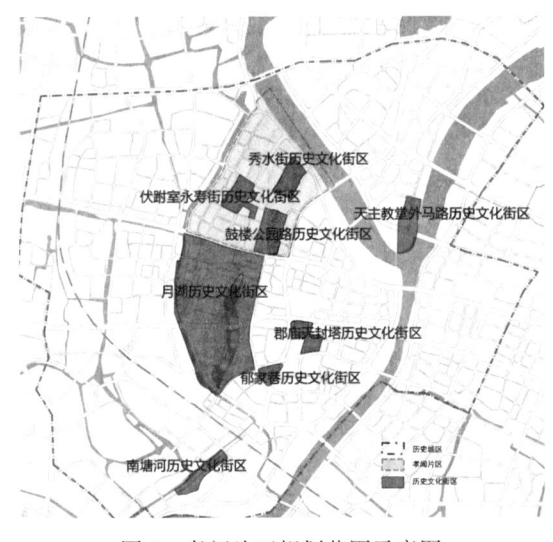

图 1　孝闻片区规划范围示意图

规划通过价值特色提炼，明确孝闻片区在宁波老城中的地位和作用，从"历史城区"保护的高度出发，保护历史文化资源，整治片区空间环境，提升片区整体活力，构建完善的展示网络，强调"小规模、渐进式、微循环"的保护提升模式，进一步塑造宁波老城文化、宜居新地标。

3.1　充分挖掘孝闻片区作为宁波历史城区的历史文化特色，形成特色空间规划

要实现的孝闻片区的改造更新，必须从充分认识并有效落实片区的城市特色入手。规划从孝闻片区的历史文化、城市空间建设两个方面梳理片区价值特色。

在历史文化方面，孝闻片区是宁波历史文化名城的重要组成部分，是宁波老城山水格局的重要体现，是传统城市轴线的重要区域；同时也是宁波众多文化生发起源地。老城公共职能的核心，体现在宁波明州子城的建设、衙署、官学、庙宇的相继建设，同时孝闻片区还是宁波近现代城市生活的源起。正因为此，也使得孝闻片区保留了丰富的历史文化遗存，是宁波传统生活文化的集中体验区。在城市空间建设方面，孝闻片区是宁波城市历史文化、商业商贸、生态结构等多重职能的胶合点，也是三江口城市核心区周边具有文化内涵、生态宜居潜力的优质社区。

通过对片区特色价值的挖掘与提炼，可以明确孝闻片区核心价值的体现区域为：以三片历史文化街区与中山公园为核心，孝闻街、永寿街-苍水街-公园路为特色路径。

规划形成了孝闻片区的特色空间规划，特色空间规划将体现宁波城市历史文化特色的文化场所落实到空间，将城市公共活力和开放空间进行了具体梳理与整合，形成了孝闻片区的传统空间结构与特色空间规划总平面（图2、图3）。

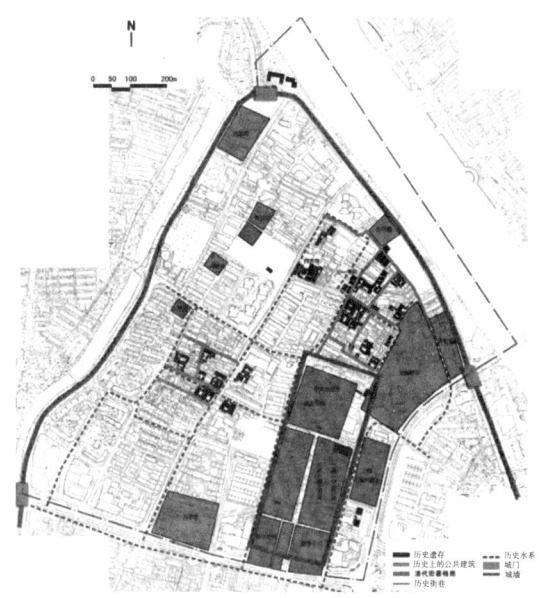

图2　历史文化特色空间分布图

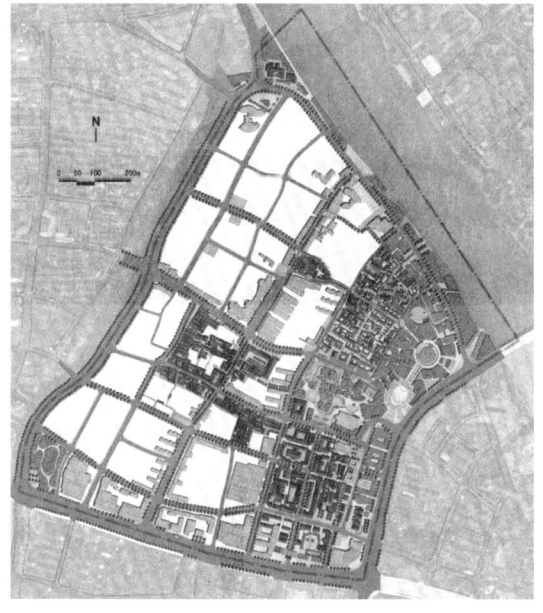

图3　特色空间规划总平面图

3.2 基于整体保护的片区风貌控制

在明确孝闻片区的发展定位以及空间特色的基础上，通过整体风貌的控制，实现"突出宁波老城特色，展示历史城区风貌"的目标。规划结合特色空间的结构，将片区划分为传统风貌保护区、传统风貌协调区、滨水风貌控制区、重点路径风貌控制区、普遍空间控制区五类风貌控制区。并针对不同的风貌控制区主导功能、发展定位、街道界面、色彩、建筑高度、景观小品等提出控制要求（图4、图5）。

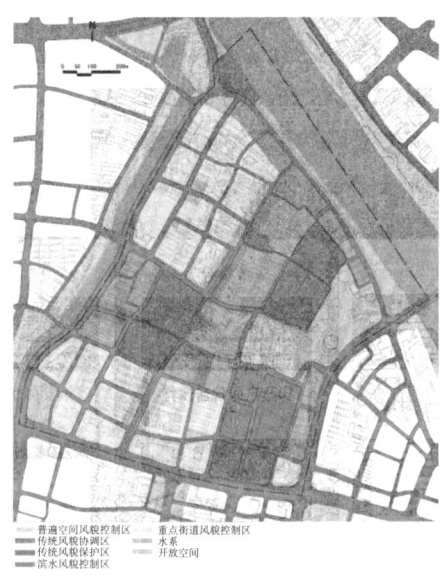

图 4　风貌控制分区图

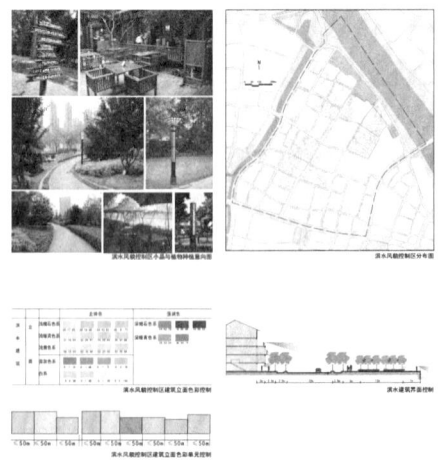

图 5　滨水风貌控制示意

3.3　梳理系统，构建历史城区便捷、完善的支撑体系

在明确城市特色空间，了解居民意愿及更新改造可行性的基础上，规划对孝闻片区的用地、交通、公共服务设施系统进行了综合梳理。

在用地方面，在控规的基础上，调整道路用地，减少片区中小学用地，增加商业服务业设施用地；在公共服务设施方面，建立设施历史城区的公共服务体系，在老城内实现居民 5 分钟步行可达的服务圈层，有效性调整各类设施和绿地；重点解决历史城区的交通问题，针对孝闻片区整体道路网密度偏低、跨区通道不足、停车矛盾突出、交通秩序混乱等问题，提出依托外围干道，交通隔离环，划分邻里单元，构筑 "大街坊、小网格" 的局部交通网络，优化道路断面。

通过对城市系统的综合梳理，为孝闻片区功能的提升、交通条件的改善、整体环境的优化和社区服务的组织提供了基础保障。

3.4　重点整治，启动小规模渐进式更新

3.4.1　重点片区小规模渐进式更新

从孝闻片区的发展定位来看，如何展示宁波历史城区特色是目前亟需解决的重点问题。因此历史文化的空间体现将是片区近期需要提升的重要工作之一。因此，片区内保存相对完整的两片历史文化街区——秀水街历史文化街区与伏跗室永寿街历史文化街区，将作为重点整治区域。通过细致的现状调研，历史文化街区现状面临长期缺乏整治投入、传统建筑损坏严重，亟待保护修缮、人口密度过大，亟待疏解整合、市政基础设施配套不全，街区生活有待改善等问题。

通过吸取宁波历史街区改造的教训，总结国内历史文化街区、历史地段的整治更新实施模式，提出历史文化街区的改造模式：避免大规模的改造与搬迁，对街区基础设施和环境进行改善，以先期项目启动为契机，带动街区活力，以业主改善与自主外迁相结合的方式进行院落改造，逐步疏散人口，引入活力功能，形成 "政府主控、小规模、渐进式、微循环" 的改造模式。梳理现状人口部分及产权的情况，结合现状风貌明确先期启动项目，对主要巷道进行整治，导入活力功能，同步改善基础设施，通过街区活力带动逐步疏散人口，实现功能提升，院落改造，整体保护。

规划选取以公有产权为主的区级文物保护单位吴宅，私产建筑鹤年坊，公产建筑孙家巷老干部楼进行建筑修缮，环境整治，分别导入社区博物馆、青年旅社、创意办公功能，改造完成后，借助导入活力功能的影响，逐步改造更新周边传统院落。在点的基础上，选取广仁街、大桥街、孙家巷三条街巷进行立面整治，并植入具有特色主题的功能，如非物质文化博览、特色商品售卖、餐饮、休闲功能等。利用先期启动项目，作为植入活力功能，带动片区发展逐步疏散人口，最终实现街区整体

提升（图6、图7）。

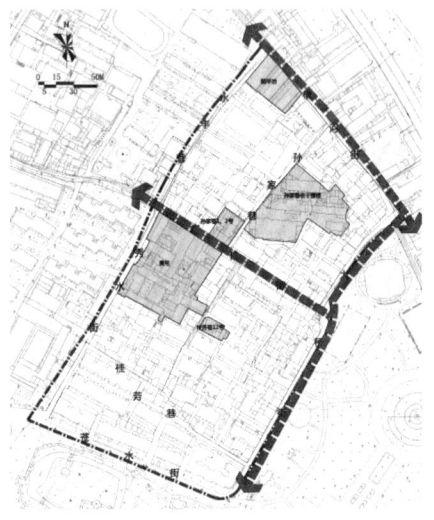

图 6　启动项目示意图

图 7　街巷立面整治图

3.4.2　重要街道的更新

　　街道整治重点解决两方面的问题：一是通过断面优化，重新梳理城市交通，同时构建环境良好的步行交通体系；二是通过街道界面的整治，改善空间环境，形成城市特色空间的网络，充分体现历史城区特色。规划选取与特色空间相关联的且典型问题集中的 12 条街巷开展街道的改造更新，包括特色空间核心街道孝闻街、永寿街-公园路-苍水街、公园路，功能综合性街道呼童街、交通型街道西河街、生活型街道公园路、永丰巷—秀水街、大桥街、广仁街、横河街。

规划对每一条重点整治街巷进行总体分析结合现状建设情况进行分段，对不同的段落采取不同的定位，细致分析街巷现存问题，有针对性地提出整治措施，包括确定道路性质、调整道路断面、梳理历史文化建筑的保护、沿街建筑的整治、立面整治、道路铺装改造、小型开放空间的设施、街道界面的控制等，实现街巷空间环境优化，并整体提升片区的交通（图8、图9）。

图8　孝闻街街景整治对比图

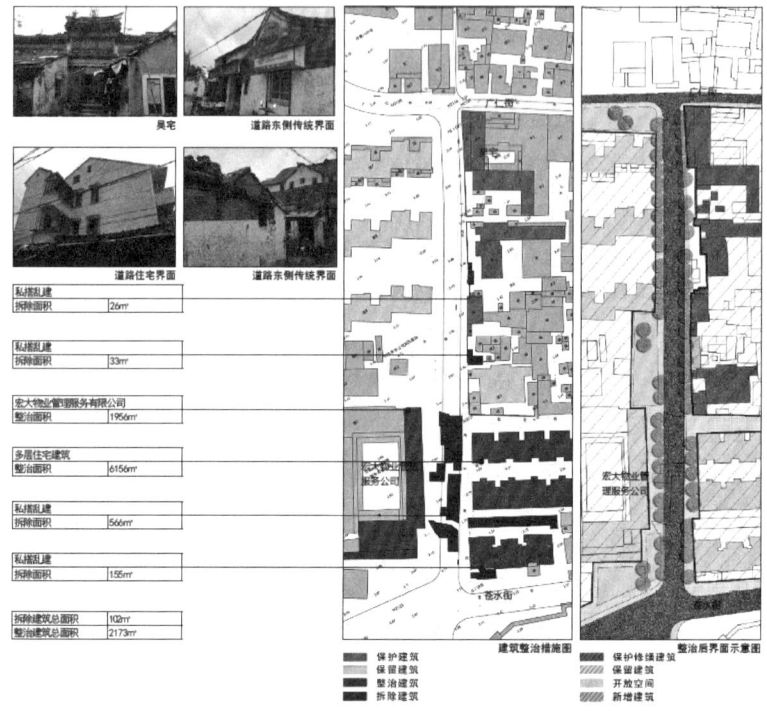

图 9 重要街道整治示意整治图

4 结语

通过《宁波市孝闻片区改造提升规划及城市设计》的实践，笔者尝试以有机更新的视角，初步构筑了"价值评估 - 特色空间规划 - 整体风貌控制 - 支撑系统优化 - 小规模渐进式更新"的历史城区改造提升规划编制方法。通过价值评估先行，梳理出能够体现片区核心价值的区域，并总结片区布局、空间格局、街巷肌理，以及建筑体量、高度、色彩、空间等特征，采取整体风貌保护，完善支撑体系，最终在特色空间的基础上开展小规模、渐进式改造。这套方法强调了历史城区的整体保护与小规模实施中的重要性，并将其贯穿在更新规划设计过程中，实现了保护与发展的良好结合，对历史文化名城保护与文化传承、发展具有现实意义。

参考文献：

[1] 历史文化名城保护规划规范（GB 50357-2005）.

[2] 何依 . 走向"后名城时代"——历史城区的建构性探索 [J]. 建筑遗产，2017（03）：24-33.

[3] 国务院关于进一步加强城市规划建设管理工作的若干意见，2016.02.

[4] 全国政协十二届四次会议提案第 1987 号.

[5] 吴良镛.文化遗产保护与文化环境创造——为 2007 年 6 月 9 日中国文化遗产日写 [J].城市规划，2007，8.

[6] 张松.历史城市保护学导论——文化遗产和历史环境保护的一种整体方法 [M].上海：上海科学技术出版社，2001.

作者信息：

刘娴，女，广州市城市更新规划研究院。

上海市城市更新情况

　　城市更新作为城市新陈代谢的一种方式，在不同阶段呈现出不同特点。上海市城市建设已处在相对较高的发展水平，未来应立足更高要求，争取质量第一、效率优先。近年来上海市通过建设用地总量控制"倒逼"城市发展转型。在"逆生长"模式下，上海市的城市更新吸取了东西方文明的成果，形成了中西结合、具有上海特色的"城市有机更新"理念。

　　该理念不仅将城市更新作为城市新陈代谢的成长过程，也作为一种对城市短板的修补和社会治理的过程；不仅强调历史人文和自然生态的传承，也强调城市品质的提升和功能的完善；不仅是城市发展质量和效益提升的过程，也是城市各方共建、共治、共享的过程。以城市发展减少对房地产的依赖为前提，以市场活力为动力，促进城市创新发展作为城市更新的主要导向，工作方法上开展区域评估与全生命周期管理，以规划评估为前提，以共同实施为抓手，明确"缺什么"、"补什么"、"给什么"，在区域评估基础上，开展全生命周期管理，引导开发商转型为城市运营商。

1　城市发展背景

　　上海的国家使命是"当好改革开放的排头兵和创新发展的先行者"，并要在建设国际经济、金融、贸易、航运等"四个中心"的基础上，建设具有全球影响力的科技创新中心。从千年之前的小渔村，到七百多年前的新县城；从 1843 年开埠到 1990 年的开发浦东新区，上海一直处于城市更新的过程中。进入 21 世纪，上海面临快速扩张、人口剧增、旧城老化等困扰。至 2014 年底，上海人口 2425 万人，建成区总面积 3124 平方公里，超过市域陆地面积的 45%，已逼近规划规模 3226 平方公里。

　　上海城市发展与建设面临诸多挑战，一是土地利用建设用地总量大，结构不合理，工业用地比例高达 27%，而公共设施和绿地的用地比例偏低；二是人口总量增速快，老龄化、少子化趋势加剧；三是传统工业优势面临挑战，传统服务经济面临新的压力；四是绿地、养老、社区文化、体育等公共服务设施不足；五是拆除重建的旧改方式破坏历史风貌；六是气候变化异常对城市安全和应急避难体系提出更高要求 ❶。面对挑战、展望未来，上海将追求卓越的全球城市作为发展愿景，在《上海 2035 规划》提出创新之城、生态之城、人文之城的城市定位，从城市竞争力、可持续发展能力、城市魅力三个维度朝向更加开放、绿色、幸福的目标发展。

2 城市更新概况

2.1 城市更新政策

目前上海市开展的城市更新，主要是对建成区城市空间形态和功能进行可持续改善，是全口径的城市更新，包括公共活动中心区、历史风貌地区、轨道交通站点周边地区、老旧住区、产业园区等各类城市功能区域。在"逆生长"模式下，上海城市更新更加关注空间重构和社区激活、生活方式和空间品质、功能复合和空间活力、历史传承和魅力塑造、公众参与和社会治理、低影响和微治理。对于城市功能空间，上海更加关注城市基础设施、生态环境、住房保障、公共服务设施、公共安全、产业功能、社区公共开放空间、历史风貌保护、慢行系统等方面。

在政策完善方面，2015 年上海市出台《上海市城市更新办法》标志着上海已经进入以存量开发为主的"内涵增长"时代。同时，为有效实施《更新办法》，建立科学、有序的城市更新实施机制，上海市规土局进一步细化和完善了城市更新工作流程、技术要求和相关政策，形成《上海市城市更新规划土地实施细则（试行）》以及《上海市城市更新规划管理操作规程》、《上海市城市更新区域评估报告成果规范》等相关配套文件，涉及规划、土地、建管、权籍等规土管理的各个方面，为全面开展城市更新项目打下了坚实的基础。2017 年 11 月份，上海完成了《上海市城市更新规划土地实施细则》修订，其主要内容包含使用对象、工作制度、管理职责、城市更新区域评估、城市更新实施计划、全生命周期管理、规划土地政策等。

2.2 城市更新成效

"十二五"期间，上海协调全市财政落实市级补贴资金，推进全市 40 余万平方米居住类优秀历史建筑修缮，成片风貌区内居住类历史建筑修缮 300 万平方米，受益居民近 10 万户；通过旧区改造，全市共拆除危旧房 7300 多万平方米，约 130 万户家庭改善了居住条件，中心城居民的居住水平大幅提升 ❷。"十三五"期间，上海拟实施里弄类优秀历史建筑修缮 50 万平方米。至 2017 年上海市已有 96 个项目、约 629

---

❶ 庄少勤. 上海城市更新的新探索 [J]. 上海城市规划, 2015（5）: 10-12.

❷ 葛岩，关烨，聂梦遥. 上海城市更新的政策演进特征与创新探讨 [J]. 上海城市规划, 2017（5）: 23-28.

公顷存量工业用地纳入盘活转型计划。其中，25 个项目、约 354 公顷土地完成转型方案，11 个项目、约 82 公顷土地完成土地转型手续，开始建设。

自 2016 年起，以上海规划推进建设全球城市为目标，针对"创新创业，发展经济；历史传承，塑造魅力；品质提升，激活社区；街区重构，悦步生活"等四个市民关注焦点、也是上海城市发展的主要短板，开展了"共享社区计划、创新园区计划、魅力风貌计划、休闲网络计划"的四大更新行动计划（表 1）。上海通过"四大行动计划"，推进了曹杨新村社区更新、张江西北片区科创中心建设、黄浦 160 街坊风貌保护更新、黄浦江两岸 45 公里滨江贯通等工作，取得了初步成效。其中，黄浦江两岸贯通项目、三大文化场馆项目（上海博物馆东馆、上海大歌剧院和上海图书馆东馆）等，通过注入公共艺术与文化内涵，打造丰富多元的文化空间载体，助力建设人文之城。世博文化公园项目放弃近百万的建筑容量，把世博园后滩地区打造成开放、共享的大公园，回应广大市民对于建设生态之城的期盼。张江科学城项目通过引导就地居住，实现职住平衡，提升园区活力，实现从产业园区向创新城区的转变，是建设创新之城的积极实践。

2016 年四个行动计划（12+X）		表 1
	"12" 示范项目名称	X 示范项目名称
共享社区计划	曹杨新村 万里社区 塘桥社区	松江城中村改造 新江湾社区
创新园区计划	张江科技园 环上大影视园区 紫竹园区	曹阳泾开发区 江湾社区 桃浦科技城 环同济
魅力风貌计划	外滩社区 197 等街坊 衡复风貌区 长白社区 228 街坊 "两万户"	东斯文里 三林环外 外滩社区 160 街坊
休闲网络计划	黄浦江两岸慢行系统贯通 苏州河岸线贯通	世纪公园步道

（资料来源：匡晓明.上海城市更新面临的难点与对策 [J].科学发展，2017（03）：32-39.）

3　主要做法与经验

3.1　落实主体，充分激发区的活力

一是简政放权、放管结合、优化服务。上海市在城市更新中，以区为实施主体，将更新改造项目的规划审核权下放至区政府，不涉及控规调整的项目都由区负责审

批。城市更新的具体工作也主要由各区承担。各区规划局并不为市局直属，均为区政府职能部门，人事权、财政权均在区政府，市规划局对区规划局的关系为业务指导。从区一级层面来说，由于城市更新关系到其经济发展成效与空间环境的改善，都非常重视此项工作。

二是合理划分市区责权。上海市、区，对于城市更新，形成了合理的责权利分工。市级部门主要着眼于全市的长远利益、整体利益和可持续发展，制定纲领性政策制度，引领全市城市更新工作。区级部门则根据各区实际，制定城市更新的具体细则，并推动城市更新工作的实施。如此，既有助于发挥各区熟悉情况的优势，也有利于落实责权利对等的行政原则，将城市更新的责任、权力与所带来的利益统一起来，进而激发市辖区的活力。

3.2 立足长远，实施"全生命周期"管理

"全生命周期"管理，是以提高土地利用质量和效益为目的、以土地出让合同为平台，对项目在用地期限内的利用状况实施全过程动态评估和监管。上海市鼓励和支持业主进行自主更新，为加强土地利用监管，减少投机风险，较早提出"全生命周期管理"理念，并制定了"全生命周期"的政策。上海市土地全生命周期管理先从工业用地开始，随后推广到经营性用地。工业企业用地"全生命周期"管理加强了工业用地出让后的分类监管，避免了工业用地出让后的"一让了之"。其在健全工业用地产业准入、亩产效益评价、土地使用权退出等机制的基础上，将项目建设投入、产出、节能、环保等各领域要素纳入日常管理，并建立全市工业企业综合信息大数据平台，实现土地利用管理系统化、精细化、动态化。

全生命周期管理具体做法包括：将用地项目的功能、形态及经济、社会、环境等约束性指标和要求纳入合同管理，加强项目建设、达产、运行及退出全过程评估和监管，健全诚信管理体系和问责机制；在实施机制上，注重利益引导，强化市场决定性作用和政策保障作用，建立兼顾国家、集体、个人的土地增值收益分配机制。按照上述思路，城市更新项目按照经营性用地、工业用地全生命周期管理要求，由规划土地部门会同产业投资、社会服务、公共事业、建设等相关部门，综合产业功能、区域配套、公共服务等因素后，提出城市更新项目功能、改造方式、建设计划、运营管理、物业持有、持有年限和节能环保等要求，将其纳入土地出让合同进行全过程管理。

3.3 分类引导，盘活存量工业用地

工业用地相对商办居住类用地更新成本较低，在建设用地总量控制、城市发展模式转型的背景下，大量存在的工业用地是存量盘活的主要对象。针对工业用地土地利用效率偏低、空间集中度低、私自变更土地利用现象突出等问题，上海市制定

了一系列政策引导激励工业用地转型。

一是工业用地分区块调整，区域统筹。上海提出优化工业用地布局，结合新一轮城市总体规划编制，根据工业区块位置采取三类不同的转型目标：促进规划工业区块（即"104区块"）结构调整和能级提升，重点发展战略性新兴产业和先进制造业；推进规划工业区块外、集中建设区内的现状工业用地（即"195区域"）加快转型，重点发展生产性服务业；以土地综合整治为平台，编制实施郊野单元规划，推动集中建设区外的现状工业用地（即"198区域"）减量化，重点实施生态修复和整理复垦。

二是激励企业参与转型开发。上海对存量工业用地将主要采取区域整体转型、土地收储后出让和有条件零星开发等实施路径。对于工业用地转型的引导及鼓励政策主要体现在允许单一主体或联合开发体采取存量补地价方式自行开发，根据不同区位与转型后的用地性质，制定补缴地价的优惠政策，符合相关条件的用地容积率可提高。三是降低土地成本，支持产业转型。为降低企业用地成本，上海推出了工业用地弹性出让年期、产业用地先租后让、存量工业用地提高容积率弹性收取土地价款、支持园区平台建设等的政策。

3.4 延续文脉，城市有机更新与历史风貌保护相结合

上海在加强历史文化风貌保护方面，较早建立了历史风貌保护的保护对象、组织、立法体系等机制。近年来以城市更新的全新理念推进旧区改造工作，从"拆、改、留"到"留、改、拆"，将"历史负担"转化为"历史资源"，进一步强化城市更新过程中的历史积淀意识，探索新形势下的风貌保护路径和多样化的空间重塑激活机制，其特点包括以下几点：

一是扩大保护范围。截至目前已有1058处优秀历史建筑、397条风貌保护道路和街巷、44片历史文化风貌区、250处风貌保护街坊，形成了点线面相结合的历史文化风貌保护体系。2017年开始上海进一步扩大保护范围，加强里弄保护保留，中心城区813万里弄建筑，其中730万即90%里弄保留。

二是加强配套政策立法。上海出台《关于深化城市有机更新，促进历史风貌保护工作的若干意见》（沪府发〔2017〕50号），重点针对保护对象、资金筹措和管理体系等提出新要求；坚持"保护与利用相结合"的原则，加强历史风貌抢救性保护，制定《上海市历史风貌成片保护分级分类管理办法》。

三是创新保护方法。上海加强顶层设计，制定《上海成片历史风貌保护三年行动计划（2016–2018）》；探索活化保护利用，建立原权利人及市场主体等多方共同参与的保护模式。为了解决城市更新中风貌保护与旧改资金平衡压力，激励原权利人及市场主体等多方共同参与历史风貌保护，《上海市城市更新规划土地实施细则》中提出带方案招拍挂、定向挂牌、存量补地价、容积率转移、容积率奖励等政策。

3.5　注重品质，公共要素优先

上海城市更新规划体系坚持"以人为本"，以提升城市品质和功能为核心，优先保障公共要素，改善人居环境。规划体系由"区域评估＋城市更新单元"组成，"区域评估"与"城市更新单元"相辅相成，互为支撑（图1）。

"区域评估"工作由区镇确定地区更新需求，进行地区公共要素评估，划定城市更新单元（以下简称"更新单元"），明确适用更新政策的范围和要求，形成区域评估报告。城市更新区域评估报告的主要内容有：

一是开展公共要素的评估。应按照公共要素的评估方法，对城市功能、公共服务配套设施、历史风貌保护、生态环境、慢行系统、公共开放空间、基础设施和城市安全等方面的公共要素进行重点评估。

二是划定更新单元范围。更新单元一般最小由一个街坊构成，是编制城市更新实施计划的基本单位。现状情况较差、民生需求迫切、近期有条件实施建设的地区可划为更新单元，更新单元内的更新项目适用《办法》及细则规定的相关政策。

三是明确各更新单元的公共要素清单。结合区域评估中对各公共要素的建设要求，以及相关规划土地政策，明确各更新单元内应落实的公共要素的类型、规模、布局、形式等要求。

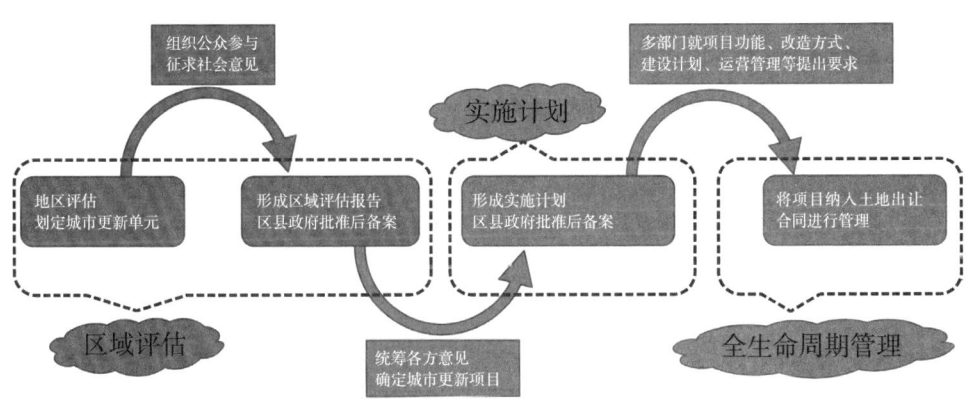

图1　上海城市更新"区域评估＋城市更新单元"工作流程示意图

（图片来源：作者自绘）

通过构建"区域评估＋城市更新单元"的规划体系，上海城市更新充分发挥社区平台作用，完善生活圈功能品质。以社区为基本生活单元，打造生活圈。首先要以市民需求和社区问题为导向，对更新地区进行综合评估，重点关注社区公共开放空间、公共服务设施、住房保障、产业功能、历史风貌保护、生态环境、慢行系统、城市基础设施和社区安全等方面内容，明确生活圈中"缺什么"，"补什么"，提供更加宜人的社区生活方式。

3.6 共建共享，追求多方共赢

上海市非常重视自下而上的城市更新，通过创新政策机制，引导多元主体共同参与，实现多方共赢。城市更新工作探索"政府—市场—市民—社团"四方协同的机制，注重物业权利人和设计师及政府部门的协作，充分发挥市民协商自治作用。通过"行走上海"活动激发量大面广的社区空间"微更新"，进行了零星地块、闲置地块和小微空间的品质提升和功能创造。通过自下而上、以民为本的更新路径，还权于社会、还权于市场，努力为社区提供更为精准化的公共服务，提高居民认同感。

此外，上海市还鼓励各老旧工业企业，在相关政策法规的指引下，自主进行转型升级，政府不与企业争利。上海市在城市更新中，发挥社会力量、利用市场资金，注重积极培育和植入创意产业，打造了一批工业遗产利用、里弄改造、历史建筑利用的精品项目，例如田子坊、步高里、M50、8号桥等市场自发改造项目；思南公馆、洛克外滩源等采用政府引导、企业运作实施模式进行的历史建筑活化利用项目。

编者信息：

刘垚，女，博士，广东工业大学建筑与城市规划学院，讲师。

谢涤湘，男，博士，广东工业大学建筑与城市规划学院，教授，副院长。

廖开怀，男，博士，广东工业大学建筑与城市规划学院，特聘副教授。

周玲，女，硕士，广州城市更新协会。

深圳市城市更新情况

经历十余年的大规模快速扩张后,深圳市的城市发展开始从"增量扩张"向"存量优化"的发展模式转型,城市更新成为盘活存量土地、产业转型升级和建设国际化现代化都市的重要发展途径。深圳是我国大陆地区首个引入"城市更新"理念的城市,其城市更新工作的探索和实践一直走在全国前列[1]。基于 2009 年颁布《深圳市城市更新办法》,深圳市确立了"政府引导、市场运作"的更新机制,在全国范围内形成了独特的、充分市场化的城市更新模式。市场化的运作有其自身的优势,但市场并非万能,常常也会出现"失灵"。针对暴露出来的问题,自 2015 年起,深圳市更新主管部门开始积极调整思路,明确了市场主导与政府调控平衡发展的路径,提出了实施更新统筹规划、强化更新分区管控、搭建更新预警机制和提高更新配建标准的具体策略[2]。

1 城市发展背景

作为改革开放前沿阵地,深圳特区成立 30 多年来,GDP 年均增长 23%。2017 年,全市 GDP 超过 2.24 万亿、实际管理人口超过 2000 万,现已成为一个经济大市、人口大市。但同时深圳又是一个土地小市,全市土地总面积仅 1997 平方公里,开发用地 968 平方公里,开发强度逼近 50%,正面临着"无地可用"发展困境。如何通过存量开发释放土地潜能、优化城市结构、提升城市功能、破解发展瓶颈,是摆在深圳面前的一个重要课题。

---

[1] 岳隽,陈小祥,刘挺. 城市更新中利益调控及其保障机制探析——以深圳市为例 [J]. 现代城市研究,2016(12):111-116.

[2] 缪春胜,邹兵,张艳. 城市更新中的市场主导与政府调控——深圳市城市更新"十三五"规划编制的新思路 [J]. 城市规划学科,2018(4):81-87.

2　城市更新概况

2.1　城市更新政策

基于《广东省政府改造促进节约集约用地的若干意见》，2009 年深圳市出台《深圳市城市更新办法》，标志着深圳市城市更新制度初步建立。以此为基础，深圳市陆续颁布《深圳市城市更新办法实施细则》、《关于加强和改进城市更新实施工作的暂行措施》、《深圳市城市更新单元规划编制技术规定》等一系列政策文件和技术规定（图 1）。为更好、更快推进城市更新工作，2016 年 10 月，深圳市强力推进"强区放权"改革工作，具体项目的审批全部由各区负责，市层面主要负责政策制定、规划统筹和业务指导。

深圳一直以来坚持规划引领，统筹更新。2010 年正式发布《深圳市城市更新（"三旧"改造）专项规划（2010 ~ 2015）》。2016 年，《深圳市城市更新"十三五"规划》制定了"十三五"期间城市更新的目标、策略和各项指引等，积极鼓励有机更新，推动实现有质量、有秩序、可持续的城市发展。各区据此编制辖区城市更新"十三五"规划。2009 ~ 2015 年，深圳每年通过城市更新供应土地约 200 公顷，成为深圳市建设用地供应和存量用地盘活的重要手段❶。

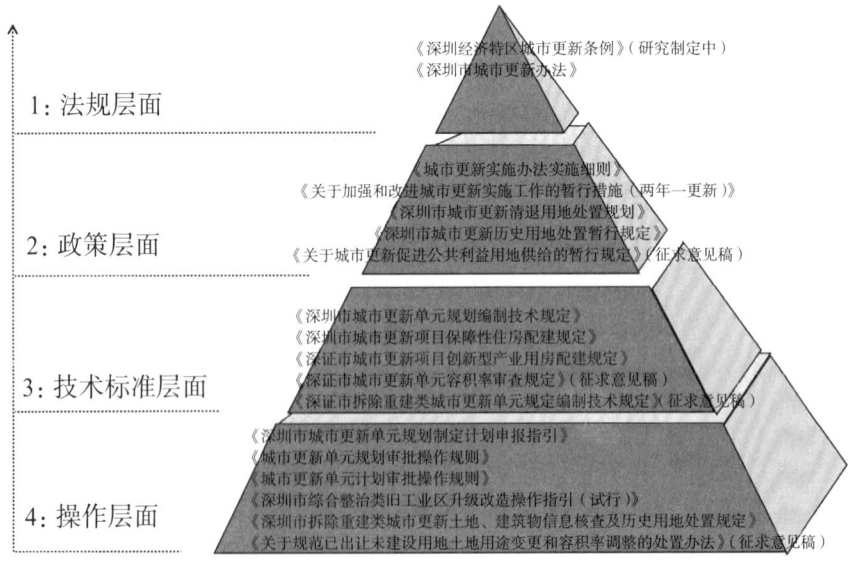

图 1　深圳城市更新政策体系

（资料来源：张江 . 深圳市规划国土发展研究中心 . 深圳市城市更新政策探索与实践，2018）

---

❶ 林强 . 城市更新的制度安排与政策反思——以深圳为例 [J]. 城市规划，2017，41（11）：52-55，71.

2.2 城市更新成效

截至 2018 年 6 月底，深圳市已列入城市更新计划项目共计 697 项，用地面积约 53.23 平方公里；已批城市更新规划项目 420 项，规划批准拆迁用地面积 32.12 平方公里；累计通过签订土地使用权出让合同供应用地面积约 15.25 平方公里，项目实施率达 30%。通过城市更新供应的经营性土地，已正式超越招拍挂用地，成为城市空间可持续发展和功能优化不可替代的手段 ❶。

3 主要做法与经验

3.1 规划统筹，单元管理

城市更新政策必然对应明确的对象和空间范围，在保证市场积极有序参与的前提下，确保"三旧"改造政策不被滥用。深圳借鉴香港、台湾的经验，建立了城市更新单元规划制度，将其作为直接指导城市更新项目实施的规划依据。通过前期的规划编制，解决更新改造中最为关键的利益协商问题，规划编制的过程也是利益协调的过程。深圳对划定"更新改造单元"的划定条件和划定方法做出了详细的限定和说明，更新改造单元认定条件一般包括：一定的用地规模、公益用地征收比例、拆除重建的比例下限、纳入单元的"三边地"（边角地、夹心地、插花地）和未出让国有用地比例上限，以及不能纳入更新改造单元的用地情况。"城市更新单元"的政策创新性体现在：

一是规划统筹，单元管理。城市更新单元规划与法定图则衔接，由城市更新项目的申报单位委托有资质的规划技术单位进行编制，由城市规划委员会下设的专业委员会进行审批，一经审批并公告后，即可作为该片区的法定规划管理依据，与法定图则具有同等效力。城市更新单元规划编制过程充分尊重原权利人权益，带有协商式的特点，可操作性强。

二是利于成片改造、设施布局。城市更新单元原则上为具有一定规模的相对成片区域，通过改造后重新划定产权边界和设定规划条件，能够有效地落实城市基础设施和公共服务设施用地，并通过城市更新项目的实施保证相关设施建设到位。目前深圳市城市更新单元的平均规模在 8 万平方米左右。

三是面向多利益主体的协商平台。基于更新单元的规划不再是政府主导的"包办式"规划，而是多利益主体参与的"协商式"规划，在优先保障公共利益的前提下，

---

❶ 缪春胜，邹兵，张艳.城市更新中的市场主导与政府调控——深圳市城市更新"十三五"规划编制的新思路 [J].城市规划学科，2018（4）：81-87.

实现多利益主体的"利益共享"。随着城市更新在城市开发建设中比重的不断加大，城市更新单元规划的编制已和法定图则的编制一样，成为确定核心层次城市规划成果的重要方式之一。

3.2 市场运作，公益优先

充分发挥市场在土地资源配置方面的决定性作用，一方面充分利用广东省"三旧"改造政策，构建起"政府引导、市场运作"的更新模式，原权利主体可自行实施，也可由市场主体单独实施，在城中村改造项目中还可以两者联合实施，从制度上为市场力量进入城市更新提供了路径，以市场化的方式协调解决搬迁补偿安置等问题；另一方面，通过制定优惠政策吸引社会资金参与城市更新的同时，仍考虑公益优先的原则，保障配套设施落地。

面对公共服务设施严重不足的问题，深圳 2016 年提出"重点更新单元"，最为缺少公共设施、基础设施的片区列为"重点更新单元"，由政府主导改造。此外，深圳近年来不断提高配套用房标准，政策规定社区级公共设施在原有标准基础上增配 50% 且不小于 1000 平方米的社区级配套用房。城市更新项目需要提供保障性住房和创新产业用房，凡是土地性质改为居住的，要提供一定比例的保障性住房或人才公寓，凡是土地性质改为 M1、M0 的，提供一定比例的创新型产业用房（图 2）。

配建类型	标准	预计"十三五"规模
保障性住房	15%、18%、20%（城中村项目）	650 万平方米
	30%、33%、35%（工改居项目）	
人才公寓	15%、18%、20%	
公共配套设施	在《深标》基础上额外增配 50% 且不小于 1000 平方米的配套用房	105 万平方米
创新型产业用房	12%	100 万平方米

图 2　深圳城市更新项目配建用房标准

（资料来源：深圳市规划和国土资源委员会．深圳市城市更新工作实践，2018）

为促进城市更新项目中公共设施的市场供给，深圳提出一系列政策对提供公共设施项目给予供地奖励与容积率奖励。针对更新项目合法用地面积不足与公共设施难以落地的问题，深圳制定《关于城市更新促进公共利益用地供给的暂行规定》，将"公共利益项目"与"更新项目"的实施进行捆绑，合法用地比例不足的更新项目，可以外部移交用地（图 3）；编制《城市更新单元容积率审查规定》，通过奖励容积、转移容积等政策进一步推动公共利益设施建设。

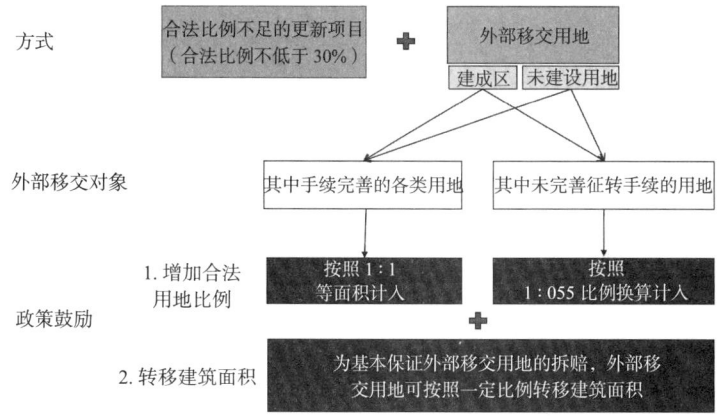

图 3　公共利益项目的外部移交用地奖励

（资料来源：张江．深圳市规划国土发展研究中心．深圳市城市更新政策探索与实践，2018）

3.3　创新政策，改革制度

在广东省《关于推进"三旧"改造促进节约集约用地的若干意见》（78 号文）和《广东省人民政府关于提升"三旧"改造水平促进节约集约用地的通知》（96 号文）的基础上，借助土地管理制度改革的契机，深圳市也进行了土地相关政策探索，主要包括改造用地可协议出让给市场主体、更新单元规划编制可进行用地腾挪或者置换、不同类型改造项目可采用差异化地价标准、建立地价与容积率联动机制。在公告基准地价的基础上根据不同用地类型（城中村、旧屋村、旧工业用地等）、用地权属、改造类型制定差异化地价；根据容积率高低，采取逐渐递进的多级累计地价计收方式。此外，在非农建设用地和征地、返还用地指标落地、历史用地处置方面，城市更新还发挥了消化历史欠账、激发政策创新的作用，即通过城中村改造的政府计利举措，包括土地分成 2：8 比例（政府 20%、原农村集体 80%）、地价收取按照 1.1 倍公告基准地价等，促进历史用地明晰权益，转化为国有土地。

3.4　产业引导，促进升级

由于工业用地改造成本较低，深圳存在大量工业区改为居住区的情况。为防止产业空心化、促进产业转型升级，深圳市先于全国推出了新型产业用地（M0）这一创新，随后推出《深圳市优化空间资源配置促进产业转型升级》"1+6"文件，大力推动存量工业用地的盘活，来实现产业转型升级的空间平台依托。"工改 M0"指的是工业用地转变为 M0 新型产业用地，需配建 12% 的创新型产业用房，该部分可由政府回购，也可根据相关政策出租或出售给特定企业。为鼓励"工改 M0"，深圳提出分割转让政策与地价优惠政策，更新后形成的工业楼宇可按照栋、层、间为基本单位,进行分割转让;地价计收以公告地价为标准,根据不同改造类型和使用方式(自用、转让)进行修正,鼓励自用。

从"十三五"开始,深圳市委市政府明确提出保护工业用地,有序引导"工改工"。2016年提出划定工业区块线,保障产业空间。270多平方公里的工业区块控制线以内严禁工改居住、工改商业。其中工业区块线分为两级,第一级控制线以内250多平方公里,严禁改为其他性质用地;二级控制线以内远期可根据城市规划改为居住、商业、公共服务设施。

3.5 多式并举,绿色低碳

十九大之后,绿色、低碳、以人为本成为社会发展主导理念。深圳市近几年加强政策供给,提倡引导小规模、渐进式更新,鼓励旧工业区综合整治、划定城中村综合整治区。为提高旧工业区空间质量,维持相对稳定的制造业空间规模及成本,近年来,深圳市针对旧工业综合整治,出台了一系列鼓励政策。主要以拓展综合整治内涵,鼓励旧工业区开展以综合整治为主,融合功能改变、加建扩建、局部拆建等方式的城市更新。为鼓励旧工业区以综合整治的方式进行改造,旧工业区综合整治允许加建、扩建,且扩建比例大大提高。在2009年的《城市更新办法》中,综合整治拆建比例不得超过原有建筑比例的15%。根据最新政策,拆除范围不超过原总地面积15%且不大于5000平方米,扩建不超过原容积率2倍可增加辅助类公用设施,不超过现状建筑面积的15%。

以往深圳市城中村改造以拆除重建为主,为科学有效地实施城中村改造,深圳市编制《城中村总体规划纲要》(2017 ~ 2025),划定城中村综合整治边界,给予社会明确预期;研究城中村分类管理思路和相关配套政策指引。目前深圳已经开支城中村综合整治实践探索,例如深业集团和福田区政府、业主三方合作开展的水围村人才公寓了项目、万科的"万村计划"受到社会广泛关注。

备注:

文中主要数据与观点来自"深圳市规划和国土资源委员会"报告(《深圳市城市更新工作实践》、《深圳市"三旧"改造工作情况》)、"深圳市规划国土发展研究中心"报告(《深圳市城市更新政策探索与实践》)。

编者信息:

刘垚,女,博士,广东工业大学建筑与城市规划学院,讲师。
臧鹏,女,博士,广东工业大学建筑与城市规划学院,讲师。

杭州市城市更新情况

1 城市发展背景

自十八大后，杭州城市发展进入新阶段。2016年G20峰会后，"加快建设独特韵味别样精彩的世界名城"成为杭州城市的新定位，以"国际化"为目标的杭州推进城市建设重心从"西湖时代"向"钱塘江时代"转移。在城市更新层面，杭州根据"城市双修"与"美丽中国"的发展要求，更加重视城市功能、产业、风貌，以及文化传承、生态保护等内涵的协调统一。按计划实施"三改一拆"及城中村改造五年攻坚等任务，率先示范"特色小镇"模式，不仅助推产业发展，还对历史遗存保护实现合理利用，打造风貌独特的公共景观带。

2 城市更新概况

2.1 城市更新政策

杭州市在更新实践上，实行点状更新、分类更新和分区更新等多种更新模式：点状更新如单一旧住宅区、旧厂房的改造；分类更新如城村改造行动，以某一类别的城市空间改造为抓手，带动周边区域的整体提升；分区更新如城北地区更新改造，以具有相似历史特征为划定更新范围的依据，针对整个大区域进行内部空间优化❶。

杭州市目前的有机更新政策同样集中于分类的政策引导。如涉及内容比较多的城市产业用地的更新政策、城中村改造规划技术导则、工业遗产建筑保护规划管理规定等，全市性针对城市有机更新全面系统的政策法规尚未推出❷。

杭州市在产业用地更新政策上有较大创新，先后发布了《关于实施"亩产倍增"

---

❶ 杨毅栋,洪田芬.城市双修背景下杭州城市有机更新规划体系构建与实践[J].上海城市规划,2017（5）:35-39.

❷ 庞赞,曹仪民,俞慧刚.基于"城市双修"视角下的城市更新空间治理——以杭州市为例[J].浙江建筑,2018（2）:9-13.

计划促进土地节约集约利用若干意见》、《关于规范创新型产业用地管理的实施意见》、《推进"空间换地"实施"亩产倍增"规划管理意见》等"1+X"节约集约用地政策。

2.2　城市更新成效

杭州市借助 G20 峰会建设的契机，推进了一批基础设施建设、环境改造优化、民生改善提升等项目，内容包括道路整治、亮灯工程、通信基础设施、排水与天然气管网设施建设等民生工程；重点实施了城乡危旧房治理、城中村改造、违法建筑拆除等专项行动；全面推进了全市小城镇环境综合整治示范镇建设，推进小城镇规划设计全覆盖，打造特色小镇。

杭州市首先在全国开创了特色小镇建设的概念，并于 2015 起分三批创建特色小镇。现有上城玉皇山南基金小镇、余杭梦想小镇、西湖云栖小镇、余杭艺尚小镇 4 个省级特色小镇。入围省级特色小镇创建名单 25 个，入围省级特色小镇培育名单 14 个，入围特色小镇创建和培育数量占浙江省的五分之一，杭州市的特色小镇建设为浙江乃至全国提供了一个创新经济模式。在城中村改造上，杭州自 2015 年起提出实施主城区城中村改造攻坚行动，明确至"十三五"期末基本完成主城区 246 个城中村和主城区外"四区三县市"的 108 个城中村改造。截至 2017 年底，主城区已完成 68 条村改造，178 个村正在实施改造，其中拆除重建 155 个、综合整治 14 个、拆整结合 9 个。目前，已完成整村征迁或整治 100 个村，征迁整治住户约 4.2 万户、企业约 1000 家。四区三县（市）城中村改范围主要为区县政府所在地或中心镇现状建成区域，涉及 108 个村。截至 2017 年底，已完成的整村征迁或整治 41 个村，征迁整治住户约 3.3 万户、企业 1421 家。

3　主要做法与经验

杭州近年来大力推动城中村改造、存量工业用地盘活、特色小镇建设等工作，在政府主导、利用市场资金、重视民间资本与社会力量方面的经验值得借鉴。

3.1　政府主导，推动大规模城中村改造

杭州自 1998 年开始启动撤村建居和城中村改造试点工作，至 2015 年底 68 个村已完成改造。自 2016 年启动"城中村改造五年攻坚行动"，仅仅两年时间就完成整村征迁或整治 100 个村，征迁整治住户约 4.2 万户、企业约 1000 家，在短时期内完成大规模的城中村改造。

杭州经验在于政府主导的模式，可概括为：充分发挥政府组织力强、动员力强、公信力高的优势，各区成立国资开发主体、用市场手段筹集资金，通过土地出让收益实现资金平衡。

截至目前，杭州主城区有 54 个城中村改造项目，已获批国家开发银行、农业发展银行贷款授信额度 463.8 亿元。此外，杭州还将积极探索 PPP、发行企业债券、项目收益债券等多种方式筹措改造资金。具体来说其经验主要体现为：

一是加强顶层设计。市委出台《实施意见》，明确了总体目标任务要求和计划安排。市级层面制定出台一系列配套文件，涵盖了征迁、安置、建设、管理、文保、资金等各个方面；指导各区编制"一区一规划"，优先补齐城市功能短板，注重产业转型。

二是抓好协同推进。加强组织领导，书记、市长任领导小组双组长，四套班子领导带头联系改造村；构建市 - 区 - 镇（街）- 村（设）"四级联动"机制，市级定规划、抓验收，区级接任务、抓执行，镇村具体实施，"块抓条保"共同推进，组织开展互看互学，形成比学赶超良好格局；人大、政协、民主党派、新闻媒体广泛参与，群策群力，全民共同参与改造。

三是强化统筹推进。创新"连村改造、区块开发"模式，即几个村连同企业一起改造，以整村改造促项目建设；坚持统筹"拆建管"，在推进征迁工作的同事，提高安置房建设标准，编制项目建设三年计划，加快安置房和配套基础设施项目建设，建立现代化的社区管理模式加强长效管理；坚持因地制宜，编制"一村一方案"；注重历史文脉的保护和传承，努力留住城市记忆。

四是安置方法多样。推行"1+X"综合安置办法，即原则上每户 1 套安置房，其余实行货币化安置的方式。在保障村民利益方面，留用地指标落实多样化。既可拿钱拿地，又可将多个指标打包落地，做大做强集体经济。比如以实物方式落实留用地指标的，可以采取多个城中村留用地指标打包方式落实选址，结合产业园区建设打造新兴产业发展高地。

3.2 创新政策，盘活存量工业用地

2014 年以来杭州出台一系列政策，激励企业参与转型开发、降低产业转型的土地成本，促进盘活存量工业用地，节约集约用地、促进产业转型升级，其创新性体现在以下四个路径（下面只列了四项）：

一是年租金政策。城市中心区老工业厂房"退二进三"兴办特定产业的，可不用进行用途调整、办理用地手续，经过规划批准临时使用，并按规定缴纳国有土地年租金。二是规划容积率以内不用办理用地手续。对工业企业通过"退二优二"提高容积率的，经规划、经信部门同意，可不用补交地价。三是创新型产业用地供地政策。符合七大类，创新型产业用地供地可建成楼宇，地价是不低于工业用地 1.5 倍。企业可自主申请，补交地价后可拆除重建新楼宇，无偿上交 7% 的土地面积或 15% 的建筑面积。改造后楼宇原则上不能分割销售，最多 50% 面积可售。创新型产业用地管理参照产业用地，有税收、投资强度要求。土地出让合同需附加履约监管合同（区

政府监管），监管周期 4 年。四是工改商政策。《推进浙江省低效用地再开发》（2014 年 2 号文）提出，工业用地可改为商服。允许企业为主体，在符合规划情况下，调整为商业，按照市场评估差价补交地价。对工业用地用于商服并分割销售的，分割销售的建筑面积不得超过再开发后总建筑面积 30%，房产证和土地使用权证可按相应分割单元办理，并在土地出让合同中予以约定。

3.3　优化管理，提高产业用地效益

杭州探索了基于产业用地"退出—变更—再开发—再退出"的全过程生命周期动态管理机制，其产业用地全生命周期管理的做法可概括为用地退出准入管理、公益用途变更管制、规划分类审核和动态跟踪评估四部分，实行供应前、变更中和再开发后的更新全过程的动态跟踪评估机制。

为化解城市更新中效率与公平兼顾的矛盾，近年来杭州对辖区范围内的低效工业用地进行摸底调查并登记造册，建立了低效工业用地的腾退机制。实行项目准入评估审查，对于新项目的进驻，则确立分区域、分级的投资总额、投资强度、亩均产值和亩均税收等准入指标，并建立招商引资项目联合审查制度。建立工业遗产建筑保护基本名录，采用容积率奖励、开发权转移等诱导性措施鼓励企业自建配套设施和自觉保护经认定的工业遗产。针对"退二优二"、"退二进 2.5"，分别创建不同的规划审核机制。

3.4　明确优势，建设特色小镇

浙江省在发展方式转型的探索中意识到其民间资本活跃、小微企业众多、产业"软"而"轻"的特征，利用其山水环境与人文优势，探索出特色小镇这一新型城镇化模式。杭州特色小镇建设往往结合环境综合整治，整合国有、集体、居住、工业等不同权属与利用性质的土地，以存量用地为主，利用平台收储与工业用地盘活等优惠政策组合，注重产业引导、人才吸引、文化氛围培养、环境美化，高度重视民间资本与社会力量参与。

浙江省特色小镇是相对独立于市区，融合产业、文化、旅游、社区功能的创新创业发展平台。杭州特色小镇占浙江省五分之一，是有效投资增长点，创新创业新平台、三生融合（生产、生活、生态）新样板。其特点体现在以下几个方面：

一是产业特色鲜明。产业定位不追求"大而全"，力求"特而强"。每个特色小镇都紧扣省市重点打造的"七大万亿产业"和历史经典产业，主攻最有基础、最有优势的特色产业。坚持产业、文化、旅游三位一体；生产、生活、生态三生融合的发展理念。

二是体制机制灵活。特色小镇是综合改革试验区，体现国家省市最好最优惠的政策，凡是国家的改革试点，特色小镇优先上报；凡是国家和省里先行先试的改革试

点，特色小镇优先实施；凡是符合法律要求的改革，允许特色小镇先行突破。

三是人文气息浓厚。集聚大企业高管、科技人员、留学归国人员、创业人员，努力打造以"浙商系、高校系、海归系、阿里系"为主的"新四军"创新创业地，传统特色产业与互联网发展的新高地（图1）。

四是生态环境优美。特色小镇规划面积一般控制在3平方公里左右，而建设面积一般控制在1平方公里左右。每个小镇在创建期间要求达到3A级以上景区目标，旅游小镇要达到5A级景区（图2）。

五是政策扶持。浙江省与杭州市明确税收支持、土地要素保障、重点项目支持，纳入创建名单的，年度考核通过才能享受。特色小镇有三年创建期，创建成功后申请验收，享受土地、人才、财政奖励。

六是民间资本、社会力量的参与。如著名的玉皇山南基金小镇（图3、图4），就充分利用了"浙商"资本；白沙泉并购小镇则引入了"中国并购公会浙江并购分会"进行运营管理；阿里巴巴推动建设了"云栖小镇"。

图1　基金小镇八卦田

图2　基金小镇白塔组团

图3　富有特色的基金小镇建筑

图4　基金小镇内雕塑小品

（图片来源：杭州玉皇山南基金小镇网站.http://www.yhsnfundtown.com/）

编者信息：

刘垚，女，博士，广东工业大学建筑与城市规划学院，讲师。

廖开怀，男，博士，广东工业大学建筑与城市规划学院，特聘副教授。

周玲，女，硕士，广州城市更新协会。

佛山市城市更新情况

佛山作为珠三角区域重要的制造业城市之一，由于早期自下而上的发展方式，成为"三旧"改造政策最初的试验田与诞生地，因此也形成了一套因地制宜具有地方特色、以区为主、镇街实施的城市更新机制。佛山存量资源巨大，新增土地空间有限，全市现状建设用地规模已突破土规至2020年规划建设用地规模指标，现状建设用地面积占到总面积的38%。全市"三旧"改造纳入标图建库的面积380平方公里，约占全市建设用地的26%，存量资源中，集体建设用地占比大、村级工业园历史问题集中。2007年至今，佛山在创新土地开发方式、调动多方利益主体共同参与"三旧"改造、推动产业用地尤其是村级工业园的改造升级、鼓励连片改造和确保公益性用地落实方面取得了一定成果。

1 城市发展背景

佛山市位于广东省腹地，是珠江三角洲西岸重要的制造业城市，2017年国内生产总值9500亿元，位于全国第16位。行政下辖禅城、南海、顺德、高明、三水五区，国土面积3797平方公里，其中城乡建设用地面积已超过1400平方公里，达到佛山环境承载容量的极限，增量发展模式难以为继。

近年来佛山市建设用地供需矛盾日益突出，缺少发展用地成为制约佛山城市发展的主要瓶颈。同时佛山市又是一个以工业为主导、制造业较发达的城市。由于早期经济采取自下而上的发展方式形成了大量的专业镇、专业村，累积了大量的较为松散、粗放和低效的建设用地，发展品质不高，这些土地往往存在环境、消防和安全问题，成为城市治理的隐患。随着城市发展方式的转变和生态文明建设的需要，充分挖掘这些存量建设用地的开发潜力成为必然选择。因此佛山于2007年在全国率先开展城镇低效用地再开发工作，出台了《佛山市人民政府关于加快推进旧城镇旧厂房旧村居改造的决定》，正式揭开了"三旧"改造的帷幕。

2　城市更新概况

2.1　城市更新政策

2.1.1　最早推出"三旧"改造政策

"三旧"改造是"由下而上"推动政策变革的典型案例，最初实践在佛山市率先推行，佛山政府最早发布关于"三旧"改造的政策文件。此后，广东省、中央、各地级市相应出台了"三旧"改造的相关政策。佛山市人民政府于 2007 年 6 月 28 日印发的《关于加快推进旧城镇旧厂房旧村居改造的决定》（佛府〔2007〕68 号），首次提出了"三旧"改造的概念，即旧城镇、旧厂房、旧村居改造简称为"三旧"改造。与此同时，佛山市政府还发布了《佛山市推进旧城镇改造的指导意见》《佛山市推进旧厂房改造的指导意见》《佛山市推进旧村居改造示范村建设的指导意见》三项具体指导意见，针对旧城镇、旧厂房、旧村居的改造范围进行了明确的规定。截至目前，佛山市级层面出台"三旧"改造政策 13 项，各区在市政策指引下分别制定了区一级"三旧"改造政策，其中南海的地券政策、农村集体建设用地流转入市政策等都受到了省部的认可。

2.1.2　建立适应存量开发的城市规划管理体系

为适应存量开发为主导的规划管理方向调整，佛山市探索并推行了以"分层编制、分类控制、动态维护、分级管理"为原则的控规改革创新。与传统控规相比，分层编制在市级层面简化了内容但保障了刚性控制要素，在区级层面加强了与市场需求的对接；分级管制重点是市层面保障控规的严肃性，区层面保障其灵活性。建立城市更新单元规划，并与控规改革创新相衔接。新搭建的城市更新规划体系主要分为"城市更新专项规划、城市更新单元计划、城市更新单元规划"三个层次。佛山市的城市更新以城市更新单元为基本单位，建立了以"更新单元计划＋更新单元规划"为核心的更新规划体系（图 1）。

除了与控规制度改革创新相衔接的更新规划体系建设，佛山还建立了常态化全流程管理体系：建立城市更新"规划—计划"、"申报—审批"、"实施—监管"等全流程的管理体系，并在此基础上正在建设全流程的信息化管理系统。为提高城市更新项目的审批效率，将主要工作集中在了更新单元计划阶段（该阶段审批权在各区），更新单元计划批准后，将根据计划落实单元规划编制和制定实施方案。

2.1.3　总结经验深入推进城市更新（"三旧"改造）

佛山经过十多年来的积极探索、大胆创新，形成了一套较为完善且成熟的三旧改造政策，具体包括"纲领性政策、配套性政策、实施细则"等，形成了较为成熟的政策体系。2017 年佛山对全市以及各区十多年来摸索出来的好的做法进行总结和提升，针对过去"三旧"改造实践中暴露出来的问题，启动《关于深入推进城市更新（"三旧"改造）工作的实施意见》的编制工作，目前已经形成初步成果。其主要指导方针为：加强市级统筹，建立全市统一的政策、规划和管理体系；进一步激发市场活力，政府与市场协力加快推进三旧改造；进一步聚焦产保区内工业提升和中心城区旧村改造，提升佛山城市形态。

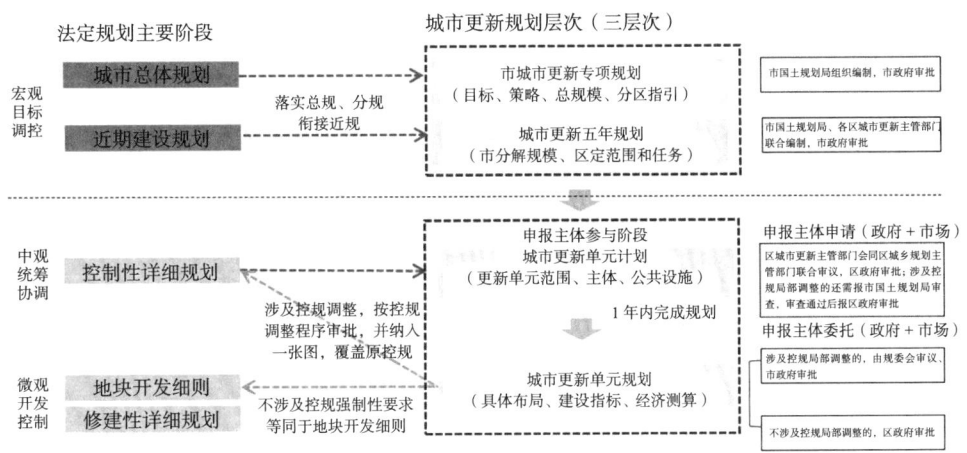

图 1 佛山市城市更新规划体系示意图

（图片来源：佛山市国土资源和城乡规划局．佛山市"三旧"改造政策宣讲．2018.）

2.2 城市更新成效

截至目前佛山市纳入省"三旧"改造地块数据库的地块总面积 57 万亩，约占全市建设用地的 26%。累计共启动项目 1510 个，总用地面积 12.5 万亩，占全部应改造面积的 22%，项目改造预算投入资金 2968 亿元。其中，正在改造项目 679 个，占地面积 7.7 万亩；已竣工项目 779 个，占地面积 4.3 万亩；已完成前期筹备改造项目 52 个，占地面积 0.5 万亩。十年来，佛山"三旧"改造有力地推动了城镇低效用地再开发利用，促进了节约集约用地，推动了产业转型升级，促进了投资增长，改善了城乡面貌，增加了城乡居民收入。

3 主要做法与经验

3.1 创新土地开发方式盘活城镇低效用地

佛山自 2007 年开始"三旧"改造以来，已经历近十年的探索，在广东省"三旧"

改造政策支持下（历史违法用地处理、供地方式、土地收益分配等），彻底改变了传统政府主导拆迁补偿模式无法适应城镇低效用地再开发的局面，针对不同的改造项目，创新出自行改造、挂账收储、公开转让等土地开发模式，加快了从"三旧"改造到全面城市更新的转型升级，并从提高城市治理能力和管理水平的角度入手切实深挖用地潜力，最大限度激发经济社会发展的活力动力（图2）。

改造难度极大的旧城镇改造项目，通常由政府主导，并聘请市场提供的专业服务来推进，比如佛山东华里改造项目；也可以采用协议出让模式，市场主体可直接与改造单元内的原业主达成一致后向政府申请改造，政府可直接供地给市场主体。

旧村居改造主要包括三种模式：一是公开转让模式。即允许村集体土地转国有性质后，由村集体通过政府公开平台进行公开转让，转让收益在扣除相应提留部分后按照一定比例补偿村集体；二是自行改造模式。即村集体通过将出让地块抵押融资，然后成立公司自行改造；三是协议出让模式。旧厂房改造主要分为二大块：一是产保区内的工改工项目；二是产保区外的工改商住项目。

①原业主自行改造：
佛山率先提出鼓励原业主自行改造，政府直接通过协议方式供地给原业主。
优点：激发原权属人改造意愿，加速推动改造进程

②挂账收储：
原业主达成一致的前提下向政府申请公开出让，出让金按比例分成。
优点：①激发原权属人改造意愿
②公开出让、利益共享
③落实和加快已批规划实施

③公开转让：
政府同意免储后，原业主一致同意前提下允许毛地出让，按比例分成。
优点：①激发原权属人改造意愿
②免于前期土地整理
③公开出让

④引入前期投资人：
引入前期投资人进行土地前期整理，然后交由原业主开发或出让，投资人利益与原业主协商。
优点：①激发原权属人改造意愿
②引入市场参与前期整理

图 2　佛山市改造实施方式

（图片来源：佛山市国土资源和城乡规划局．佛山市"三旧"改造政策宣讲，2018．）

3.2　转变经济社会发展方式，推动产业转型升级

佛山是制造业城市，早期经济发展模式使得存在大量低效利用、产能落后、分布零散的村级工业园。佛山重点加大对产业用地的改造提升力度，全市划定约52.5万亩的产业发展保护区，通过划定产业保护红线和出台产业用地激励政策有效引导产业用地集聚连片发展，通过城市更新提升产业发展载体层次，功能改变、局部改建等多种改造方式并举。

佛山全市村级工业园 207 平方公里（1025 个）。其中，分布在产保区范围内 92.4 平方公里，主要通过拆除重建和综合整治来推动。分布在产保区外 114.6 平方公里，主要通过复垦复绿，功能转变方式来推进。重点开展产保区内 92.4 平方公里的拆除重建项目的改造，引导产业向该片区内集聚。2018 ～ 2020 年，佛山市政府下达各区的改造任务为 2.3 平方公里。

为了推动产业转型升级，佛山出台了产业发展保护区的产业提升政策，通过土地整合、土地供应、土地兼容、混合开发、产权分割、地价计收、资金奖励等优惠政策，鼓励市场主体进行产业发展导向的工业用地更新。其内容主要包括：可以通过多种方式形成单一改造主体、允许更新项目范围内外建设用地凭证置换；允许通过公开出让、协议出让、土地流转等多方式；允许兼容一部分生产生活配套、行政办公等设施；允许工业、商业、商务办公等混合出让；以出让方式取得的且符合相关要求和投资条件的，报各区政府同意，可建设多层厂房并进行产权分割发售；增加容积率的，不再补交土地出让金，连片改造的，可在地价计收方面有相关奖励；对于产业发展保护区内推进产业提升的，可以优先完善历史手续；用地改造超过 20 亩的、工程造价超过 2000 万的，均可按相关标准奖励，单个项目奖励资金最高可达 1000 万。

3.3　注重多方利益平衡，提升城市治理水平

近年来佛山十分注重调动多方利益主体共同参与"三旧"改造，通过落实公益性用地占比提升城市品质，通过政策和资金扶持提高工业项目改造动力，通过调节地价计收比例合理分配政府、原土地权利人、市场三者之间的收益，既确保了改造的顺利推进，又确保城市良性的发展方向。

旧城镇改造采取协议出让方式供地的，地价的计收为拆建比 2.2 以内免收地价。也就是说，市场主体拆除原业主 1 平方的物业面积，新规划条件下 2.2 平方的物业面积免收地价。旧村居改造涉及协议出让的地价计收，拆建比 2.2 以内免收地价，拆建比 2.2 以上的 60% 免收地价，充分让利给市场和村集体。佛山将放开工改商住项目的协议出让，地价的计收主要是新规划条件下，容积率 2.5 以下免 50% 地价，以上部分免 5% 的地价。

3.4　划定连片改造示范片区，注重片区统筹开发

加强"三旧"改造中的连片开发，统筹片区利益是佛山市"三旧"改造的重要路径之一。零散的小规模开发无助于解决佛山结构零散、用地分散和公共设施缺乏的问题。为解决这一问题，减少零星改造、推动连片改造，佛山市分别于 2010 年、2017 年划定十大示范项目连片改造区域，主导推动示范项目建设，成功打造出千灯湖产业总部经济区、广佛国际商贸城中心区、听音湖片区等一批优质连片项目。

备注

文中主要数据与观点来自"佛山市国土资源和城乡规划局"报告(《佛山市"三旧"改造政策宣讲》、《佛山市"三旧"改造工作情况》)。

编者信息：

刘垚，女，博士，广东工业大学建筑与城市规划学院，讲师。

肖希，女，博士，广东工业大学建筑与城市规划学院，讲师。

台北市城市更新情况

随着更新法制的逐渐成熟以及不动产市场的推动，台湾将近三分之二的城市更新项目位于台北市。为解决都市更新面临的困境，台北市近年来持续推动新的都市更新措施（台北市政府相继发布推动《台北市都市更新行动纲领》1.0 版与 2.0 版），以"积极"、"宜居"、"效能"、"公益"为四大目标，提出长期性、全方位、制度层面的变革方针。如推出"非盈利专业组织（NGO）协商平台"；依据更新个案的争议类型，纳入专业 NGO 代表、专家学者等组成专案协商小组，协助协调争议；推动"都市再生前进基地计划"（Urban Regeneration Station），进行都市再生活化；通过"都市更新多元改善方案"增加"都市更新快速通关"以及"老屋重建"两项新机制，透过简化流程及奖励，提供土地所有权人多元的都市更新方式选择，提高更新意愿。

1　城市发展背景

台北自三百多年前开始建设至今一直是华人文化荟萃的地方，有着令欧美城市羡慕的城市特色，包括土地混合使用所带来的便利性与多样性、小资创业群聚、多元民族融合等，这些特色不仅塑造台北的多元风貌，也促成了亲和、包容的城市个性，这些蕴藏在城市中的隐性资源，正是台北在面对全球快速变迁，突破现有城市开发体制框架，建构并推动城市转型再生的重要养分。

2　城市更新概况

2.1　城市更新政策

台湾地区都市更新事业起步于 20 世纪 70 年代，1973 年台湾地区政府修订"都市计划法"，增设《旧市区更新》专章，标志着政府开始主导都市更新的发展 ❶。为

---

❶　韩文超 . 公私协同下的都市更新治理模式浅析——以台北市 URS 为例 [A]. 中国城市规划学会 . 城乡治理与规划改革——2014 中国城市规划年会论文集（11——规划实施与管理）[C]. 中国城市规划学会：中国城市规划学会，2014：12.

了处理 20 世纪 60 年代以来通过政府征收手段进行都市更新的进度缓慢问题，台湾相关部门于 1998 年 11 月制定颁布《都市更新条例》，台湾都市更新推动开始有法源依据。《都市更新条例》引进日本泡沫经济下的"权利变换"都市更新机制，并于 1999 年 3 月颁布《都市更新权利变换实施办法》和《都市更新容积奖励办法》❶。在都市更新条例相关子法完成后，1999 年由于"九·二一"地震的发生，《灾后重建计划工作纲领》将都市更新列为整体重建的方式之一。2002 年至 2003 年有大量的自力更新案例被核准，灾后重建成为都市更新推动初期的主要工作❷。在之后的发展过程中，台湾相关部门不断调整自己的角色，逐步建立都市更新的一系列政策和推动机制，使得相关企业、非政府组织（NGO）和市民等利益相关者进入都市更新事业中，发挥各自的影响力。

台北市都市更新相关法令　　　　　　表 1

法令名称	修法时间
台北市都市更新自治条例	2011.11.10 修正发布
台北市政府受理都市更新整建维护案件处理原则	2011.12.7 修正发布
台北市都市更新及争议处理审议会设置要点	2012.1.13 修正发布
台北市政府受理民间建议变更公告划定更新地区范围界线作业程序	2012.1.13 订定发布
台北市都市更新单元规划设计奖励容积评定标准	2012.4.12 修正发布
台北市都市更新范围内公有土地处理原则	2012.4.25 修正发布

（资料来源：方定安．台北市都市更新策略与省思 [R]．台北市都市更新处，2013．）

　　面对城市更新推动的挑战，台北市 2011 ～ 2012 年发布了《台北市都市更新自治条例》、《台北市政府受理都市更新整建维护案例处理原则》、《台北市都市更新及争议处理审议会设置要点》、《台北市都市更新单元规划设计奖励容积评定标准》等一系列地方法令（表 1），持续推行新的都市更新措施，如推出"非盈利专业组织（NGO）协商平台"。依据更新案例的争议类型，纳入专业 NGO 代表、专家学者等组成专案协商小组，以协助协调都市更新争议。另外补助民间团体在都市老旧社区空间或都市更新地区重建闲置房地，进行"都市再生前进基地计划（Urban Regeneration Station）"。此外，通过"都市更新多元改善方案"，在既有都市更新机制上，增加"都市更新快速通关"及"老屋重建"两项新机制，通过简化流程及奖励机制，提供土

❶ 杨友仁．金融化、城市规划与双向运动：台北版都市更新的冲突探析 [J]．国际城市规划，2013，28（04）：27-36.

❷ 张学圣．台湾都市更新推动回顾与省思 [J]．府际关系，2014（16）：12-15.

地所有权人更多元的都市更新方式选择。

2.2 城市更新成效

截至 2014 年 10 月 31 日，台北市已核定都市更新事业计划 201 个，其中包括有代表性的典型案例，如文林苑案、海砂屋、灾损地区、整建住区更新，南港经贸园区 R13、R14 街廓整体开发。

（1）都市更新重建案执行绩效

自 2004 年台北市都市更新处成立以来，受理民间申办都市更新案例逐年增加。截至 2014 年 10 月 31 日止，已受理都市更新事业计划申请审议案 269 件，其中 201 件核定实施，通过率 75%；已受理都市更新权利变换计划申请审议案 112 件，其中 88 件核定实施，通过率达 78.57%，施工中 74 件，已完工 42 件。

（2）老旧公寓更新专案执行情况

台北市老旧公寓更新专案受理的案件中，更新后拟提供超过 5700 户住宅或商业单元；其中市政府已经核定通过的三个案例，完工后预期将提供开放空间 10367.84 平方米，绿化面积 10737.75 平方米。

（3）都市更新整建维护专案执行成果

台北市制定了台湾首个整建维护补助自治政策，自 2006 年推动补助至 2014 年核准 110 件，分为三个阶段。第一阶段实施以推动大楼外墙更新为主，成功推动地区的发展与周遭环境品质提升，凝聚民众意识唤起民众意愿，总计 13 件事业计划案完工。2010 年开始，二代整维扩大补助范围，推动老旧公寓增设电梯，及老旧建筑物引入文创产业活化，推动老屋新生大奖与都市彩妆行动等。2014 年新增受理老屋健检评定。

（4）创设老屋健检与都更健检服务

为使市民了解房屋安全资讯，保障居住安全，台北首创屋龄 30 年以上的老屋免费健检。2013 年编列 100 个名额并已评估完成；截至 2014 年 10 月 31 日受理 369 件民众申请。鉴于民众想要了解自家办理更新的条件与可能性，2014 年都更中心开设了"都更健检"协助住户评估都市更新范围、进行容积奖励与分回建筑面积测算，并以社区说明会、问答讨论的方式，报告评估结果及下一步推动建议。截至 2014 年 10 月 31 日，共受理 109 个社区咨询，评估完成 41 个。

（5）办理老屋新生大奖，鼓励既有建筑再利用

为推动都市更新，鼓励市民自发性参与整建维护行动，台北自 2001 年起，通过连续 12 年举办都市空间改造及都市彩妆等运动，成功改善并表扬许多旧空间整建维护的优良案例；2011 年正式更名为"老屋新生大奖"，发掘更多精彩的老屋再利用案例，鼓励并唤起市民对老旧建筑的关注与改造，达到延续地方纹理、实现城市永续发展。

（6）推动都市再生前进基地（URS）活化老旧社区

台北市都市再生前进基地（URS）是一个新的都市改造作为，利用低度或未使用的空间，引发民间动能，提供创意行动，产生基地所在街区的活化改变，推动至今共有 10 处 URS 基地。活化大稻埕历史街区与 URS 所在周边地区，是 2016 年台北世界设计之都的六大示范计划之一。

3　主要做法与经验

3.1　创造多元都市更新机会

台湾的都市更新政策在更新模式、规模、实施方式、对象方面较为多元，并且增加了更新前活化利用这一类型（图 1）。其中更新模式除了重建与整建维护，也允许重建与整建维护并行。在都市更新规模方面，不仅推行大面积的政策性都市再生地区更新，也鼓励中等面积的一般型都市更新、小面积的小基地改建及微型都市更新。其中政策性都市再生地区更新包括国家门户中心、创意经济走廊、低碳宜居城市以及提供宜居住宅的地区。在更新实施类型方面，有公办更新、民办更新、自力更新、代理实施者四种类型。公办都市更新展现都市更新公共效益示范作用，引领都市再生动能；实施方式有协议合建、权利变换、100% 同意快速通关、部分协议合建及部分权利变换。

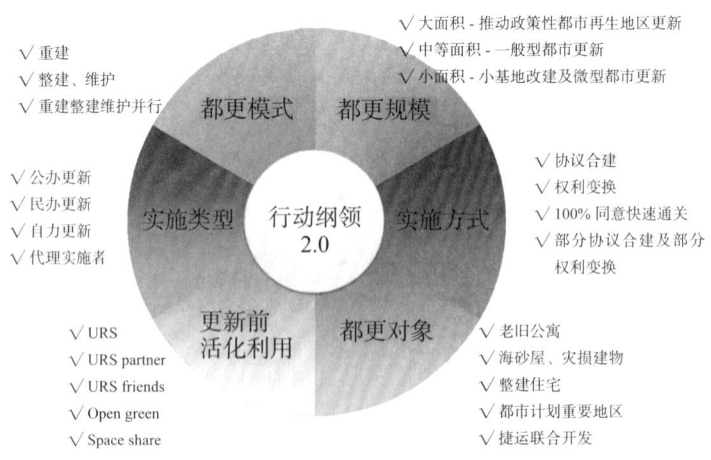

图 1　创造多元都市更新机会

（图片来源：台北市政府．台北市都市更新行动纲领 2.0，2014.）

一是更新前的活化利用——推动创意的在地化经营。台北为了面对全球化、城市竞争和新经济来临的新挑战，突破僵化的城市发展框架，在更新前的活化利用方面有所创新，提出并成功实践了"都市再生前进基地计划（Urban Regeneration Station）"，在既有空间导入创意设计，将都市再生、文化创意、场所精神三者结合。已有的 URS 基地以门牌命名，将旧仓库、旧零售店、货运站及铁路设施、旧工厂等低效使用或闲置空间，转化为工作坊、邻里空间、资讯交流点、社群交流空间、展示集合场所、实验行动地。为鼓励民间自主推动都市再生行动，台北进一步扩大了都市再生前进基地 URS 计划，继而推出"都市再生前进基地社区伙伴行动计划（URS Partner）"，鼓励已存在的小型办公、商业、工作室、社区工作站等空间与社区进行互动，以延展、凝聚当地共识，引起都市再生议题的广泛讨论，达到活化街区、社区，激发城市活力与创意的目标。

二是旧住宅更新——安全、防灾、协助弱势地区。在更新对象方面，相较于其他大都市，推动安全及防灾型都市更新是其特色，老旧公寓更新专案、海砂屋、灾损建筑物、整建住宅（早期公共工程拆迁户安置住宅）改建，都被纳入安全及防灾的范畴。台北市屋龄 31 年以上住宅中，存在不易更新的四、五层楼住宅，多位于巷弄内，面临社区安全防灾隐患、公共设施不足、缺乏电梯及现代化设施等现状；由于这些住宅使用容积率高于法定容积率，且户数多整合不易，因此难以进入更新门槛。为此台北市采取专案办理的方式，设计增加不同容积率奖励项目，协助这些社区通过都市更新重建、整建方式，使原本的老旧社区转型为节能减碳、生态、友善的社区。为协助整建住宅（早期公共工程拆迁户安置住宅）改建，台北市将其列入重大发展项目、纳入都市更新地区。面对产权复杂、户数众多、弱势群体参与问题，提出协助整建住宅征选规划团队；修订更新相关法令，提高更新诱因；协助建筑融资及经费补助；协助整建住宅规划、协助公共设施检修补助、提供中继住宅协助弱势户安置、持续召集各局处召开研讨会协助解决推行困境等方式。

对于暂时难以进行更新的老旧建筑物，制定《台北市都市更新整建维护实施办法》对老旧房屋整建维护；"老旧建物引入文化创意产业进驻"进行补助；设立老屋新生大奖，鼓励并唤起市民对老旧建筑的关注与改造。不满足于整建维护的千篇一律，台北市提出"老屋新生计划"邀请建筑设计团队为老旧公寓进行示范性改良设计。

3.2 建构公私合作的都市治理

城市更新需要愿景构筑、争议协调、成熟专业团队的服务。台北市政府长期与 NGO 组织、社区团体和专业人才进行合作，进行都市更新事业。此外，台北市在推动都市更新与活化的过程中，注重培养社区的自主性，并为社区提供各种服务，协助其自主都市更新。例如建立都市更新协力平台，都市更新专业者协助社区自主都市更新，提供更多元的实施主体模式选择机会。

（1）委托独立专业机构协助民间更新事业

由于都市更新是一项复杂且涉及面广泛的事业，民间进行都市更新需要专业机构的指导和协助，而政府力量无法完全满足大量的咨询需求；同时公共部门直接介入实施者与权力主体之间的谈判协商也有诸多不便，需要立场中立的专业机构为原所有权人提供专业服务。台北市由政府推动成立"财团法人台北市都市更新推动中心"，协助社区启动或推动面临困境的更新事业。此外，市政府委托"财团法人台北市都市更新学会"及"财团法人崔妈妈基金会"驻点提供法令咨询服务及辅导、协助召开地区性法令说明会、制作相关宣传指导手册、消除更新争议并保障市民权益。

鉴于民众了解其房屋安全以及更新可能性的需求，台北首创屋龄 30 年以上的老屋免费健检。都市更新开设"都更健检"，协助住户评估都市更新范围，进行容积奖励、分回建筑面积试算，并以社区说明会、问答讨论的方式，报告评估结果及下步推动建议。

（2）创建都市更新争议协商模式

源于都市更新争议案例。台北市在 2013 年具体建立都市更新争议协商模式、原则与流程，而后由台北市都市更新推动中心推出非政府组织（NGO）协助办理都市更新争议协商机制。为平衡公益与私利，台北都市更新在既有流程基础上，新增加体现程序正义、协商精神与允许替代方案呈报的部分。更新方式更加多元弹性，可以重建与整建并行，如果更新过程遇到争议由都市更新中心促进协调，可以成立协商小组并提出替代方案评估报告。

（3）加强社区参与，推动愿景共享的都市再生模式

台北市加强社区参与的行动以社区营造概念为基础，始于 1996 的地区环境改造计划，计划初期为宣导社区营造概念，重视民众由下而上参与公共事务，透过民众提出地区环境改善规划构想并落实，由社区居民自主协助公共环境维护管理。为促进社区营造人才走入社区，回馈地域需求，以持续协助陪伴社区自主发展。台北市自 2000 年起，办理"青年社区规划师培训计划"，大量培训社区营造人才；其后为集结社区营造资源，着手建立"台北市社区营造中心"；2011 年度"青年社区规划师培训"转型为"储备社区规划师"，结合社区大学开设"社区规划与参与"的环境课程。此外，台北市在都市再生行动中同样也贯彻了市民参与的理念，在更新基地开发前，通过社区参与机制，由社区伙伴计划（URS Partner）、URS 补助计划、老旧社区活动计划、地区公共环境资源建置计划（opengreen），空间资源分享平台（spaceshare）促进更新基地开发前，市民参与共同想象未来可能性。

备注

文中主要数据与观点来自"台北市政府"报告(《台北市都市更新行动纲领 2.0》)、"台北市都市更新处"报告(《台北市都市更新策略与省思》、《台北市都市更新成果特辑（2006-2011）》)。

编者信息：

刘垚，女，博士，广东工业大学建筑与城市规划学院，讲师。

案　例　篇

城上建城的典范：巴黎拉德芳斯中心商务区更新

1 项目背景

法国在 20 世纪 70 年代完成了大规模的城市化进程，进入高度城市化的社会。当前法国的规划项目以更新规划为主，也就是法国规划界常说的"在城市上建设城市"。拉德芳斯中心商务区规划始建于 1958 年，是 20 世纪城市规划的典范之作，因其大胆而独特的规划理念以及政府成功的运作机制，成为欧洲乃至全世界都闻名的 CBD 之一，在后期发展过程中也是法国更新规划项目的典型代表。

拉德芳斯（La Défense）是法国巴黎的一个主要中央商务区，地处巴黎市的西部，位于巴黎城市主轴的西端，属于巴黎的"西大门"（图 1）。拉德芳斯也是欧洲最大的一个中央商务区，占地面积 564 公顷，拥有 72 幢摩天大楼和约 350 万平方米的办公空间。拉德芳斯原是一个默默无闻的小村庄。1958 年，为了满足巴黎日益增长的商务空间需求，缓解巴黎老城区的人口、交通压力，保护巴黎古都风貌，巴黎市政府经过 30 年的建设把拉德芳斯区建设成为了集工作、居住、娱乐设施为一体的现代化商务中心（CBD），被誉为"巴黎的曼哈顿"。然而，20 世纪 90 年代以后，拉德芳斯 CBD 陷入房地产发展危机，竞争力受到挑战，原有的规划设计理念遭到质疑。在此背景下，法国政府于 2007 年编制实施了《拉德方斯更新规划》。

1.1 拉德芳斯 CBD 发展历程

如图 2 所示，1950 年，当时的巴黎政府提出了在拉德芳斯建设 CBD 的规划设想。1957 年编制了拉德芳斯第一版的总规划，总规划贯彻了勒·柯布西耶城市高度集中的思想，建设现代化的中央商务区。次年，政府成立了拉德芳斯区域开发公司（Public Establishmentfor The Development of La DefenseRegion，简称 EPAD）来管理和开发拉德芳斯地区，并且首先在此建成了国家工业和技术中心。拉德芳斯区域开发公司是一个带有较强政府色彩的开发公司，包括了工业、商业等综合职能。国家工业和技术中心是一个大型展览馆，用于主办花卉展、国内艺术展和工业设备展等大型展览，其建成对拉德芳斯的城市建设与发展起到了很大的带动效应。

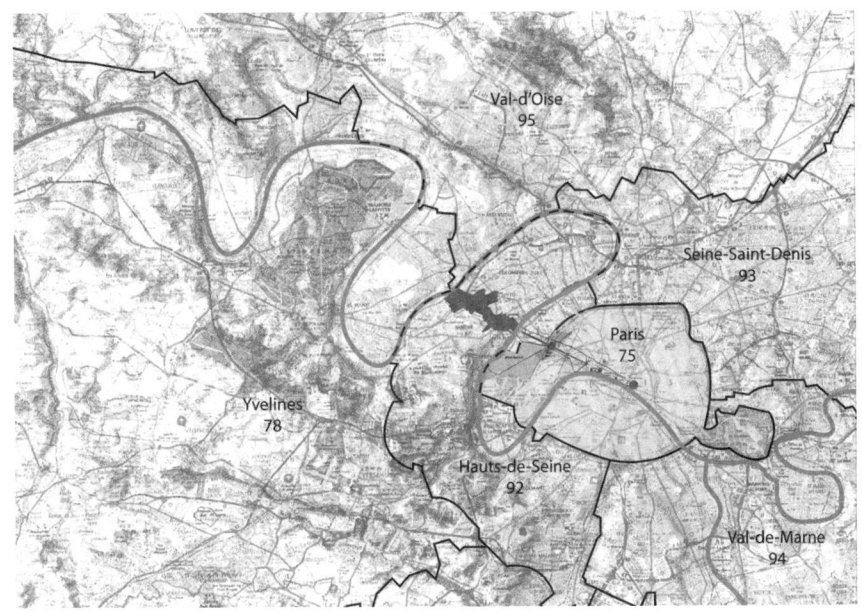

图 1　拉德芳斯 CBD 区位图

（图片来源：https：//www.ateliers.org/media/workshop/documents/1_presentation_eng_defense2050_2.pdf）

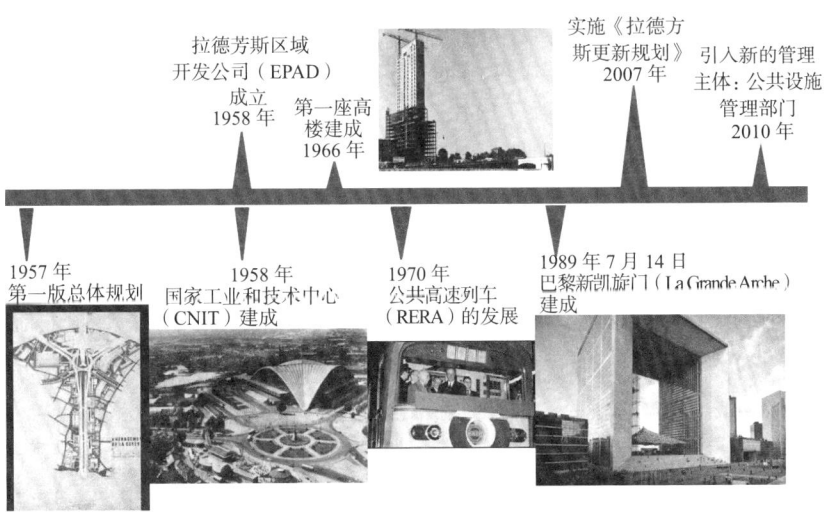

图 2　拉德芳斯发展历程

（图片来源：PARIS LA DEFENSE SEINE ARCHE BUSINESS DISTRICT，http：//www.paris-europlace.net/paris2012/P8-

Chaix.pdf）

　　1966 年拉德芳斯地区建成了第一座高楼诺贝尔大厦，楼高 100 米，成为当时的地标性建筑，并迎来了拉德芳斯 CBD 摩天大楼建设的高峰期。但第一版的总规划也体现了一些局限性，如在延续勒•柯布西耶现代化高度集中开发的规划思想下，建设了大量钢铁结构和玻璃幕墙的塔楼，建筑类型较单一，缺乏多样性和绿色空间。为了增加地区活力，改变建筑森林的地区城市形象，借 1989 年在巴黎举办 G7 首脑峰会的契机，在该区域规划建成了巴黎新凯旋门（Grande Arche），与巴黎凯旋门同处一条城市轴线，交相辉映。2007 年，在金融危机的前夕，法国政府批准通过了《拉德芳斯更新规划》以更新地区活力，保持拉德芳斯 CBD 长期稳定的城市增长。2010 年在拉德芳斯公共规划机构（EPAD）管理了该区域 50 年之际，由于其不堪巨大的财政负担，同时根据更新规划的提议，拉德芳斯 CBD 地区迎来了新的管理机构——公共设施管理部门（EPGD）。

1.2 《拉德芳斯更新规划》

自 2005 年以来，拟议的再生战略《拉德芳斯更新规划》一直在进行（图 3）。该更新规划涉及公共空间问题，包括增加绿地、改造基础设施以及交通和场地的演变问题。这些改善措施将使拉德芳斯成为欧洲首屈一指的商业区，并将继续成为国际企业的集聚中心和总部枢纽 ❶。拉德芳斯更新规划主要考虑了以下三个方面：

更新规划的第一要点是基础设施的改善，并致力于与公共空间建立更强有力的联系。通过翻新人行道和道路，增强拉德芳斯地区周围道路的可识别性，并保障所有重要站点之间的步行距离在 5 分钟之内。交通设施的不断完善使人们穿过拉德芳斯不再是一个挑战；相反，它变得更愉快和便捷。

更新规划的第二要点是保持并强化该地区已有的形象和内容，其中包括一些令人印象深刻的艺术收藏和公共建筑。拉德芳斯的地理位置至关重要，它是巴黎地区的一部分。法兰西岛地区拥有 1300 万居民，并且每年接待大约 2700 万游客，这意味着拉德芳斯很快就会成为一个更大的旅游、文化、经济和艺术中心。

最后，该更新规划关注短期和长期目标以及空间如何随时间变化。空间设计为不限于一个功能，它能随着时间发展而不断进化。例如，一个重要的中央广场可能最终演变成一个重要的火车站。城市的一些地区随着发展不断变化，因此规划需要灵活地接受和容纳这些变化。尽管当时的拉德芳斯是一群杂乱无章的建筑，但通过更新规划将创建易于识别的道路和混合景观来获得秩序。

---

❶ 资料来源：AWP to announce masterplan for La Défense，https：//www.archdaily.com/322936/awp-to-announce-masterplan-for-la-defense.

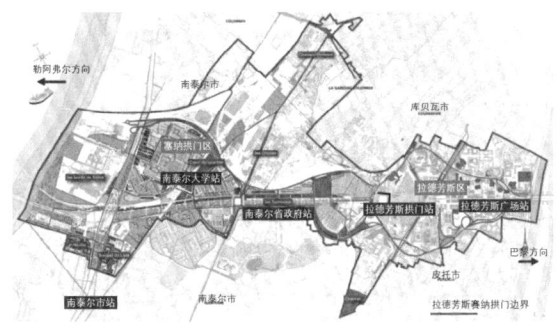

图 3　拉德芳斯商务区更新改造范围

（图片来源：李明烨. 由《拉德芳斯更新规划》解读当前法国的规划理念和方法 [J]. 国际城市规划，2012，27（5）：

112-118.）

2　项目更新的做法

2.1　更新规划方案

根据 2016 年《拉德芳斯更新规划》，近年来的拉德芳斯城市更新项目主要涉及以下十项计划 ❶❷：

（1）通过拆除和重建过时的建筑物：主要包括重建 Opus 12 和前诺贝尔大厦；扩建改造安盛大厦（Axa Tower）。拉德芳斯最古老的摩天大楼中约有 15 座将受到这波拆除重建作业的影响，这些作业将增加至少 15 万平方米的额外办公室。

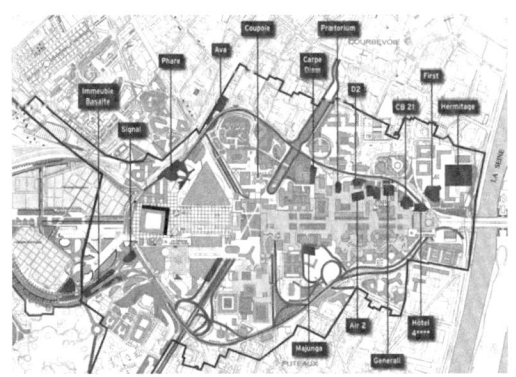

图 4　城市更新重点改造项目位置图

（图片来源：http://www.ateliers.org/media/workshop/documents/1-presention-eng-defense2050-2.pdf）

---

❶　A Strategic territory the defense renewal plan，https：//amenagement.parisladefense.com/un-territoire-strategique/le-plan-de-renouveau-de-la-defense.html.

❷　History of La Défense，https：//www.ladefense.fr/en/history-place.

（2）新建30万平方米的新办公空间：拉德芳斯在圆形大道（Boulevard Circulaire）周边清理出一块公共土地用于新建新塔楼，将新增30万平方米的新办公室（图4）。这些塔楼为该地区带来了新的建筑野心，不仅不会侵占公共空间，而且同时尊重历史轴线。

（3）建设新的地标建筑信号塔：信号塔（Signal Tower）的建设将载入拉德芳斯的发展历史。它的建设旨在满足两个雄心勃勃的要求：一是向世界展示一项重大的建筑壮举和该地区强有力的创造力和信心，在信号塔的建设中配备最先进的技术。其次，在法国建造第一个真正的混合塔，使员工、居民、酒店和商店和谐共存。

（4）建造1400套新房以增加住宅供应：拉德芳斯建立在城市多样性的基础上。50年来，这个空间是根据该地区的独特性而创建的，并且注重生活质量。在增加办公空间的同时，这些建筑同时增加额外的10万平方米建筑面积的新住房。

（5）完成圆形大道（Boulevard Circulaire）的改造，使之成为一条宜人的人文环路：圆形大道曾把拉德芳斯步行区与周边其他地方完全隔离开来使之成为一条不可穿越的交通动脉，通过圆形大道改造使拉德芳斯商业区与周围环境之间的城市结构编织在一起。

（6）加强该地区的交通服务：拉德芳斯成功的一个核心因素是为该地区提供了大量公共交通，但是很快将达到交通流量饱和点。因此，该地区的新发展阶段需要改善为商业区服务的运输网络。主要做法是将RER郊区铁路线E（Eole）从Gare Saint-Lazare延伸至Mantes-la-Jolie地区。随着时间的推移，它将有助于简化主要交通线上的流量，并改善与西部地区的连接。同时，研究将拉德芳斯与戴高乐机场线连接起来的可能性。

（7）引入新的现代化治理机构：成立了EPGD（Etablissement Public de Gestion de LaDéfense），该机构由地方当局组成，负责管理和运营该地点。

（8）促进中央商业区的城市转型，使其适应用户当前的需求，并更好地将其融入环境：制定了促进文化和购物活动的政策。尽管该地区具有较强的旅游、购物和文化吸引力，但是该地区仍然缺乏能使城市在办公时间之外活跃起来的公共设施、大型活动和节目。新的聚会场所、新活动和高度发达的文化生活都将成为地区活力的源泉，并将促进地区凝聚力。

（9）参与巴黎地区的均衡发展：作为巴黎和边远地区的主要经济资产，拉德芳斯必须促进整个地区的均衡发展，特别是发展那些属于符合国家利益的新业务。

（10）关注可持续发展：拉德芳斯开启了其历史的新阶段，公开致力于可持续发展。当然，这项要求将适用于新建筑物以及建筑工地的管理，这些建筑工地将使用创新手段清除瓦砾。EPAD还打算将相同的护理标准扩展到周围环境以及员工、居民和访客的环境，证明经济发展和可持续发展并非相互排斥。

2.2　更新规划的重点

根据更新规划，该更新内容通过提高现代化中心商务区域的价值和形象，提出了统一和连贯的公共空间设计。圆形大道环路改造成为更新规划的重要研究内容，具体包括以下措施：

（1）改善环路与周边路网的衔接关系，简化路径，尽可能将现有的立交改造成平交；

（2）鼓励自行车和步行交通，并通过增设自行车道、人行道、红绿灯、行道树等措施为慢行交通提供安全、舒适的环境；

（3）增设过街天桥和电梯，连接架空平台和周边地区；

（4）对环路进行车速限制。改造后的环路定位为一条安全、便捷、人性化的城市道路。

3　实施评价

3.1　更新的成效

拉德芳斯的更新起到了显著的效果，通过城市更新、城市品质和建筑密度得到了极大的提升（图 5）。截至 2016 年，全区 564 公顷的土地上已建成商务与办公楼面积近 350 万平方米，商业空间面积 24.5 万平方米和居住空间 95 万平方米，容纳公司 2950 多家，其中包括法国最大的 5 家银行和 17 家企业，170 家外国金融机构，还有 190 多家世界著名跨国公司的总部和区域总部，如埃克森美孚、法国巴黎银行等。拉德芳斯中央商务形成了金融和保险、能源、信息和通信技术、商业咨询和服务、环境 5 个主要的经济活动领域。区内工作人员超过 18 万，常住居住人口 4.2 万人和学生 4.5 人，拥有 31 公顷的步行空间❶。更新规划通过功能混合的原则，汇集办公、住宅、宾馆、商业等功能，增强了空间的活力，起到了较好的商业提升效果。

3.2　特色创新

拉德芳斯 CBD 建设与更新的主要经验。一是，形成了政府引导，市场参与运作的开发合作机制。在拉德芳斯区的开发中，拉德芳斯区域开发公司（EPAD）和后来建立的公共设施管理部门（EPGD）发挥了重要作用。这样的开发机制既保证了政府的主导地位，又能通过市场化手段进行运作，有效协调了地方政府与居民之间的利

---

❶　Paris La Defense much more than a business district http://link.epadesa.fr/fileadmin/site_intranet/user_upload/5.DOCUTHEQUE/PLAQUETTES/GENERALES/PL-GN-MIPIM-2017-STRATEGIE-UK.pdf.

益关系，能更好地推动 CBD 的开发建设。二是，通过完善交通系统，增强公共空间的吸引力和可达性。有效改善了环路与周边路网的衔接关系，并注重慢行交通设计，增设了自行车道和人行道。建设人车分离的交通体系，保障了交通的通畅。地铁站与内部重要的办公楼有多条公交线路，人们出入拉德芳斯更加便利。这些加强了拉德芳斯与周边的联系，使之更好地融入周边区域。三是，设计多元的写字楼宇，满足 CBD 中多样化的商务空间需求。注重建筑物的外部形态、室内空间设计和设施配置的多样性，为不同性质、不同规模的公司设计不同类型的办公空间。同时在建筑设计中使用节能技术，符合可持续发展理念 ❶。四是，打造多功能的 CBD，促进商务区的转型。拉德芳斯完善服务配套设施，形成了以商务办公功能为主，集居住、购物、会展、旅游等多种功能为一体的 CBD。并将文化与购物相结合，提升了 CBD 的品质，丰富了城市的内涵（图 6、图 7）。最终建成了一个交通便利、配套完善、富有文化内涵、拥有较高品质的城市商务功能区。

a　1956 年的拉德芳斯地区

b　2010 年的拉德芳斯地区

c　20 世纪 60 年代末的拉德芳斯地区

d　2009 年的拉德芳斯地区

图 5　拉德芳斯更新前后

（图片来源：http://www.paris-europlace.net/paris2012/P8-Chaix.pdf）

---

❶　张开琳. 巴黎拉德芳斯 Sub-CBD 建设及其经验借鉴 [J]. 城市开发，2004（18）：60-62.

图6　巴黎新凯旋门（The Grande Arche）

（图片来源：自摄）

图7　巴黎拉德芳斯国家工业和技术中心（CNIT）

（图片来源：自摄）

编者信息

廖开怀，男，博士，广东工业大学建筑与城市规划学院，特聘副教授。

符蓝，女，广东工业大学建筑与城市规划学院，硕士研究生。

成立国有开发公司推动伦敦道克兰码头工业区更新

1 项目背景

伦敦在国际经济中占有重要地位，与纽约和东京一样担当着世界金融中心的角色。目前，道克兰地区负责全世界大约三分之一的外汇交易，管理着全球涉外资本交易的 60% 以及超过 5000 亿英镑的外国投资。伦敦道克兰码头区（Docklands，也称为伦敦港），位于伦敦泰晤士河沿岸，是一个占地 22 平方公里的河滨。如图 1 所示，道克兰工业区大部分位于泰晤士河北岸，包括维平（Wapping）、莱姆霍斯（Limehoues）、狗岛（the Isle of Dogs）、皇家码头（the Royal Docks）和伯克顿（Beckton），而萨里码头（Surry Docks）和伯蒙德斯（Bermondsey）则在泰晤士河南岸。此外，在道格岛内另设有一个独立的企业区（Enterprise Zone），也就是现在金丝雀码头所在的位置。

图 1　伦敦道克兰码头工业区区位图

（资料来源：英国伦敦道克兰城市更新案例 https://wenku.baidu.com/view/35e40d7231b765ce04081405.html）

道克兰码头形成于 19 世纪初期，此后一直是英国海运贸易的主要枢纽。20 世纪 80 年代后期，受全球化和自身基础设施老化、容量等问题影响，伦敦道克兰码头地区出现衰落，为了复兴码头区，伦敦开始实施对道克兰码头工业区的城市更新计划。

1.1 道克兰码头发展历程

19 世纪初期，伦敦道克兰码头区主要以传统港口活动为基础，大力发展依赖进口原材料的加工制造业，成为当时世界上最为繁忙、最为重要的港口之一。到 20 世纪 30 年代中期，道克兰港口产业发展达到顶峰。在 20 世纪 40 年代至 20 世纪 60 年代期间，随着全球经济结构的转变和英国传统工业的衰退，一方面，道克兰码头工业区在当地无法获得满足港口工作需要的大量复杂的技术、贸易和管理人才，伦敦码头区开始走向衰落；另一方面，由于铁路运输和空运等其他交通方式的崛起，大量的贸易开始转由其他的方式运输，如多式联运集装箱（集装箱）和航空货运等，对道克兰码头的船运产业产生了巨大的挑战。20 世纪 70 年代，伦敦码头区衰落加剧，主要问题来自于落后的交通通达度、被严重破坏的环境、大量失业人口、恶劣的住房条件、落后的基础设施等。20 世纪 70 年代末期，伦敦政府开始关注该地区，试图复兴该工业区，但由于财政资金匮乏，一些有利于城市更新的重大项目很难得到实施。

1981 年 7 月，为了复兴该码头区域，成立了伦敦道克兰城市开发公司（London Docklands Development Corporation，LDDC）。它的使命是确保伦敦道克兰码头区持久的物质、经济和社会再生。伦敦道克兰城市开发公司主导了该地区的城市更新活动，通过更新改造将一个以没落的传统制造业与采矿业为主，拥有废弃码头、工厂、仓库的传统港口和工业区，改造成了以金融、商业为产业基础的伦敦最繁华的新中央商务区。

1.2 伦敦道克兰城市开发公司

伦敦码头区开发公司根据 1980 年"地方政府，规划和土地法"第 136 条设立由政府组建设立，开发公司的开发资金来源于中央政府拨款和土地开发收益。如图 2 所示，在行政关系上，城市开发公司直接隶属于中央政府，凌驾于地方政府之上。为确保码头区的城市更新实现目标，中央政府赋予了城市开发公司（LDDC）一系列权力。

首先，LDDC 拥有土地所有权。LDDC 可在经国务大臣和有关部长批准后，不经公众质询，强制地获得属于公共部门的土地。这使它能够快速与开发商达成商业交易。其次，LDDC 具有规划权力，由开发公司制定引导性规划推动区域开发 ❶。在规划上，为了适应市场需要，LDDC 改变传统的规划方法，没有对整个地区的土地利用提出详细的要求，而是每年发布一些政策说明来引导开发。例如，

---

❶ 邰学东. 英国城市滨水区开发的经验与启示——以卡迪夫湾和伦敦道克兰码头开发为例 [J]. 江苏城市规划，2007（12）：29-33.

金丝雀码头规划许可，使开发能够快速推进并满足开发商的容积率需求。最后，LDDC有权经纪并签订合同。政府还设立了一个覆盖码头区的开发区，并享有一定的税收优惠。

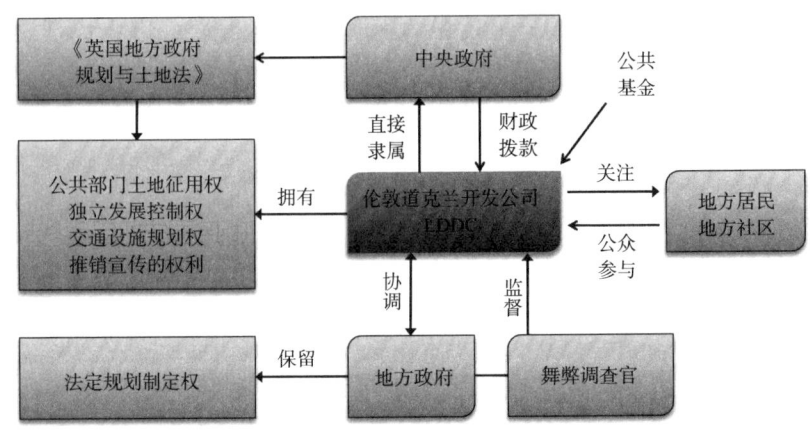

图2 道克兰码头区城市更新实施的路径

（资料来源：英国伦敦道克兰城市更新案例 https://wenku.baidu/com/view/35e4od7231b765ce04081405.html）

2 更新改造策略

2.1 道克兰工业区的整体更新

LDDC采用弹性的、可行的城市更新策略促进道克兰工业区的整体更新，结合地方特点发展：第一，改变道克兰地区封闭的形象，增强投资者信心，主要是改善交通环境，即建立公交系统和轻轨系统，改善道路系统。配合公司区的政策，铺设到该区域的道路，引入第一批投资者。第二，引入市场机制，进一步提升道克兰地区形象，鼓励私人投资。第三，提供大面积的空地用于建设办公空间，缓解伦敦旧中心的压力。第四，区域内居住和工作融合，减少远距离通勤；居住、工作的融合又进一步推动商业、娱乐业的发展。

2.2 重点地段金丝雀码头的规划与更新

1987年，奥林匹亚与约克公司（O&Y）委托美国SOM建筑设计公司编制了金丝雀码头的规划方案，其内容涵盖了详细的设计准则、市政决计和各个地块的建设规范。规划方案在整体上沿用了欧洲19世纪的传统街区式布局，同时加入了明显的轴线、宽阔的绿地，以及轴线上的摩天楼等元素，金丝雀码头更类似于华盛顿的轴线绿地，它的建筑与开放空间的比例也使它与美国的城市形态更为相似。金丝雀码头为英国的城市设计发展带来了一些观念性的变化。它整齐的街道和广场空间体现了欧洲传统的城市形态，而其建筑体量，特别是以超高层建筑作为整个群体的中心和城市象征的做法则渗透了美国城市的精神。欧洲的传统城市空间和曼哈顿式的摩天楼的融合产生是一种属于以当代实力雄厚的跨国公司所乐于接受的城市文化。在细节上，设计师与业主一同引进了更多的零售、商业服务、居住与娱乐设施，改变了以往单一的办公楼区的形式，带来了现代城市的生命力，摩天楼则丰富了城市的天际线，产生了地标效果（图3～图5）。

图3 金丝雀码头地标建筑

左边为汇丰银行、中间为加拿大广场1号、右边为花旗银行英国总部大楼（图片来：自摄）

图4 金丝雀码头对岸老金融城

（图片来源：自摄）

图 5　金丝雀码头在建项目
（图片来源：自摄）

　　O&Y 高效地利用了政府给予的免税政策，以及宽松的规划和项目审批制度，在二年内建成了 8 座高楼共 60 万平方米的办公面积。但外部问题使项目令人意外地陷入困境，1992 年 5 月，在工程进行到第 4 年，O&Y 正式向加拿大和美国政府寻求破产保护。1993 年，O&Y 重组为金丝雀码头发展公司（Canary Wharf，1 Ltd.）。项目成败涉及政府形象，伦敦市政府终于着手解决交通问题。1993 年底承诺多年的地铁延伸线正式动工，交通条件改善的预期利好刺激了市场需求，政府的支持则恢复了投资者的信心，金丝雀码头的出租率开始稳步上升，当 1999 年地铁站建成之后，办公楼出租率已经达到 99.5%。面对爆发的需求市场迅速反应，第 2 和第 3 栋超高层办公楼相继动工，到 2004 年，金丝雀码头的办公楼面积已经超过 100 万平方米，工作人口已经达到 6.3 万人。金丝雀码头项目成功复苏，带动了伦敦城市建设的发展并强化了它作为金融中心的地位。

3　实施评价

3.1　更新的成效

　　伦敦道克兰码头工业区的改造取得了极大的成功。自 1981 年开始，改造后的

328

码头区内企业数量从 1021 家增加到 2690 家；就业岗位从 27200 个增加到 85000 个。1981 ～ 1998 年，道克兰地区的住宅自有率从 5% 上升到 45%，但仍低于伦敦的平均水平。1997 年，失业率从 1981 年的 17.8% 降为 7.2%，就业人口明显提升。

2018 年底，一条伊丽莎白线铁路将于年底通车。届时，东西向的交通接驳将更为便捷。这条线路本为横贯城铁（Cross rail），今年 3 月，才被定名为"伊丽莎白线"，西起雷丁（Reading），途径希思罗（Heathrow），东西贯穿整个伦敦城，东达申菲尔德（Shenfield）和埃比伍德（Abbey Wood），全线运营后每年将载客 2000 万。建成后，将带动周边价值至少 420 亿英镑的经济，无疑是个世纪工程。

3.2 特色创新

道克兰工业区在改造中主要优先考虑保护历史建筑、河流和码头、交通系统、企业区、产业和就业、住宅、建设可自我支持的社区等几方面的内容。改造通过更正市场失灵、创造良好的环境和建设交通基础设施，引导私人资本对地区经济复兴进行投资，同时改进社区基础设施和公众娱乐设施，采用高品质的城市设计、街道小品、公共艺术、开放空间创造了有吸引力的环境。

编者信息

王曼琦，女，华南理工大学建筑学院，博士研究生。

从工业货运到鲜花怒放——纽约高线公园

1 项目背景

位于全球城市纽约的高线公园（The High Line），是城市废弃设施再利用、传统工业转变为后工业休闲经济的经典案例。公园原址地处纽约曼哈顿西部，建于1934年，曾经是一条30英尺高，2.33公里长的高架铁路，为连接肉类加工区和34街的哈德逊港口的货运专用线。高架铁路线穿越了美国工业社会时期纽约曼哈顿西区最具活力的工业区：肉类加工街区（Meatpacking）、西切尔西街区（West Chelsea）和克林顿街区（Clinton）。随着纽约从传统工业向现代服务业的产业转型升级，该铁路线已无存在价值。1980年火车停运后，曾一度面临被拆除的危险，但最终在高线之友（FHL）等社区组织和城市政府的努力下，不但被抢救保存下来，而且被改造成为一个具有自然、艺术与设计特色的带状空中花园，2009年开业以来，成为近十年纽约最受欢迎的标志性旅游景点之一。

2 项目设计方案

高线公园的设计由James Corner的纽约风景园林公司Field Operations和Diller Scofidio + Renfro建筑设计事务所总体负责，花园设计者为荷兰设计师Piet Oudolf。纽约市规划署负责人Amanda Burden推动了项目的发展。❶

项目设计的目的是将原来的工业化交通设施，改造成适合市民休闲娱乐的场所，该设计涵盖了风景园林、城市设计与生态等多个学科。高线公园的设计既保留了原始工业感，又做到了美化高线区的景观，同时巧妙地融合了周边的建筑物。用支撑废弃铁轨的黑色钢柱，托起一座长达1.45英里的空中花园。

整个高线公园项目共分为三期，分段完成：

工程的第一期于2009年6月建成开放，跨越了从Gansevoort大街到西20街的

---

❶【空间系】纽约高线公园——废弃铁路的再利用 [EB/OL].https://zhuanlan.zhihu.com/p/22249412.
[2016-08-31]

9个街区，包含了原有的肉类加工区和西切尔西社区，在14街和16街有五个楼梯和电梯。设计的出发点是尽可能地保留高线的原有特征，设计尽量少地增添人为要素。具体的设计方案并没有去迎合当时追求"规模宏大"和"吸人眼球"的趋势，而是基于高线面积和规模，进行精确的测量和计算，利用较少的路面和较多的原始地表，再加上各种植物，创造出一个"慢节奏"的空间。公园中的绿地既一定程度减少了热岛效应，又给周边野生动物和昆虫、鸟类提供了生存空间。园内植物以本地物种为主，并根据耐寒性、可持续性、形状和不同颜色选择了多年生植物、草、灌木和树木。很多原本在铁轨上自然生长的野生花草也被保留下来，成为公园景观的一部分，目的是为了再现铁路因为长期被弃置而形成的历史感。

工程的第二期于2011年建成开放，所涉及区域为从西20街到西30街，跨越10个街区。这一部分场地的鲜明特点是宽度较窄（通常是在30英尺宽左右）和直线线性关系（10个线性块）。设计在各方面与一期保持了基本元素（铺装、种植、家具、照明、交接处理）的一致性，同时强调通过一系列有特色的序列空间，营造出丰富的体验观感。总长约一英里的部分覆盖了完整的无障碍通道，并在原来的基础上增设两部电梯。通过景观设计和城市无障碍设施及基础设施的增设，造福公众。

工程的第三期于2014年9月建成开放，项目主要包括一个充满多样化植物的圆环形露天建筑——"Spur"。建筑位于西30街和第11大道的交叉处，周边可以看到令人神往的城市景色和流过的哈德逊河。建筑也提供了大量工作空间和卫生间等公众设施。

设计师从三个层面提出了高线公园的设计方案。首先是铺装系统，采用的方式是将条状混凝土板作为基本单元，在靠近植栽的接缝处被特别设计成锥形，植物可以从坚硬的混凝土板之间生长出来。植物配置主要选择能够体现野性生机与活力特质的品种，同时考虑到高线公园的场地特征，尽量选取浅根性植物。设计不同于常规的修剪式园林，再现了场地自身的环境特点。第二个层面是通过材质和空间营造手法，让一切放缓，营造出一种时空无限延展的轻松氛围，使游客放缓脚步流连其间。第三个层面是尺度的精心处理，尽量避免当前追求大而醒目的趋势，而采用一种更加微妙灵活的手段。最终，结合公共空间的层叠交错，沿着一条简洁有致的路线呈现出不同的景观空间，让游客沿途领略曼哈顿和哈德逊河的旖旎风光❶。

---

❶ 纽约高线公园的前世今生 [EB/OL]http://www.archcy.com/focus/railwaypark/d423584824695c9a.[2017-01-11]

图 1　现代感的木质长椅

（来源：自摄）

图 2　改造后的公共空间

（来源：自摄）

图 3　改造后的小型广场

（来源：自摄）

图 4　小型休憩空间

（来源：自摄）

3　建设运营 ❶

1999 年，纽约市民 Hammond 和 David 成立了非营利组织"高线之友"，该组织在高线的保护、再开发及后期管理过程中发挥着积极的作用，甚至占据主导地位。最初，他们主要是呼吁、争取保留高线铁路，抵制拆除。他们获准组织铁轨参观，积极游说周边土地所有者支持保留铁路。

2000 年，"高线之友"的努力遭到时任市长 Giuliani 的反对。于是"高线之友"组织并壮大了志愿者队伍，包括草根和名人、时尚设计师、反对党成员，还有后来担任纽约市规划署署长的城市规划专家 Amanda Burden。

2001 年《纽约客》刊载文章"走在高线上"，包含摄影家 Joel Sternfeld 拍摄的高线照片，引发了关于高线再利用的热议。"高线之友"的理念获得了其他公益组织

❶ 旧铁路的游径化改造四：纽约高线公园的历史沿革 [EB/OL]http：//www.nanyueguyidao.cn/viewmessage. aspx?messageid=5957&columnid=21. [2018-07-27]

的肯定，相关论坛和可行性研究得以组织开展。当年 11 月，Michael Bloomberg 被选为市长，他认可了"高线之友"关于高线的发展策略。

2002 年，Bloomberg 市长任命 Amanda Burden 主管城市规划，且市参议会通过了高线再利用的决议。城市经济发展机构的一项研究表明，高线的再利用在经济上是可行的。联邦地面交通部门通过决议，促使 High Line 的再利用成为纽约市的开发政策之一。

2003 年，城市规划署开始制定重新规划的基本框架，主要目标是结合高线的再利用与周边社区的再发展。同时，"高线之友"为高线公园组织了开放的概念设计竞赛，全世界共有超过 700 名设计者参赛。2004 年，"高线之友"和城市经济发展机构总结了设计过程，选择了 James Corner 景观公司和 Diller Scofidio+Renfro 作为公园的主创设计团队，政府承诺无偿提供建设费用 5000 万美元。

伴随着规划署人员和各利益相关体的谈判，2005 年重新规划的土地使用审核完成。经市参议会投票同意，纽约市长签署了纽约市规划决议并生效，高线的所有者从运输部变为城市政府。随后，高线公园一期开始建设。

目前，高线公园由高线之友和纽约公园与娱乐管理局共同管理。除了政府和相关基金会的资助以外，还与当地商人及公司合作，定期举行多样化活动，为公司提供宣传和展示机会，同时获得赞助。

4 项目经验

纽约高线公园的开发有许多有益的经验，非常值得我们借鉴❶：

（1）历时性保护替代古董式保护

高线改造模式展示了一种有别于传统的保护方式，它让各个历史时期的特征同处于一个空间内，表现出对历史的尊重。并且，它没有将旧设施像古董一样保留下来供人们膜拜，而是赋予其新的功能，巧妙地融入现代环境中；新建设施设计也从传统环境中汲取元素，成为传统特征与现代构架的结合体。高线公园的成功启发设计师们，新与旧在同一空间内相互依存，可以展现出更强的生命力。

（2）公众主导有时胜于公众参与

不仅是高线公园，美国的许多项目开发中公众都发挥着重要作用。一些项目主要由邻里社区负责募集资金，募集到的资金占到总开销的半数以上；一些项目直接由社区居民组织设计、施工；也有一些项目因为侵犯社区利益被居民阻止而没有得以实施。在某种程度上，公众主导成为项目成败的关键。在我国公众参与意识逐渐提高的今天，推动社区、公众发挥更为主导的作用正当其时，有助于促使项目更加符合

---

❶ 杨春侠．历史性保护中的更新——纽约高线公园再开发项目评析 .[J] 规划师，2011，27（2）：115-120.

周边社区的利益，建成后更好地满足人们的使用需求。

（3）区域更新与局部再开发关联展开

一个好的再开发项目绝不仅限于项目本身的设计和建设，而是要与周边区域联动发展。即使单体保护或更新很成功，但却与周边环境不匹配，项目也不能算是成功。因此，要有长远的目标和眼光，不仅关注核心区域的开发，还要重视同周边区域的联动发展，在核心项目开发之前，就对区域进行相应的建设控制，使单体和区域发展获得双赢。

5　项目成效

将高架铁路的遗址改造成公园的项目，在美国历史上是前所未有的。高线公园的建成，对纽约市也有着不同寻常的意义。2005 年，纽约市对高线周边地区进行了重新分区，鼓励开发的同时也保留了社区的特色，使高线区成为纽约市增长最快、最有活力的社区。2006 年改建工程开始后，高线周边地区的项目建设许可签发比原来增加了一倍，至少有 29 个大型开发项目动工，总投资超过 20 亿美元，增加了 12000 个就业岗位，新建 2558 套居住单元，1000 间酒店客房，超过 424000 平方英尺办公空间和 85000 平方英尺艺术展示空间。高线公园的建成证明了公共资金投资于公共空间能刺激经济发展，并且在设计上也成为全球的典范。时任纽约市长 Bloomberg 说："我们没有选择破坏宝贵史迹，而是把它改建成一个充满创意和令人叹为观止的公园，不仅提供市民更多户外休闲空间，更创造了就业机会和经济利益"❶。

除此之外，纽约高线公园的成功还鼓励带动了其他城市发展出类似的项目，如费城的 Rail Park、亚特兰大的 Belt Line、芝加哥的 Bloomingdale Trail、悉尼的 High Line 等，而且，除了一系列以高架为主题的线形公园之外，近年来又出现了一系列的低线公园，如迈阿密的 Underline 公园、多伦多的 Under Gardiner"。毫无疑问，纽约高线公园所带来的"高线效应"还在发酵，正带动着越来越多城市开发建设线性公园，并启发城市政府合理地保护利用城市历史文化，不但有利于提升市民生活品质，展现地方特色和形象，也能够改善城市环境，促进城市经济发展。

编者信息

谢涤湘，男，广东工业大学建筑与城市规划学院，教授、副院长。

朱雪梅，女，博士，广东工业大学建筑与城市规划学院、教授、院长。

---

❶【空间系】纽约高线公园——废弃铁路的再利用 [EB/OL].https://zhuanlan.zhihu.com/p/22249412. [2016-08-31]

泮塘五约微改造项目——打造"最广州"的岭南风情体验区

1 项目背景

1.1 政策背景

2016 年 1 月 1 日，《广州市城市更新办法》❶ 施行，讨论改变广州城市更新中的全面改造（拆除重建）模式，探索"微改造"与全面改造并重的城市更新方法。

"微改造"与全面改造有很大的区别，它的潜力在于转型的惯性大、时间长，土地和景观尺度微小，保护文化普及面广，个体自我肯定的自由度高，土地租赁、房地产市场的民主兴盛，城市和区域的政策刚性，城市建设中的经济、政治因素调节复杂性强。

在广州启动的微改造试点项目中，荔湾泮塘五约微改造是其中唯一依靠公共资本，进行实质空间干预的历史城区复兴项目。

1.2 缘起诉求

在公众关注的期待下，泮塘项目走上了一条和受传统规划逻辑影响深重的城市发展不一样的道路。这种期望，包含了对空间和社会的双重修补。

一方面，泮塘要通过三官庙、五约亭等历史节点来维持明清以来的聚落空间格局；要通过街巷格局、肌理强化建筑与水系的关系，重构地区的公共空间体系；要通过地方材料与结构的选择性保存与再现、清理建筑的历史价值和空间品质；最根本的还要通过水电扩容、三线下地来解决城市化过程中的落后基础设施问题。这好比人的治愈，

---

❶ 广州市人民政府令第 134 号。2015 年 12 月 11 日同时下发的配套文件还包括《广州市旧村庄更新实施办法》、《广州市旧厂房更新实施办法》和《广州市旧城镇更新实施办法》。在更新理念和目标上，微改造强调以人为本的办法，核心是将人和物结合起来，突出保障城市和人的安全，通过腾退一批影响环保、危险化工等企业，减少环境污染，消除城市安全隐患，对建成区中存在安全隐患的建筑，实施局部拆建、整治的"微改动"，缓解、消除安全隐患。同时，充分挖掘老城区潜在资源和优势，保护和修缮文物古迹、工业遗产，对历史建筑予以活化利用，延续历史文脉、保存城市记忆。

应当从脏器、骨骼开始，到肌肉，再到外貌，泮塘的治愈也是从看不见的地方，以可逆的技术，从物理舒适度着手，进入结构，最后到外观。

另一方面，泮塘也要应对社会结构失效加剧的空间结构混乱 ❶，要通过"微改造"参与者身份的确认，厘清公私产权和居民在泮塘社会结构中的位置，通过历史挖掘和传统活动重新建立社区认同的基础；通过功能策划与新型服务产业的置入带来自主更新的经济基础；通过公共管理机构将地区的社会管理和服务体系从半城市化转向真正的城市化。

1.3 决策历程

泮塘五约位于广州西关荔枝湾畔，"是历史城区中几乎仅见的保留有完整清代格局、肌理和典型朴素风貌特征的上岸疍家与多姓宗族共居的乡土聚落" ❷。它所处的荔枝湾，从苑囿、御果园，到郊野胜地、行商和名士的私园、公馆，再到荔湾湖公园和今日的城市开敞空间，在传承岭南园林风致的同时，也经历着越来越公众化的过程。

2012 年开始的泮塘五约历史资源普查、概念设计，关注整个荔湾湖——逢源路历史文化街区的尺度，在 80 公顷范围上考察历史景观和遗产资源的整合。2013 年开始的控制性详细规划调整、修建性详细规划，集中在泮塘五约、三约所在的 29 公顷土地，重点在于指导性的城市设计。

传统的历史城市更新，包含着对聚落形态学的认识，对历史文化象征的研究，对传承记忆的标志处置方式，对有地方特色的结构更新，对交通联系的修补，对城市遗产的功能置换等 ❸。在泮塘前期研究和控规调整的 29 次专家评审、媒体发布、市民讨论、人大、政协审议会议上，这些也都是项目的专业要求（图 1）。

1.4 愿景讨论

2015~2016 年，广州本土的老宅改造公众组织"翻屋企" ❹，开始在公众平台和固定展场对泮塘城市发展提出生活愿景的讨论。它提出了一个对保护工作至关重要的问题：什么应该被保护，为什么应该被保护？泮塘微改造最初只针对纪念物，后来

❶ 泮塘明清时期形成的多姓宗族的多中心社会结构逐渐被稀释，地区生活集体化，导致了以血缘和"约"为中心的社会体系解体。泮塘地区由传统的农渔业聚落，逐渐转变为城市化进程中的廉租和仓储空间。社区居民结构中原住民的老龄化、新移民、短租户的流动性，导致目前的社区无法有效塑造认同感。

❷ 华南理工大学建筑学院、荔湾区人民政府、广州市规划局荔湾分局，编，《广州泮塘五约前期研究及概念设计》，2013。

❸ 冯江，杨颋，《物权法》，宅基地政策与珠海北山山村遗产保护十二年，城市建筑，2016（10）。

❹ "翻屋企"，是由来自华南理工大学、广州美术学院的老师、同学和广州象城建筑的职业建筑师们发起的非营利性社会组织。其成立宗旨是在文化遗产的产权所有人（保护责任人 / 使用者）和政府职能部门之间，建立一个具备专业判断、强调社会参与的中间平台；这个平台可以联合遗产保育的专业人员、利益相关者、社区，在个体和政府之间，讨论遗产问题，提供详尽解决方案。该平台既关注历史环境中遗产的保护和复原技术，也关注与利益相关者、经营者之间的联系；一方面坚持传统的遗产保育方法，同时也希望用互联网的杠杆思维，撬动遗产更多的价值。

扩展到属于长历史时段的风貌建筑（群），再后来延伸到近40年的房屋，并最终包含了每一个历史时期的人工产物。这种对象的升级基于媒体传扬的普遍共同价值观，基于被逾越的保护门槛，基于被其他标准重新整合的历史和审美判断，它带来一种当前流行的对城市遗产的诠释，即"历史城市景观/场景"（图2）❶。

这种经由研究者提供的泮塘整体发展理论和城市遗产保护原则，通过政府官员、城市管理者、规划师、设计师、媒体和技术工人的传播，通过立志成为城市实验室平台的"翻屋企"宣传，逐渐形成了社区的公众意志。政策法规保证了措施的强制效力，整体发展理论的广为流传则提供了实施的文化保障。这种文化价值的公共根植是泮塘微改造的又一个重要成果❷。

2 项目特征

2.1 项目概况

泮塘五约微改造在2015年开始方案和施工图设计，由广州市民用建筑科研设计院（现广州市城市更新规划研究院）和广州象城建筑设计咨询有限公司联合设计，2016年9月完成施工招标图。针对五约的3.1公顷范围，技术上通过三线铺设和给排水改造、公房翻新和私房立面整饰、巷道景观疏通提升等小规模的设计办法，协调历史建筑的保护、当代设计的空间干预以及城市聚落整体景观的关系。具体来说，微改造面对400多个房子，包括15个历史建筑的线索，和60多个有一定传统风貌的建筑。

2.2 特征线索

虽然泮塘已经不具备社会身份和等级的清晰场所感，但是混乱背后，还是可以看出空间上的前现代格局，这不是当代研究者替弱者发声的场所感讨论，而是牢固存在的记忆和怀念，是对整体和局部的再定义。因此，在微改造中讨论场所感，需要具体化地对待，才具有普遍的意义。

---

❶ 联合国教科文组织2005年维也纳会议的定义。徐好好. 意大利波河流域历史城镇城市遗产的保护和更新研究. 华南理工大学博士学位论文，2014.

❷ 广州旧城保护与改造议题很早就具有典型的网络社会公共化趋向。例如，泮塘以东的恩宁路地块，自2007年后话题就不断发酵，最终在亚运会前后，通过网络渠道变成全广州关注的公共事件。在网络社会中，原本缺乏沟通的改造项目相关方"默契"地做到了职能分工和博弈关系：地方居民提出对空间问题的切实诉求，地方媒体既为政府宣传报道，又可以监督追问公众在项目中的知情权和参与权，社会组织充当了居民表达意见的媒介，专业人员则成为各个方面的沟通桥梁。自恩宁路改造开始成熟的广州旧城改造网络运动，是泮塘微改造"公共化"的基础。

2.3 目标定位

泮塘五约村微改造的核心在于如何将具有传统风貌特色的岭南水乡聚落改造成为适应现代居住、文化、旅游生活等复合功能的新型聚落？由于置入功能与业态的不同，村落由原来相对内向封闭的传统空间形态，逐渐转向外向的适应现代公共生活的新空间形态。在传统村落空间的演变与转型层面上，设计师将直面一个重要的命题：传统村落中私密与公共边界重新定义。当各种文化商业活动与业态进入泮塘五约村内，许多传统的居住建筑将改造成为适合多种公共用途的商业空间。这一巨大转变势必重新定义私密与公共空间的边界：原来私密静谧的巷道也许会变成某种文创空间的入口。如何在保护原住民生活的私密性与实现村落部分空间的公共化之间取得平衡，将是本项目最大的难点。

2.4 改造思路

设计首先根据历史研究与现场调查，适度地恢复历史上重要的固有村落公共空间，比如泮塘村东西两个村口的入口场所和主要街巷，尤其是坐落在村西入口风水榕下的半溪五约亭（区登记文物）、周边的李氏公墓和敦本堂（李氏祠堂）以及周边的景观节点。这是泮塘五约村的最具有鲜明历史印记的公共空间，毫无疑问需要得到保留与升级改造。

然而，区别于传统公共空间之外，笔者更为关心是在村落的空间转型中，由于现代城市生活的注入，应当有"另一种"更为灵活、暧昧而且丰富的公共空间形态，以适应泮塘五约村未来真实的日常生活需求。

3 规划方案

3.1 建筑内部街巷化

规划设计中采取了庭院式改造方式，在密度极高的民居组团中抽疏并开辟了若干庭院，庭院由从一条新的公共路径相连。为原来封闭的居住建筑室内赋予了开放而贯通的类似街巷的公共空间网络，极大地提升了公共性和商业价值。因此，原来的建筑室内变成了类似建筑室外的界面，这一由"内"至"外"的翻转，姑且描述为"建筑内部的街巷化"。室内与室外的界面诠释、材料运用、氛围营造，都会由于这一翻转诱发出极其复杂而丰富的空间表达。

3.2 保留微小空间

在村落原有街巷中拥有许多微小而自发的公共空间雏形，比如：稍微宽敞的街道一侧的座椅、街巷拐角处一处小台阶、某个保留古树的树荫下等。因为传统民居室内条件的限制，这些往往被宏观的规划思维所忽视的微小空间都被居民赋予了类似"客厅"公共功能，许多居民会在这种微小的空间中进行公共交往活动。微改造恰恰需要捕捉这些不经意的生活痕迹，把街巷中这些"室内化"的公共空间保留住，作为"另一种"公共空间的改造原型。

3.3　明确公共空间权属和界限

更值得一提的是，一种不明确所有权的理想公共空间在现实中往往会被肆意侵占和滥建，丧失了空间或者场所的品质。规划设计中提倡街巷的部分公共空间应有明确的权属和界限，通过设计使这类空间具有极强的开放性和包容性，犹如一个个装修精美的"客厅"安置在街巷中，引各方游客驻足。

3.4　策略实施典型案例

泮塘五约外街是一条原有宽度不足 2 米、南北向分布的次级街巷，连接五约直街和涌边街两条主要街巷。涌边街 2 号西侧界面的调整，拓展了外街宽度，墙角 40 厘米高的条石提供了线性座椅、玻璃（砖）墙面和水磨石地面通过边界的渗透动作，带来适度的室内感受。这种明确权属和界限的室外公共空间，在不改变街巷尺度的情况下，使外部空间获得某种园林化的定义。

反过来，建筑的庭院与五约外街平行分布在建筑内部，形成一条清晰的室内"街巷"，墙面被连续开拱，砖房的端头也被切开，幕墙在转角上出现了 L 形的断梁，在适应商业的同时，让室内产生了类似室外的界面。这种翻转，让建筑内部街巷化，原来封闭的居住建筑室内被赋予了开放而连贯的公共属性（图 3）。

4　实施评价

在一个以认知为基础的全球社会中，城市的具体身份永远都是城市规划的先决条件。它可以让规划对象在更广泛的"城市市场"中具备更强的竞争力。这并不是说历史城市的身份不能改变，而是说改变应该意味着对文化特点的进一步发掘，以及对新元素的引入。泮塘五约和公园之间的围墙，曾经让闹市中的聚落"与世隔绝"，它的边缘化已经从根本上改变地区原有的身份。这里原本的特点是土地和水之间的关系，在过去的半个世纪中，城市化和公共活动的变化，改变了原来聚落和河涌（湖面）的相互作用。这些变化产生的水质污染和环境恶化，使泮塘"在（荔湾）水塘畔"的历史特征不复存在。强调城市质量的微改造给重建的滨水聚落复兴提供了机会，帮助其找到一个新的角色重塑身份，获得新的公共开放空间和身份关联性，执行可持续的新型城市设计方法。它不是孤立遗产项目单独制造的价值，而是考虑历史城市复兴过程与历史文脉关联的质量，考虑城市各个部分和谐一致的质量。这种城市质量的概念与场地价值，以及场地的类型学属性有关，强调历史作为设计元素的重要性。它既是一种物质空间，也是一种不断变化的公共化的法规、社会和文化因素的集合。它的整体与缝合关系，联系与连续性，复杂实施技术特点，为历史城区复兴带来新的视角。

图 1 泮塘五约平面研究和轴测研究

（图片来源：《广州泮塘五约前期研究及概念设计》、《荔湾区泮塘地区改造地块（AL0117、AL0118 规划管理单元）控制性详细规划修改》、《泮塘地区改造修建性详细规划方案》）

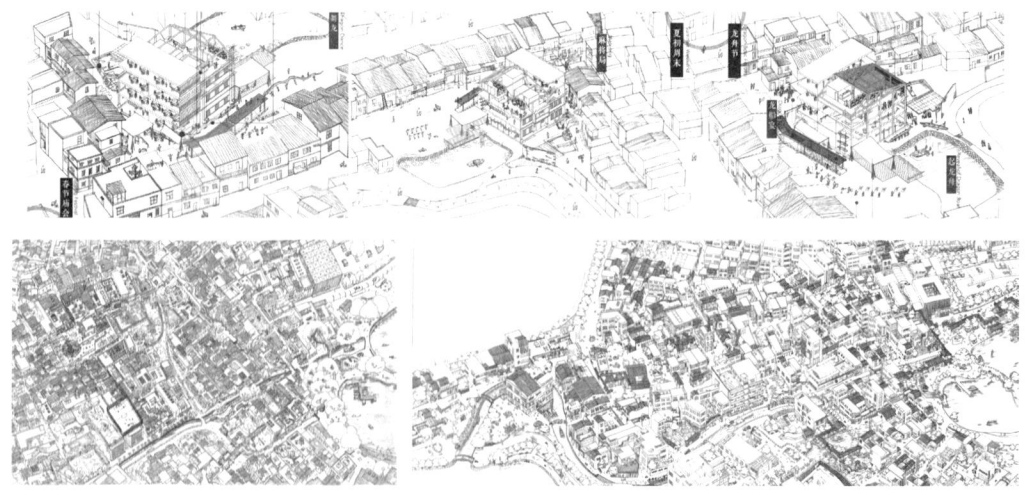

图 2 翻屋企

（图片来源：赵鹏宇、顾沁、洪超、马俊雄、廖绮琳 绘）

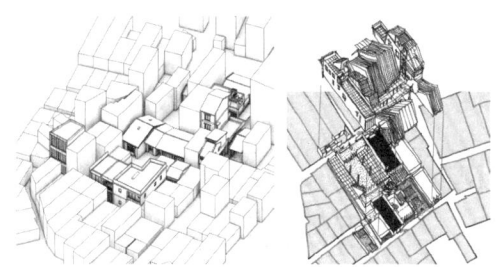

图3 泮塘五约微改造五约外街方案（局部）

图4 村民在三官庙前（村里主要的公共活动空间）打牌

（资料来源：谭庆驹。泮塘五约：保留原住民 唤醒老街区。南方都市报，2018.04.26）

参考文献

[1] 冯江，杨颋。《物权法》、宅基地政策与珠海北山村遗产保护十二年。城市建筑，2016（10）：104-107。

[2] 徐好好。意大利波河流域历史城镇城市遗产的保护和更新研究。华南理工大学博士学位论文，2014。

[3] 华南理工大学建筑学院，荔湾区人民政府，广州市规划局荔湾分局编。广州泮塘五约前期研究及概念设计，2012-2013。

[4] 华南理工大学建筑学院，广州市城市规划勘察设计研究院，荔湾区人民政府编，荔湾区泮塘地区改造地块（AL0117、AL0118规划管理单元）控制性详细规划修改，2013。

[5] 华南理工大学建筑设计研究院，广州市规划局荔湾分局编，泮塘地区改造修建性详细规划方案，2013-2016。

作者信息：

徐好好，华南理工大学建筑学院，副教授。

广州市兰蕙园微改造项目——闹中取静的岭南庭院小区

1 项目背景与概况

广州市自 2016 年开始大规模开展全市老旧小区微改造工作，在 2017 年全市计划安排老旧小区改造项目 165 个。其中，以海珠区素社街道为例，基立新村社区兰蕙园小区微改造项目为全面推广社区微改造工作提供示范性作用。

兰蕙园微改造项目位于海珠区素社街基立新村社区，建筑总面积约 2 万平方米，住户 442 户，人口 1300 余人，房屋基本为 80、90 年代建造。社区内存在公共服务配套设施破损，市政基础设施逐步陈旧，空间环境绿化不足等问题，急需通过城市更新，改善和提升社区人居环境和公共空间景观，打造"花园式干净整洁平安有序"的城市环境，为全面推广社区微改造工作提供示范性作用。

2 规划方案

兰蕙园微改造总体布局为"一心多点"。规划重新设计铺地，增强引导性。舞台作为整个广场的一个中心，集聚人群，形成中心交流空间。通过活动分区和铺地等"划定"多个功能区间，形成多个次要交流空间（图 1）。

图 1　空间布局

（图片来源：广州市城市更新规划研究院）

　　本项目通过布局各具特色的公共空间节点，为小区内居民提供生动而愉悦的居住、活动场所。活化利用社区现状中心大广场及舞台，保留社区特色。在维持现状建设格局基本不变的前提下，通过建筑局部拆建、建筑物功能置换、结构加固、保留修缮、活化等方式进行更新改造。通过"微改造"，划分功能区，活化利用公共空间，兰蕙园社区的公共活动空间利用率大幅提升。同时，完善公共配套设施，全面改善兰蕙园社区人居环境，提升村民幸福感，满足居民生活需求（图2）。

图2　社区改造前后对比

（图片来源：广州市城市更新规划研究院）

3 特色创新

3.1 共建共治，共同缔造

广州市的老旧小区微改造形成自上而下和自下而上相结合的工作机制。在本项目中，素社街道组织成立了微改造项目工作领导小组，制定《2017年素社街道社区微改造建设工程工作方案》，并进行实地调研、走访居民，听取民意来制定改造方案。同时街道专门成立了"微改造建设委员会"，成员包括社区居委会成员、居民代表、大楼楼长等人员，积极参与对接改造工作。社区组织通过张贴宣传资料、召开党员会议、群众座谈会、派发调查问卷等形式，收集并采纳了居民提出的大量意见和建议。我院作为规划设计单位，充分发挥专业优势，积极协助街道，与居民进行面对面交流，提供咨询与技术服务，逐步提高社区全体居民对老旧小区微改造工作的认识与支持。

3.2 坚持问题导向，明确改造重点

改造设计充分征询相关部门和社区居民意见，顺应群众期盼，坚持"先民生、后提升"，明确近远期老旧小区改造的重点。搭建社区居民议事平台，建立改造规划工作坊，联合社区里的各方资源，共同参与推进更新改造。

3.3 注重长效，建管并重

坚持老旧小区改造与社区治理并重，引导老旧小区建立居民自主管理组织，建立起可持续的社区长效治理机制。整合各方资源，共同参与推进更新改造。

3.4 注重长效，建管并重

坚持老旧小区改造与社区治理并重，引导老旧小区建立居民自主管理组织，建立起可持续的社区长效治理机制。

编者信息：

广州市城市更新研究院提供。

广州市金花街桃源社区和蟠虬社区微改造项目——打造最具老西关文化特色的"金花之路"

1 项目背景与概况

广州的众多社区作为许多人承载家园记忆的地方，已经是广州市文化的一种印记。然而，许多位于城市核心区的社区由于建设年代较为久远、建筑陈旧、设施老化、管理落后等的问题，如今却成为城市发展的阻力。为此，亟需对城市核心区的老旧社区进行优化，对硬件设施进行改造，才能使其撑起文化传承的重任。根据《广州市城市更新办法》（市政府令第 134 号）、《广州市老旧小区微改造实施方案》（穗更新字 [2016]81 号）、《广州市 2017 年城市更新项目和资金计划》（穗更新字 [2017]12 号）的要求，改变过去以全面改造（拆除重建）为主的改造方式，探索"微改造"模式，将其作为与全面改造并重的城市更新方式。其中功能配套不全、建设标准不高、设施设备老化、环境较差的金花街桃源社区、蟠虬社区纳入了 2017 年荔湾区老旧小区改造计划。

金花街桃源社区位于广州市荔湾区，东起光复北路，南起芦荻街，西至金花直街，北至西华路，用地面积约 4.54 公顷。居民约 1095 户，6023 人。建筑主要为 20 世纪 80 年代建筑物。金花街蟠虬社区，东起西华路安隆里，南起光复北路芦荻街，西至西华路蟠虬街，北至西华路，用地面积约 8.9 公顷。居民约 1861 户，4754 人。蟠虬苑、金花直街、安隆里大多为 20 世纪 90 年代建筑物，西华路、聚福里为 20 世纪 50 年代建筑物。

2 规划方案

项目改造以金花街桃源社区、蟠虬社区两个社区的主要景观节点进行文化串联，打造一条最具代表西关文化的特色步行径。在文化层面上，传承金花街文化特色的同时，融入党建文化、西关特色建筑风格；在技术措施层面上，改造首次引进"海绵社区"，建立社区慢行系统。

2.1 设计自东向西的"金花之路"。

巧妙把社区重要的景观节点设计为"路面文化符号"，以"义、礼、智、信、忠、孝"为每个节点的文化主题，并进行文化串联，依次为桃源社区主入口、广场、北入口、文化小广场、老西关街景、特色围墙、沿街商铺等节点，形成了一条最具有老西关文化特色的风情步行径。"金花之路"充分体现了文化传承与创新的有机结合，深得当地居民喜爱（图1）。

2.2 涵盖六大理念，引入"海绵城市"实验点

项目从雨污分流，改造社区绿地，改造部分人行道、宅前屋后道路和设置雨水收集系统四大措施着手，以创新的方式充分利用雨水资源，修复生态环境（图2）。提高社区排水系统的标准，缓解径流污染、减少社区内涝压力。

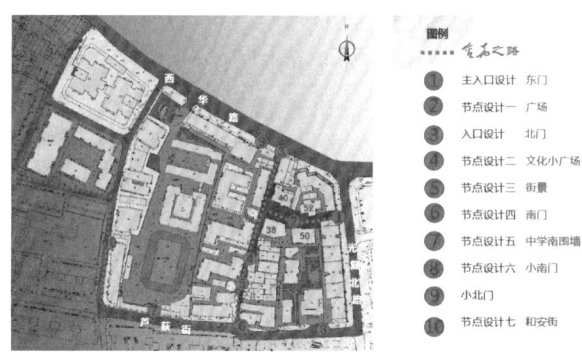

图 1　金花之路

（图片来源：广州市城市更新规划研究院）

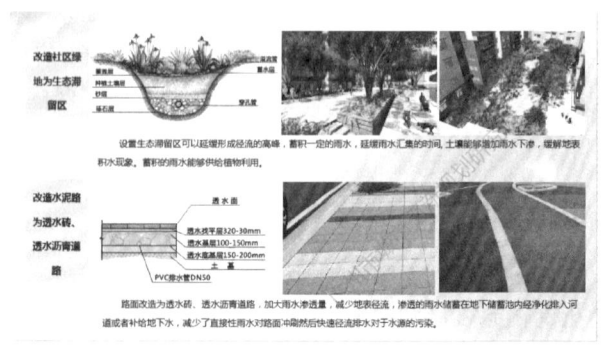

图 2　"海绵社区"实验点

（图片来源：广州市城市更新规划研究院）

2.3 建立文化长廊，融入党建、廉洁文化

桃源社区重点整治区域的 4 栋旧楼附近内有党风廉政教育基地，改造结合社区内党风廉政教育背景，设计具有西关特色的宣传栏造型，内容以浮雕为主，浮雕以"莲花"元素为主，暗喻廉洁。

2.4 融入西关特色建筑风格

结合西关建筑特色，提取了水磨青砖石墙、趟龙门、岭南窗格等元素，充分运用到整个社区的景观、小品、细部设计中，力求创造出统一、古朴优雅的社区氛围；并通过探索街区建筑肌理和地域风貌，归纳出街区特点和色彩：沿用西关风格，以灰色、原木色为主色调，贯穿整个设计方案（图 3、图 4）。

图 3　设计颜色提取　　　　图 4　加装电梯图

（图片来源：广州市城市更新规划研究院）

2.5 旧楼安装电梯

设计方案另一个亮点是旧楼安装电梯。荔湾区蟠虬社区共有 9 层以下楼房 52 栋，均为 20 年以上楼龄的旧式楼梯房，且没有一栋是电梯楼。这个社区的常住居民 4000 余人，其中 60 岁上老人占常住居民人数的 21%。随着人口老年化的加剧，居民对既有住宅增设电梯的需求十分迫切。在电梯安装推进过程中，配合蟠虬社区筹建"社区居民议事厅"，为居民表达诉求提供渠道，妥善解决多方矛盾。社区业主也自发组成电梯加装领导小组，遇到分歧协商解决，做到有事共议，形成社区事务自治的良好氛围。

3 特色创新

3.1 设计原则

（1）坚持以人民为中心，协助街道召开社区居民代表大会，征求居民对改造的意见，与他们进行深度的交流和沟通"改什么""怎么改"，从他们最关心最需要的地方进行改造设计。

（2）成立微改造项目工作领导小组、微改造建设委员会等，制定相关的工程工作机制，多次走进社区进行实地调研、走访居民、了解民意，努力思想动员工作，力求让微改造的好处深入民心。社区通过张贴宣传资料、走访、召开党员、群众座谈会、派发调查问卷等多种形式收集居民意见，并认真整理提炼建议。打开社区微改造一种创新工作模式。

3.2 影响效益

2017 年 12 月 7 日，中央电视台《新闻联播》栏目报道了《广州：微改造让城市更宜居》，介绍了荔湾区金花街老旧小区微改造的成果和带来的效益。老旧小区微改造是当前的一项重要民生工程，反映了群众对美好人居环境的强烈需求，老旧小区微改造将带来更多方面的社会效益（图 5）。

图 5 改造前后

3.3 创新社区管理

在老旧小区微改造过程中，市、区各级政府积极引导公众参与，探索建立可持续的长效管养机制，各个街道办事处组织支持各小区住户成立建设管理委员会，实行居民自治，实现社区的长效管理。

编者信息：

广州市城市更新研究院提供。

广州珠江琶醍——啤酒文化创意艺术区

1 项目背景

1.1 政策背景

珠江啤酒厂原位于广州新港东路磨碟沙大街，北邻珠江。广州珠江啤酒集团有限公司于 1985 年建成投产，是一家以啤酒业为主体，以啤酒配套和相关产业为辅助的大型现代化啤酒企业，是全国企业 500 强之一，拥有国家级技术中心，珠江啤酒是全国三大啤酒品牌之一，单一品牌销量居全国同行第二位，在中国啤酒行业中享有"南有珠江"的美誉。

2008 年，广州市政府出台了《关于推进市区产业"退二进三"工作的意见》。文件指出，推进市区产业"退二进三"工作，是实施城市"中调"战略、优化城市产业结构和空间布局、走新型工业化道路的重要举措，是实施"青山绿地、蓝天碧水"工程、改善城市环境的重要组成部分。文件明确确定了一些企业的搬迁时限，以及工业用地处置办法。按照这个工作意见要求，珠江啤酒厂开始了搬迁工作。珠江啤酒厂在广州南沙经济开发区万顷沙同兴工业园购置了土地，兴建珠江啤酒南沙公司，把海珠总部的产能逐渐进行搬迁转移，到 2015 年 12 月，珠啤总部已经全线停产，渐次搬迁至南沙新厂址。

2016 年 2 月，广州市政府提出珠江啤酒厂旧厂更新改造方案的批复文件，其主要内容如下：

（1）珠江啤酒厂位于珠江边上的旧工厂总占地面积为 24.3 万平方米，其中交由政府收储用地达到 17.4 万平方米，公司广州总部其余自留地块已纳入广州市城市更新改造范围，涉及的用地面积为 6.9 万平方米。

（2）改造项目将按"自行改造，补交地价"的模式实施，并按照新旧土地用途市场评估价的差价补交土地出让金。

（3）根据广州市有关的国土规划文件，该地块用地性质为文化设施用地，兼容商业设施用地及商务设施用地。其中包含规划绿地、规划广场用地和道路用地等非经营性市政配套及公共服务设施。

1.2 缘起诉求

在上述大的政策背景下，琶醍区域的建设经历了三个重要的时间节点。

（1）2008年，珠江啤酒厂的搬迁工作首先从北侧珠江沿岸厂区——琶醍区域开始。2010年，亚运会在广州召开，其主会场海心沙毗邻珠江啤酒集团，隔江相望。为了更好地配合广州市"迎亚运"和"一河两岸"建设美化整饰的部署和需要，珠江啤酒集团在沿江先期搬迁留出的约3.6公顷用地上完成了琶醍区域的改造工作。

（2）2013年开始建设有轨电车线路经过琶醍沿江区域，根据市政府统一规划，琶醍进行了新的改造。2015年底改造完成，琶醍呈现新的面貌。

（3）2016年7月，在《广州市琶洲西区城市设计及控规优化》方案大背景下，琶醍区域将从整体出发进行新的升级改造。将啤酒文化、现代休闲、琶醍会展、总部商贸四大元素巧妙结合，打造一个以总部经济建设为主，融入啤酒文化、时尚文化等为一体的啤酒文化宣传平台。

琶醍区域处于珠江新城、广州塔、琶洲国际会展中心三大城市地标的中心，既建设有轨电车线路后，市政府提出构想要将琶醍片区打造成为广州市的新名片，琶醍区域建设及其升级改造工程符合城市及土地规划的相关要求，符合产业改造及相关政策要求，对于城市局部更新、区域协调发展均有重要意义。

1.3 资金情况

2010年，珠江啤酒集团联合广东明辉园投资管理有限公司（信义会馆发展商）合作投入人民币3000多万元，在琶醍区域打造"珠江琶醍——啤酒文化创意艺术区"项目。打造以啤酒博物馆和啤酒文化广场，建成华南地区最大的啤酒文化休闲区，项目已于2012年完成。

2016年以来，珠江啤酒集团拟投资人民币18亿元，对琶醍区域进行整体升级改造，建设一座集休闲、娱乐、展示等功能于一体的嘉年华综合体，并将工业旧建筑改造成为酒店、办公、展示等功能。

1.4 决策组织

2010年3月，珠江啤酒集团联合广东明辉园投资管理有限公司（信义会馆发展商）成立广州琶醍投资管理有限公司，进行珠江琶醍——啤酒文化创意艺术区项目的具体组织实施。

2014年，经市规划局批准，沿江兴建有轨电车线路及站点，有轨电车从地面穿过琶醍区域沿江一带。这对沿江景观带的开敞空间有所影响，也必然会影响酒吧的经营。根据相关要求，由有轨电车公司组织包括沿江酒吧业主在内的相关方面进行了改造讨论与咨询，听取了各方意见，为后来的改造提供了良好的基础。2015年有轨电车线路修建完毕，充分利用二层平台恢复沿江景观，同时形成交通枢纽，呈现新的面貌。政府基于宏观考虑，规划决定有轨电车线路穿过琶醍新改造区域，对该区域确乎产生一定的负面影响，但是经过充分讨论咨询，精心组织立体交通及景观，基本可以变不利为有利，同时有轨电车的兴建也改善了该区域的地面交通，为琶醍带来了新的人流。

2016 年，为完成旧厂区整体改造，第一太平戴维斯中标广州珠啤琶洲项目，为其提供前期定位开发策划咨询服务，该公司成立了专案小组，力求为珠江啤酒保留地块改造升级提供最优质的开发策划、规划、建筑方案设计服务。

2　项目特征

2.1　项目概况

一期建设的琶醍区域位于珠江啤酒厂旧址北侧珠江沿岸，占地约 3.6 公顷，与珠江新城、海心沙亚运会场馆隔江相望，与广州新地标、赤岗领事馆区、琶洲国际会展等重要金融、政治中心也是唇齿相依。将会促成广州市具有国际水准城市 CBD 综合功能的不断完善，未来将要成为广州旅游的新名片。

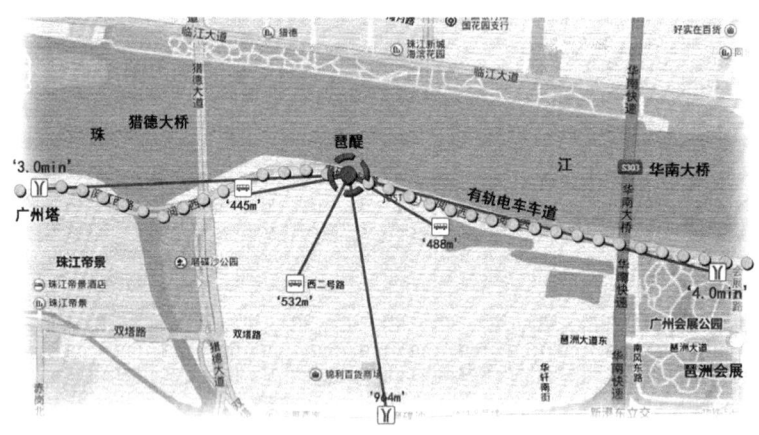

图 1　琶醍区位

（图片来源：钟仕斌 . 广州琶醍区域升级改造案例分析 . 低碳世界，2017（18）143-144）

2010 年，琶醍区域逐渐建设完成，延江边加建少部分建筑，设计主要对沿江及内部街巷广场等公共空间进行统一设计，在景观空间效果方面体现新时代精神。最终依托原有的珠江啤酒厂工业文化资源，以及啤酒博物馆，建成了包括餐饮、娱乐、展览、休闲、办公、婚庆等功能的综合服务区域。

2015年,结合沿江有轨电车线路及站点的修建,沿江部分景观进行重新改造升级。与有轨电车线路平行,建设新的一层建筑,并与有轨电车线路一起形成二层步道平台,构建新的沿江景观带,力求对原有改造空间氛围的影响达到最小。

2016年,项目总建筑面积约为26万平方米。原包装车间等旧建筑将完全保留,融合啤酒工业文化,琶醍区域整体改造为集休闲、娱乐、展示等功能于一体的嘉年华综合体;原啤酒生产车间将被改造为啤酒体验中心及设计创意区、国际品牌旗舰店、艺术画廊。而现啤酒体验中心将建成啤酒展览旅游和餐饮娱乐为一体的体验中心,内部将配套设置啤酒生产设备陈列展馆。在麦芽仓特殊建筑形体的基础上,将改造出啤酒文化特色酒店,目前正在逐步实施过程中。

2.2 现状评价

区域为珠江啤酒厂旧厂区的一部分,现状用地遗留了大量工业老建筑,包括发酵厂、包装车间、烟囱等具有强烈场地特征的构筑物。虽然具有30多年历史的这些工业老建筑严格说起来并不算是历史保护建筑,但是因为珠江啤酒厂承载着改革开放以来广州工业发展的历史,同时又具有独特的景观价值和场所精神,因此,这些建构筑物都需要在保留基础上进行新的利用。需要通过对现状建筑和构筑物的详细勘查,从形态、工业价值作出梳理、评估,把有价值、有改造利用潜力的,全部都保留下来。

图2　原珠江啤酒厂沿江码头及泵房

（图片来源：http://www.ateliercns.com/new-gallery-2）

经过评估分析,现状具有以下优势:

（1）毗邻琶洲国际会展中心,常年会展不断。

（2）位于广州市最核心的高端消费群体活动圈中,毗邻珠江新城、二沙岛、滨江东、琶洲会展以及番禺区。

（3）与海心沙亚运会主会场、广州塔连成一线，构成新的旅游金三角热点组合。

（4）与亚洲领事馆区一脉相承，已纳入"珠江—员村—琶洲"CBD中心商务区发展规划。

（5）琶醍所在的琶洲西区是广州市未来的商业核心之一，利于发挥集聚辐射功能。

（6）配套有轨电车站与游艇码头，交通便捷，在华南快线与猎德大桥之间，穿梭巴士与公交地铁无缝接驳，并设有大量停车位。

现状不足在于原厂区公共空间未经深入考虑，因此需要在原来适应生产形成的空间基础上进行重新设计，形成凸显工业文化特色且同时有岭南意味的公共空间。

2010年内的第一次建设，已经形成了较好的空间效果与景观氛围，成功打造了有特色的沿江公共空间，吸引人流，形成了新的酒吧集中区域。2015年沿江有轨电车线路及站点的兴建，促使琶醍沿江区域进行了新的改建，原有空间及景观效果有了大的改变，最终经过多方努力，新建成项目虽然沿江空间景观略显生硬，层次效果有所减弱，但是也形成了立体综合交通枢纽与景观带，基本实现了建设初衷，在二层步道延续了原有空间氛围，并吸引了新的人流。

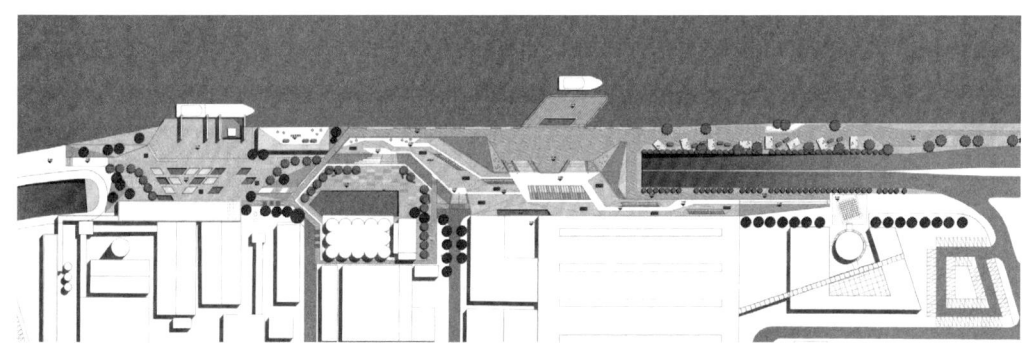

图3　2010年改造建成区域总平面

（图片来源：http://www.ateliercns.com/new-gallery-2）

2.3　目标定位

目前已建成的珠江琶醍啤酒文化创意艺术区，是一个以珠江—英博国际啤酒博物馆为依托，在磨碟沙隧道顶部及沿江区域用全新的创意建筑，打造臻具现代格调的啤酒文化艺术平台及高端餐饮休闲娱乐地带，将工业年代的货运码头改造成为游艇、观光游船可以停靠的水上交通码头，营造出生态与美态兼容的优质城市公共空间。未来整体改造建设目标是力求围绕珠啤文化＋岭南文化＋时尚潮流等定位，打造成广州国企创新创业基地的代表和工业厂房改造的典范。

2.4 改造思路

（1）彰显啤酒文化特色，目前已经实现以餐饮休闲为主的综合功能，从而形成了与众不同的市内工业区改造项目。通过催化剂效应带动未来的啤酒厂区域整体综合功能改造。

（2）通过评估，保留有价值的遗留工业建筑，并根据旧有建筑的分布区位、建设条件与空间特点，对于特色工艺环节、特色形态的建筑保留现状，对于建筑质量好但特色不够鲜明的建筑进行改建，最终承担商业、展览、办公等功能。

（3）建设沿江公共空间。旧有工业生产码头区域形成大面积的开敞公共空间，在这片空间中，结合有轨电车线路与站点建设，控制空间节奏，避免不利影响，同时利用屋顶及台阶步道形成立体交通，充分利用空间景观资源，最终形成沿江特色空间景观。

（4）尽量保留原有厂区内部道路结构，同时进行局部改建，提升景观质量，形成厂区内部公共空间系统。

3 规划方案

3.1 空间布局

2015年以来，结合有轨电车线路建设的升级改造，目前形成的整体用地功能包括餐饮、展览、办公、商业等区域。在此基础上，以沿江公共空间为线状要素，并以点状分布公共空间于厂区内部空间区域，结合道路流线，形成艺术感强烈的空间网络。

（1）为实现将琶醍打造成为广州市的新名片这一目标，项目改造需符合整体城市规划、城市设计总体要求，统筹协调珠江啤酒总部区形态、琶洲会展中心、广州塔、猎德桥及周边商贸区域的关系，以实现打造珠江岸线上新地标与广州新名片的战略构想。本地块所在的琶洲西区规划为会展产业集群区，主导发展电子商务、总部办公、酒店购物等功能，琶醍总体规划应充分考虑整体城市设计风貌进行协调，充分发挥其滨江环境特色，打造主题明快、浪漫的滨水文化区。

（2）规划构思延续现有珠江啤酒厂场所精神的文化特征，提升啤酒文化区内涵，凸显工业遗产的文化表达。规划布局结合原珠江啤酒总部的城市肌理，以简洁独特的城市符号、语言，营造出鲜明啤酒主题特色的，集商业、文化、观光、旅游、交通枢纽于一体的新地标。

（3）项目整体规划布局可分为有轨电车站场区、交通枢纽区、文化展示区、旅游商业区、餐饮娱乐区以及二层步行平台区。其中，有轨电车站场拟建在现状水泵房附近位置，用地面积 741 平方米，设二列车位。交通枢纽区（换乘停车楼）临近公交站场用地设置在临近地块。文化展示区、旅游商业区分别与南侧珠啤保留工业遗产建筑形成有机衔接，是升级改造的核心设施之一，也是展示啤酒文化与宣传品牌的主要场所，设置在视线通廊两侧区域。餐饮娱乐区结合电车车站建筑、珠江啤酒厂建筑以及保留琶醍酒吧商铺，采取自由活跃的布局形式，设置在地块中部区域。磨碟沙隧道上盖拟建成二层步行平台，不仅融合城市新旧元素，塑造了独具滨水特色的啤酒文化街区形象，而且整合了项目各功能区块，实现有轨电车和琶醍啤酒文化区的"零换乘"的交通枢纽功能。

图 4　改造后沿江景观

（图片来源：自摄）

图 5　沿江工业码头改造后

（图片来源：汇图网 www.huitu.com）

（4）本项目整体设计符合区域"梯度上升、江景共享"的总体城市设计原则。江边低矮建筑群体，建筑高度小于15米，使之不遮挡南侧珠江啤酒总部区内的现状保留工业遗产建筑。建筑群体临近珠江，塑造出层级递进的珠江天际轮廓线与丰富的视觉效果。

3.2 功能业态

建设有：啤酒主题公园、艺术长廊、私人典藏馆、艺术展览馆、奢侈品展览馆；配套啤酒体验区、红酒艺术画廊区、雪茄品鉴区、餐饮美食区等具欧陆风情的元素和功能，并按照市、区政府的要求供亚运会接待使用。

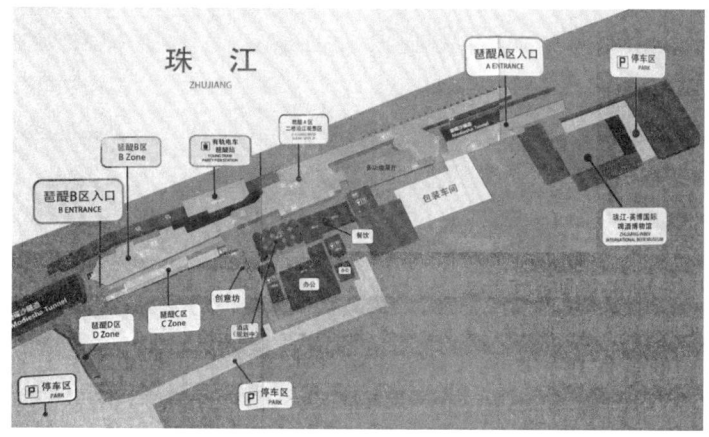

图6　目前改造完成平面功能布局

图7　目前改造后景观

（图片来源：自摄）

3.3　环境风貌

　　设计地点是广州琶洲国际会议展览中心及广州电视观光塔之间滨江景观联系的重要组成部分，保持珠江沿岸景观带的延续性是设计基本原则之一，同时考虑原有珠啤公司文化遗存，因此地块沿珠江岸线段的景观改造，采用与珠啤公司厂区特色相结合的方式，并通过双层景观廊道与立体表皮相结合，创造出和谐的沿江景观带。

图 8　改造后沿江景观

（图片来源：自摄）

　　结合旧有工业建筑改造，整体区域内部建筑景观形成突出特色。内部公共空间利用既有工业建筑的改造形成具有工业特色的空间景观界面，同时保留部分工业建筑构筑物。空间开合有度，街道疏密有致，建筑新旧协调。

图9　改造后街巷公共空间及旧建筑

（图片来源：自摄）

3.4　设施配套

3.4.1　交通设施

（1）海珠环岛有轨电车线路的通行使琶醍成为新的交通枢纽节点，按便捷性、零换乘、立体化原则实现了有轨电车交通、机动车交通、步行交通、自行车绿道和水上巴士等多种交通方式的转换。

（2）地下交通：磨碟沙隧道交通标高为 -8.00 米，主要服务于过往该地段的机动车，与地面交通互不干扰。

（3）地面交通：标高为 0.00 米，包括有轨电车区间及车站、换乘停车楼首层设置的公共汽车站场，属于城市大流量公共交通，两者之间通过首层或二层平台进行换乘，流线组织明确清晰。

（4）人行系统：包括首层商业街区、二层步行平台及三层步行通道等。

3.4.2　主体功能依托啤酒产业，珠江啤酒厂厂区原有资源可以持续利用，例如啤酒相关材料运输等服务配套方便。

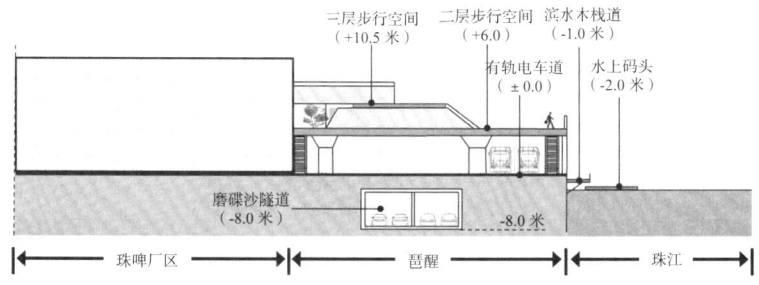

图10　改造后人行系统

（图片来源：钟仕斌 . 广州琶醍区域升级改造案例分析 . 低碳世界，2017（18）143-144）

359

4 实施评价

4.1 技术方法

（1）建筑新建与改建结合。新建建筑多采用钢结构主体，在高度与风格方面与原有建筑相协调。旧建筑改造一方面在保证外立面以及结构主体不变的前提下，改造内部功能，另一方面通过局部协调的体量加建，或者是立面双层表皮改造，实现新旧结合处理。

（2）整体区域内以空间氛围塑造为主，通过保留工业区实体构件，包括塔吊、阀门、铁链等，并加以艺术化、符号化的处理，提示原有工业区的性格。

（3）整体空间肌理维持不变，空间界面风格鲜明，尺度适宜，标志性明显。

4.2 改造模式

地块用地性质调整后，仍属于国有企业，珠江啤酒成立管理公司进行实践操作。

（1）以完善会展配套为综合开发基本原则，为琶洲国际会展中心提供高质量的餐饮、娱乐、文化、展览等配套服务。

（2）以"打造文化名片、拓展广州啤酒文化"为开发理念，提升区域文化氛围，建立啤酒品牌营销意识，将啤酒商业、啤酒产业文化密切结合起来，满足打造新城市名片的战略发展要求。

（3）除保留部分现状酒吧、餐饮等商业区外，为保证琶醍商业氛围，在地块中部首层位置设置了面积约2300平方米的商业安置区。同时，结合现状珠啤遗产建筑的空间、造型特点，设置体现啤酒产业文化的精品餐饮设施，作为对现状啤酒业态的补充与完善，以提升区域商业服务质量。

（4）通过挖掘珠啤总部啤酒工业文化的内涵，结合啤酒博物馆以及旅游观光功能需求，建设与啤酒相关的文化展示空间。

4.3 影响效果

从地块的发展现状来看，由于琶醍所处区位十分优越，东面为琶洲会展中心、西面毗邻广州塔、隔江北面为珠江新城；琶醍南面由于毗邻珠江啤酒总部，聚集了众多与啤酒消费相关的商户，经营主要以餐饮、酒吧及娱乐为主，近年来吸引了包括本地居民、旅游观光、会展商贸等各种消费人群，并逐渐成为市民喜爱的休闲娱乐场所。影响力已经扩展至珠江三角洲，同时随着越来越多外国人的涌入，以及国际交流活动经常性的举办，也产生了较好的国际影响。

已经确定的琶洲西区城市设计将啤酒厂区域旧有建筑大部分保留。将琶醍的做法延续到整个珠江啤酒厂区域，形成了广州市工业区更新改造又一个典型案例。

4.4 特色创新

（1）依托原有产业做出改造新文章

依托啤酒产业发展餐饮、展览等第三产业，并以此为契机，辐射商业、办公、婚礼等多项产业形成空间发展的良性循环。同时，将要聚焦珠江啤酒的核心文化，向啤酒的制造、生产、销售、设计、交易、展示等链条延伸，赋予该区域独特的、不可复制的要素。

（2）沿江立体景观的利用

结合沿江的商业与餐饮服务功能，以及旧建筑功能改造，综合设置地面餐饮座位与人行交通、屋顶二层餐饮座位与人行步道、多层建筑顶层开敞空间营造。充分利用沿江景观，提升开发建设价值。

（3）多样化的公共交通衔接

改造原有工业码头，同时结合有轨电车建设，地块形成了有轨电车、公共汽车、水面交通码头综合衔接的枢纽，既方便地块地面交通，也为更大区域城市的交通组织提供了方便条件。

编者信息：

周祥，男，博士，广东工业大学建筑与城市规划学院，副教授、副院长。

广州市增城区 1978 电影小镇微改造实施方案——城市更新助力产业升级

1 项目背景

1.1 政策背景

十九大报告提出，要大力实施乡村振兴战略，深入实施文化惠民工程，丰富群众性文化活动。当前，国家、省、市、区层面都提出了建设特色小镇的要求，《广东省人民政府关于加快特色小镇规划建设的指导意见》要求 2020 年建成 100 个省级特色小镇，广州市提出到 2020 年建成 30 个特色小镇，增城区十三五规划也明确了在增江街建设 1978 文化创意小镇。❶1978 电影小镇项目正是响应这一号召的地方实践典型之一。

图 1　1978 电影小镇文化创意园入口

（图片来源：1978 文化创意产业园有限公司）

---

❶　广州增城发布 . 1978 电影小镇微改造方案新鲜出炉！将打造万步影廊等你来逛 [DB/OL].http：//www.sohu.com/a/258890728_100195564.

1978 电影小镇前身是增城糖纸厂，在广州市增城区委区政府的大力支持下，民营企业积极利用三旧改造政策，对原糖纸厂进行以工业厂房改造为主导，连片对周边旧厂房、旧仓库和旧村庄进行的创意性开发改造项目。该项目旨在配合增城发展全域旅游、生态旅游，结合周边的乡村资源，力求打造创新型的文化性乡村旅游，以文化带动农村新发展。

图 2　1978 电影小镇效果图

（图片来源：1978 文化创意产业园有限公司）

1.2　缘起诉求

1978 电影小镇项目的前身——增城糖纸厂于 1988 年兴建，主要生产牛皮箱板纸。技改工程时，投资 400 多万元，兴建废水处理和回收车间工程，用气浮法和燃烧碱法处理造纸的白水和制浆黑液，于 1990 年建成投产，每年可处理造纸废水 295.8 万吨，回收碱 800 吨、粗纤维 340 吨，增加产值 71 万元。❶

2001 年，由于市场以及环境整治的原因，增城糖纸厂正式停产。后为促进城市土地得到有计划的开发利用，优化产业结构，在增城区委区政府的大力支持下，广州壹玖柒捌文化创意产业园有限公司投资对该厂进行微改造，利用现有工业用地，兴办先进制造业、生产性及高科技服务业、创业创新平台、现代服务业等国家支持的新产业、新业态的建设。在维持现状建设格局基本不变的前提下，通过建筑局部拆建，建筑物功能置换、保留修缮、整治改善以及保护活化、完善基础设施等办法实施的更新方式。推进产业项目聚集，引导落后产业整合和升级改造，推动优势产业、优势企业、优势资源和要素集中，并充分发挥其辐射、带动功能，发展以优势产业（产品）链为主导、关联性强、集约度高的产业集群。❷

❶　增城市地方志编纂委员会编.增城县志 [M].广东人民出版社，1995.
❷　增城区 1978 文化创意园产业转型升级项目 [R].广州市城市更新协会，2018-06-28.

1.3 资金情况

1978 电影小镇项目总建筑面积 73012 平方米，容积率为 0.62。项目预计将投入 6.8 亿元进行改造，分两期开发，一期于 2014 年 7 月启动改造，2015 年 10 正式开园，积极引入电影、音乐、广告、设计等文化创意产业，目前已进驻 90 多家优质的企业和商家；二期将紧紧围绕电影产业进行规划设计和招商，拟设置电影产业孵化中心（电影培训中心、电影主题联合办公空间、大师工作室等），电影创作基地，电影后期制作中心，演艺中心，发呆部落等功能分区，通过吸引知名的电影产业上下游企业入驻，打造华南电影产业中心。❶

图 3 1978 电影小镇航拍图及分期开发情况

（图片来源：广州市城市更新协会）

1.4 产业引入

在增城区委、区政府及相关主管部门的大力支持下，华语电影传媒大奖、中国（广州）国际纪录片节金红棉展官方制定展映点、中国国际儿童电影节影视教育培训实践基地等富有影响力的超级 IP，❷ 今年全部落户 1978 电影小镇。借助于这些超级 IP，以及南方传媒全媒体的资源和专业团队，1978 电影小镇未来将打造成为华南电影产业最具影响力的集电影创作、电影拍摄、人才孵化、电影投资、后期制作、颁奖典礼等产业链上下游，集文化创意、休闲旅游为一体的电影特色小镇。❸

---

❶ 增城区 1978 文化创意园产业转型升级项目 [R]. 广州市城市更新协会，2018-06-28.

❷ IP，是 Intellectual Property 的缩写，字面粗译为"知识产权"，特指具有长期生命力和商业价值的跨媒介内容运营。

❸ 增城区 1978 文化创意园产业转型升级项目 [R]. 广州市城市更新协会，2018-06-28.

2 项目特征

2.1 项目概况

1978电影小镇项目位于广州市增城区增江街沿江东三路增江东岸，西临增江、北靠耕寮山林地，南接荔城商圈，包括已有半个世纪历史的增城糖纸旧厂园区，改造用地面积约182.29亩。1978电影小镇微改造项目被列入增城区"十三五"期间文化建设项目，借助城市更新政策机遇，1978电影小镇通过对电影小镇核心区建设，带动连片区域电影产业空间布局与发展实现产业集群。❶

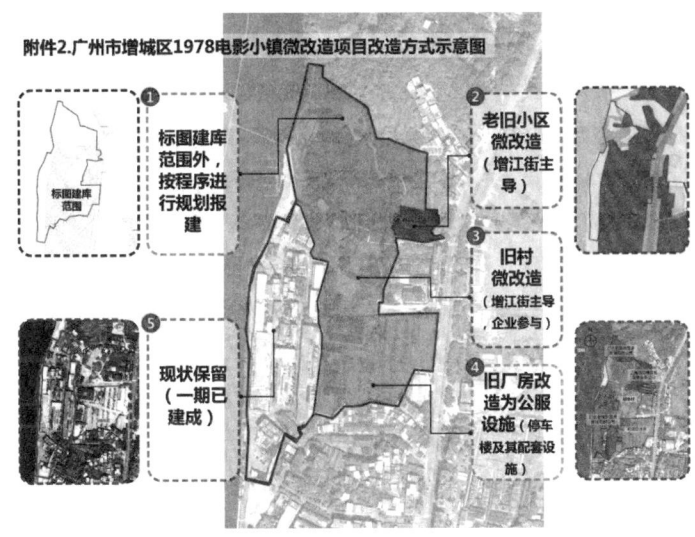

图4　1978电影小镇电影小镇微改造方式示意图

（图片来源：广州市增城区1978电影小镇微改造实施方案，广州市城市更新规划研究院，2018.03）

2.2 现状评价

1978电影小镇的原型是增城曾经非常有名的糖纸厂，如今在旧厂房的基础上进行改造，整合周边的旧仓库和散落民居，打造成了一座特色小镇。作为历史建筑活化项目，1978电影小镇在很大程度上保留了历史建筑原型原貌。1978办公室、B4剧场、美食街等都保留了外貌和结构，非常醒目的大烟囱如今也成为增城的地标之一。❷

---

❶　广州市城市更新规划研究院．我院编制的"1978电影小镇微改造实施方案"项目获批[DB/OL].http：//www.gzmysjy.com/news.aspx?code=0301&id=731.

❷　杜娟．增城1978文化创意园微改造升级为电影小镇[DB/OL].http：//news.dayoo.com/guangzhou/201810/10/139995_52326764.htm.

2.3 目标定位

1978 电影小镇项目旨在注入时尚活力元素的同时，带来更多人文情怀，为游客提供旅游好去处，也为周边居民提供休闲共享空间。通过微改造，盘活原有低效用地，推动产业转型升级，完善公益性城市基础设施及公共服务设施。改造完成后，将激发本地文创潜力、促进广州文化产业的蓬勃发展，并通过整合生态景观资源，推动增江一江两岸环境升级。[1]与此同时，在租金、政策、推广等方面还将给予大力扶持，竭力孵化入园的中小微文创企业，促进园区企业快速成长，最终形成以电影行业为主导聚集区，将 1978 电影小镇内打造成全国知名的电影特色小镇和文化创业行业中的引领标杆。[2]

2.4 改造思路

设计团队提出了"自然＋创意＋人＋艺术"的改造思路。"自然"指注重与自然的亲近，让人感受到关怀；"创意"指注重与创意的延伸，让人感受到惊艳；"人"指注重人与人的交流，让人感受到快乐；"艺术"指景观与艺术的结合，让人感受到亲切。[3]

3 规划方案

3.1 空间布局

以现状 1978 创意园区为重要节点，整体规划涵盖光辉村的大部分范围，沿增江向中南部拓展，南部包括东湖公园。基于现有资源格局，规划将中草药厂打造为养生主题文化创意园；将塑料包装厂打造为低碳主题文化创意园；以 1978 创意园电影拍摄基地为基础，发展影视文创产业；以新媒体营销及专业服务为特色产业补充，建设新媒体产业孵化器，与影视产业互促。[4]

3.2 功能业态

根据广州市城市更新政策规定，项目以产业为立足点，综合运用旧村庄综合整治、老旧小区微改造、旧厂房功能转型升级等多种方式，实现原增城糖纸厂工业遗产建

---

[1] 叙品设计 . 1978 电影小镇项目：让梦想从这里启航！ [DB/OL]. http：//www.xupin.com/.
[2] 广州 1978 电影小镇创建国家 4A 级旅游区 [N]. 增城日报，2017-05-12.
[3] 叙品设计 . 1978 电影小镇项目：让梦想从这里启航！ [DB/OL]. http：//www.xupin.com/.
[4] 杜娟 . 增城 1978 文化创意园微改造升级为电影小镇 [DB/OL].http：//news.dayoo.com/guangzhou/201810/10/139995_52326764.htm.

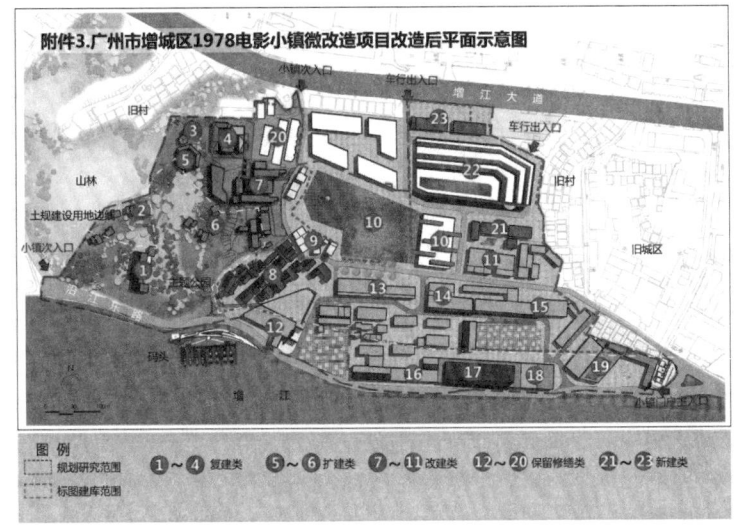

图 5　1978 电影小镇电影小镇微改造平面示意图

（图片来源：广州市增城区 1978 电影小镇微改造实施方案，广州市城市更新规划研究院，2018，03）

筑群特色风貌的保护和活化利用、建筑使用功能的整治改善以及基础设施的完善等。1978 电影小镇以电影产业为核心，打造涵盖电影创作、电影投资、电影拍摄、后期制作、颁奖典礼为一体的电影特色小镇，并配套创意办公区、电影工作室、发呆部落、创意酒店、商业配套等功能区。❶ 此外，小镇北部田园风光秀丽，光辉村街巷肌理良好、历史积淀浓厚，适合发展田园风、乡村电影拍摄及田园休闲旅游，打造以观光体验+ 电商农业为主的田园产业；小镇南部以东湖文化公园为基础，将周边旧厂房改造为商业中心，形成南侧的生活服务核心。❷

3.3　环境风貌

规划构建小镇"七彩画卷"，打造特色景观环线。在小镇内部沿增江构筑一条以电影文化为主题的慢行游览路线，总长度约 8.45 公里，打造"万步影廊"；该走廊连通小镇各个重要功能景点，形成"星光大道"环线，具体包括：田园乡村风景走廊、影视体验走廊、影视文创走廊、水岸休闲走廊、东湖文化走廊、富氧山林走廊及体育生态走廊。❸

❶　杜娟．增城 1978 文化创意园微改造升级为电影小镇 [DB/OL].http：//news.dayoo.com/guangzhou/201810/10/139995_52326764.htm.

❷　广州增城发布．1978 电影小镇微改造方案新鲜出炉！将打造万步影廊等你来逛 [DB/OL].http：//www.sohu.com/a/258890728_100195564.

❸　杜娟．增城 1978 文化创意园微改造升级为电影小镇 [DB/OL].http：//news.dayoo.com/guangzhou/201810/10/139995_52326764.htm.

3.4 设施配套

1978电影小镇项目一期的吃、喝、玩、乐、住等配套已基本齐备。二期又做了升级，规划建设创意办公区、电影创作基地、电影产业孵化中心、后期制作基地、发呆部落、游艇码头等功能区，将引进电影、广告、设计、音乐等文化、创意产业。❶

4 实施评价

4.1 技术方法

根据场地原有的工业元素，设计团队主要在四个节点采用了具有针对性的技术方法。❷

（1）1978办公室

1978电影小镇办公室原为增城造纸厂的加工厂房，如今在旧厂房的基础上进行了改造，经设计，成为创意型办公场所，并荣获"2016 APIDA亚太区室内设计大奖"等奖项。

改造前　　　　　　　　　　　　　　　　改造后

图6　1978办公室

（图片来源：1978文化创意产业园有限公司）

（2）1978 B4剧场

B4剧场又名创星工厂，原为增城造纸厂的纸张生产车间，是典型的全新工业风多功能会场，在这里曾经举办过许多大大小小的活动，作为多功能会场，除了举办颁奖活动，还兼具演唱会、会展会议、宴会、培训、舞台剧、音乐剧等方面的功能。

---

❶　叙品设计.1978电影小镇项目：让梦想从这里启航！[DB/OL].http://www.xupin.com/.
❷　1978文化创意园.中国城市规划协会会长唐凯等专家领导考察访问1978电影小镇[DB/OL].http://www.1978cyy.com/.

改造前　　　　　　　　　　　　　　　　改造后

图 7　1978 B4 剧场

（图片来源：1978 文化创意产业园有限公司）

（3）1978 电影城

1978 电影城原为增城造纸厂的造纸车间，通过设计师的设计与改造，已然成为珠三角最大水岸巨幕影城。电影城体现了 1978 的影视制作特色，铁艺和红砖体现了强烈的时代感，外墙红色彩绘切合了整个影院的主题。

改造前　　　　　　　　　　　　　　　　改造后

图 8　1978 电影城

（图片来源：1978 文化创意产业园有限公司）

（4）温莎堡大烟囱

糖纸厂旧址原为增城造纸厂的蒸煮车间，现如今所看到的高耸大烟囱是设计者最大的保留，工业复古风与西欧古典风的完美融合，使得这里成为 1978 电影小镇的标志之一。大烟囱如今也被人们亲切地称为"增城小蛮腰"。目前，全国首家 O2O 婚礼体验馆"温莎堡"已入驻该址。

改造前   改造后

图 9   温莎堡大烟囱

（图片来源：1978 文化创意产业园有限公司）

4.2   改造模式

1978 电影小镇项目综合运用旧村综合整治、老旧小区微改造、旧厂房改变功能等多种模式，实现原增城糖纸厂工业遗产建筑群特色风貌的保护和活化利用，建筑与使用功能的整治改善以及基础设施完善等。项目立足电影小镇的地理位置和特色优势，综合考量整体规划，针对小镇各区块定位和功能需求，采用人性化设计理念，合理设置动线，充分考虑游客的体验感和代入感。❶

4.3   影响效果

目前，1978 电影小镇荣获国家旅游局颁布"中国乡村旅游创客示范基地"以及"广州市创新创业（孵化）示范基地"、"广州市众创空间"、"广州首批特色小镇广州1978 文化创意小镇"、"广东人游广东首发站"、"中国首个摩拜单车文创小镇"、"中国（广州）国际纪录片节金红棉影展官方指定展映点"、"中国国际儿童电影影视教育培训实践基地"、"增城重点项目"等称号。

预计项目吸引超过 200 家的电影产业上下游企业及配套进驻，可新增 8 亿元的固定资产投资，每年园区产值将有望达到 15 亿元，产生税收 1.2 亿元，预计项目及入驻企业将带动 3000 个就业岗位。❷

4.4   特色创新

1978 电影小镇微改造是城市更新助力产业升级的一个特色项目，将盘活原有低效用地，以电影产业为基础，发展相关文化创意产业，激发本地文创潜力，推动产

---

❶   叙品设计 . 1978 电影小镇项目：让梦想从这里启航！[DB/OL]. http：//www.xupin.com/.

❷   广州增城发布 . 1978 电影小镇微改造方案新鲜出炉！将打造万步影廊等你来逛 [DB/OL].http：//www.sohu.com/a/258890728_100195564.

业转型升级。改造方案以产业先行，将城市更新策略和产业发展策略紧密结合，运用微改造的方式，对旧厂房、旧村庄进行创意性开发。改造完成后，1978电影小镇将整合周边的乡村资源，完善公益性城市基础设施及公共服务设施，力求打造创新型的文化性乡村旅游，带动增城发展全域旅游、生态文化旅游。❶

编者信息

广州市城市更新研究院提供。

❶ 增城区 1978 文化创意园产业转型升级项目 [R]. 广州市城市更新协会, 2018-06-28.

产业升级转型的新星——蛇口网谷

1 项目背景

1.1 政策背景

经济园区在世界各国都有，然而中国的经济园区作为改革开放的产物，从 1979 年第一个工业园区——蛇口工业区设立至今，已经走过 39 年的发展历程。作为经济发展的载体和平台，我国的经济园区经历了从无到有、从有到全的加速发展历程。其中国家级经济技术开发区作为园区的龙头，往外向型经济、出口创汇、引进先进技术等方面起到了重要窗口的作用，在制度创新方面也走在了全国的前列。近年来，国家级开发区发展出现了一些新的特点和变化：第一，数量日益增大；第二，经济规模不断扩张；第三，高新技术发展较快；第四，就业实现稳步增长；第五，国家级开发区在我国对外开放中一直处于前沿地位；第六，经济园区不断发展创新模式。同时，我们也看到"十二五"期间中国开发区面临很多新的发展机遇和一些新的挑战 [1]。蛇口网谷是在两大背景下建立的：第一背景是打造新时期的产业结构要升级，要转变经济方式；第二个背景是广东省政府提出的三角洲改造政策和一个统筹半岛的专业部署。

1.2 缘起诉求

蛇口网谷这个项目是 2015 年在深圳正式推出的一个项目。蛇口网谷是属于产业园区板块，以全网整体化活动城市的一个升级发展。蛇口网谷是招商研究的一个新品牌，其中的小兴安岭就是典型代表。蛇口网谷除了望月大楼和创业 1 号是宝龙的外，其他全部都是推倒重建的。整个蛇口网谷被人为地分为南北两区，以工业六路为界限，南区这边比较多的是一些互联网区，像万维大厦这一栋，其建筑面积是 1.3 万平方米，整栋都是"苹果"华南区的一个研发总部，北区这边，就是比较单一的一些企业示范间。目前，蛇口网谷已经完成 97% 的入户率。经系统研究比选，蛇口确定向现代高端服务业进行转型升级，重点发展网络信息、科技服务、文化创意产业，适当发展服务外包、高端旅游、现代物流总部经济、创新金融、专业知识服务经济五个产业。通过发展以互联网为代表的网络信息产业，形成高效益产业和高素质人口的集聚，成为蛇口产业升级的重要举措，蛇口网谷应运而生。

1.3 资金情况

网谷本身是在旧工业厂房的基础上进行的城市翻新改造，将旧的工业企业搬迁出去，将新的产业规模引入代表未来发展的产业，我们把这个称为互联网、物联网、文化创意和电子商务，整个蛇口网谷南起工业四路，北到工业八路，北靠大南山，我们把这一整条称为科技信息产业带。工业厂房改造之前是一些旧的机厂以及厂房，原来每平方米的年产值只有 1200 元人民币，经过改造之后年产值已经达到了 10 万元人民币。整个蛇口网谷占地面积 20 万平方米，建筑面积 42 万立方米，企业 450 多家，实现总产值 400 多亿。

1.4 决策组织

作为贯彻落实《珠江三角洲地区改革发展规划纲要》和《深圳市综合配套改革总体方案》以及广东省委省政府做出的关于建设现代产业体系的决定，积极迎接后金融危机的新一轮经济复苏和增长，全面建设国家创新型城市和电子商务示范市，实现深圳经济发展方式的根本转变，构建具有核心竞争力的产业，抢占产业发展的战略制高点，深圳市出台了互联网产业振兴发展规划及有关政策，示范、引导市场经济主体积极参与互联网产业的发展。蛇口发展网络信息、科技服务产业，符合深圳市整体产业发展战略。

作为深圳资历最深的工业区，其希望通过产业转型促进城市空间转型，将蛇口地区建设成为一个在国内产业领先、服务配套完善、容纳国际各方人士、传承改革开放文化底蕴、充满活力、环境绿色的城区。从"制造"型向"智造"型城区转型，是一种典型的智慧城市的培育表现[2]。

图 1   产业园区概览

2 项目特征

2.1 项目概况

大南山脚下，南海大道东西两侧的沿山路工业片区，集中了加工制造业的传统厂房，也有近年来新建的部分科技厂房、配套办公设施。

本项目基地位于蛇口沿山片区内，工业五路及南海大道路段。场地与工业五路及南海大道均有一定的高差，其中二期与工业五路的高差将近5米。合理地利用高差创造出特色的建筑形式和城市空间将成为项目的难点和亮点。南海大道是南山区南北走向的一条重要交通干线，不断增长的交通量使得拥堵现象频发。特别是进入蛇口的一段，沿街面也被第二产业的工业厂房占据得严严实实，缺少对城市开放的空间。因此，整个项目规划布局的原则是新建筑将不再蚕食原有的城市空间，通过退让来为拥挤的南海大道营造出城市缓冲空间，尝试用第二产业的建筑形态植入原有工业肌理，以此来激发城市空间的潜力。

整个项目分为四期，一期为保留建筑的改造，已经完成并投入使用。这次设计的任务是二、三、四期的整体规划与建筑设计。二、三、四期由9栋塔楼组成，通过连续的带状开放空间将9栋塔楼联系在一起。开放空间由相互之间的建筑群自然形成，结合内部流线收放空间节点，入口处通过建筑的退让适当放大，强化了片区入口形象。同时，建筑的退让打通了视线通廊，使得新建筑不再是场地之间的固体隔断，为自然元素互通对话提供了媒介，为人们的活动提供了载体。

2.2 现状评价

曾经的蛇口是个工业小镇，厂房仓库集装箱成了它城市形象的代名词。"时间就是金钱，效率就是生命"的口号见证了蛇口前30年的发展。如今的蛇口已然变成一个乐活的宜居小镇，也是一个慢生活的休闲地。异国情调的海上世界、悠闲浪漫的酒吧街、繁忙与休闲交相辉映的蛇口港，环境优美，此起彼伏，使得它与深圳中心区有着不同的肌理语言、尺度感受及行为节奏。新建建筑应该能围护蛇口固有尺度，丰富蛇口原本的生活场景，并为老工业区注入新的活力。

2.3 目标定位

蛇口网谷是一个融合高科技与文化产业的互联网及电子商务产业基地，是蛇口产业再出发的代表。所以，它应该是具有独特个性的新城市形态，是有吸引力的城市公共空间，是升级版的精英聚集地。以此为起点，形成了二期整体设计概念——3A网谷。

图 2　深圳网谷现场调研照片

（1）Active 为蛇口整体城市形态注入了新活力，在规划布局上，三栋三角形塔楼平行布置，提升了这一地块的视觉性和空间整体性，打破原有旧厂房的矩阵排布，引入与用地周围城市内容具有差异的空间形态来激发新的城市工作状态，进而带动老工业区的蜕变。通过新的城市肌理来为蛇口整体城市注入新活力。

（2）Attractive 为工业区提供吸引人驻足的空间场地与工业五路的高差既是这个项目的挑战，也是设计灵感的契机。通过由工业五路延伸出来的平台串联了建筑群体，同时解决了场地高差。平台之上回馈城市公共的开放空间，平台之下为城市提供配套及绿化服务成为活力灰空间。场地面对城市完全开放，模糊了城市景观与建筑景观的边界，以此表达新蛇口新产业的开放态度。

（3）Advanced 为客户提供升级版的企业空间三栋塔楼两两之间形成内部庭院，提升了企业的办公环境，创造了宜人的交流空间，使得建筑从环境对话的阻隔转变为载体。相同的建筑母体元素在秩序中求变化，从而达到极富视觉感染力的艺术效果，诠释了"蛇口网谷"的时代意义。塔楼内部每隔两层设置了绿化边庭，外部各个方向设置了观景阳台，在屋顶设置了屋顶花园，为人们创造了公共休闲的空间，为山海对话设置了空间场景 [3]。

3 规划方案

3.1 空间布局

网谷是以"文化＋科技＋广告"来定位的，整个物联网产业链、电子商务网产业链、物联网产业链加文化产业类经销商，目前在蛇口网谷一共有 30 多家上市公司，其中在蛇口网谷规划了上市或者创新版，蛇口网谷的一个后勤服务，依托八大品牌服务园区企业，八大品牌分别是四大实体品牌和四大虚拟平台，线上打造了一个智慧园区的宗旨，大厦实施 48 小时的服务，主要是打造一个园区交互联网的理念，网谷和政府共同建设一个占地 1600 平方米的政企服务大厅，位于科技大厦二期的 A 座。以后一些户政服务、第三方专业服务，都可以在以上区办理，对于园区的企业和员工是非常便利的。

3.2 功能业态

据相关负责人介绍，深圳将在南山蛇口工业区建设深圳物联网应用示范产业园，充分利用南山区集聚大量物联网企业的产业基础优势，重点培育物联网核心产业，鼓励发展物联网支撑产业，推动物联网关联产业发展，加快建设物联网产业示范园区，促进产业链的形成完善，为物联网产业规模化发展奠定基础。重点发展核心产业，支持发展支撑产业，着重发挥关联产业的带动效应。重点发展与物联网产业链紧密关联的硬件、软件、系统集成及运营服务四大核心领域。着力打造传感器与传感节点、射频识别设备、物联网芯片、中间件、智能控制系统及设备、系统集成、数字内容管理等产业。结合深圳互联网、新一代信息技术产业振兴发展规划，统筹建设深圳市物联网产业园区。采用"政企合办"的形式，政府牵头，企业联动，在南山区建设物联网应用示范产业园，并进一步重点打造成为国家级的产业应用示范园区，带动全国物联网行业相关产业和投资业的发展。

招商局结合自身的发展历程，提出了"前港、中区、后城"的港口发展模式。这一模式主要以港口先行、产业园区跟进、配套城市新区开发为基本内容，试图实现港口、产业、城市联动发展，并将政府、企业和其他各类社会资源协调起来，进而实现城市成片区域的整体发展。该模式是招商局在蛇口港和蛇口工业区数十年发展中探索出来的。招商局在蛇口的实践和探索，为中国改革开放开辟了道路。蛇口纳入前海自贸区后，蛇口的改造提升是"蛇口模式"的创新发展，同时招商局在"一带一路"节点上的擘画，可视为新时期"蛇口模式"在海外港口发展项目中的复制与升级。本文将回顾和梳理蛇口港和蛇口工业区的发展历程，着重研究蛇口港与工业区发展相辅相成的策略，探讨"蛇口模式"形成和发展的关键因素，这对于蛇口本身的升级和"一带一路"节点的港口建设均具有重要的参考价值和时代意义[4]。

招商蛇口作为中国领先城市和园区综合开发运营商，深耕园区开发与运营，如今逐步发展成为以蛇口网谷、南海意库为核心特色产业的双创集聚区，蛇口滨海深港创新创业产业带，同时产业园区作为招商局集团"前港—中区—后城"城市发展模式与创新的重要一环，越发显得重要。2016年招商蛇口成立产园发展集团，专注于产业园区板块的协同发展。今天分论坛的关键词是绿色双创，2015年3月李克强总理在政府工作报告提出把"大众创业，万众创新"打造成为推动中国经济继续前行的双引擎之一。总理多次提到要大力推动大众创业，万众创新，支持创新型企业，特别是创新型中小微企业的发展，让各种创新资源向企业集聚，让更多金融产品和服务对接创新需求，用创新的翅膀使中国企业飞向新高度。蛇口所处的金融环境、市场环境发生了很多变化，如下三方面特征越来越明显：一是创业不再难，但生存更难；二是教企业游泳的多，给企业发救生圈的没有增加；三是一方面从企业角度听到更多是资金荒，另一方面从资本角度听到更多的是项目荒。基于上述变化和特征，招商蛇口和招商局集团专门成立了双创工作团队，以三融、产城结合、产网结合，两生态一平台为抓手，四众是众创、众享、众包和众筹。所谓三融是实现产融结合，所谓两生态是实现线下产业生态和线上智慧园区生态，一平台是打通园区之间的物理空间束缚，提供资本、人才、市场、技术快速流动的产业园区平台。本届绿色双创的主题是"园区新责任，发展新动力"，与会嘉宾将探讨在绿色时代背景下及双创潮流下，如何不断降低创业成本，提高创业成效，以绿色发展为引擎，共同探索城市发展与园区发展的责任与内在动力[5]。

3.3 设施配套

蛇口网谷设有人才公寓和国际学校、健康服务设施，招商还有三个品牌的人才公寓，有的是可以接受政府的每月补贴，有的是服务式的公寓，相对租金较高。在国际学校方面，目前整个园区，一共有7所国际学校，另外还有韩国学校、日本学校。商界之家是一个政企交易品牌，主要是帮助园区企业及时了解政治政策服务。网谷咖啡打造的是一个创意性的咖啡，也就是说花三十几块买一杯咖啡就可以在这里待一整天，这里是 wifi 覆盖的，也会定期举办论坛路演。

4 实施评价

4.1 技术方法

深圳重点打造的深圳市互联网产业园、蛇口网谷、福田国际电子商务产业园三大园区集聚能力迅速增强，成为吸引互联网企业入驻的"宝地"。截至目前，这三家园区均已提前完成年度建设发展目标。其中，深圳市互联网产业同爆满，一期三栋厂房全部租满；蛇口网谷一期原定引进 30 多家企业，却在不到一年的时间里吸引了 50 多家；福田国际电子商务产业园也出现爆满，一年来涌入该园的互联网企业已达 160 多家，还有 50 多家要求进驻。仅深圳市互联网产业园的 51 家企业网上销售额就高达 181 亿元；福田国际电子商务产业园去年引进的 80 多家企业，虽然大多是初创，但当年就创下 3.2 亿的产值。

4.2 影响效果

蛇口网谷规划建筑面积 42 万平方米，分三期建设，整个园区于 2013 年建成，计划引入互联网、电子商务和物联网及相关产业的企业 300 家以上，带动年产值 300 亿元以上。

4.3 特色创新

城市是一个复杂的适应性系统，产业经济活动作为城市系统运作的发动机，与城市发展有着十分密切的联系。产业自身作为一个具有生命力的系统，将随着时代的变迁、发展理念的改变、城市规模的扩张及城市发展阶段的更替，处于永续的转型与调整过程中。产业转型的必然结果是引起城市空间结构的调整，因此，高技术产业、新兴产业等智慧型产业的集聚将是培育智慧型城市空间的必要路径。本文基于"智慧深圳"的发展目标和"再造新蛇口"的宏伟构想，探讨蛇口工业区智慧型城市空间形态的培育路径，包括提供更细致、人性化、高品质的功能，满足服务设施与空间对智慧型人才的需求，以及运行更科学、灵活的实施机制保障园区的开发建设。希望通过本文的探索，能为其他类似的工业区提供借鉴。

参考文献

[1] 许丹松 . 从数据看国家级开发区新特点和变化 [J]. 中国高新技术企业，2011（29）：48-49.

[2] 黄汝钦，杜雁，程龙 . 智慧型城市空间形态培育路径研究——以深圳蛇口工业区更新为例 [J]. 规划师，2013, 29（2）: 26-31.

[3] 万力 . 蛇口宝耀的复苏——蛇口网谷城市更新设计 [J]. 建筑与文化，2018（2）.

[4] 孔晓青 . 招商港口发展"蛇口模式"的形成 [J]. 国家航海，2017（2）.

[5] 贾威 . 招商蛇口产园发展产网平台双创管理 [J]. 建设科技，2017（2）.

编者信息：

臧鹏，女，博士，广东工业大学建筑与城市规划学院，讲师。

"在集体土地上建城市"：佛山南海广佛智城改造与运营机制研究

1 项目背景

1.1 政策背景

站在粤港澳大湾区建设、广佛联手打造超级城市等重大机遇的窗口期，南海进入了机遇与挑战并存的发展新阶段。这一次的竞争舞台上，南海立足当下，推动产业的转型升级，提早布局，发展新经济。

在政府投入巨资实行"三旧"改造、产业升级，建造智慧城市的机遇下，佛山市通过整合打造商务服务、贸易、金融服务、公共服务以及日常特色主题消费五大平台为企业及广佛地区居民配套和服务，形成以企业总部经济和新型生产性服务业为核心的都市产业综合体，与现代商业综合体结合，成为城市中心生态型全功能都市综合体。

《佛山市南海区产业用地提升指导意见（试行）》中提出产业用地实行"弹性年期出让"和"先租后让"的模式，旨在通过土地制度创新，大力盘活存量土地资源，进一步提升土地利用效能，为产业发展提供政策支撑与制度保障。该指导意见全面实行弹性年期出让制度，大力推进"先租后让"的供给制度。根据产业类型、生命周期、项目规模等因素灵活确定土地供应方式与出让年期，提高供应方式与产业项目的适配度。其中，弹性年期出让年限为 10～50 年；"先租后让"则是按照公开出让程序确定土地竞得人后，由竞得人进行开发建设、经营利用，待租赁期届满，达到约定要求并缴清土地出让价款后，将土地使用权出让给竞得人的供应方式。

1.2 缘起诉求

（1）机遇

佛山市"三旧"改造纳入标图建库的面积约 380 平方公里，约占全市建设用地的 26%，新增建设用地规模已经突破土地规划 2020 年划定的建设用地指标规模。佛山土地存在着存量巨大，新增衰竭的问题，在政府投入巨资实行"三旧"改造、产业升级、建造智慧城市的机遇下，广佛智城项目应运而生。

（2）发展基础

区域经济发达，中小企业数量众多，实力雄厚，是广佛智城项目发展的坚实基础。通过多元化的业态复合、多产业结构的互补，着重于商、展、贸三大功能的资源整合，这是广佛智城项目得以发展的经济基础。另外，广佛智城坐落于佛山市南海区东翼，沥桂一体都市新中轴的北极，周边有广佛高速、佛山一环、广佛公路、南海大道等交通干道环绕，距广州市区及佛山市中心仅十余公里，交通便利，这些是广佛智城的区位优势基础。❶

（3）软性支持

由于该项目的地理位置优势和原有的经济基础优势，加上相关政策的支持，使得广佛智城项目能够顺利实施并且初见成效。《佛山市南海区东部分区规划（2012—2020）》将其定位为南海新城市中心区的重要组成部分、广佛国际商贸城的中心服务区、大沥的生产和生活服务中心、广佛都市圈的核心消费区。

2 项目特征

2.1 项目概况

广佛智城坐落于佛山市南海区东翼，沥桂一体都市新中轴的北极，位于广佛国际商贸城中心区内2号和3号地块，距广州市区及佛山市中心仅十数公里，向东辐射广州省会枢纽，向南涵盖佛山制造基地，区位优势十分明显。该项目占地32.93公顷，110万平方米，总投资约为40亿元。自2010年启动开发建设以来，广佛智城已建成并投入使用的建筑面积达12万平方米，在建建筑面积为40万平方米，包含生产性服务业聚集区（2号）、永旺地块（3号）、国际电商采购中心（6号地）、国家级众创空间、智＋国际青年公寓、魔方公寓等❷。

2.2 现状评价

该地块原本是属于村集体用地的简易厂房，在项目启动改造前，中心区内共有厂企639个，占地面积1462亩（约97.5公顷），厂房建筑面积约100万平方米。辖区内绝大部分土地以集体出租收取租金的经营模式为主（土地租金约10元左右/平方米）。租户主要为从事回收废旧塑料和有色金属的企业和加工厂，建筑物多为简易厂房甚至露天堆场，存在无证照违法生产经营、厂容厂貌脏乱差、城市服务功能欠缺、

---

❶ 邱源臻，罗楠. 广佛智城：基于电商平台的产商综合体 [J]. 现代营销（下旬刊），2016（11）：38-39.
❷ 广佛智城创新城市综合体再出发 [EB/OL] http://gd.people.com.cn/n2/2018/0529/c123932-31639055.html. [2018-05-29]

单位用地产出效益低下、土地利用较为低下（容积率约 0.8）等问题。

目前，广佛智城容积率约为 4 ~ 5，写字楼的出租率达 100%，已有近 1000 多家企业、10000 多名办公人员（写字楼租金约 50 元左右 / 平方米）。众创空间中的创业项目大多立足于有色金属加工、家具制造、五金建材、纺织服装和商贸批发等本地传统产业，转型后孵化出梦芭莎、百贝屋、铜道网、合美及点赞科技等 10 多个初创企业。

3　规划方案

3.1　空间布局

广佛智城规划涵盖了生态办公区、PE 投资大厦、文化主题酒店、电影文化博览城、"公园里的步行街"、名店坊、超级购物中心永旺梦乐城、国际博览中心、会展中心和产业配套用房，作为商产融合模式的空间载体。形成集合了电子商务办公群、永旺梦乐城、国际青年社区、国际电商采购中心、国家级众创空间的空间布局（图 1、图 2）。

生态办公区涵盖了创意办公空间、工作坊和实验室，规划还配套了"智·会所"、面积多功能展厅、员工食堂、公寓酒店、餐饮等商业及休闲娱乐购物空间。规划为已有产品原型的初创企业或已具有一定用户的服务商配套较大规模的生态办公和投资大厦，以及宣传推广所需的会展空间。❶

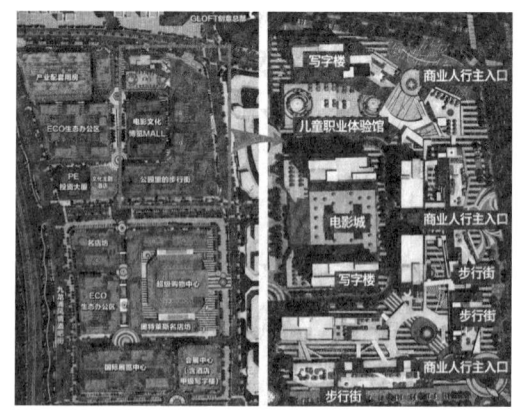

图 1　规划功能分区

（来源：广佛智城 [EB/OL]http：//www.winshang.com/k/gfzc/. [2018-10-1]）

---

❶　项振海,黄哲,李志刚.众创空间的内涵、功能搭建与机制——对广佛智城的实证 [J] 规划师，2016(09)：18-23.

图 2　广佛智城 2、3 号地总体规划效果图

（来源：广佛智城 [EB/OL]http：//www.winshang.com/k/gfzc/. [2018-10-1]）

3.2　功能业态

在功能业态上，主要提出"三城一社区"的概念，"三城"指的是广佛创新创业创意城、广佛智能家居城、永旺梦乐城，"一社区"指的是智＋国际青年社区。

广佛创新创业创意城主要目的是帮助小微企业转型升级，包括大学生创业基地等，目前进驻企业已经有 1000 余家，日常办公 8 万人左右。

广佛智慧家居城主要结合大沥原有的特色产业家具制造业，通过引入互联网电商巨头签约，并且与京东产业谷合作，打造技术、运营、培训、金融、物流等一站式电子商务运营服务，帮助本地的贸易商拓展新渠道，如电商、线下体验等，帮助传统的制造业进行综合式的产业升级。在国际电商采购中心，采取展贸结合、以展带会、以贸促展的商业形态，通过超大规模的商业展览贸易设备、商务办公设施，结合电子商务技术手段，实现数字化商贸城和有形实体市场之间的相互促进。

图 3　广佛智城现状照片

（来源：作者自摄）

永旺梦乐城，打造集购物、娱乐、饮食、休闲、旅游、文化于一体的一站式购物中心，并结合广佛智城电商平台为佛山市民提供全新购物感受及生活方式。

国际青年社区不仅为创客们提供自住、投资、SOHO 办公为一体的 Loft 公寓，社区内更有完善的娱乐、餐饮、体育运动等设施配套。

整个项目最终形成以电子商务办公群为产业基础，以永旺梦乐城和国际青年社区为商业依托，以国际电商采购中心作为互联网 + 核心，以国家级众创空间作为孵化主体的运营模式。

3.3　改造模式

广佛智城用地为集体土地，是"在集体土地上建设城市"，也是"广佛同城"战略下"三旧"改造、城市转型升级的代表。

基于《佛山市南海区产业用地提升指导意见（试行）》对该项目"在集体土地上建设城市"的政策保障，该项目拟采用"先租后让"的方式。首先由政府租赁村集体土地 40 年，并承担工业用地转成商业服务业用地和拆迁的成本，同时通过投资推进基础设施建设和城市环境改造，实现引进开发商的资本；广佛智城的开发运营企业——广东广佛智城商业地产投资有限公司，通过投入资本从政府手中租用土地进行空间开发与建设，获得了面积为 110 万平方米的物业的 40 年使用权。

在此过程中，政府通过政策扶持、招商推介和利益协调等方式，帮助企业解决融资贷款、招商引资等方面的诸多困难，协助企业与阿里巴巴、京东等互联网平台企业建立联系。从而企业获得了稳定的物业租金收益，以及公寓、商铺使用权的出售资金。通过产业导向和聚集等，该项目使原有的传统制造业、小中型金融企业转型升级，将原产业相对较为低端的业态转变为相对高端复合的业态，使得出租收益由原本土地租金 10 多元 / 平方米变为写字楼、商铺等租金 50 元左右 / 平方米，实现了土地产值的增值。而入驻广佛智城的创业团队获得了办公租金、人才引进、服务咨询等方面的优惠，大幅降低了企业经营和创业活动的成本。

（1）地方政府

在此过程中，政府通过信誉担保、租金"兜底"、政策扶持、招商推介和利益协调等方式，帮助企业解决融资贷款、招商引资等方面的诸多困难，出台《佛山市南海区电子信息产业扶持奖励办法》《佛山市南海区支持企业融资专项资金管理实施细则》等，扶持创业团队，并出台《佛山市南海区产业用地提升指导意见（试行）》，采用"先租后让"、"弹性出让"等方式，实现国有土地和集体土地的高效利用，为产业发展提供政策支撑与制度保障。通过政府的推荐，广佛智城众创空间还与阿里巴巴、京东、苏宁等搭建了合作平台。

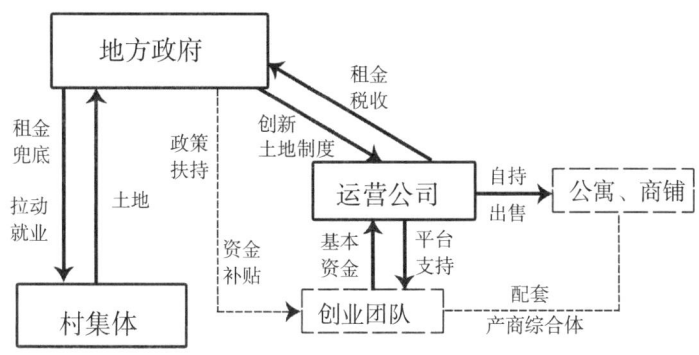

图 4　广佛智城改造与运营机制

（来源：作者自绘）

（2）村集体

2007 年政府从村民手中租得地价的租金为平均 4.25 元 / 平方米，与村民签订相关承诺，保证各村土地租金收入保持原有水平并略有增长，同时，各村的租金每三年将在上一期的租金基础上递增 10%。政府的兜底策略给村集体和村民带来了较好的经济收入，如：联滘社员股东 2007 年人均分红为 4000 元 / 年，到 2017 年已经增长至 9000 元 / 年，增幅高达 125%。❶

同时，广佛智城的生活配套、休闲娱乐及公共配套设施也为本地区创造大量就业职位、居住空间。其中，现有多达 1 万多人的办公人口，未来可创造 8 万多个就业岗位，实现常住人口约 3.5 万人，日平均流动人口约 20 万人次。

（3）运营公司

运营公司（广东广佛智城商业地产投资有限公司）作为一个综合性平台，负责整合多方资源，如国际电商采购中心携手阿里巴巴 O2O（online to offline）专业市场和京东云产业谷等服务平台打造的 O2O 展贸综合平台。前者为落户的企业提供展贸与电商一体化的 O2O 大数据平台，后者为广佛商贸城区域搭建电商平台，提供京东先进的技术、运营、培训、金融、物流等一站式电子商务运营服务。众创空间在国家政策的大力扶持下，形成创业人才、孵化平台、风投资源和服务机构四位一体的综合性创业人才项目交流落地的平台，已经进驻的电商对初创者提供点上培训、运营支持、货源供应及后台服务等一站式服务。

运营公司还提供完善的商务配套服务，包括智·荟所、多功能展厅、酒店式公寓、社区服务配套、国际影院、餐饮配套、员工食堂配套、员工公寓租赁、广佛接驳巴士，

❶　李欣，龚晶 . 集体土地上建起新城区 广佛智城"三旧"改造模式引关注 [EB/OL]. https://new.qq.com/omn/20180803/20180803A0BTYZ.html [2018-08-03]

最终形成了一个整合资源的综合平台，并将服务作为主要的经济来源之一。此外，运营公司也通过物业租金收益，以及公寓、商铺使用权的出售资金，维持稳定的经济收入。

（4）创业团队

入驻广佛智城的创业团队得到多方面的支持，同时与地方形成良性互动。一方面，依赖于国家和地方的相关政策，创业团队在经济上可以获得相应补贴，创业者的积极性得到提升；另一方面，广佛智城作为一个整合资源的综合平台，通过"培训+运营支持+后台服务+商务配套设施"的从物质空间到政策的平台支持，培养孵化创业团队。而当创业团队逐步成熟后，也会通过税收等反哺政府，行成良性循环。

3.4 空间运作机制

广佛智城众创空间的空间规划、功能搭建及产业要素集聚并不是相互独立的过程，其相互作用是广佛智城众创空间得以持续运行、不断完善的基础。在空间规划上，围绕"互联网+"和电商产业集群进行复合功能模块的搭建，实现从众创活动逐步集聚的过程。众创空间的空间规划、功能搭建是由地方政府、企业、村民及村集体协力逐步完成的。由此，一方面，广佛智城众创空间集聚了大量产业要素，并吸引了大量根植于本地生产网络的创客团队和创业企业入孵，形成了基于互联网经济的电商服务产业集群。另一方面，通过高标准一站式产业服务体系，培育新型中小微型企业、带动传统商贸业转型、引领人才聚集，使地方经济社会进入良性的发展轨道。

4 特色创新

4.1 政府信誉担保、租金"兜底"、政策扶持

据了解，政府租给广东广佛智城商业地产投资有限公司土地租金8元/平方米，而政府从村民手中租得土地价格2007年为4.25元/平方米，按照每三年在上一期的租金基础上递增10%计算，可知政府二次出让的租金差价非常低，在土地租金上几乎没有收益。同时，政府承担了拆迁费用和基础设施建设、城市环境改造的工作；政府帮助经营企业扫清了集体物业分割出让和抵押贷款的政策障碍，经营企业获得了稳定的物业租金收益。政府的收益在于通过该项目带动相关产业的发展，拉动国民经济增长，从而增加财政税收。可以说，佛山的改造政策是基于产业发展的长远利益，政府没有把土地作为财政的主要来源，而是作为优惠的财政政策，给产业的发展以更充足的动力，从后续产业发展可持续的税收中获得更多的收益。

4.2 作为综合平台的产商综合体

传统商业地产主要采用的是租多售少或者全部出租的模式，通过赚取租金为主

要的经济来源，而广佛智城是一个整合资源的综合平台，将服务作为主要的经济来源之一。重点引入的三类商家（电子商务运营企业、愿意投入产品和资源进入电子商务领域的传统企业、大型电子商务运营平台和运营商务中介服务公司）通过技术、运营、培训、金融、物流等一站式电子商务运营服务，建立了商产融合的业态模式，行成了以电子商务办公群为产业基础、以永旺梦乐城和国际青年社区为商业依托、以国际电商采购中心作为互联网＋核心、以国家级众创空间作为孵化主体的运营模式。

4.3 "在集体土地上建设城市"的先行者

该项目是"在集体土地上建设城市"的先行者，尝试通过政府统一从村集体租用土地并二次返租及征用土地统一规划开发的模式，对广佛国际商贸城中心区实施重新规划，将原来零散分割的低效用地，进行连片集约开发，实现国有土地和集体土地的高效利用。通过土地制度创新，大力盘活存量土地资源，进一步提升土地利用效能，为产业发展提供政策支撑与制度保障。

4.4 紧抓优势产业深度融合

佛山市自改革开放以来，通过"自下而上"的快速农村工业化成为"世界工厂"。近年来，这些传统制造业都经历着互联网经济的冲击，面临着转型升级的压力。此时，广佛智城众创空间应运而生，入驻了电子商务、网络技术、市场营销、软件工程及艺术设计等多个创业团队，形成了基于互联网经济的电商服务产业集群。基于专业市场在本地原有的集聚，广佛智城在流通方向打造国际电商采购中心，吸引海量的品牌贸易商、厂商，与本地优势产业进行深度融合，并结合京东云产业基地、阿里巴巴产业带、新浪360等已进驻到广佛智城的企业，共同构建线上线下一体化、深度融合的生态圈，实现传统产业和电商品牌的深度融合。

编者信息：

肖希，女，博士，广东工业大学建筑与城市规划学院，讲师。

百年工业遗产带重生启航：上海杨浦滨江公共空间示范段的更新探索

1 项目背景

1.1 政策背景

经历过去 30 多年的快速发展，上海已经进入城市转型的战略机遇期和关键攻坚期，上海中心城作为全球城市核心功能区，在转型重构的过程中也反映出功能绩效和宜居品质不足的问题。❶黄浦江滨江地区一直以来是上海市成为世界之都的重要基石，也是传承历史文脉、彰显城市魅力的门户地区。浦江两岸岸线较长，发展水平参差不齐，其中以浦东段的公共空间建设发开发最早，经验最为丰富。❷

2013 年，随着黄浦江两岸综合开发工作进入新阶段，上海市委、市政府明确了黄浦江两岸地区作为上海市六大重点功能区之一，两岸地区的战略地位得到进一步提升。黄浦江两岸开发的工作重心，逐渐聚焦到公共空间建设。❸2014 年，《黄浦江两岸地区公共空间建设三年行动计划（2015 年——2017 年）》正式公布，黄浦江两岸计划用 3 年时间打造世界级滨水公共开放空间，重点围绕滨江公共空间、服务设施、交通系统等三个方面展开规划，致力实现从徐浦大桥至杨浦大桥滨江空间基本贯通。❹2017 年，市浦江办组织制定并发布了《黄浦江两岸地区公共空间建设设计导则》，导则为杨浦大桥到徐浦大桥的黄浦江两岸 45 公里岸线公共空间建设连续、贯通、安全、人性化的滨江慢行系统（提供漫步道、跑步道、骑行道等慢行通道）制定了统一的建设技术指标。❺同年，浦江两岸地区公共空间建设工作全面得到提速，沿江的杨浦区、虹口区、黄浦区、徐汇区、浦东新区，都在全力推动公共空间的贯通开放。

❶ 徐毅松，廖志强，张尚武，等.上海市城市空间格局优化的战略思考 [J].城市规划学刊.2017（02）：20-30.

❷ 李雨婷.关于黄浦江两岸公共空间利用现状的调查 [J].房地产导刊.2015（36）：475.

❸ 孙宝席.上海大事记（2013 年 5 月～6 月）[J].上海党史与党建.2013（08）：62-63.

❹ 上海市黄浦江两岸开发工作领导小组办公室.黄浦江两岸地区公共空间建设三年行动计划（2015 年—2017 年）[Z].2014-12.

❺ 上海市黄浦江两岸开发工作领导小组办公室.黄浦江两岸地区公共空间建设设计导则（沪浦江办〔2017〕1 号）[Z].2017-03.

2015 年 5 月上海市政府发布了《上海市城市更新实施办法》（下称"更新办法"），《更新办法》以区域评估和公共要素为体系核心，对城市功能、公共服务配套设施、历史风貌保护、生态环境、慢行系统、公共开放空间、基础设施和城市安全等方面的公共要素进行重点评估。❶ 黄浦江两岸地区在一系列公共空间建设政策引导下，借助区域评估和公共要素评估有效地进行了滨江空间和腹地之间的区域协调和整体更新，同时也使两岸地区公共空间和历史遗产在政策引导下走向持续更新之路。

1.2　缘起诉求

上海杨浦滨江公共空间示范段（以下简称"示范段"），是上海市杨浦区从怀德路至丹东路一段共 550 米长的滨江公共空间 ❷，其作为杨浦区先期开发滨江岸线的一期项目，也是黄浦江两岸 45 公里岸线公共空间建设项目的重要组成部分。

15.5 公里岸线的杨浦滨江，按南、中、北三段进行开发推进，目前的重点在南段 5.5 公里。其中，杨树浦路以南、秦皇岛路以东、复兴岛运河以西，约 1.8 平方公里的土地为杨浦滨江核心段范围。❸ 该核心段范围在更新前期已进行了《上海杨浦滨江核心段城市设计及控制性详细规划》，规划设计以"营造智慧型、历史感和生活化"为理念，建筑风貌新旧交融，为百姓打造一个亲水的"城市客厅"和宜人的"生活街区"。❹

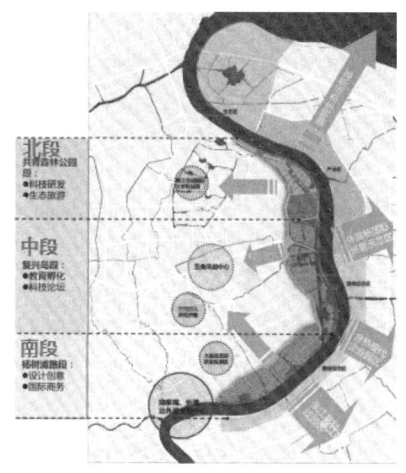

图 1　杨浦滨江公共空间分段图

（图片来源：上海杨浦滨江核心区城市设计）

❶　庄少勤 . 上海城市更新的新探索 [J]. 上海城市规划 . 2015（05）：10-12.
❷　章明，张姿，秦曙 . 锚固与游离：上海杨浦滨江公共空间一期 [J]. 时代建筑 . 2017（01）：108-115.
❸　黄尖尖 ."一段岸线，一段工业景观"，杨浦滨江核心段城市设计获全国二等奖脱颖而出，获全国二等奖 [EB/OL]. [2017-01-18]. https://www.shobserver.com/news/detail?id=42551.
❹　上海市城市规划设计研究院 . 上海杨浦滨江核心段城市设计及控制性详细规划 [Z]. 2013-08.

　　杨浦滨江，是中心城区中最长的黄浦江岸线，同时也是中国近代工业的发祥地，见证了上海百年工业的发展历程。杨树浦工业区在发展历程中创造了中国工业史上众多"工业之最"，在 20 世纪上半叶已经成为中国近代重要的工业基地。目前，在杨浦滨江南段核心区，规划保护保留的历史建筑总计 24 处，共 66 幢，总建筑面积达 26.2 万平方米，还有一大批极具特色的工业设施设备遗存。从东至西分布着上海船厂、杨树浦水厂、新怡和纱厂、中国第一鱼市场、丹东路渡口等老厂房，串联起杨浦百年工业博览带。❶

　　同济大学张松教授团队曾对杨树浦地区工业遗产进行了普查及评估分析，将该地区工业遗产分为三类：（1）保护工业遗产类；（2）保留工业遗产类；（3）一般工业建筑类。并归纳指出，"只保留了单个点状的具有保护身份或保护价值高的工业遗产，而往往忽略了成片保护在工业遗产保护中的重要性，将其余价值相对较低、却是形成地区风貌不可少的工业建筑遗产全部拆除。这种做法虽然能得到较高的容积率，却往往导致'千城一面'，地区原有的地貌景观和人文氛围全部被破坏，环境品质降低而使城市失去魅力。"同时也认为杨树浦地区应"发现地区中最基本和稳定的特征以保留地区特征和个性，维护场所精神。工厂、仓库、码头等工业遗产具有极大的可塑性，经过创造性的改造利用可以成为时尚活动的魅力空间，甚至成为萌生创意产业的场所。"❷

　　杨浦区于 2010 年被列为国家首批"国家创新型试点城区"❸，作为"国家创新型试点城区"重点更新地段的滨江地区，如何在黄浦江两岸地区公共空间建设行动中找准定位，充分利用百年工业遗产等独特的历史文化和景观特色资源，是更新工作开展的最大难题。

　　在 2015 年初，杨浦滨江地区的公共空间改造其实已经开始实施，但实施模式主要是沿用与其他滨江地区相类似的滨水景观手法：线形流畅的曲线路径、极为丰富的植物配置、各色花岗岩铺装的广场台阶与步道、成品采购而来的景观小品等，并且计划抹去原有场地上的大量历史痕迹。这种模式存在的种种问题逐渐被地区政府察觉，并重新委托新的设计单位对原方案进行"修改与提升"，同济大学的章明教授设计团队正是在此"机缘"下接手了该项目。

　　杨浦滨江地区的公共空间改造原有设计方案，不仅把所有防汛墙退后 10 ~ 13 米，做成大的斜坡，将所有的滨江两岸的防汛墙都用同一种方法来做，而且把原有防汛闸门和原有渔货市场通道全部拆除，此外还覆盖原来老码头的混凝土地面，全部铺

---

❶　张维维，朱良城 . 杨浦 2.8 公里滨江水岸揭开面纱 [N]. 杨浦晚报，2017-07-06.

❷　张松，李宇欣 . 工业遗产地区整体保护的规划策略探讨——以上海市杨树浦地区为例 [J]. 建筑学报，2012（01）：18-23.

❸　杨贵庆，韩倩倩 . 创新型城市特征要素与综合指数研究——以上海"杨浦国家创新型试点城区"为例 [J]. 上海城市规划，2011（03）：72-78.

上花岗石铺面。对此，章明教授回忆道："接手这个项目之后，我们分析了原方案在尊重场地所固有特质、尊重场地本身所拥有的记忆、场所精神的延续等方面的欠缺，提出了新的方案，以'工业'为核，使杨浦滨江南段成为连绵 5 公里长的后工业博览带"，且主张"在场地的残留痕迹中挖掘价值与寻求线索"。❶ 由此，项目重新转入作为示范段的探索之路。

1.3 资金情况

示范段由上海杨浦滨江投资开发有限公司投资建设，该公司一方面推进公共空间和基础设施建设，另一方面通过土地岸线收储工作推进投资服务工作，自 2015 年始共收储杨浦南段滨江核心区土地 7 幅、面积 28 公顷，待收储土地 9 幅、面积 5.2 公顷，使公共空间建设资金得到区域综合开发的有效保障。❷

至今年年初，该公司已展开五期滨江公共空间建设项目。公共空间一期（示范段）已于 2016 年 6 月竣工；公共空间二期位于丹东路至渭南南路，岸线全长约 850 米，建设工程总面积约 67000 平方米，2016 年 10 月开工建设，2017 年底基本竣工；公共空间三期岸线全长约 780 米，建设工程总面积约 32900 平方米，于 2017 年下半年开工建设；公共空间四期水上工程位于秦皇岛路至怀德路，岸线全长约 1450 米，水上栈桥段已于 2016 年 5 月开工建设，于 2017 年 6 月实现贯通；公共空间五期水上工程位于渭南南路至腾越路，岸线全长约 1870 米，于 2017 年底基本竣工。❸

1.4 决策组织

从整体来看，杨浦滨江公共空间建设只是国家创新型试点城区更新发展的一个局部，但从中也反映了地区政府决策组织层面的职能转型。2014 年 4 月科技部部长万钢表示："杨浦国家创新型试点城区抓住城区转型发展的核心与关键，在实施三区（大学校区、公共社区和科技园区）融合联动发展，激发全社会创新创造活力和潜力方面做了很好探索，对经济社会发展做出实实在在的贡献。希望再接再厉，借力上海自主创新示范区，自由贸易示范区建设，更好地发挥创新驱动发展战略核心作用，在促进知识创新繁荣经济，科技服务业发展，强化高校、科研院所对周边区域带动功能等方面做出新探索，开创新局面。"❹

杨浦区政府在城市更新工作中，着重落实加快政府职能转变的三方面举措：一是通过界定政府职能范围和优化，政府职能结构从管制型政府转变为服务型政府；二

❶ 章明. 锚固与游离 [J]. 城市环境设计，2017（03）：394-397.
❷ 张璐. 上海杨浦滨江投资开发有限公司概况 // 杨浦年鉴 [J]，上海：学林出版社，2016：234-235.
❸ 范彦萍. 杨浦滨江规划保护历史建筑 66 幢 [N]. 青年报，2017-05-17.
❹ 徐松亮. 老工业基地转型案例——上海杨浦的实践与探索 [Z]. 上海同济城市规划设计研究院学术交流办，2017-08-15.

是着力推进依法行政，通过制定标准化、规范化、具体化、操作性强的程序，使行政执法主体严格按照程序办事，保证国家权力高效率运行；三是扩大公民参与渠道，让社会组织和公民积极参与到老工业基地的转型过程中，使得公民的要求、意愿得到及时反映，促进改造过程公平、公正、公开。❶特别是对杨浦滨江公共空间建设的决策指导，确立了转型的改革方向及政府的职能定位：聚焦公共服务，鼓励公众参与，平衡各方利益。由区政府设立的上海杨浦滨江投资开发有限公司，在此职能定位引导下顺利完成"示范段"开发开放任务，促进高品质实施项目建设分期落实、稳步推进，为打造"滨江国际创新带"奠定坚实基础。

2 项目特征

2.1 项目概况

示范段项目由同济大学建筑设计研究院（集团）有限公司原作设计工作室设计，用地面积约 28000 平方米，岸线长度 550 米，于 2015 年 7 月开始设计，至 2016 年 7 月建成。❷

图 2 杨浦滨江公共空间示范段总平面图

（图片来源：章明. 杨浦南段滨江的更新贯通之路）

2.2 现状评价

示范段位于杨浦滨江南段杨浦大桥以西地段，基地所处区域原来分属两家企业，西侧的区域曾经属于上海第一毛条厂，它的前身是始建于 1915 年的新怡和纱厂；东侧的区域曾经属于第一水产批发部，它的前身是 1945 年建成的中国第一渔货市场。遗憾的是由于 2008 年渔人码头一期、二期的建设，两家曾经辉煌的企业用地内的厂

❶ 王颖. 老工业基地转型中的政府职能研究 - 以上海市杨浦区为例 [J]. 经营管理者，2016（33）：318-319.
❷ 章明，张姿，秦曙. 锚固与游离：上海杨浦滨江公共空间一期 [J]. 时代建筑，2017（01）：108-115.

房几乎全部拆除，其中包括 1915 年建成的极具历史价值的英式老厂房。❶

图 3　中国第一渔货市场拆除过程

（图片来源：章明．锚固与游离：上海杨浦滨江公共空间一期）

2.3　目标定位

在浦江两岸"大"项目开发建设下，设计团队坚持认为示范段项目依然是一个城市的有机更新项目，不能做"大"动作，由此提出了"以工业传承为核，打造生态性、生活化、智慧型的杨浦滨江公共空间滨水岸线"的设计理念。❷

2.4　改造思路

设计团队提出了"三带、九章、十八强音"的改造思路。"三带"是指 5.5 公里连续不间断的工业遗存博览带，漫步道、慢跑道和骑行道"三道"交织活力带，以原生植物和原有地貌为特征的原生景观体验带。"九章"是对于整个杨浦南段滨江的区段划分，在场地遗存的特色厂区基础上进行不同空间处理、情绪体验、功能倾向的规划设计，从而形成各具特色的九个章节。"十八强音"所对应的特色节点，是将工业遗存改造再利用形成的亮点。❸

3　规划方案

3.1　空间布局

空间布局强调"路径线索梳理整合——营造公众体验、实现社会公共资源的共享。"以此将封闭的生产岸线转变成为开放共享的生活岸线。示范段作为杨浦滨江南段整体贯通段的中心环节，实现了步行道、跑步道、骑行道的"三道"贯通，及工业遗存博览带、原生景观体验带、三道交织活力带的"三带"融合。

❶　章明，张姿，秦曙．锚固与游离：上海杨浦滨江公共空间一期 [J]．时代建筑，2017（01）：108-115.
❷　章明，张姿，秦曙．锚固与游离：上海杨浦滨江公共空间一期 [J]．时代建筑，2017（01）：108-115.
❸　章明．杨浦南段滨江的更新贯通之路 [J]．建筑技艺，2017（11）：34-47.

3.2　功能业态

在杨浦滨江南段用地结构上，约 30% 是公共开发空间，约 30% 主要是市政工程，还有约 40% 作为开发用地（主要包括商业、办公等）。❶ 设计团队将城市公共空间的建设视为城市更新的"催化剂"，提出了"周边地块沟通联系——促进城市更新、通过公共空间营造带动城市发展，激发城市活力"❷ 的设计策略，以示范段作为激发滨水空间活力的触媒和引擎，带动周边的转型发展。

3.3　环境风貌

别具特色的历史建筑、历史风貌，是杨浦滨江地区百年工业遗产带的重要城市记忆。示范段不只是保护孤立的一幢幢建筑，而是要成片地保护其整体风貌，让历史建筑和历史江岸焕发出历久弥新的风采。通过示范段的先行先试，塑造了功能复合、设施完善、富有文化内涵的百年工业遗产带滨水生活岸线样本。

3.4　设施配套

示范段的设施配套设计始终围绕工业遗产带的主题，充分利用场地工业遗存和元素，打造了包括交通复合体、钢栈道、钢栈桥、工业之舟等系列家具设施和景观小品（表 1）。

示范段设施配套典型样本　　　　　　　　　　　　　　　　表 1

设施名称	设施概况	设施特色	设施照片
交通复合体	集合了坡道、座椅、展示、爬藤花池等功能的钢廊架。通过双柱相连的形式将廊架立柱的截面尺寸有效的缩减和有意识的控制，从而形成坡道和廊架顶部的轻盈感，使整个廊架形成脱离于场地之上的漂浮态势。	•解决防汛墙后区和码头区的高差所形成的交通阻断； •建构原型来源于纺纱厂历史照片中整经机上的线与柱的缠绕关系； •将建构关系重新演绎为座椅、攀爬索和遮阳棚等功能； •线性排列的钢索在阳光下形成丰富的层次关系。	
钢栈道	3 号码头一组悬浮于原码头上、可连通多个方向的钢栈道，同时满足了通行、休闲、坐憩和凭江远眺等多项活动需求。	•解决落差 1 米多的下凹地段，影响滨江空间通行连续性的问题； •透过钢栈桥面透空的格栅网板，能依稀看到老码头粗糙的混凝土地面；	

❶　上海市城市规划设计研究院 . 上海杨浦滨江核心段城市设计及控制性详细规划 [Z]. 2013-08.
❷　章明，张姿，秦曙 . 锚固与游离：上海杨浦滨江公共空间一期 [J]. 时代建筑，2017（01）：108-115.

续表

设施名称	设施概况	设施特色	设施照片
钢栈桥	1、2号码头之间设置长约8米的断面呈U形的钢栈桥，形成格构状的桥身外观。	• 连接1、2号码头之间存在约8米的断裂带； • 能观察到桥下黄浦江水的涨落变化； • 能清晰地听到江水通过原先的夹缝拍打防汛墙的回响。	
工业之舟	名为"工业之舟"的景观小品复合了花池与座椅的功能，类似于漂浮于江面的舟船的形态，并以轮式支撑的形式架空于码头钢轨之上。	• "临时性"同老码头混凝土质感的"永久性"形成清晰可读的对比； • 新介入的元素轻轻游离于既有环境之上，又依然保持着同既有环境的关联。	
栏杆与灯柱	通过单一元素"水管"的组合变化形成适应于不同线型、不同位置的栏杆与灯柱系列，并将其赋予照明和防护的功能。	• 设计源自于老工厂中管道林立的状态； • 让原来流淌着水的管道变成流淌着光的管道； • 粗壮的钢管和锈蚀的质感传递着工业遗存的记忆和气息。	

（文字来源：章明.锚固与游离：上海杨浦滨江公共空间一期）

4 实施评价

4.1 技术方法

根据场地原有的码头元素，设计团队主要在防汛墙、防汛闸门、浮动限位桩、码头地面肌理和雨水花园五个对象采用了具有针对性的技术方法（表2）。

示范段主要采取的技术方法　　　　　　　　　　　　　表2

技术对象	技术方法
防汛墙	原有防汛墙是原有场地遗存的重要特征物与识别物，因此针对杨浦滨江的工业特征，示范段保留了近300米的原有防汛墙，斑驳的墙面与厚重的墙体提示着往昔工业码头的记忆。同时适当提升了防汛墙内侧的地面高度、形成视角理想的望江平台，避免了防汛墙对滨江公共空间视觉上的阻挡。

技术对象	技术方法
防汛闸门	经过和后区开发公司以及水务部门的多次沟通，最终实现了防汛闸门的保留。设计通过调整防汛墙后区地面标高、搭建新的镂空钢栈道，并利用闸口空间种植乌桕，实现了保存工业遗迹与满足使用功能平衡的目标。
浮动限位桩	经过同施工单位的多次磋商，最终以最小的预制构件折损方案以及节省墩柱拆除费用等理由，在拆除作业船已然到港的状态下，将这个当时不起眼的浮动限位桩保留了下来。和老码头的粗糙肌理一同被保留下来的还有大小不一的钢质栓船桩和混凝土系缆墩。
码头地面肌理	携手混凝土直磨技术的专业团队，通过多次试验，最终确定了局部地面修补、混凝土直磨、机器抛丸、表层固化的施工工艺，从而实现了老码头表面原有肌理的保留与品质提升。
雨水花园	运用低冲击开发（low impact development，简称"LID"）和海绵城市设计理念，保留了原本的地貌形态，形成可以汇集雨水的低注湿地。地底不做封闭防渗水处理，使汇集的雨水可以自由地下渗到土地中，补充地下水。同时既解决了紧邻历史建筑地坪标高低排水压力大的问题，也改善了区域内的水文系统。大雨时还能起到调蓄降水、滞缓雨水排入市政管网的作用。

（文字来源：章明 . 锚固与游离：上海杨浦滨江公共空间一期）

4.2 改造模式

4.2.1 顺应场地模式

这种模式采取了一种不同以往的思维方式：放弃将新老融合于单一理念的企图，转而从局部元素及其连接方式出发，顺应和接受自发与偶发的状态，建立一种锚固

与游离并存的新关系。鉴于对传统景观模式的规避与反思，改造中尝试运用了基于场地挖掘、空间梳理、场所精神的景观设计策略。❶

4.2.2　时间厚度模式

这种模式是从对既有环境的空间脉络梳理出发，从场地肌理着手展开设计，努力营造富有时间厚度的城市公共滨水空间。避免斩断时间延续性的"城市重建"，以寻求城市空间的存续与再生；尊重历史遗存和历史痕迹，但避免对历史简单的符号化表达，以寻求场所记忆的诗意呈现，实现场所精神的留存。❷

4.3　影响效果

示范段于 2016 年 6 月份竣工，并于 7 月对公众开放，现在已成为许多周边市民每天生活不可或缺的一部分，贯通工程给他们的生活带来了巨大的改变，亦使"临江不见江"的地区历史一去不返。

对于整个黄浦江两岸 45 公里贯通工程而言，在流线整合、可达性提升，以及文化内涵等方面，示范段的建设起到了重要的引领作用。2018 年，示范段获得了亚洲建筑师协会建筑奖"建筑的社会责任类"金奖，表明对于存在大量产业转型期的滨水工业遗地，示范段所作的探索更具工业遗产传承层面的社会责任范例作用。

图 4　杨浦滨江公共空间示范段项目获得 2018 年亚洲建筑师协会建筑奖金奖
（来源：同济大学建筑设计研究院（集团）有限公司网页）

4.4　特色创新

杨浦滨江公共空间示范段项目的特色创新主要体现在三个方面：第一，既存工业环境的挖掘和延续，即将老码头上遗留的工业构筑物、刮痕、肌理作为最真实，最

---

❶　章明，张姿，秦曙.锚固与游离：上海杨浦滨江公共空间一期 [J].时代建筑，2017（01）：108-115.
❷　章明，张姿，秦曙.锚固与游离：上海杨浦滨江公共空间一期 [J].时代建筑，2017（01）：108-115.

生动,最敏感的映射的记忆进行保留;第二,原生态的景观设计理念,即采用有限介入、低冲击开发的策略,在尊重原有厂区空间基础和原生形态的基础上进行生态修复改造;第三,基础设施的景观化利用,即利用水中基础设施的结构作为栈桥的结构基础,实现了断点的贯通同时也为景观设计和公共活动增添新的内涵。❶

杨浦滨江示范段对于滨江百年工业遗产带的时间呈现起到了积极的示范作用,正如章明教授所言,"在场所中,时间总是被隐匿的层面叠合覆盖起来。当我们把层面逐一厘清之后,时间的质感就逐渐呈现出来。而且时间是只属于这个场所的,始终在这里隐匿地流动着,也只能在这个场所中追溯和体验。我们所做的只不过是剥离出时间的剖断面。"❷

编者信息:

黄健文,男,博士,广东工业大学建筑与城市规划学院,讲师。

❶ 章明,张姿,秦曙.锚固与游离:上海杨浦滨江公共空间一期 [J]. 时代建筑,2017（01）:108-115.
❷ 章明,张姿,秦曙.锚固与游离:上海杨浦滨江公共空间一期 [J]. 时代建筑,2017（01）:108-115.

以艺术复兴传统——上海洛克·外滩源更新改造

1　项目概况

1.1　项目背景

"外滩源"因地处黄浦江和苏州河交汇之处，居上海外滩的源头而得名。区域内保留着一批始建于 1920 年至 1936 年间的各式近代西洋建筑，为外滩历史文化风貌区的核心区域，是外滩"万国建筑博览会"的源头，也是上海现代城市的源头——我国近、现代的金融业和贸易业均从这里孕育发展并走向壮大。"外滩源"现存有 15 幢优秀历史建筑和一批建于 20 世纪二三十年代的风格多样的历史建筑。与外滩不同，早期"外滩源"因未能得到及时的保护与修缮，曾一度较为破旧败落。

2001 年 8 月，黄浦区以保护历史文化风貌的使命感和对上海城市文脉负责的社会责任感，开始调研该地区的历史和现状，聘请专家主持项目的概念设计；2002 年 6 月 7 日，外滩源项目正式启动，以"重现风貌，重塑功能"为开发指导原则，在保护中开发、在开发中保护，坚持公开、公益、开放性，充分发掘历史建筑潜在人文价值，恢复和保留街区古典风貌。通过功能重整及设施更新，适应现代城市功能的需求。

1.2　项目简介

洛克·外滩源项目，位于外滩的源头——东临圆明园路和 33 号公园绿地，西靠虎丘路，北濒苏州河路，南达北京东路，占地面积 1.69 万平方米（图 1）。这里有当年最好的东方学博物馆和图书馆——亚洲文会大楼，有最负盛名的商学院——真光大楼，有最早和票价最贵的西洋剧院——光陆大戏院等优秀近代保护保留建筑。项目总建筑面积 11.5 万平方米，地上 9.4 万平方米，地下 2.1 万平方米，集修缮、改造、更新与一体，始终围绕着"如何充分发掘、利用历史建筑及其区位优势"将建成商业、金融、文化、酒店及酒店式公寓、办公及公共广场等公共设施。

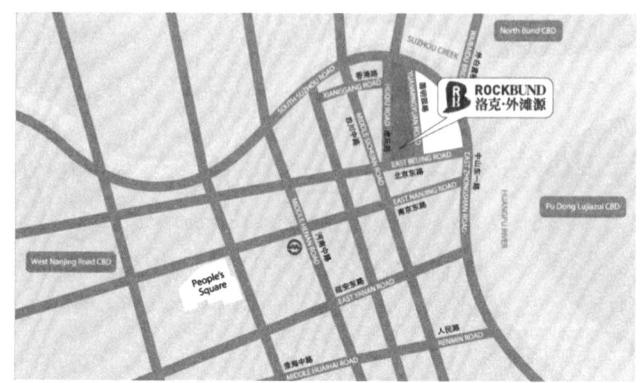

图1 上海洛克·外滩源区位

（图片来源：http：//house.leju.com/business/9684/）

洛克·外滩源项目于2002年12月立项，2003年被上海市政府列入年度重大建设投资计划并委托新黄浦集团进行动迁开发。项目原计划于2010年5月完成所有历史建筑外立面修缮工作，同年11月份开始其中的新建建筑工程，于2011年第二季完成所有历史建筑修缮，最终于2013年第三季完成所有建筑改造。由于项目进展过程复杂，目前除了新建建筑仅完成主体结构，历史建筑部分均已完成修缮并已运营（图2、图3）。

图2　洛克外滩源原貌俯瞰　　　　　图3　洛克外滩源现状俯瞰

（图片来源：邵文晞，孙大明，陈立缤．上海"洛克外滩源"的历史建筑可持续利用与综合改造 [J]. 四川建筑科学研究）

2　更新规划设计

2.1　功能规划及空间营造

洛克·外滩源主要定位为打造上海前卫的生活、旅游片区，在肯定外滩源原有空间格局的同时，积极纳入了新的功能、新的用途和新的生活方式，能为附近居民及外来游客提供高端零售、高档餐厅、高品质酒店式服务公寓和商业办公等一系列配套功能；同时致力于发展艺术文化项目，利用原有历史建筑创立了非营利性的著名上海外滩美术馆等，着力提高城市精神文明建设。

洛克·外滩源项目对于老建筑的保护规划以及对其功能的积极利用，体现了"政府引导，企业参与，专家支持，社会响应，历史传承"的理念，致力于重现新时代上海的魅力。

原建筑改造后的功能类型   表 1

原名	配套产业类型	所属建筑及层数
亚洲文会大楼	上海外滩美术馆	6 层
中国实业银行大楼	大型百货公司	6 层
美丰洋行 - 洛克六号楼	高级办公楼	12 层
安培洋行	国际知名奢华品牌旗舰店和高级餐厅	4 层
圆明园公寓	国际知名奢华品牌旗舰店和高级餐厅	4 层
女青年会大楼	国际知名奢华品牌旗舰店	8 层
哈密大楼	高级办公楼和高级餐厅	8 层
协进大楼	高级办公楼	6 层
兰心大楼	会所	6 层
真光大楼	顶级商业专卖店	9 层
广学大楼	顶级商业专卖店	9 层

根据《上海市外滩历史文化风貌区控制性详细规划》，新建的 3 座集商业、办公、住宅为一体的 14 层塔楼将延续基地内原有的 12 座保护建筑风格，在沿街建筑的框架下被巧妙地植入，与公共空间共同作用，以满足现代建筑功能与开放空间需求。

新老建筑的结合统一是本案设计的重点，建筑师通过对建筑体量分割、立面材料色彩、窗墙关系等方面的审慎处理，使得新建的建筑单体符合了老建筑整体风格，也体现了当代建筑师对于近代建筑保护发展的理念。建成后的 3 座塔楼将位于圆明园路和虎丘路之间，通过原有老建筑的里弄关系，向基地内引入人流，并且通过内环境的联系，使得整个区域的肌理富有贯通性和渗透性。

新建塔楼整体采用了退台手法，退在老建筑后方，以此保证新加的建筑不改变街道与两边建筑围合的尺度感，保留街道中路人的视觉空间，同时塔楼的沿街商业空间得以增加，使得服务性的零售业拥有更多的商业沿街展示面，沿街休闲娱乐空间得以享有更多的广场街道景观，而楼上的办公区域（3 ~ 6 层）也有了朝向虎丘路上的屋顶花园。综上，建筑本身有了多层次、多空间，在提高商业与使用价值的同时也提高了建筑的亲和力和趣味性。

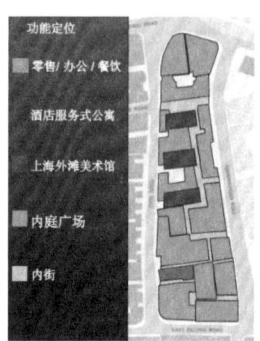
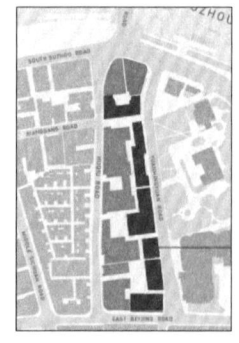

图 4　洛克外滩源功能规划

　　与后来打造的如静安嘉里中心等现代商业体不同，洛克·外滩源更像是一个具有独特历史积淀的商业街区，这个空间既是开放的，没有明确的边际概念，同时又是紧密的，由一栋一栋老建筑和新建筑串联起来。洛克·外滩源想要打造的是一个立体的阶梯式的建筑空间，沿江的大片草坪是第一个阶梯，将上海最引以为豪的江景映入项目内。六层的老建筑是第二阶梯，还原历史的旧貌。高耸的新建筑是第三阶梯，代表现代上海的活力和激情。由此，营造成一个特别、全面并且风格强烈的建筑空间（图 5）。

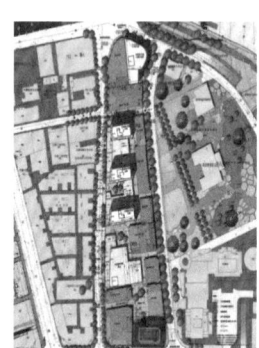

图 5　洛克·外滩源规划总平面图及鸟瞰图

2.2　历史建筑活化利用

2.2.1　历史现场

　　区域内保留着一批建于 1920 年至 1936 年间的各式近代西洋建筑，为外滩历史文化风貌区的核心区域，是外滩"万国建筑博览会"的源头，也是上海现代城市的源头。现存有 15 幢优秀历史建筑和一批建于 20 世纪二三十年代的风格多样的历史建筑（图 6、图 7）。

图 6 改造前现状照片（中华人民共和国成立前）

（图片来源：http://blog.sina.com.cn/s/blog_487145f701017m43.html）

图 7 改造前现状照片（中华人民共和国成立后）

（图片来源：http://www.quanjing.com/imginfo/140-2625.html）

2.2.2 更新规划原则

严格遵循《上海市优秀历史文物建筑保护条例》规定，所有更新设计内容做到不破坏原有建筑外形形式以及房屋结构体系，继承和延续外滩建筑的精神，在当代技术、文化背景下探讨现代主义立面的表达，力求做到简洁和高效、美观和经济、文化传承与生态环保的统一，概括起来，主要归于两点：整体性和原真性。

（1）整体性原则，整个保护及再利用项目从环境、建筑、室内和结构各个方面统筹考虑，进行整体性保护。

（2）原真性原则，还原外滩建筑原有的空间、形式、色彩与材料质感。

2.2.3 保护性修缮设计

（1）建筑周围环境的保护

中山东一路入口有大片的公共绿地，从原来的 7500 平方米扩建到 24000 平方米（图 8）。绿地内最珍贵的是 27 棵被保护下来的古树名木，有广玉兰、雪松、桑树、丝梅木和银杏等，树龄都在百岁以上，最年长的广玉兰已有 200 岁。东侧大草坪、南侧绿地和绿化岛，都是当年英领馆的原貌。绿草茵茵，古树葱郁，鲜花绚烂。

a　洛克外滩源周边环境原貌　　b　洛克外滩源周边环境现状　　c　洛克外滩源周边环境现状

图 8　洛克外滩源周边环境原貌及现状

（图片来源：邵文晞、孙大明、陈立缤．上海"洛克外滩源"的历史建筑可持续利用与综合改造 [J].四川建筑科学研究）

（2）建筑立面的保护与修复

在项目中，不但各栋历史建筑的主立面均得到了精心的修缮，而且在原始设计中被忽略了的背立面也均得到了强化，并与新建建筑共同界定出一系列位于新、老建筑之间的全新室外公共空间。此外，处于空间或功能需求上的考虑，在历史建筑的屋顶、凹进部位等处还进行了一系列的局部加建。通过材料、体量和立面节奏上的新老呼应，这一系列的当代建筑元素成功地将风格各异的真光大楼（图 9a ~ b）、亚洲文会大楼（图 9c ~ g）、圆明园公寓（图 9h ~ i）历史建筑有机地结合在了一起。

a　真光大楼外立面原貌　b　真光大楼外立面现状　c　亚洲文会大楼东立面原貌　d　亚洲文会大楼西立面现状　e　亚洲文会大楼东立面现状

f　亚洲文会大楼北立面原貌　g　亚洲文会大楼北立面现状　h　圆明园公寓外立面原貌　i　圆明园公寓外立面现状

图 9　各大楼建筑立面的原貌及现状

（图片来源：邵文晞、孙大明、陈立缤．上海"洛克外滩源"的历史建筑可持续利用与综合改造 [J].四川建筑科学研究）

工作的核心目标在于尽量保持材料的原历史建筑立面。修缮工作的核心目标在于寻求新、老之间的协调度，尽量保持保护材料的原始外观，保证历史的印记和岁月的积淀始终清晰可辨，在体现建筑历史感的同时，充分平衡老建筑与其自身新功能之间，老建筑与周边新建筑、新环境之间的关系。

对于项目中的新建部分，主要是完善历史建筑的现代功能要求，同时设计上采用统一的设计元素及水刷石外立面材质，与历史建筑的设计风格及材质相呼应，将整个街区不同历史建筑中的新建部分形成统一的建筑符号，作为可持续性历史建筑的延续。

（3）建筑室内的保护与修复

以保存历史建筑最有价值的室内精化部分，包括保存该处原有的历史建筑材料和历史状态、原有工艺技术，保护原有结构体系，同时允许对历史建筑室内空间采用新材料和简约的形式进行再生的插入性功能的现代改造（图10）。

a　上海外滩美术馆地下一层现状　　b　上海外滩美术馆地下一层现状

c　上海外滩美术馆三四层现状　　d　上海外滩美术馆楼梯原貌

e　上海外滩美术馆楼梯现状

图10　外滩美术馆局部原貌及现状

（图片来源：邵文晞、孙大明、陈立缤.上海"洛克外滩源"的历史建筑可持续利用与综合改造 [J].四川建筑科学研究）

2.3　设计、开发、运营模式

2.3.1　投资控制

（1）设计阶段投资控制

外滩源设计阶段投资在全寿命周期内占比较小，但对整个项目的影响却非常大。经计算，1% 左右的设计费可以对项目造成 70% 左右的影响。DCA 设计师针对本项目的外墙面原样，要求施工单位做了大小不同、材质不同的修缮样板，对项目的外立面、室内部分、门窗等均作了清洗、脱漆、修补、复制等样品，以便减少变更发生，为控制成本起到关键作用。

（2）招标阶段投资控制

招标前策划对招标投资控制至关重要，选择不同的合同类型对以后工程的管理和造价都将产生很大影响。并且，还应尽量在施工图设计结束后再进行招标，因为这一阶段的项目资料已较为完全，能较为准确地核算项目范围和工程量。如果必须在扩初阶段招标，则应尽量采用综合单价招标的方式，工作内容应尽量全面、详尽、不漏项。此外，还应注意招标过程中的投资大忌——指定唯一代理商，没有竞争对手的情况下，价格就失去了商讨的余地，应尽可能地要求设计师多提供几个供应商参加价格对比。

（3）施工阶段投资控制

在项目的全寿命周期内，施工阶段跨度最长、变化最多、情况最复杂。特别是对于改造项目，其中的历史建筑破损程度各异，同样的修复工作，也可能出现差别甚大的报价。

2.3.2　设计理念

外滩源，是历史留给上海的一笔财富。保护好、开发好，必须充分听取各方意见，广纳群智。从规划设计、老建筑保护，以及开发利用，坚持"真实性原则"，修缮前对文物做深入研究，确保修缮原汁原味；实施"最小干预原则"，只针对残损部分采取加固和围护措施。遵循"不改变文物原状原则"，尽量恢复原材、原色、原态、原物，体现历史原貌及其沧桑美感。关于如何把握新老建筑之间的关系，设计师 BenWood❶ 提出一个别出心裁的想法，可以通过由穿过老建筑步入新建筑的特殊形式来消除老新建筑的对立、达到彼此烘托的建筑效果。

在风尚方面，洛克•外滩源突出了"艺术"、"文化"两个概念。依靠长期的文字、影像，甚至是人们的记忆来累积沉淀。洛克•外滩源中最吸引人们的项目之一是原亚洲文会，现如今的上海外滩美术馆、原亚洲文会所在的亚洲文汇大楼前身是"上

---

❶　本杰明•伍德（Benjamin Wood）：波士顿 Faneuil Hall 的建筑设计师，同时也是美国 Wood+Zapata 建筑事务所总裁、总设计师。曾经主创了代表本埠风尚地标的上海新天地和杭州西湖天地。

海博物馆",当时的馆藏以动植物、化石等自然历史为主。设计师在得知这段历史后决定将亚洲文汇大楼恢复其博物馆的功能,成立了如今以当代艺术为中心的上海外滩美术馆。另一个项目光陆大楼里仍在筹建中的光陆大剧院,曾是上海滩最高端奢华的剧院之一,当时世界众多著名电影公司包括派拉蒙、米高美等,也将这里设为总部。因此,如何让这座拥有光辉岁月的历史剧院重新焕发出夺目之光,也是设计团队非常关注的。

建成于1886年的原联合教堂,曾是旅沪外侨的宗教与社交生活中心,33米高的尖塔曾经是苏州河口的地标。老照片上,联合教堂的建筑韵律明快、细部装饰质朴、典雅,青红砖混砌的墙体,体现着朴素的风格。关于如何最大限度保留联合教堂的历史元素,有关方面和专家研究了多种方案。有专家提议"热水瓶换胆",即原地重修,保留外墙一层皮。但由于年久失修,且经历火灾后的墙体承重能力有限,必须紧贴外墙筑一圈钢筋混凝土框架。而这样,建筑就成了现代水泥空间,将失去清水砖的历史原味。另一种方案是"平移修复",但外滩源缺乏平移展开的场地,且教堂墙体很可能因经不起往返两次移动而散架。还有专家提出"落架大修"方案,即拆下教堂的全身零部件,按测绘图纸,补上所缺的部件,然后重新安装,恢复原样。经过专家组和市文管委、规划局、房管局的认真讨论研究,最终选定第三种"落架大修"方案。像这样充分论证,寻求最佳保护方案的案例,几乎贯穿整个外滩源开发全程,这使开发保护方案不断完善。

2.3.3　运营模式

作为上海外滩源综合改造计划中规模最大的历史建筑群楼区域,位于黄浦江和苏州河的交汇处的洛克·外滩源保留了20世纪二三十年代最好的东方学博物馆和图书馆——亚洲文会大楼、最负盛名的商学院——真光大楼、票价最贵的西洋剧院——光陆大戏院等11栋历史建筑。为了还原这些建筑中的历史人文气韵、利用原有的地理生态与商业条件发挥其综合价值,洛克·外滩源项目本着"修旧如旧"的原则,不仅复原了一个充满历史风貌的"新外滩源建筑群",更建成5栋新建筑,将商业与艺术服务功能融汇其中。在都会时尚文化层面,除了涉及艺术的国际画廊与拍卖行,一批顶级餐厅、咖啡吧、奢侈品零售与金融商业等都在其中运营着,正日益为这个古老的历史街区构建出一种比肩世界的时尚风貌。

3　思考与启示

3.1　原真性保护的思考

现在历史保护在探讨原真性保护,真正让人感受到本土特色的是当地人的生活。然而,今天的城市已经不是一个单纯的社会性的空间,当地的居民本身对自己所处的历史地段并没有浓厚的感情，在上海这样一个国际化、现代化、瞬息万变、经济强势的城市里，如何进行具有"本土特色"的历史地段的保护，是政府、规划师及开发商所共同思考的问题。

（1）外滩源这一具有综合价值的地块的定位是又一个与新天地类似的城市商业、旅游场所。

（2）除了将原亚洲文会大楼作为外滩美术馆体现了一些外滩源文化的痕迹外，其他的方案其实并没有把该地区历史的内涵作为方案的重点考虑。

（3）虽然每个方案都试图通过保留区域原来的城市纹理，但是这个区域大多数的建筑都将新建，改造之后的外滩源将不适合原住民居住。

（4）由于经济利益的要求，整个区域在容积率下降、建筑面积减少的情况下要保证经济收益，势必会把新造的住宅卖出高价，使这个地区更加贵族化。街区历史建筑在复兴，而公共空间却在衰落。外滩建筑蕴涵着生动且丰富的历史文化底蕴，具有珍贵的历史人文价值和较高的建筑艺术价值，对树立上海城市形象具有举足轻重的作用。随着上海旧城改造的稳步推进和建设外滩金融带 CBD 地区的加快实施，如何在保留历史建筑风格的同时，体现它们独特的价值，是值得探索的重要课题。

3.2 艺术与传统结合的启示

借北京国际设计周之际，洛克·外滩源一举荣获北京国际设计周"艺术社区联盟杰出贡献奖"。

（1）"洛克·外滩源有别于上海其他几个时尚地标之处，是因为它不像新天地、田子坊那种民居群落可以很亲民，在中华人民共和国成立前，这里是银行、买办、领事馆聚集的高档商务楼群，重塑意味着既要保持历史地域特点，又要注入时代的元素。"项目不仅保留了每栋楼的原名，因为每个名字都有一段历史故事，还反复斟酌每一处建筑细节的改建，力争最大程度地保护原有结构。

（2）如果说历史给建筑沉淀了人文的内涵，艺术便是唤醒老建筑活力的催化剂。原亚洲文会大楼已在 2010 年修复完成，成为耀眼的上海外滩美术馆并投入运营，不仅致力于当代视觉艺术的研究、交流与推广，更为附近社区民众带来优质的教育、审美和休闲资源。

参考文献

[1] 邵文晞、孙大明、陈立缤.上海"洛克外滩源"的历史建筑可持续利用与综合改造 [J].四川建筑科学研究，2014，40（06）：170-174.

[2] 洛克·外滩源：以艺术复兴传统 [J].城市环境设计，2014（11）：246.

[3] 张帆. 洛克·外滩源 在时代更迭中醒来 [J]. 绿色环保建材，2014（10）: 92-97.

[4] 洛克外滩源官网：http://www.rockbund.com/cn/.

[5] 洛克外滩源副总裁. 洛克外滩源—上海的原点：http://sh.sohu.com/s2012/waitanyuan/.

编者信息：

刘利雄，男，博士，广东工业大学建筑与城市规划学院，讲师。

路河网格——南宋御街更新改造模式解读

历史街区是城市发展的重要财富，随着人们保护意识的提高，历史街区的保护与更新逐渐成为社会关注的热门话题。杭州是一座拥有丰富资源的历史文化名城，南宋时期曾作为国都的历史阶段，是其城市发展演变过程中的重要篇章。御街是南宋都城临安城的南北中轴线，也是皇帝朝拜祖宗时的专用道路，它浓缩了南宋时期的社会、人文和技术等要素，成为了解南宋时期政治、经济、城市文化、社会生活的"典型"媒介，集中体现了杭州的城市记忆、特色和价值❶。

1 缘起诉求

南宋御街在历史中一直是城市的中心，改造前街区密度过大、年久破旧阻碍了开发，陷入日渐衰退和没落的困境。2007 年，杭州市政府召集专家对街区改造进行论证，最终由王澍所在的中国美术学院团队负责策划与设计。经过仔细勘察调研，10 月南宋御街改造策划及初步概念基本完成，12 月修改并完成最终方案。方案的主要内容包括：不大拆大建，保持真实性和现有生活模式；道路分段设计，运用园林景观手法，重塑街区空间叙事结构；增加过渡灰空间；使用地方性材料；引入不同文化实体形式；保持差异性，组织多名建筑师进行联合设计；坚持长期建设，听取群众意见等 ❷。南宋御街的前期策划得到了政府与公众的认可，为后续街区改造奠定了基础。

2008 年 1 月 18 日，杭州市委、市政府启动了对中山中路的有机更新和综合整治工程。2010 年 11 月 1 日，杭州市上城区人民政府颁布《杭州市南宋御街·中山中路历史街区管理办法》，大量南宋御街的历史建筑和特色风貌被保护起来。南宋御街的保护与更新是由杭州上城区区委、中国美术学院、杭州市建委三方合作的成果。

❶　张小波．南宋御街数字化建构的情境互动研究 [D]．杭州：中国美术学院，2016.
❷　王明睿等．传统元素在文化商业街区中的应用效果研究——以杭州"南宋御街"为例 [J]．合肥工业大学学报（社会科学版），2014，28（3）：104-109.

2 项目特征

2.1 项目概况

南宋御街全长约 4.3 千米，又名"十里天街"，共分为三段。首段从万松岭到鼓楼，是临安城的政治中心；第二段从鼓楼到众安桥，是当时的商业中心；最后一段从众安桥至武林路、凤起路交口，是商贸与文化娱乐相结合的街段❶。更新后的南宋御街以中山路为轴，北至环城北路，南至鼓楼，本文重点分析的是西湖大道至鼓楼这段步行街道，全长 845 米，路宽约 12.5 米，其中主道宽约 7.5 米，两侧人行道宽约 2.5 米。

南宋御街历史街区改造采用了业态调整、建筑综合保护、道路横断面调整，道路交叉口渠化、港式公交站设置、绿化景观提升等手段，结合水系进行街、坊、巷的有机更新，以恢复杭州历史记忆和再现江南水乡的景象❷。南宋御街博物馆、骑楼、景观阁等沿街建筑成为街区内的重要空间节点（图 1）。

图 1　南宋御街入口空间节点

（图片来源：自摄）

❶　清河坊历史街区、南宋御街概况 [J]. 杭州（周刊），2012（4）：94.
❷　清河坊历史街区、南宋御街概况 [J]. 杭州（周刊），2012（4）：94.

2.2 目标定位

南宋御街以"展示都城风采、恢复城市记忆、重塑空间肌理、再现市井生活、交融中西文化"为原则,打造"宜居、宜商、宜游、宜文"的"中国生活品质第一街"❶。

2.3 改造思路

(1)提倡以人为本的理念,重塑和谐人文情节。人、社会、自然系统之间的和谐关系对历史文化的稳定传承具有关键作用。通过居民、商户与游客的共同参与,一方面了解存在的问题与需求;另一方面加强街区的人文感知。

(2)保持建筑原真风貌,延续空间完整记忆。历史建筑保护依照"修旧如旧"的原则,避免"重建仿旧"的形似神失,并尽量保持原貌,重视历史信息的精准解读。

(3)坚持整体统一规划,协调新旧风格融合。街区改造注重整体设计,统筹规划。通过立面改造、植被装饰等手段,保持界面的连续性与完整性,使新老建筑在历史街区中和谐共存。

(4)合理配置业态结构,保障多元文化共存。采取调控手段加大对"老字号"传统业态保护力度,同时提高国际品牌的招商门槛,突破原有集中式的布置方式,通过业态的混合提升吸引力 ❷。

3 规划方案

3.1 空间布局

3.1.1 空间结构

据史料记载,南宋御街是效仿北宋东京的御街而建,中间为皇帝专用的御道,两侧为可设市井买卖的行道,行道之后是御廊,并用御沟隔开 ❸。御沟内种植荷花等水生植物,两侧行道种植柳、槐、榆等。通过设置 13 个大小各异的方形水池,将水系引入御街中,并与人行通道相互穿插组合,营造出"起承转合"的空间序列。

南宋御街秉承传统风水格局,南靠吴山,西临西湖,形成"山——水——城"的空间格局和互动关系。更新改造在空间结构上遵循原真性和整体性的改造原则,较好地保留了原有御街的断面形制,还原了"路河网格"的空间肌理,继承了"临

❶ 王国平.加快推进"1+6"工程全力打造南宋御街国际旅游综合体 [J].杭州通讯,2009(6):5-7.

❷ 章蓣妤,马军山,孔云节.历史街区的保护与更新——以杭州南宋御街为例 [J].中国城市林业,2013,11(3):59-61.

❸ 章蓣妤,马军山,孔云节.历史街区的保护与更新——以杭州南宋御街为例 [J].中国城市林业,2013,11(3):59-61.

街设市"格局（图2）。

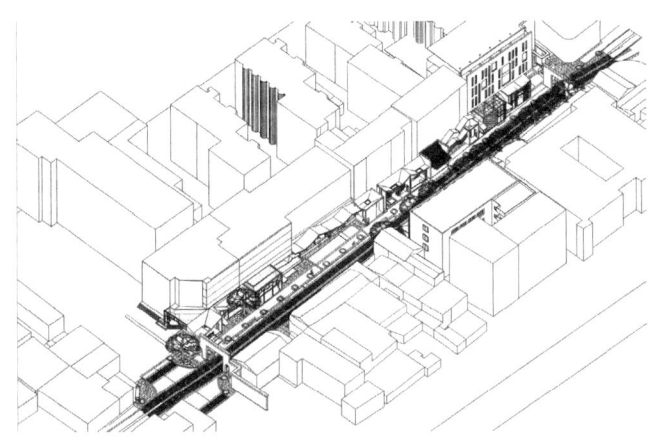

图2 步行街沿街建筑片段轴侧图

（图片来源：王澍.中山路：一条路的复兴与一座城的复兴，杭州，中国 [J].世界建筑，2015（5）：114-121.）

3.1.2 平面结构

南宋御街在南北方向上呈现"一"字形结构，由道路划分为四段，相邻段以南宋无坊墙的新坊相衔接，体现了传统的坊巷制度（图3）。

序列一从西湖大道至惠民路，长345米，是整条街道的开端。沿街东西两侧设置珠宝首饰、名家珍品等商铺。沿商铺增设方形水池和休憩石凳，中间预留5米宽的步行道，并在道路两侧种植梧桐。

序列二从惠民路至高银街，长225米，为御街的过渡段。空间布局与序列一相似，同样是在两侧建筑设置了方形水池，但只在步行街东侧种植了梧桐树。位于惠民路路口的南宋御街陈列馆，采用下沉庭院与钢化玻璃结合的形式，展现出800年前从御街——元大街——明清大街——民国太平坊街的历史演变历程。

序列三从高银街经河坊街至大井巷，长230米，为御街的高潮段。该区段连接河坊街，人流密集，沿着东侧商铺设置了方形水池，并在步行街中间种植了10棵梧桐树（图4）。位于大井巷口的《杭城九墙》建立在观景阁高台的墙体上，以现代艺术为创作理念，通过木楼梯、老电表、老式煤炉等设施，集中再现老杭州的街巷风貌。

序列四从大井巷至鼓楼一带是御街的结尾段，以上城区清波街道文化中心为落幕。南宋御街整体布局以吴山为背景，在凸显杭州山水湖光和市井文化的同时，进一步营造出江南水乡园林的意境。

3.2 功能业态

旅游业的发展可以补充街区内逐渐衰退的功能，通过合理配置业态结构，促进多元文化共存和街区的可持续发展。南宋御街积极保护"老字号"传统业态,并引驻其他新兴品牌和工艺品、服饰、茶馆等现代商业,使之聚集形成规模,共同带动整体街区的商业氛围(图5)。而保留下来的大量商业旧址,均以"前店后坊"的传统商业空间形态进行重新设置,如国药老店胡庆余堂,仍保留着传统中医经营特点❶。

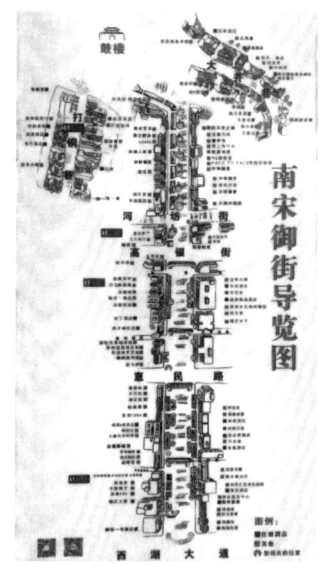

图3　南宋御街导览图

(图片来源:自摄)

图4　沿街设置的水池

(图片来源:自摄)

图5　传统商业业态与街道空间

(图片来源:自摄)

❶　陈家琦. 文化感知视角下的商业街地域性特色研究——以杭州南宋御街为例 [J]. 2018 城市发展与规划论文, 2018: 1-5.

3.3 环境风貌

南宋御街的环境设计具有典型的江南园林特色，主要通过水景的塑造来实现。首先还原了"路河网格"的城市肌理，将中河水引导至鼓楼进水口，并在御街中形成连贯的水池，进而串联形成整个步行空间。水景池与浅水道相互穿插组合，并通过植被和假山叠石，打造出以小见大的山水园林景观。

在建筑风貌上，包含从南宋到明清时期的历史建筑，以及从民国的西洋建筑到富有创意的现代建筑，传统空间与生活百态相互融合，宛如一幅御街的"清明上河图"❶。

4 实施评价

4.1 建筑单体

南宋御街保留了不同历史时期的建筑，秉持"修旧如旧"、"外旧内新"的原则，进行现代建筑和构筑物的整治，从而实现中西合璧和古今交融。例如：南宋御街老宅院设计改造。虽然街区内的建筑类型和元素丰富，但存在以下问题：盲目拆除或重建木构建筑；仿古木料与新砌水泥墙的"重建仿旧"；部分新建筑过于突兀，与街区文化氛围不符等。

4.2 空间形态

在"路河网格"的肌理和"临街设市"的格局之下，南宋御街对部分沿街建筑的屋顶进行翻修。三层及以下的木结构建筑均保留坡屋顶、小青瓦、老虎窗等元素。墙面以黑白灰为主色调，并用现代明快的色彩来辅助。恢复历史建筑中实木门窗的传统样式，底层商铺采用排门形式，形成统一连贯的底层界面。现代建筑门窗采用金属材质，并选择黑色、深灰色或深栗色等亚光材料，与建筑材料和颜色相匹配。南宋御街的重点路段通过御廊、水系的引入及相对完善的景观配套提升了空间品质（图5）。而其他区段的"表皮"改造，降低了整体参与度。

---

❶ 于欣森，秦洛峰 戚爱飞. 历史街区的改造与更新模式研究——以杭州河坊街、南宋御街、小河直街为例 [J]. 建筑创作，2012（5）：77-79.

图 6　街道空间形态与界面

（图片来源：自摄）

4.3　业态布置

通过"老字号"的保护和集聚，合理引进中外高端业态如珠宝、西餐店等，打造"中西合璧"、"土洋结合"的新型街区空间。目前业态布置存在的问题是尽管街区内业态多样，但分布过于集中；珠宝等高端企业在重要路段形成一定规模，但缺少传统亲民的业态。

4.4　文化传承

传统文脉的延续主要体现在以下几个方面：首先，御街很好地保留了原有街区的空间尺度、多样化传统建筑立面和梧桐行道树，均融入改造中。另外，御街还原了南宋时期的空间格局，从中间向两边依次为御道、御沟、御廊、民居的空间层次也通过新的改造设计得到呈现，即包括中间道路、两边的水池、廊道小品以及多样化的沿街建筑立面。南宋御街遗址能够直观地呈现历史变迁的脉络，同时设置了《四世同堂》《印刷史话》和《杭州九墙》等主题雕塑，塑造出具有地域特色的文化长廊。尽管南宋御街在空间营造上凸显出历史文化的重要性，但由于当地居民外迁，缺少文化传承的载体，导致人文风情部分缺失 ❶。

5　特色创新

南宋御街作为杭州典型历史街区改造具有以下特色。首先，改造过程基于对街

---

❶　张蕊，刘志成，张威 . 城市传统街区的有机更新——以杭州南宋御街为例 [J]. 建筑与文化，2014（4）：145-146.

区文化价值及保护意义的准确理解。对建筑物等"有形文化"的保护，结合"无形文化"的延续，共同诠释街区灵魂。其次，建筑单体的改造坚持新旧夹杂，和而不同的原则，通过更新转换其建筑性质与使用功能，使之融入历史街区氛围之中。再次，改造过程中将文化内涵的保护置于首位，尊重历史，以人为本。最后，通过深化发展定位，传承空间肌理，提升环境品质，重塑场所精神等内容，实现保护与开发共存以及历史街区的良性发展。历史街区拥有较高的功能价值和历史文化价值，通过合理地保护、更新和利用，将成为城市更新和可持续发展的重要内涵。

参考文献

[1] 张小波.南宋御街数字化建构的情境互动研究 [D].杭州：中国美术学院，2016.

[2] 王明睿等.传统元素在文化商业街区中的应用效果研究——以杭州"南宋御街"为例 [J].合肥工业大学学报（社会科学版），2014，28（3）：104-109.

[3] 清河坊历史街区、南宋御街概况 [J].杭州（周刊），2012（4）：94.

[4] 王国平.加快推进"1+6"工程全力打造南宋御街国际旅游综合体 [J].杭州通讯，2009（6）：5-7.

[5] 章蓣好，马军山，孔云节.历史街区的保护与更新——以杭州南宋御街为例 [J].中国城市林业，2013，11（3）：59-61.

[6] 王澍.中山路：一条路的复兴与一座城的复兴，杭州，中国 [J].世界建筑，2015（5）：114-121.

[7] 陈家琦.文化感知视角下的商业街地域性特色研究——以杭州南宋御街为例 [J].2018城市发展与规划论文，2018：1-5.

[8] 于欣淼，秦洛峰 戚爱飞.历史街区的改造与更新模式研究——以杭州河坊街、南宋御街、小河直街为例 [J].建筑创作，2012（5）：77-79.

[9] 张蕊、刘志成，张威.城市传统街区的有机更新——以杭州南宋御街为例 [J].建筑与文化，2014（4）：145-146.

编者信息：

谢超，男，博士，广东工业大学建筑与城市规划学院，讲师。

回归市井——南京市门东历史文化街区微更新

1 项目背景

1.1 政策背景

南京门东地区（简称"老东门"）的保护开发历时多年，且一波三折。20世纪90年代起，门东地区已被纳入各类"保护规划"或"开发计划"之中。但随后的20年间该地区却在"保护"和"开发"的博弈中被拆除近半。直至2009年8月，在国家、当地政府、学者及各界人士的努力下，"危改"中止，并于肆年12月出台《南京老城南历史城区保护规划与城市设计》，城南门东的保护、开发才终于尘埃落定。

南京门东历史街区相关政策梳理   表1

1992年	编制《南京历史文化名城保护规划》	门东被确定为5片传统民居保护区之一
1998年	编制《门东门西地区保护与更新综合规划研究》	提出"从旧城保护与更新整体协调的高度，探寻保护与再开发途径和模式"
2000年	南京规划建设委员会组织"门东地区旧城改造规划设计方案"招标	
2001年	继续投标，全票通过的方案中，整个门东43hm²的历史街区将全部推平，以作商业地产开发，并要求三至四年间"全地区的旧城改造任务全部完成"	该计划被"十运会"暂时阻止
2005年	市规划局委托专家进行"南京城南老城区历史街区调查研究（门东地块）"	
2006年	完成《南京门东"南门老街"复兴规划》	规划备受好评，为复杂的老城保护问题提出了新解
2007年	某地产公司投巨资拍下南门老街的"黄金地带"（靠内秦淮河的5.9hm²），"复兴规划"随之作废	开发商要求"净地出让"，致使"复兴规划"中谨慎的选择性抽换眼变成简单抹平
2009年	"危旧房改造"席卷老城南剩余的几个历史街区	
2009年8月	"危改"中止，老城保护进入法律程序	
2010年12月	新一轮保护规划《南京老城南历史城区保护规划与城市设计》出台	门东历史城区开启保护、利用的篇章

（资料来源：胡恒，庶民的胜利——浅析2001—2010年南京老门东的三次规划方案.新建筑，2017（05）：第144-147页.）

1.2 缘起诉求

门东历史文化街区地处南京老城南，因位于中华门以东而得名。自三国时期，老门东一直商贾云集、人文荟萃，是南京商业及居住最发达的地区之一。明代老门东因商贸和手工业集聚，成为城市重要的经济中心，清末以后逐渐以居住功能为主。因此，老门东成为南京传统生活的缩影和市井文化的体现。近代来历经变迁，老门东的商贸功能和人居环境逐渐走向衰落，但所幸整体空间格局得以保存。而近年随着城市化的高速推进，城南片区土地供应紧缺，使其成为底层棚户聚集区，加剧了老门东的衰败。以往的门东历史文化街区存在大量亟待改善的问题，最主要的有两个方面：

（1）整体布局紊乱

一方面，传统民居区保留了完整的城市肌理和空间形态，齐整规律，空间层次丰富。传统院落采用"多路多进"穿堂式平面，三五进至七进不等。与传统街区对比，后续建设区域的建筑布局凌乱、章法不一、尺度过大。两者混杂使老门东城市空间杂乱无序，整体风貌缺乏和谐统一。

（2）居住条件恶劣

老门东的建筑密度普遍超过60%，户均面积约20平方米，人均居住面积不到6平方米。❶过高的建筑密度，使居住安全和日常活动都难以保障，更毋论满足社区居民的精神文化生活需求。由于年久失修，门东历史文化街区内的建筑和基础设施简陋陈旧，道路街巷狭窄拥挤，传统民居和文物建筑保护不善，为此许多家庭搬离于此。

1.3 资金情况

作为政府全额出资的企业，南京城南历史街区保护建设有限公司负责推进老门东地区的保护更新工作。实施过程中，该公司通过统筹南部新城建设，对老门东保护更新进行资金补偿，回购房屋权属，使地块内居民分片逐步迁出，并在更新完成后，以租赁形式继续运营。

2 项目特征

2.1 项目概况

老门东历史文化街区南起中华门东段城墙、西抵内秦淮河（中华门武定桥段）东岸、北至长乐路、东至箍桶巷，占地面积约15万平方米，总投资约50亿元。建设包括蒋百万故居、三条营地块、箍桶巷步行街区、明城墙内侧江宁路至张家衙段等项目。

---

❶ 吴超 . 南京老城南门东历史街区空间结构分析 [D]. 西安建筑科技大学，2013：155.

该街区是南京仅存的几个肌理保存较好的历史文化街区，曾见证了南京城南辉煌的历史和丰富的传统文化，至今仍保存着部分文物古迹和传统民居，具有深远的历史底蕴和卓越的文化价值。

为挖掘历史人文价值，提升老城区环境品质，南京城南历史街区保护建设有限公司于 2011 年启动老门东保护更新计划。至 2013 年 9 月，核心区箍桶巷段正式对外营业（图 1、图 2）。

图 1　南京老门东历史文化街区范围示意图

（图片来源：吴超.南京老城南门东历史街区空间结构分析 [D].西安建筑科技大学，2013：54）

图 2　南京老门东历史文化街区范围示意

（图片来源：百度文库《老东门案例分析》）

2.2　现状评价

一方面，老门东历史文化街区具有独特的城南人文景观，包括老城南人、老城、传统历史街区、尺度宜人的街巷、层次丰富的院落、"青砖小瓦马头墙、回廊挂落花格窗"的传统建筑、老树、古井、旧风俗等。

另一方面，现代生活需求的变迁导致无序临建、棚屋加建及原有建筑肆意拆除等行为，使历史文化街区的街巷、院落与建筑互相之间的空间结构关系变得模糊、混乱。并且公共设施落后、建筑破旧衰败，文物建筑夹杂其间得不到良好的保护和利用，导致街区功能衰退、活力下降，亟待激活振兴。

2.3　目标定位

根据老城南保护规划框架，老门东三条营地块定位为创意文化体验区，具体为南京历史文化商业步行街区与城市怀旧和深度旅游的人文游憩中心。

2.4　改造思路

老门东历史文化街区的街巷肌理与整体空间格局保存完整，但计划经济年代的工业厂房造成了街区肌理的局部突变。老门东的传统民居多呈现院落形式，以明清时期历史建筑为代表，而在现代生活方式转变过程中，违章搭建的建筑物在街区内部扩张，并不断破坏院落肌理及整体风貌。因此，不同时期的历史片段在门东地区高强度叠合，多重文化要素交织，共同构成了老门东复杂而矛盾的文脉。

老门东历史文化街区将"微更新"作为设计的基本原则，摒弃大规模城市改造，采取渐进式、小规模的更新；强调注重人的需求，符合人的尺度；以可识别的城市空间修复传统城市形态，弥补碎片和消失的历史建筑。

3　规划方案

3.1　空间布局

箍桶巷是老门东历史文化街区的核心轴线，其单元功能定位为以旅游服务、餐饮与商业为功能主体。工厂遗迹单元能提供大型的建筑空间，主要为博览展示、文化娱乐功能，兼有餐饮休闲。三条营以西适当开展院落式商业、展示等功能；以东部分以改善传统民居展示环境、加强步行观景引导为主图3。

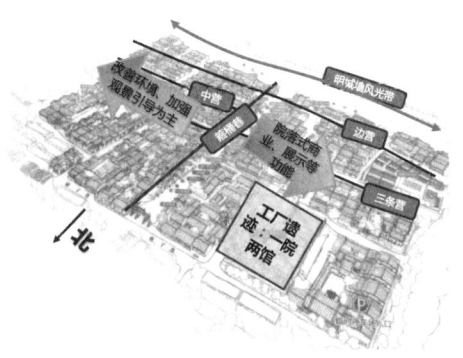

图3　南京老门东街区整体空间布局分析

（图片来源：百度文库《南京老东门案例》）

3.2 功能业态

微更新注重功能的多样性，扶持中小规模的商业及文化功能的发展，注重多功能混合的廉价商业空间。在功能业态的选择上设立门槛，采取传统文化与现代生活相结合的策略，对进驻商家进行严格筛选。一方面挖掘老城南原有的非物质文化遗产以及传统的文化生活形态，如画坊、茶馆、民俗博物馆、手工艺工作室等，整合到历史街区内并进行改造提升。另一方面，引入现代性生活的文娱功能，如精品民宿、酒吧、音乐餐厅、文创精品店等（图4、图5）。

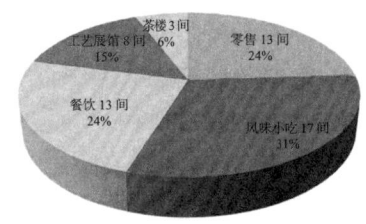

图4　南京老门东街区功能业态分布情况（基于铺位）

（图片来源：百度文库《南京老东门案例》）

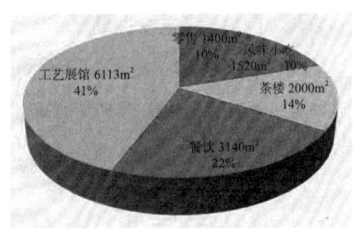

图5　南京老门东街区功能业态分布情况（基于面积）

（图片来源：百度文库《南京老东门案例》）

3.3 环境风貌

修复改造方案保留了老门东的老房子、街巷肌理、建筑组织方式，对箍桶巷等街巷和院落尺度作了一些调整，但依附原有建筑样式，使建筑群在视觉上具有统一性和完整性。对外墙的改造采用"修旧如旧"的方式，在材质上多用具有传统效果的青砖、旧石和木构，更贴合传统风格。

公共区域的地面铺装使用和古道一致的青石板、条形砖等材质外，又将建筑物构建过程中产生的碎石砖瓦等边角料再次利用。以城墙砖为基底绘制出周边的历史文化地标节点，形成城市鸟瞰，再现了古南京的厚重古朴。加入大量景观小品，并搭配本土植物，如在街区入口处的积善亭。老门东的小品主要有雕塑、绘画、影像等形式，如箍桶老汉雕像、寄信女孩雕塑、"城南旧影"（图6、图7）。

图6　老门东街区环境风貌1

（图片来源：筑龙网 http://bbs.zhulong.com/101010_group_100230/detail9073102/）

图7　老门东街区环境风貌2

（图片来源：筑龙网 http://bbs.zhulong.com/101010_group_100230/detail9073102/）

3.4　设施配套

街区配备了各种现代化的服务设施，如洗手间、垃圾桶、休闲凉亭、有传统文化特色的休闲座椅、长廊，为游客提供休憩之处。此外，在改造过程中植入了电影院、博物馆等新功能元素，弥补了该地区公共服务设施不足的缺憾，为周边居民的日常休闲娱乐提供了相应的文化场所,实现了文化价值和社会服务效益的双重回归（图8、图9）。

图8　街区两旁设置不同样式的座椅等休憩场所

（图片来源：广东工业大学建筑与城市规划学院刘刊雄（讲师）拍摄）

图9　街区内植入博物馆功能

（图片来源：广东工业大学建筑与城市规划学院刘刊雄（讲师）拍摄）

4　实施评价

4.1　技术方法

（1）肌理修复

三条营地块的街巷肌理较清晰，尽管现状建筑违章搭建现象严重，但图底分析可以清晰地还原地块的真实肌理及内在的结构逻辑。通过对街巷、保留建筑以及院落空间进行三重尺度的控制，并借助民国时期文献资料以及格式塔图底反转法进行辅证，最终还原了最接近历史原貌的街区肌理。

图 10　更新前与更新后的三条营地块建筑与院落肌理分析

（图片来源：叶露，王亮，王畅，历史文化街区的"微更新"——南京老门东三条营地块设计研究．建筑学报，2017（04）：82-86.）

　　肌理还原后则对空间进行填空。通过对原街区肌理进行数理推演，在遵循街区微观尺度的基础上，有机植入了 20 余组尺度相近的院落，与保留修整建筑共同组成了完整的三条营街区。同时还有意创造了众多极具趣味性的小尺度空间（图 10、图11）。

图 11　老门东三条营地块更新后总平面肌理

（图片来源：叶露，王亮，王畅，历史文化街区的"微更新"——南京老门东三条营地块设计研究．建筑学报，2017（04）：82-86.）

（2）形态重构

老门东三条营地块需保留和修复的历史建筑超过一半，因此在形态重构的维度上采用单体切入的微更新模式，对每栋建筑进行详细设计，而街巷立面最终只是建筑单体组合后的客观呈现（图12 ~ 图14）。

图12　南京门东历史文化街区照片1　　图13　南京门东历史文化街区照片2

图14　南京门东历史文化街区照片3

（图12至图14图片来源：叶露，王亮，王畅．历史文化街区的"微更新"——南京老门东三条营地块设计研究．建筑学报，

2017（04）：82-86．）

现状建筑在综合评估下被划分为保护修缮、整治修复以及复建3种类型。保护修缮型严格遵守历史建筑的原貌和格局，对损坏构件加固更换，以保持历史原真性；整治修复型是该地块内存量最多的类型。依据现存的建筑片段进行类型提取，通过类型分析整理并提炼出居住单元的基本原型，从而最大程度地还原历史风貌建筑的真实状态。拆除违章搭建部分，保持院落空间格局及原有砖木结构形式，对内部空间及外部墙体进行修整，翻修材料大部分利用原有墙体的砖砌块，不足部分采用当地同类型材料代替。对于复建型，采用现浇框架与木结构相结合的形式，外表面采用与传统明清风貌相匹配的砖木饰面，使整体风貌与历史街区协调。

此外，以现代的材料和建构方式进行细部微更新，一是在街区内适度融入时尚和现代的文化元素；二是在院墙局部采用了碎砖瓦拼法；三是在保留的老墙体前增设极为简约的玻璃栏板等。

4.2　改造模式

以往的经典案例，消费空间多是将特有的文化内涵打造成精致、高端的服务场所，其服务对象往往是追求特定品质生活的高收入人群。如上海新天地、南京1912街区等。南京老门东却打破了这种改造模式，采取包容性价值回归的定位，落实兼有商业开发与遗产保护的改造方案，以此延续城南原有的平民化、南京特色化的商业环境。

4.3　特色创新

4.3.1　街区肌理保护与公共空间更新有机融合

老东门历史文化街区微更新遵循原有的老城肌理，保留了街区的街巷格局、穿堂合院的建筑组织方式。在此基础上，结合当代居民生活和商业贸易的需求，对部分街巷的尺度、形态进行了整理，增加了适量的公共服务空间和文化活动场所，古朴怡人的街巷空间风格很好地烘托出亲近、共融的街区氛围。

4.3.2　坚持包容性、平民化的商业业态

老东门历史文化街区微更新摆脱了追求"高端"、"小资"的商业模式，力求延续城南原有的平民化、包容性商业功能，以中低端的餐饮小吃、休闲娱乐和地区特色商品为零售主体，其消费门槛面向多数人群，有效保持了南京老城南地区的市井生活氛围。另外，为满足特定群体的消费需求，在街区局部设置了高档消费的酒吧、餐饮，使整个街区的消费环境变得包容与多元。

参考文献

[1] 胡恒.庶民的胜利——浅析2001-2010年南京老门东的三次规划方案[J].新建筑，2017（05）：144-147.

[2] 叶露，王亮，王畅.历史文化街区的"微更新"——南京老门东三条营地块设计研究[J].建筑学报，2017（04）：82-6.

[3] 梁亦文，杨小军.南京"老门东"旧城改造项目中景观设施营造探究[J].设计，2016（23）：150-151.

[4] 吴超.南京老城南门东历史街区空间结构分析[D].西安建筑科技大学，2013.

[5] 吴晓庆，张京祥.从新天地到老门东——城市更新中历史文化价值的异化与回归[J].现代城市研究，2015（03）：86-92.

[6] 王婷婷，张京祥. 文化导向的城市复兴：一个批判性的视角 [J]. 城市发展研究，2009，16（6）：
113-118.

[7] 胡洋，周姝天，施益军，等. 包容性消费空间与城市转型发展关系研究——以南京老门东为例
[C].2017 中国城市规划年会，中国广东东莞，2017.

编者信息：

陈丹，女，博士，广东工业大学建筑与城市规划学院，讲师。

东方"格林尼治"——杭州玉皇山南基金小镇

1 项目背景

1.1 政策背景

在 2015 年的浙江省两会上，政府工作报告这样描绘特色小镇："以新理念、新机制、新载体推进产业集聚、产业创新和产业升级。"在 2015 年浙江省政府工作报告出炉之后，特色小镇便吸引了各方关注，全省各地对打造特色小镇已蓄势待发。根据规划，2015 ~ 2018 年浙江将重点培育 100 个特色小镇，在产业上聚焦信息、环保、健康、旅游、时尚、金融、高端装备制造等七大产业。伴随浙江省特色小镇的创建契机，杭州玉皇山南基金小镇逐渐升级为全国第一家以基金产业为龙头、文化创意和休闲旅游复合并进的产业小镇。❶

浙江民间资本活跃，投资需求旺盛，资金可以转化为资本，服务实业发展，带来科技、经济的繁荣。杭州市提出要大力推进金融改革与创新，而上城区金融机构密集。在市场需求作用下，许多私募机构、银行及券商开始陆续进驻玉皇山南。

1.2 发展历程

玉皇山基金小镇的发展是伴随杭州产业升级换代的发展历程。

玉皇山南地区古来便是杭城吴越文化和南宋文化交汇之地，历史遗存密集，文化底蕴深厚，但随着时代变迁，许多历史遗存已淹没在周围市场、民居的嘈杂之中。基金小镇所在地原本是陶瓷品交易市场，粗放的业态和落后产能面临淘汰，存在着交通不便、环境恶劣等问题，成了杭州市"脏、乱、差"的代名词❷。

2002 年初，西湖综合保护工程正式启动，随着杭州市启动西湖综合保护工程，腾退一批出租金低、空间大的旧厂房仓库建筑，为新兴产业提供了重要的空间保障。在政府的引导下，一些轻资产的文化创意企业进驻园区，实现了产业的第一次更新。

---

❶ 浙江：前九月每个特色小镇平均到位投资逾九亿元 [EB/OL] http://news.eastday.com/eastday/13news/auto/news/csj/u7ai4984285.html. [2015-12-1]

❷ 玉皇山南：中国 NO1 基金小镇的建设运营经验——清华同衡规划播报（微信公众号）.

最初以多类型文创产业为主，逐步形成山南文创产业园；随后又以基金产业为代表的金融产业的入驻，实现了产业的第二次更新并迅速壮大。

2012 年，杭州市提出了《杭州财富管理中心年实施纲要》，提出大力推进金融改革与创新，积极打造以私募金融服务为龙头的财富管理"金三角"目标。2015 年 4 月，出台《关于深入推进文化创意产业与相关产业融合发展的实施意见》，提出"扶持一批重点文创产业投资基金，进一步拓宽融资渠道，构建金融服务平台"等。同时，伴随浙江省特色小镇的创建契机，基金小镇委托浙江省金融发展促进会、浙江金融研究院编制了《杭州市玉皇山南基金小镇的规划》。2015 年 5 月 17 日，杭州玉皇山南基金小镇正式揭牌。

2016 年玉皇山南基金小镇坚持政府引导、企业主体、市场化运作，成立玉皇山南建设发展公司，充分发挥市场在资源配置中的决定性作用，以企业为投资建设主体，主导小镇的"国际化"、"专业化"、"市场化"发展。截至 2016 年底，山南基金小镇入驻企业超 1000 家，管理资产规模超 5900 亿元，实现税收超 10 亿元；2018 年 5 月 24 日，玉皇山南基金小镇入选最美特色小镇 50 强。

2 项目特征

2.1 项目概况

玉皇山南基金小镇位于杭州市上城区玉皇山南地区，杭州市上城区南宋皇城遗址和西湖风景区南端，定位金融产业，是浙江省首批特色小镇创建对象，并被列为 10 个省级示范特色小镇之一，是目前国内已形成较为成熟模式的基金小镇之一。小镇由玉皇山南国际创意金融产业园演化而来，总占地面积 133 公顷，规划面积 3.2 万平方公里，总建筑面积约 30 万平方米，分四期建设：一期八卦田公园片区、二期海月水景公园片区、三期三角地仓库片区和四期机务段片区四个区块（图 1）。

2.2 目标定位

玉皇山南基金小镇仿效"格林尼治 - 纽约"的错位发展模式，借力和对接上海国际金融中心，与上海重点发展的公募基金进行错位发展，通过金融产业分工和协同，打造一个以私募金融产业为核心的中国版"格林尼治小镇"。小镇重点引进和培育私募证券投资基金、私募商品（期货）基金、对冲基金、量化投资基金、私募股权投资基金等五大类私募基金，打造私募（对冲）基金生态圈和产业链，主动对接上海国际金融中心，弥补上海等地在服务中小企业方面的不足。

图1 玉皇山南基金小镇规划总图

（图片来源：特色小镇研究院，http://m.sohu.com/a/161248216_825181?_f=m-article_15_feeds_1）

3 规划方案

3.1 整体布局

总体空间布局上按照"两带四区、多点激活"的功能分区，规划目标是协同构建"以山湖江景为特色，以国际化高品质生活配套为亮点"的私募金融特色小镇。形成"山—湖—江景环绕"、"三生（生态、生活、生产）"空间占比均衡、穿插布局的功能格局。在满足基金产业发展空间的前提下，融入并转型提升小镇现有的旅游、文化商业、休闲等产业功能，形成功能完善、国际品质、文化厚重的特色小镇（图2）。

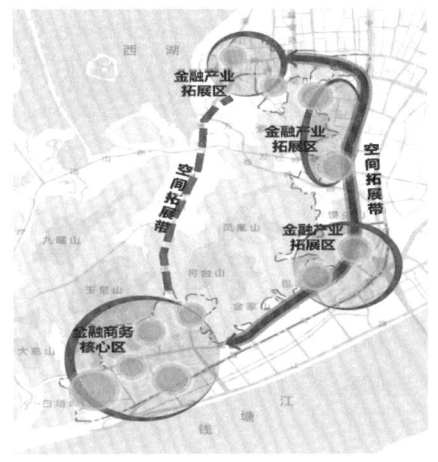

图2 玉皇山南基金小镇规划结构图

（图片来源：杭州市规划局）

3.2 有机更新

玉皇山南基金小镇规划改变了过去大规模拆除重建的旧城改造模式，转向小规模、渐进式、分团块的城市有机更新。规划重新梳理了固有的建筑肌理，对位于景区中的建筑严格控制建筑高度和密度。将不同类型的生产生活单元以适宜的密度组团进行团簇状布局，巧妙地借山水地形、融入历史肌理，形成空间的有机聚合。而位于山脚的仓库、厂房等大体量建筑，根据功能需要，改造为商业商务兼容用地，在工业痕迹的序列化中寻求室内外的灵活变化，而铁路机务段用地则改造为工业遗址公园。

基金小镇前身曾以杭州陶瓷品市场为核心，主要业态包括石材初加工和仓储，辖区内存在铁路机务段、维修厂等大型国营单位，以及大量民居建筑，存在着建筑陈旧、布局散乱、基础设施残破等问题。规划实施"三改一拆"，即改造旧厂房、旧仓库、旧民居，拆除违法建筑。

旧厂房改造通过"修旧如旧"的方式，首先保持原有的结构体系不变，通过在室内加建小型会务、展示体块及周边回廊，形成丰富多变的室内空间。再按照花园式办公的理念，改善厂房周边的庭院环境，尽可能做到"一窗一景"。

旧仓库改造通过修改建筑外立面，调整建筑内部功能，使得建筑、庭院、空间等具有中式传统建筑的特点，用现代设计手段演绎诠释"中式韵味"。

旧仓库改造前

旧仓库改造后

旧厂房改造前

旧厂房改造后

图 3　玉皇山南基金小镇改造前后

（图片来源：安诣彬 . 城郊地带可持续的有机更新实践——以上城玉皇山南基金小镇为例 [J]. 小城镇建设，2016（3））

旧民居改造主要是对历史地段进行保护性修缮，经此修缮后的安家塘历史地段已成为杭州仅存的都市里的古村落，甘水巷成为杭州在中华人民共和国成立以来的典型代表性民居群。考虑到私募（对冲）基金的用房有不一样的需求，相关部门还对办公用房及配套设施功能不断优化。同时，规划一定数量的公共配套空间，通过借鉴中关村车库咖啡等模式，为创业者提供开放式的办公环境，以满足私募基金生态圈建设的需要。

3.3 产业空间社区化

基金小镇是高新金融产业和生态社区的结合，小镇强调以人为本的社区营造，以适宜的密度组团方式有机的聚合生产、生活、生态要素，形成核心区 800 米辐射范围的微小镇生活圈。

配套上除了空间丰富的办公场地，小镇还融入了住宅、商业、娱乐、医疗、体育、宗教、文化、休闲、会展等城市综合功能。小镇客厅由陶瓷品市场就地改造而成，配备中心广场、游客中心、金融展示中心、运动健身中心、酒店和酒店式公馆、图书馆、特色餐饮等内容，充分向小镇的游客展现小镇丰富的功能、包容的胸怀，为就业者和居住者提供家庭客厅般的舒适宜居体验。

交通系统上，以公交为主的绿色交通为主。对外以城市轨道交通与主城区无缝对接；内部有短程接驳电瓶车和公共自行车串联各个区域。沿着区域干道、公园设立慢行系统，为小镇工作生活提供多样的出行方式及健身休闲场所。

产业经济上，玉皇山基金小镇已集聚各类基金公司和配套机构超 1000 余家，管理资产规模突破 5900 亿元，不仅在发挥金融资本撬动产业转型升级、推动实体经济发展中起到了积极作用，而且综合效益快速显现❶。

图 4　厂房改造为服务设施和展厅

（图片来源：自摄）

---

❶　杭州市政府官网——玉皇山南基金小镇：http://www.hz.gov.cn/art/2015/11/6/art_1092216_395340.html.

图 5 各个基金公司独立的办公环境

（图片来源：自摄）

4 运作模式和运营经验

4.1 运作模式

采用"政府＋新型运作主体"的发展机制，坚持政府引导、企业主导、市场运作的原则。杭州市上城区政府成立杭州市玉皇山南基金小镇管理委员会，主要为机构入驻提供硬件环境、政策配套和服务配套。同时，委托私募（对冲）基金行业代表性机构组织运作主体，通过"产业链招商生态圈建设"模式，发挥行业协会与龙头企业的影响力与引领作用，开展专业化的园区发展和促进工作，有效带动了整个产业的快速积聚。

政府发挥"店小二"的服务作用，通过设立创投社区服务中心、基金经理人之家等交流对接平台，提供资本对接、项目路演、联合调研、人才培训等，构建"募"、"投"、"管"、"退"全方位产业服务平台。同时与各大银行、券商、期货等机构建立直通端口，提供私募基金完成从注册、产品设计、发行、销售一条龙服务，并协助对接银行资金池。

政策扶持上，为使小镇能向基金人提供最好的政策软环境，省市区三级政府均作了政策上的积极探索。自 2015 年起，浙江省出台了一系列针对特色小镇建设的指导性文件，对于省级特色小镇的优惠政策主要体现在用地保障和财政支持两个方面；同时杭州市人民政府出台《关于加快杭州市特色小镇规划建设的实施意见》（杭政函〔2015〕136 号），《杭州市高层次人才、创新创业人才及团队引进培养工作的若干意见》（市委〔2015〕2 号），对市级特色小镇在用地保障、财政支持、人才引进方面给出了优惠政策。此外，上城区相继出台《上城区金融人才分类认定办法（试行）》《关于吸引海内外领军型人才来上城区创新创业"1211"计划的实施意见》《上城区打造玉皇山南基金小镇扶持意见》等政策文件，逐步构建具有竞争力的人才政策体系。

4.2 运营经验

4.2.1 有效改善交通条件、盘活存量用地，全面提升建设环境

区域交通上借助 2008 年玉皇山南地区综合交通整治工程，南复路铁路下穿隧道建成，与贯通后的复兴路、凤凰山路构成了玉皇山南地区的交通动脉，内部交通则使用全绿色交通方式。

针对现状土地与建设环境问题，上城区政府将其中符合低效用地再开发政策的土地整理出来，采取土地置换、长期租赁和建筑改造三种方式进行改造，具体模式如下：

一是土地置换，将原有的厂房、企业仓库搬迁出去，进行货币补偿安置，调整土地使用性质。

二是通过长期租赁获得二十年的使用权，改造的费用大家分摊。在不改变土地使用性质的情况下，调整产业功能，用于发展与特色小镇业态相符合的产业。

三是对于原有地段进行景观升级和原有建筑进行改造。经过保护性修缮后，升级为与文创产业、基金产业相配套的办公用房和配套服务设施，为入驻企业提供了良好的工作环境。

图 6 玉皇山基金小镇

（图片来源：浙江在线——浙江特色小镇：http://tsxz.zjol.com.cn/xzds/hz/jjxz/index.shtml）

4.2.2 保护和开发利用历史资源，构建良好的生态环境

基金小镇坚持"保护和开发相结合"的原则，在对历史建筑进行保护性修缮的基础上，借助小镇建设，带动地区历史文化资源的开发。小镇建设了四大主题公园——八卦田遗址公园、白塔公园、将台山南宋佛教文化公园、江洋畔生态公园的点缀其间。

同时根据"既是风景旅游区，又是产业集聚区"的目标，成为开放式的可供游

人观赏的产业集聚区，形成了一条以文化创意和古文化为主线、融合优美风景的文化休闲旅游线路。

4.2.3 完善服务设施建设，构建丰富便捷的生活环境

基金小镇强调以人为本的社区营造，以适宜密度的组团方式有机聚合生产、生活、生态要素，形成核心区 800 米辐射范围的微小镇生活圈。

4.2.4 全面提升基金小镇的竞争力和影响力

通过组织亚太私募基金峰会，举办金融人才交流活动等方式，举办国内顶级的全球化私募基金论坛，提升基金小镇的竞争力和影响力，营造全球私募基金业精英人士和机构都集结于山南小镇的产业氛围。

基金小镇走产业高端化路线，重点引入名人、名企。利用龙头企业带动性大、辐射力强的特点，逐步衍生、吸引更多上下游相关企业的集聚，从而完善小镇的产业链，转变发展成为小镇的创新能力的竞争优势；小镇内的上下游企业的关联配套，也降低了小镇内企业的成本。

4.2.5 构建完备的私募基金产业链和生态系统

基金小镇打造了完善的生产服务平台，推行"一站式"服务，协助企业做好项目申报、资金扶持对接、银企对接；与法律服务、会计审计、研究咨询等机构建立合作，进一步完善文化创意、金融商务环境，为企业提供优质办公环境。

另外，上城区政府在培育和引进各类私募（对冲）基金等核心业态时，配套引进与其业务密切相关的私募中介服务机构、辅助性产业、共生性产业和配套支持部门等，共同构成五层次生态圈，利于打造私募（对冲）基金与上下游企业的"零距离"战略关系，构建完备的私募基金产业链和生态系统。

5 实施评价

基金小镇的诞生不是依靠某一项政策或某一次投资，而是逐步吸收和沉淀来自内外部、上下游共同的需求，打造出基金和文化创意产业综合发展的生态环境。基金小镇不是单一功能的产业园区或是大型居住区，它是以特色产业为龙头，以专业团队集聚和产业链构筑为特征，兼具"三生"空间的协调发展。它拥有自然的生态环境、厚重的历史文化、特色的产业支撑、宜居的生活社区。它的建设与区域传统工业转型处于同一时期，满足了高新产业和高层次人才对于自然的环境、自主的工作和自在的生活的品质追求。基金小镇是旅游景区、产业园区、居住区的有机融合，是山水自然和人工环境、历史遗迹、工业建筑、绿色建筑的和谐共生，是经济高度多元化互联网时代城市有机更新的创新实践。

基金小镇的建设是在充分尊重城市历史的前提下，对已有的城市建设进行更新改造，结合周边自然环境，秉承"可持续的有机更新"理念，为吸引创新企业、留

住高端人才提供了必要的物质环境。因而，玉皇山南基金小镇具体的开发建设和运营模式对类似城郊存量用地改造利用及产业升级有较好的借鉴意义。

编者信息：

刘利雄，男，博士，广东工业大学建筑与城市规划学院，讲师。

公众参与推进香港观塘市中心更新

1 项目背景

观塘市中心项目位于东九龙的交通枢纽地带，是香港史上最大的重建项目之一，由市区重建局在香港进行的最大的单项更新计划。早在 1998 年，香港前土地发展公司就公布观塘市中心重建计划，但未得到实施。市建局于 2007 年 3 月重新启动该重建计划，整个观塘市中心项目划分为五个发展区，分三个阶段进行，项目预计 2021 年完成。项目改造规模庞大和耗时长，为了顺利推进观塘都市更新改造计划，市区重建局与当地社区进行了紧密的合作，并广泛咨询社会各界的意见，确保所有重要利益相关方的意见在项目规划中得到充分考虑。通过长时间的公众参与，顺利地推动了观塘市中心第一发展区的改造更新，目前第二、三发展区的改造正在进行中。通过第一发展区的更新重建，以往规划欠缺、设施不足、居住环境恶劣等情况得到大大改善和更新（图 1）。

1.1 改造区状况

项目改造地块由月华街地块和主地块两部分组成，占地面积 5.3 公顷，涉及改造资金数十亿美元，影响约 1653 个房屋产权和约 5000 人，超过 500 间店铺及持牌小贩（图 2）。改造前，该地区的大部分建筑老化严重，多始建于 20 世纪 60 年代，虽然仍有 24 座建筑只有 40 多年的历史，但均已相当破旧。零售及住宅用途主要为低层和中层物业单位，缺乏绿地和公共设施（图 3）。由于建筑设计陈旧，设施老化，服务设施不足，对这些建筑物的维护成本高，效率低下。街巷中小贩摊档及临时建筑物存在严重的卫生和安全问题，危及生活环境。交通条件混乱，不符合世界上人口密度最高的地区的市中心的标准。

图 1　观塘市中心改造项目现状

（图片来源：自摄）

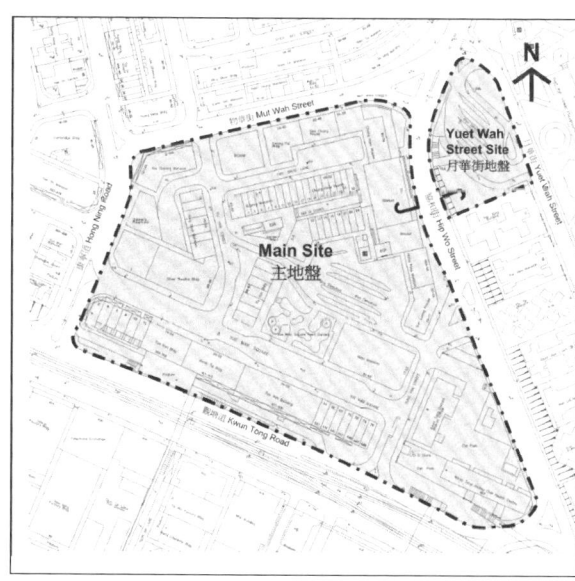

改造地块现状情况

面积：53500m²
现时总建筑面积：93324m²
受影响楼宇：24
受影响人口：4763
受影响业权：1657
受影响商铺及小贩摊档：523

项目发展情况

总楼面面积：401250m²
住宅单位：2000
住宅建筑面积：160610m²
商业/零售建筑面积：111780m²
办公楼建筑面积：65860m²
政府/机构/社区设施建筑面积：
酒店建筑面积：32000m²

图 2　观塘市中心更新地块及其基本情况

（资料来源：香港市区重建局，https://www.ura.org.hk/）

图 3　观塘市中心改造范围

（资料来源：香港市区重建局，https：//www.ura.org.hk/）

　　在 20 世纪 50 年代，英国殖民政府将观塘发展成工业卫星城，开始海洋开垦。粤人广场将观塘工业区与住宅相连，开始成为社区活动的中心。20 世纪 70 年代，街道上已经形成较浓厚的商业氛围，商铺包括餐厅、剧院、百货商店、中国产品销售、银行、印刷店、典当店、服装店、鞋店和剧院等。在香港工业蓬勃发展时，两间剧院都为该地区的大批工人提供便宜的娱乐活动。

　　20 世纪 80 年代末期，企业家们开始把工厂向北移动进到内地，香港的地方行业开始减少。观塘区已逐渐老化和废弃，然而粤人广场仍然是该区最繁忙的商业地区。2007 年，观塘市中心开始推进更新工程以振兴该地区，最后剩下的大部分企业现在已经全部迁出，仅剩余住宅和商业等老房子遗留在当地。

2　项目更新的做法

2.1　重建计划

　　项目重建计划包括住宅和商业开发，休闲娱乐设施，各种社区设施，公共交通交汇处，政府机关和医疗诊所。全部计划采取分阶段实施的计划，分为 5 个发展区渐进开发，其中第一发展区已经于 2010 年动工，于 2014 年落成。观塘市中心项目重建后，预计实现总建筑面积 40 万平方米，商业面积 21 万平方米，住宅面积 16 万平方米，政府、机构、社区面积 3.2 万平方米。此外，将有 8700 平方米的精心设计的园景和雕塑休憩用地，供市民欣赏。在公众咨询期间收集的主流舆论被用作最终设计的基石。

图 4 观塘市中心规划总体布局

（资料来源：香港市区重建局，https：//www.ura.org.hk/）

在改造过程中，市建局列出了五项指导原则，这是观塘市中心成功重建的基础❶：

（1）广泛的公众咨询和参与规划设计；

（2）了解和接受市建局现行的赔偿及受影响的安置政策；

（3）分阶段发展，尽量减少影响并维持该地区的经济活力；

（4）通过 21 世纪市中心的创意和有远见的设计；

（5）和谨慎的融资策略，以确保财务的可持续性。

该项目的主要设计特点是与社区广泛磋商的结果，其中包括现代设计的标志性特征、增加的开放空间和绿化、综合社区和商业服务以及社区友好的功能，如传统的街头和集市"街坊"（邻里）。重新发展观塘市中心后，现有的 1788 家庭的生活条件将得以改善。同时，将叫在美化的市中心提供大约 2000 个新的住宅单位，为居民创造优质的生活环境。

2.2 拆迁补偿方案

在前期拆迁中，市建局采取收购的原则对自置居所和商业物业进行收购。根据拆迁补偿政策，市建局对自有住宅物业的收购价格包括物业的市场交易价加上一笔特惠津贴（即自置居住津贴）。自住物业的自置居住津贴的计算是指被收购单位市值与类似地区一个楼龄假设为七年而面积相当位于中层及朝向一般的假设重置单位价值的差价。而对于出租（非所有者占用）和空置的住宅，收购价格是现有使用基础上的财产的市场价值加上补助津贴（自置居住津贴的百分比）。对于非住宅单位的物

---

❶ 邹涵，夏欣.香港市区更新策略与实践的回顾——以荃湾、观塘市中心项目为例[J]. 华中建筑，2012，30(6):52-55.

业按市值交易价加津贴的形式进行收购。非自用物业津贴的计算是物业市值交易价格的百分之十，自用物业的津贴比率为30%。由于在拆迁补偿和改造方案进行了广泛的前期公众意见征集，基本反映了当地居民的心声，得到了普遍的支持。在2009年，完成了60%的物业收购，2014年完成了2-4发展区的95%的物业收购，2015年完成率达到了98%。

2.3 广泛的公众参与

市区重建局在社区参与活动中采取积极主动的自下而上的方法，涉及广泛的地方社区和主要利益相关者参与规划和设计过程。项目改造的开展就各方面的问题进行了全面的公众咨询，特别是有关设计细节，选择改造方案以及恢复和补偿方面的争议性议题，使社会各阶层的需求得到平衡和关心。在改造过程中，征询了当地居民、区议会、物业业主和有关专业团体等利益相关者的意见和支持。根据四轮公众咨询收集的公众意见，制定了计划草图和最终设计。社区参与过程是一个最为精细的磋商过程。广泛的咨询包括与关注团体进行持续对话、社区意愿调查、社区工作坊，设立市建局观塘区咨询委员会，与观塘区议会会面，组织参与社区设计研讨会，并举行一系列路展等活动。

这个过程分为五个阶段进行❶。

（1）第一阶段：社区期望调查研究

研究小组进行了焦点小组会议、访谈和问卷调查。第一轮公众意见调查完成了包括930个当地居民及邻近的居民、204名商户的雇主和雇员、100名区内购物者及52名访客的分层样本。

（2）第二阶段：成立咨询委员会于居民咨询

在社区参与的第二阶段成立了观塘区咨询委员会。咨询委员会由市建局、观塘区议员、居民代表等专业人士组成。咨询委员会的职能是向市建局提供观塘重建，保存和更新的咨询意见，以反映社会的期望和关注及有关建议，并促进社会人士了解市建局的工作。

（3）第三阶段：社区工作坊

该阶段举办了一个观塘市中心重建计划的社区工作坊，委托香港大学开展实施，负责主持工作坊内小组讨论及撰写报告。共有92名人士参加了工作坊，包括了市建局观塘区咨询委员会委员、观塘区议员、政府部门代表、观塘区居民、商户、运输业主、其他观塘区居民、专业人士和民间组织代表。工作坊分为六组，通过电脑建筑设计软件，向每组成员展示不同的规划思路和方案，收集居民对规划思路和方案的意见。

---

❶ Edward SH AU,2014,Urban Renewal-A case study in Hong Kong http://www.fig.net/resources/proceedings/fig_proceedings/fig2014/papers/ts08f/TS08F_au_7062_abs.pdf

（4）第四阶段：路展

在前三轮的基础上，基于所获得的关于土地用途规划、建筑设计、收购安置和时间进度表等多方面的意见，制定了三个代替性的规划方案。选取观塘的四个不同地方对三种规划方案进行展出，以便向观塘的居民提供有关该项目的更多资料，并通过民意调查选定最后的规划方案。路展吸引了大约 85400 名观众。

图 5　路展现场

（资料来源：香港市区重建局，https：//www.ura.org.hk/）

（5）第五阶段为正式的城市规划申请过程中的法定要求的规划公示和意愿反馈过程。

3　实施评价

平衡大型城市更新项目各利益相关方的利益是一项巨大的挑战。为了使所有利益相关方同时参与，改造项目必须建立在旨在允许公众参与的长期和全面愿景的基础之上。观塘市中心项目的成功依赖于精心准备和安排的前期工作，包括长时间的公众咨询、公众参与和当地居民的支持。城市更新一直是一个困难而复杂的城市过程，观塘市中心的成功推进确定了香港城市更的新里程碑，开创了新纪元，同时也为其他城市的城市更新开展大规模长时间的公众参与提供了宝贵的经验借鉴。

编者信息：

廖开怀，男，博士，广东工业大学建筑与城市规划学院，特聘副教授。

朱雪梅，女，博士，广东工业大学建筑与城市规划学院，教授，院长。

附录：城市更新相关政策法规索引
（2017–2018）

名称	批号（文号）	发布机构	发布日期	实施日期
关于加强生态修复城市修补工作的指导意见	建城〔2017〕59号	住房和城乡建设部	2017年3月6日	2017年3月6日
关于支持首批老工业城市和资源型城市产业转型升级示范区建设的通知	发改振兴〔2017〕671号	国家发改委、科技部、工业和信息化部、国土资源部、国家开发银行	2017年4月13日	2017年4月13日
《上海市土地调查实施办法》修订稿	沪规土资籍规〔2017〕395号	上海市规划和国土资源管理局	2017年6月1日	2017年6月1日
广州市人民政府关于提升城市更新水平促进节约集约用地的实施意见	穗府规〔2017〕6号	广州市人民政府	2017年6月5日	2017年6月5日至2022年6月4日
关于深化城市有机更新促进历史风貌保护工作的若干意见	沪府发〔2017〕50号	上海市人民政府	2017年7月13日	2017年8月1日至2022年7月31日
利用集体建设用地建设租赁住房试点方案	国土资发〔2017〕100号	国土资源部、住房和城乡建设部	2017年8月28日	2017年8月28日
北京市城乡规划与土地利用用地分类对应指南（试行）	北京市规划国土发〔2017〕316号	北京市规划和国土资源管理委员会	2017年9月20日	2017年9月20日
北京城市总体规划（2016—2035年）	—	北京市规划和国土资源管理委员会	2017年9月29日	—
广东省南粤古驿道线路保护与利用总体规划	粤建规〔2017〕233号	广东省住房和城乡建设厅、省文化厅、省体育局、省旅游局	2017年11月26日	2017年11月26日
上海市城市更新规划土地实施细则	沪规土资详〔2017〕693号	上海市规划和国土资源管理局	2017年11月17日	2017年11月17日
关于支持本市休闲农业和乡村旅游产业发展的规划土地政策实施意见	沪规土资详〔2017〕725号	上海市规划和国土资源管理局、上海市农业委员会、上海市旅游局	2017年11月29日	2018年1月1日
关于将北京等10个城市列为第一批历史建筑保护利用试点城市的通知	建规[2017]245号	住房和城乡建设部	2017年12月12日	2017年12月12日

续表

名称	批号（文号）	发布机构	发布日期	实施日期
广州市旧村庄全面改造成本核算办法	—	广州市城市更新局	2017 年 12 月 29 日	2017 年 12 月 29 日
关于保护利用老旧厂房拓展文化空间的指导意见	京政办发[2017]53 号	北京市人民政府办公厅	2017 年 12 月 31 日	2017 年 12 月 31 日
广州市城市更新项目监督管理实施细则	穗更新规字〔2017〕1 号	广州市城市更新局	2018 年 1 月 15 日	2018 年 1 月 15 日至 2023 年 1 月 14 日
广州市城市更新安置房管理办法	穗更新规字〔2018〕2 号	广州市城市更新局	2018 年 1 月 18 日	2018 年 1 月 18 日至 2023 年 1 月 17 日
关于进一步规范旧村合作改造类项目选择合作企业有关事项的意见	穗更新规字〔2018〕1 号	广州市城市更新局	2018 年 1 月 19 日	2018 年 1 月 19 日
关于加快推进老旧小区综合整治规划建设试点工作的指导意见	市规划国土发[2018]34 号	北京市规划和国土资源管理委员会	2018 年 1 月 29 日	2018 年 1 月 29 日
广州市老旧小区微改造"三线"整治实施方案和技术指引（试行）	穗更新函〔2018〕180 号	广州市城市更新局	2018 年 2 月 24 日	2018 年 2 月 24 日
关于原特区外村办学校土地房产遗留问题处理的意见	深规土规〔2018〕2 号	深圳市规划和国土资源委员会、深圳市教育局	2018 年 2 月 27 日	2018 年 2 月 27 日至 2021 年 2 月 26 日
北京市 2018 年棚户区改造和环境整治任务	京政办发[2018]4 号	北京市人民政府办公厅	2018 年 2 月 28 日	2018 年 2 月 28 日
老旧小区综合整治工作方案（2018-2020 年）	京政办发[2018]6 号	北京市人民政府办公厅	2018 年 3 月 4 日	2018 年 3 月 4 日
关于加强城市地下综合管廊建设管理的实施意见	京政办发〔2018〕12 号	北京市人民政府办公厅	2018 年 4 月 10 日	2018 年 4 月 10 日
深圳市拆除重建类城市更新土地、建筑物信息核查及历史用地处置规定（征求意见稿）		深圳市规划和国土资源委员会	2018 年 4 月 26 日	2018 年 4 月 26 日至 2023 年 4 月 25 日
关于城市更新促进个公共利益用地供给的暂行规定（征求意见稿）		深圳市规划和国土资源委员会	2018 年 5 月 17 日	2018 年 5 月 17 日至 2023 年 5 月 16 日
关于规范已出让未建用地土地用途变更和容积率调整的处置办法（征求意见稿）		深圳市规划和国土资源委员会	2018 年 5 月 31 日	2018 年 5 月 31 日至 2023 年 5 月 30 日
深圳市综合整治类旧工业区升级改造操作规定（征求意见稿）	—	深圳市规划和国土资源委员会	2018 年 6 月 4 日	2018 年 6 月 4 日至 2023 年 6 月 3 日

名称	批号（文号）	发布机构	发布日期	实施日期
深圳市城市更新单元规划容积率审查规定（征求意见稿）	—	深圳市规划和国土资源委员会	2018 年 6 月 14 日	2018 年 6 月 14 日
关于加强城市更新单元规划审批管理工作的通知	深规土规〔2018〕4 号	深圳市规划和国土资源委员会	2018 年 6 月 22 日	2018 年 6 月 22 日
广州市产业园区提质增效试点工作行动方案（2018-2020 年）	穗工信 [2018] 5 号	广州市工业和信息化委、广州市城市更新局	2018 年 6 月 29 日	2018 年 6 月 29 日至 2020 年 12 月 31 日
深圳市工业区块线管理办法	深府规〔2018〕14 号	深圳市人民政府	2018 年 8 月 2 日	2018 年 8 月 2 日至 2023 年 8 月 1 日
深圳市土地整备利益统筹项目管理办法	深规土规〔2018〕6 号	深圳市规划和国土资源委员会	2018 年 8 月 9 日	2018 年 8 月 9 日至 2023 年 8 月 8 日
广州市老旧小区微改造设计导则	—	广州市城市更新局	2018 年 8 月 20 日	2018 年 8 月 20 日
北京市土地资源整理暂行办法	京规划国土发〔2018〕314 号	北京市规划国土委、发展改革委、市财政局、住房城乡建设委	2018 年 9 月 7 日	2018 年 9 月 7 日至 2023 年 9 月 6 日
深圳市拆除重建类城市更新单元规划编制技术规定	深规土〔2018〕708 号	深圳市规划和国土资源委员会	2018 年 9 月 25 日	2018 年 9 月 25 日
关于进一步做好城市既有建筑保留利用和更新改造工作	建城〔2018〕96 号	住房和城乡建设部	2018 年 9 月 28 日	2018 年 9 月 28 日

编后语

城市更新是城市实现"新陈代谢"、"永葆青春活力"的重要手段。随着近年来中央政府大力推进新型城镇化，严控建设用地的增加，着力提高建设用地的利用效率效益，中国的大中城市正纷纷进入以存量用地开发为重点的城市更新时代。基于此，与过往透过推动新城建设、新产业区开发的城市外延式发展不同，以内涵式发展为特征的城市更新成为驱动城市空间利用最为重要的手段。

当前我国城市更新目标与过去发生了很大变化：一是注重透过城市更新，促进土地资源节约集约利用，增强城市持续发展能力；二是注重透过城市更新，推动产业转型升级，为推进供给侧改革创造土地条件；三是注重透过城市更新，改善市民生活品质，促进社会公平正义，增强人民幸福感、生活满意度和获得感；四是注重透过城市更新，传承弘扬历史文化，彰显地方特色，增强民族自豪感；五是注重透过城市更新，加强资源生态建设，促进环境污染治理，建设美丽中国。

在当代中国，城市更新不是一项简单的空间再生产活动，而是被赋予了重要的政治意义，是一项经济、社会、历史、文化和生态环境各方面紧密结合、环环相扣的工作，不仅关及城市转型发展、持续发展，也与广大民众的日常生活、情感认同息息相关。正处于深化改革攻坚阶段的中国城市发展体制机制的诸多深层次矛盾问题在城市更新工作上均体现得淋漓尽致，中国的城市更新工作具有鲜明的国情特色、复杂多样，且无太多国外经验可以借鉴学习效仿。这对于无论是从事中国城市更新实务工作的行政管理人员、专业技术人员，还是从事相关学术研究的学者来说，既是一个极大的挑战，也是一项充满机会、潜力巨大的事业。

过去的一年，是极其不平凡的一年，光荣和骄傲的一年。中共十九大胜利召开，为未来五年绘就了新的蓝图；两会召开，选举产生了新一届国家领导人。在中共十九大精神、习近平新时代中国特色社会主义思想的指引下，全国各地的城市更新工作，取得了新的辉煌成就，城市的发展充分体现了党的"以人为本"的执政理念。但当然，也必须认识到，当前中国的城市更新，仍然存在"经济挂帅"、"资本霸权"的问题，普通市民的生活满意度、幸福感还需要进一步提升，城市更新利益相关者的呼声和要求，也需得到更多尊重和关注。

作为一个全国性的学术组织，中国城市科学研究会城市更新专业委员会，集聚了全国城乡规划、建筑学、地理学、经济学、社会学等相关学科领域以及城市更新业界的大批专业人士。他们不但时刻关注中国城市更新的发展变化，也身体力行地参与到中国城市更新的研究和实践，为建设更加美好城市贡献出了自己的智慧与力量。为了分享专家学者的真知灼见、呈现中国城市更新的前沿进展，我们组织力量编写了本报告。

在本书即将付梓之际，我们要特别感谢各位作者和编者，你们的聪明才智和认真努力，让本书闪耀着智慧的光芒；特别感谢广州市政策研究室、广州市城市更新规划研究院等对报告主体——广州城市更新年度报告的研究，给予的大力支持；要特别感谢广州市国土资源和规划委员会、广东省"三旧"改造协会、上海市规划和国土资源管理局、深圳市规划和国土资源委员会、杭州市住房和城乡建设委员会、佛山市国土资源和城乡规划局、深圳市城市规划设计研究院、深圳市华阳国际工程设计股份有限公司、广州普邦园林股份有限公司、上海现代城市更新研究院、凯辉高德投资咨询有限公司、广州市科城规划勘测技术有限公司、重庆同启未来城市规划设计研究院、广东源筑城市更新有限公司、广州上丞建筑设计顾问有限公司等单位给予的支持和帮助；特别感谢中国城市科学研究会城市更新专业委员会的依托单位——广东工业大学建筑与城市规划学院诸多老师一年来的辛勤劳动、无私奉献；特别感谢中国城市科学研究会、《城市发展研究》杂志、《中国园林》杂志、中国建筑工业出版社等对于本书编著出版给予的指导帮助。最后，我们还要感谢中国城市科学研究会城市更新专业委员会的全体委员一年来对专委会工作的鼎力支持。

《中国城市更新发展报告（2017—2018）》是继《中国城市更新发展报告（2016—2017）》之后，中国城市科学研究会城市更新专业委员会组织编撰的又一部年度报告。虽然相对于去年，报告编写组已经有了一定经验，但由于时间紧、涉及面广、任务重，报告中难免有错漏、分析不够全面和案例不够典型等问题。因此，我们诚挚地请求各位读者对本书的纰漏提出宝贵的更正和补充完善意见。

报告编写组

2018 年 10 月

凯辉高德，中国城市更新综合解决方案提供者

城市更新是现阶段研究城市发展最重要的课题之一。作为始终专注城市更新的企业，凯辉高德与中国城市科学研究会城市更新专业委员会合作，致力于研究和挖潜国内外城市更新理论和实践的最新成果，为中国究竟如何进行大规模城市更新提供有益的思考。

相对于城市开发的成熟，城市更新还是一个方兴未艾的话题。类似于"中国城市更新背后的推动力量到底是什么"、"如何定义城市更新"、"城市更新价值链如何进行角色分配"等基本问题仍处于讨论阶段。

凯辉高德是城市有机更新理念的追随者、实践者。我们认为，城市更新不是拆除重建、也不仅仅是单个项目的更新，城市更新在深层次上包括产业与经济、商业与消费、文化与精神、技术与知识、生活方式与居民行为轨迹等复杂的社会更新。城市如同生物体，是有机联系、和谐共处的整体，是人口、产业、商业、空间、科技、文化、生态，乃至基础设施、公共服务的有机组合。城市更新是一个大概念，它用于应对城市发展过程中因结构和功能衰退带来的城市环境、生态、形象及综合竞争力下降等问题，使城市重新焕发生命力。

凯辉高德提出要做一个中国城市更新综合解决方案的提供者。以城市为维度，对城市空间利用、人口环境、产商环境、交通环境、生态环境、历史文化、基础设施、公共服务进行全面调研和评估，提供城市更新综合解决方案。充当地方政府的城市更新"外脑"，辅助政务部门编制城市更新专项规划。并结合城市发展阶段和具体需求，切实组建城市更新基金，以对存量实体的改造、城市更新资金和资源的精准导入为切入口，使得城市功能结构明显优化、产业转型升级加快、居民消费水平有效增长、基础设施和公共服务明显改善，城镇化质量显著提高，经济社会可持续发展能力提升。

凯辉高德拥有一套城市更新投资运营系统，整合了城市数据、城市智库、城市更新资本、城市运营商、城市产业、城市商业、高端人才渠道、城市品牌营销等八大城市主资源。其重点在于通过对城市更新的数据研判，帮助地方政府确定产业转型和城市更新的需求，然后组建城市更新基金或产业引导基金，并匹配和导入城市产商资源、城市运营商资源，将全新内容注入物理空间，创造新的城市环境。新的环境凝聚和吸引人才，凯辉高德同步利用国内外高端人才渠道，协同导入新的产业

人才，调节城市人口结构，从而迭代城市发展方式，激活城市潜力价值。

新华社这样评价凯辉高德："凯辉高德真正的目的在于城市运营，在于通过对存量地产的改造，再造一座价值之城。"博鳌房地产论坛 2018 年 8 月授予凯辉高德"中国年度商业模式创新大奖"，颁奖词中这样说道："凯辉高德以强大的资源整合能力，构建了前所未有的城市更新投资运营系统，并提出了颇具野心的城市战略，透过对城市资源的整合、优化配置，提供创新制度并引入金融支持，以推动中国城市从规模式发展走向内涵式发展。将年度商业模式创新大奖颁给凯辉高德，正是基于其超越、跨界、极具想象力的商业模型，以及突破地产公司边界的不断逼近'地产归途'的商业思考探索。"

美国著名社会学家、建筑师刘易斯·芒福德有一句话："城市如同语言，是人类最伟大的艺术品。"意思是我们打造一座城市要把它当作艺术品去打造，所以要专心、用心，要有情怀，要有文化，要赋予温度，更重要的是要给它价值。而这，正是凯辉高辉的愿景和初衷。